Arbeitsrecht
1997

RWS-Forum 11

Arbeitsrecht 1997

herausgegeben
von
Prof. Dr. Dr. h. c. mult. Peter Hanau, Köln
Vors. Richter am BAG Dr. h. c. Günter Schaub, Kassel

RWS Verlag Kommunikationsforum GmbH · Köln

Die Deutsche Bibliothek - CIP-Einheitsaufnahme

Arbeitsrecht ... – Köln : RWS Verlag Kommunikationsforum.
1997 (1998)
  (RWS-Forum ; 11)
  ISBN 3-8145-5011-0

© 1998 RWS Verlag Kommunikationsforum GmbH
Postfach 27 01 25, 50508 Köln

Alle Rechte vorbehalten. Ohne ausdrückliche Genehmigung des Verlages ist es auch nicht gestattet, das Werk oder Teile daraus in irgendeiner Form (durch Fotokopie, Mikrofilm oder ein anderes Verfahren) zu vervielfältigen.

Druck und Verarbeitung:
Reiner Winters GmbH, Wiesenstr. 11, 57537 Wissen

Vorwort

Das RWS-Forum "Arbeitsrecht 1997", dessen Vorträge und Podiumsdiskussion in dieser Schrift dokumentiert werden, hat sich mit den Themen befaßt, die zur Zeit in Praxis und Wissenschaft des Arbeitsrechts und des Arbeitslebens im Vordergrund stehen. Der für den Anwendungsbereich des Arbeitsrechts grundlegende Begriff des Arbeitnehmers wird von dem Vorsitzenden Richter am BAG *Harald Schliemann* behandelt, der bis vor kurzem Mitglied des für Streitigkeiten über den Arbeitnehmerbegriff in erster Linie zuständigen 5. Senats war. Die große Bedeutung des Themas ergibt sich daraus, daß jede Ausweitung des Arbeitnehmerbegriffs zu einer erheblichen Ausweitung der Regulierung des Arbeitslebens führt, da das ganze Arbeitsrecht an dem Arbeitnehmerbegriff hängt. Vergleichbares gilt für die Sozialversicherung. Der Vortrag Schliemanns gibt eine ausgezeichnete Übersicht über die Rechtsprechung des Bundesarbeitsgerichts, die neue Gestaltungen des Arbeitslebens durchaus berücksichtigt, aber doch an dem traditionellen Arbeitnehmerbegriff festhält. Angesichts der vielfachen Bestrebungen zu einer Ausweitung des Arbeitnehmerbegriffs und damit der arbeits- und sozialrechtlichen Regulierung ist das bedeutsam und beachtlich.

Mit dem Arbeitnehmerbegriff notwendig verbunden ist der Arbeitsvertrag, dessen inhaltliche Gestaltung Thema des anschließenden Vortrages von Professor Dr. *Ulrich Preis* war. Preis ist durch seine Habilitationsschrift über Grundfragen der Vertragsgestaltung im Arbeitsrecht als hervorragender Kenner dieser Materie ausgewiesen. Trotz der schon quantitativ enormen Bedeutung des Arbeitsvertrages haben Praxis und Wissenschaft bis vor kurzem auf seine Ausgestaltung verhältnismäßig wenig Mühe verwandt. Preis zeigt, welche Möglichkeiten sinnvoller Gestaltung der Arbeitsbeziehungen dadurch verschenkt worden sind, aber eben auch zunehmend benutzt werden können.

Der anschließende Vortrag des Mitherausgebers Dr. h. c. *Günter Schaub*, Vorsitzender Richter am BAG bis 1997 und bekannter Schriftsteller des Arbeitsrechts, leitete von den Neuerungen beim Arbeitnehmerbegriff und in den Arbeitsverträgen zur arbeitsrechtlichen Seite neuer Produktionsmethoden. Die Praxis ist hier vorangegangen, so daß ein erheblicher arbeitsrechtlicher Nachholbedarf besteht, den Schaub weitgehend befriedigen will. Schon die Gliederung seines Vortrages zeigt, daß er sich den zentralen Instrumenten moderner Unternehmensführung und Personalwirtschaft zuwendet: Gruppenarbeit, Telearbeit, Arbeitnehmerüberlassung, Outsourcing und Umwandlung (Verschmelzung und Spaltung von Unternehmen und Betrieben). Die umfassende und zugleich kompakte Darstellung dieser Materie wird der Praxis hoffentlich hilfreich sein.

Professor Dr. *Abbo Junker* unterzieht dann die Fragen der Verschmelzung und Spaltung einer näheren Betrachtung. Seine tief dringende Analyse umfaßt wohl alle praxisrelevanten Umwandlungsvorgänge und zeigt ihre rechtliche Bedeutung auf.

Mit Dr. *Gerhard Hentsch* von der Audi AG kommt dann der erste Unternehmenspraktiker zu Wort. Auf der Grundlage der Erfahrungen und Initiativen in seiner Firma kann er auch für Sachkenner Neues über Möglichkeiten und rechtliche Auswirkungen der Arbeitszeitflexibilisierung berichten. Seine Ausführungen enthalten eine unmittelbar anwendbare Anleitung zur betrieblichen Einführung und Ausgestaltung sowie rechtlichen Bewältigung innovativer Arbeitszeitmodelle.

Mit der Teilzeitbeschäftigung hat Professor Dr. *Peter Schüren* aus Münster, der sich seit langem schwerpunktmäßig dieser Materie widmet, ein verwandtes Thema behandelt. Er verfügt nicht nur über eine wissenschaftliche Kompetenz auf diesem Gebiet, sondern auch über erhebliche praktische Erfahrungen, so daß seine Ausführungen auf breites Interesse stoßen werden.

Gegenstück der Arbeitszeit ist das dafür gezahlte Entgelt. Besondere praktische und rechtliche Bedeutung haben schon immer die Leistungsentgelte, die in jüngster Zeit erneute Bedeutung erlangt haben, weil die Wirtschaft Leistung stärker belohnen möchte. Der Referent Rechtsanwalt Dr. *Jobst-Hubertus Bauer* ist einer der bekanntesten Spezialisten für Arbeitsrecht in der deutschen Anwaltschaft mit breiter praktischer Erfahrung, verbunden mit wissenschaftlicher Untermauerung. Bauer legt seine Darstellung breit an, so daß sie eine große Zahl von Leistungsentgelten erfaßt. Auch die Darstellung der rechtlichen Seite ist umfassend, da sie gleichermaßen die arbeitsvertragliche und die betriebsverfassungsrechtliche Seite einbezieht.

Eine besonders wichtige Einzelfrage betrieblicher Personalpolitik ist die Senkung des Krankenstandes, die Rechtsanwalt *Andreas Haffner* von der Porsche AG in Stuttgart behandelt hat. Haffner zeigt, welche betrieblichen Spielräume das hier besonders dichte Netz rechtlicher Vorschriften läßt. Er berichtet über ein betrieblich bewährtes Fehlzeitenprogramm, das dem betrieblichen Interesse an der Senkung des Krankenstandes ebenso Rechnung trägt wie den Belangen der Arbeitnehmer am Schutz ihrer Gesundheit und Privatsphäre.

Nach diesen Vorträgen zur inhaltlichen Ausgestaltung des Arbeitsverhältnisses widmete sich der letzte Vortragsblock seiner Beendigung. Rechtsanwalt Dr. *Wolfdieter Küttner*, auch er zur ersten Garde der Arbeitsrechtler in der deutschen Anwaltschaft zählend, unterrichtet über wichtige gesetzliche Neuregelungen in diesem Bereich. Es geht dabei um das Bestreben des Arbeitsförderungsgesetzes 1996, die Beschäftigung gerade dadurch zu stabilisieren oder sogar zu fördern, daß ihre Beendigung erleichtert wird. Dies ist zwar auf den ersten Blick paradox, soll aber die in der Tat verbreitete Besorgnis von Arbeitgebern zerstreuen, einmal eingestellte Arbeitnehmer nicht oder nur unter hohen Kosten freisetzen zu können, und damit ein wichtiges Einstellungshindernis beseitigen. Die Postulate des Bestandsschutzes und der Flexibilität erfordern hier einen schwierigen rechtlichen Ausgleich, über dessen neuesten Stand Küttner eingehend und zuverlässig berichtet.

Dr. *Hans Friedrich Eisemann*, Präsident des Landesarbeitsgerichts Brandenburg und auch im arbeitsrechtlichen Schrifttum vielfältig ausgewiesen, ergänzt dies durch eine Darstellung der neuen Regeln zum Kündigungsschutz. Er zeigt auf, worauf bei ihrer Anwendung besonders zu achten ist und wo die wichtigsten Probleme liegen, deren Lösung noch kontrovers ist.

Angesichts der vielfältigen rechtlichen Hindernisse für Arbeitgeberkündigungen greift die Praxis nach wie vor gern und häufig zum Aufhebungsvertrag. Auch für ihn gibt es wichtige neue Regeln, die Rechtsanwalt Dr. *Ulrich Tschöpe* kompetent darstellt, auch er ein bekannter Spezialist des Arbeitsrechts.

Ein neuer Weg zum Ausstieg aus den Arbeitsverhältnissen ist die Altersteilzeit, die mehr und mehr an die Stelle des klassischen Vorruhestandes tritt. Ihre Neuregelung wird von Rechtsanwalt Dr. *Heinrich Meinhard Stindt* dargestellt, der nicht nur bei der Bayer AG unmittelbar mit den einschlägigen Fragen befaßt ist, sondern im Rahmen des Bundes Katholischer Unternehmer maßgeblich an der Entwicklung des neuen Instruments mitgewirkt hat. Dies versetzt ihn in die Lage, sowohl die konzeptionellen Grundlagen als auch die neuen praktischen Einzelfragen der Altersteilzeit übersichtlich darzustellen.

In die zukünftige, aber nicht mehr weit entfernte Arbeitswelt führt der Vortrag über arbeits- und sozialrechtliche Konsequenzen des Euro von Professor Dr. *Bernd Baron von Maydell*, der nicht nur arbeits- und sozialrechtlich an herausgehobener Stelle steht (Direktor des Max-Planck-Instituts für ausländisches und internationales Sozialrecht, München), sondern auch eine maßgebliche Kommentierung zum Geld- und Währungsrecht vorgelegt hat (§§ 244–248 im Münchener Kommentar zum BGB). Angesichts der verbreiteten Unwissenheit und Unsicherheit in bezug auf den kommenden Euro ist seine Darstellung hochwillkommen.

Die abschließende Podiumsdiskussion widmet sich der zentralen Frage nicht nur des deutschen Arbeitsrechts und Arbeitslebens, sondern der deutschen Politik überhaupt, nämlich dem Arbeitsmarkt und damit der Arbeitslosigkeit. Teilnehmer waren herausragende Repräsentanten aller beteiligten Kreise, der Politik (Minsterialdirektor *Anton Wirmer* aus dem Bundeskanzleramt), der Rechtsprechung (Präsident des Bundesarbeitsgerichts Professor Dr. *Thomas Dieterich*), der Wirtschaft (Rechtsanwalt Dr. *Dieter Kirchner*, bis vor kurzem Hauptgeschäftsführer von Gesamtmetall, und Dr. *Horst Föhr*, Arbeitsdirektor der Deutschen Bahn AG), der Gewerkschaften (Herr *Rolf Steinmann*, Vorstandsmitglied der IG Bauen-Agrar-Umwelt) und, last not least der Wissenschaft (Professor Dr. *Manfred Löwisch*). Die Diskussion zeigt, wie viel oder wie wenig heute aus arbeitsrechtlicher Sicht über die so dringend erforderliche Verbesserung der Arbeitsmarktlage gesagt werden kann. Durch die Diskussionsleitung wurde versucht, die Verantwortung der verschiedenen Gruppen und Instanzen herauszuarbeiten, die allerdings nur im Zusammenwirken erfolgreich sein können.

Köln/Kassel, im Februar 1998

Peter Hanau
Günter Schaub

Inhaltsverzeichnis

Aktuelle Fragen der Abgrenzung und Gestaltung von Mitarbeiterverträgen

Arbeitsteilung und Arbeitsrecht –
Gestaltungsmöglichkeiten und Grenzen
Vors. Richter am BAG HARALD SCHLIEMANN, Kassel 1

Aktuelle Fragen der inhaltlichen Gestaltung
von Arbeitsverträgen
Prof. Dr. ULRICH PREIS, Hagen/Düsseldorf 21

Bericht über die Diskussion
HEINKE HOCHWELLER, Köln 51

Neue Produktionsmethoden

Neue Produktionsmethoden, Dienstleistungsservice
und Managementleistungen im Arbeitsrecht
Vors. Richter am BAG Dr. h. c. GÜNTER SCHAUB, Kassel 53

Arbeitsrechtliche Fragen der Ausgliederung
von Unternehmensteilen
Prof. Dr. ABBO JUNKER, Göttingen 87

Bericht über die Diskussion
HEINKE HOCHWELLER, Köln 115

Flexibilisierung der Arbeitszeit

Arbeitszeitkonto
Rechtsanwalt Dr. GERHARD HENTSCH, Ingolstadt 117

Teilzeitbeschäftigung – Aktuelles zur Gleichbehandlung
und zur Flexibilisierung der Arbeitszeitdauer
Prof. Dr. PETER SCHÜREN, Münster 143

Bericht über die Diskussion
HEINKE HOCHWELLER, Köln 157

Inhaltsverzeichnis

Nur Leistung darf sich lohnen – auch im Arbeitsrecht?

Leistungsentgelte
Rechtsanwalt Dr. JOBST-HUBERTUS BAUER, Stuttgart 161

Senkung des Krankenstandes – Ist das Arbeitsrecht für die Unternehmen Hilfe oder Belastung?
Rechtsanwalt ANDREAS HAFFNER, LL. M., Stuttgart 211

Die Beendigung von Arbeitsverhältnissen nach dem Arbeitsrechtlichen Beschäftigungsförderungsgesetz und dem Arbeitsförderungs-Reformgesetz

Insolvenzordnung, Interessenausgleich, Befristung
Rechtsanwalt Dr. WOLFDIETER KÜTTNER, Köln 225

Neue Regeln zum Kündigungsschutz
Präsident des LAG Dr. HANS FRIEDRICH EISEMANN, Potsdam 241

Bericht über die Diskussion
HEINKE HOCHWELLER, Köln 255

Ausstieg aus dem Arbeitsleben

Aktuelle Fragen des Aufhebungsvertrages
Rechtsanwalt Dr. ULRICH TSCHÖPE, Gütersloh 257

Altersteilzeit: Chancen und Probleme der Kostensenkung und Qualitätserhöhung ohne Arbeitslosigkeit
Rechtsanwalt Dr. HEINRICH MEINHARD STINDT, Leverkusen 271

Bericht über die Diskussion
HEINKE HOCHWELLER, Köln 289

Arbeits- und sozialrechtliche Konsequenzen des Euro
Prof. Dr. BERND BARON VON MAYDELL, München 291

Podiumsdiskussion:
Was können Gesetzgeber, Tarifvertragsparteien und Rechtsprechung für die Beschäftigung tun? 311

Teilnehmerverzeichnis 345

Stichwortverzeichnis 353

Arbeitsteilung und Arbeitsrecht – Gestaltungsmöglichkeiten und Grenzen

von

Vors. Richter am BAG HARALD SCHLIEMANN, Kassel

Inhaltsübersicht

I. Vorbemerkung

II. Funktionale Arbeitsteilung
   1. Leistungserbringung durch dritte Unternehmen und deren Arbeitnehmer
   2. Leistungserbringung durch Einzelpersonen

III. Rechtliche Folgen und Risiken
   1. Arbeitsrechtliche Risiken
   2. Sozialversicherungsrechtliche Risiken
   3. Steuerrechtliche Risiken

IV. Schlüsselbegriff: Arbeitnehmer
   1. Gesetzliche Definition des Arbeitnehmerbegriffs
   2. Definitionen des Arbeitnehmerbegriffs in der Literatur
   3. Höchstrichterliche Rechtsprechung (außer Bundesarbeitsgericht) zum Arbeitnehmerbegriff

V. Rechtsprechung des Bundesarbeitsgerichts zum Arbeitnehmerbegriff
   1. Begriff der Arbeit
   2. Arbeitsvertrag
   3. Im Dienste eines anderen – persönliche Abhängigkeit
   4. Topoi zur persönlichen Abhängigkeit

VI. Rechtliche Gestaltungsmöglichkeiten
   1. Rechtsformenzwang und -freiheit
   2. Vereinbarter Vertragstyp und Änderung

I. Vorbemerkung

Das Generalthema des Forums lautet „Anpassung des Arbeitsrechts an moderne Unternehmensführung". Sie werden es mir als Richter am Bundesarbeitsgericht nachsehen, wenn ich das Generalthema nicht primär als rechtspolitische Aufgabenstellung, sondern so verstehe, daß sich das für alle geltende Recht nicht nach den Wünschen interessierter Rechtsunterworfener richtet, vielmehr sich deren Wünsche und Bedürfnisse am Recht orientieren, und in diesem Rahmen untersucht wird, welche Gestaltungsmöglichkeiten das geltende Recht bietet. Der erste Teil des Forums ist unter das Thema „Aktuelle Fragen der Abgrenzung und der Gestaltung von Mitarbeiterverträgen" gestellt. Mein Beitrag hierzu steht unter der Überschrift „Arbeitsteilung und Arbeitsrecht – Gestaltungsmöglichkeiten und Grenzen". Ich befasse mich mit der *funktionalen Arbeitsteilung*, und zwar unter dem Gesichtspunkt, daß *Einzelpersonen* Arbeitsleistungen oder -ergebnisse erbringen.

II. Funktionale Arbeitsteilung

Funktionale Arbeitsteilung ist ein Grundelement ökonomischer Aufgabenerledigung in Wirtschaft und Verwaltung. Klassische Methode hierbei ist die Verteilung der Arbeitsaufgaben auf die Arbeitnehmer des eigenen Betriebs oder Unternehmens durch den Arbeitgeber. Hierzu bedient sich der Arbeitgeber des ihm zustehenden Direktionsrechts. *Arbeitnehmer* unterstehen kraft Arbeitsvertrags dem *Direktionsrecht* des Arbeitgebers. Direktionsrecht, zuweilen auch Weisungsrecht des Arbeitgebers, nennt man das Recht des Arbeitgebers, die im *Arbeitsvertrag* meistens nur rahmenmäßig umschriebene Leistungspflicht des Arbeitnehmers einseitig zu konkretisieren.[1] Das Direktionsrecht ist Ausdruck der persönlichen Abhängigkeit der Arbeitnehmer; es findet seine Grenzen in Gesetz, Tarifvertrag, Betriebsvereinbarung oder Einzelarbeitsvertrag;[2] seine Ausübung muß billigem Ermessen genügen.[3]

Funktionale Arbeitsteilung wurde und wird zunehmend *außerhalb des Betriebes oder Unternehmens und damit auch außerhalb des Arbeitsrechts* gesucht. Die betriebswirtschaftlichen Effekte der Arbeitsteilung sollen sich dadurch verbessern, daß man anstelle beispielsweise der Beschäftigung eigener Arbeitnehmer nur entsprechende Arbeitsergebnisse von Dritten „einkauft" oder – wie zum Beispiel im Fall „Weightwatchers" – ein Vertriebssystem derart umstellt, daß nicht mehr eigene Arbeitnehmer,

---

1) *Schliemann*, in: Arbeitsrecht im BGB, 1997, § 611 Rz. 1351 ff.
2) *Schliemann* (Fußn. 1), § 611 Rz. 1352.
3) BAG, Urt. v. 10. 11. 1995 – 5 AZR 1009/94, AP Nr. 45 zu § 611 BGB Direktionsrecht.

sondern freie Mitarbeiter eingesetzt werden.[4] Bereits die bloße Befreiung von den Fesseln und Lasten des Arbeitsrechts und – in seinem Gefolge – des Sozialrechts wird zuweilen schon als „günstiger" eingeschätzt. Allerdings ist die Bereitschaft, insoweit auf Weisungen gegenüber dem Leistungserbringer zu verzichten, oft nur gering ausgeprägt. Als betriebswirtschaftlich optimal scheint es zu gelten, eine möglichst enge Zusammenarbeit außerhalb des Arbeitsrechts zu organisieren und den Leistungserbringer derart einzubinden, daß er ähnlich einem Arbeitnehmer „funktioniert". Welche Arbeitsteilung allerdings im Einzelfall die größten Vorteile verspricht, bedarf sorgfältiger Prüfung unter allen wesentlichen Gesichtspunkten, nicht nur unter dem Diktat der nackten Kostenrechnung.

Die Formen der Arbeitsteilung außerhalb des Betriebs oder Unternehmens sind vielfältig. Sie lassen sich unter arbeitsrechtlichen Gesichtspunkten in zwei Großgruppen einteilen.

1. *Leistungserbringung durch dritte Unternehmen und deren Arbeitnehmer*

Zur ersten Großgruppe zählen alle Varianten, in denen der Auftraggeber sich von dritten Unternehmen Werk- oder Dienstleistungen beschafft. Dabei setzen die dritten Unternehmen ihrerseits Arbeitnehmer ein. Dies begegnet uns unter Stichworten wie Verringerung der Fertigungstiefe, lean production, outsourcing, (Funktions-)Ausgliederung und sinngleichen Ausdrücken. Klassiker auf diesem Feld sind die Abgabe der Kantinenbewirtschaftung an einen Pächter,[5] die Abgabe der Reinigung der Büroräume an ein Reinigungsunternehmen,[6] aber auch zum Beispiel die ständige Wartung und Instandhaltung von Elektro- und Förderanlagen in einer Automobilfabrik[7] oder auch das Chartern von Fluggerät mit Bedienungspersonal.[8]

Soweit es um outsourcing oder andere Fälle betriebswirtschaftlicher *Ausgliederung* geht, stellt sich vorrangig die Frage, ob es sich arbeitsrechtlich nur um eine *Funktionsnachfolge* ohne Übergang von Arbeitsverhältnis-

---

4) BAG, Urt. v. 9. 5. 1996 – 2 AZR 438/95, ZIP 1996, 1879 = AP Nr. 79 zu § 1 KSchG 1969 Betriebsbedingte Kündigung, dazu EWiR 1997, 85 *(Wank)*.
5) BAG, Urt. v. 13. 8. 1980 – 4 AZR 492/78, BAGE 34, 111 = AP Nr. 37 zu § 611 BGB Abhängigkeit.
6) EuGH, Urt. v. 14. 4. 1994 – Rs C-392/92, ZIP 1994, 1036 mit Anm. *Hanau* = AP Nr. 106 zu § 613a BGB mit Anm. *Loritz* – Christel Schmidt, dazu EWiR 1994, 757 *(Joost)*; vgl. auch *Lutter*, ZIP 1994, 1514.
7) BAG, Urt. v. 30. 1. 1991 – 7 AZR 497/89, BAGE 67, 124 = AP Nr. 8 zu § 10 AÜG.
8) BAG, Urt. v. 17. 2. 1993 – 7 AZR 167/92, BAGE 72, 255 = AP Nr. 9 zu § 10 AÜG.

sen[9] oder um einen *Betriebsübergang* (§ 613a BGB) handelt, so daß die Arbeitsverhältnisse grundsätzlich auf den Betriebserwerber übergehen.[10] Europarechtlich[11] kann sogar dann ein Betriebsübergang vorliegen, wenn eine Funktion mit der Möglichkeit übergeht, sie dauerhaft weiterzuführen.[12] Dabei kann der Übergang von Arbeitsverhältnissen nicht nur Rechtsfolge sein, wie es bisher für § 613a BGB angenommen wurde, sondern ihrerseits als tatsächliches Geschehen den Betriebsübergang indizieren, wie das Bundesarbeitsgericht jüngst angenommen hat.[13] Funktionsnachfolge in diesem Verständnis kann, wie der Fall „Christel Schmidt" zeigt, zum Übergang des Arbeitsverhältnisses sogar dann führen, wenn nur eine einzige untergeordnete Funktion übertragen wird, zu deren Erfüllung zudem nur eine einzige Person beschäftigt wurde, wie die Putzfrau „Christel Schmidt" mit dem Reinigen der Geschäftsräume einer kleinen Darlehnskasse.[14] Inwieweit dieses Urteil durch die Entscheidung „Ayse Süzen"[15] relativiert worden ist, mag an anderer Stelle untersucht werden.

Unbeschadet der Frage des Betriebsübergangs stellt sich, soweit Arbeitnehmer dritter Unternehmen im eigenen Betrieb funktional arbeitsteilig eingesetzt sind, die Frage, ob sich die Zusammenarbeit noch auf dem Boden des freien *Dienst-, Werk- oder Mietvertrags* bewegt oder ob der Einsatz der fremden Arbeitnehmer als *unerlaubte Arbeitnehmerüberlassung* zu werten ist. Im letzten Fall können die Arbeitsverhältnisse kraft Gesetzes (§ 10 AÜG) als mit dem Leistungsempfänger (Auftraggeber) begründet gelten.[16] Bei diesen – nicht erschöpfenden – Hinweisen muß es hier aus Zeit- und Raumgründen angesichts des thematischen Schwerpunktes bleiben.

---

9) MünchKomm-*Schaub*, BGB, Bd. 4, 3. Aufl., 1997, § 613a BGB Rz. 39; *Ascheid*, in: Arbeitsrecht im BGB, 1997, § 613a Rz. 65, jeweils mit weiteren Rechtsprechungshinweisen.

10) BAG, Urt. v. 22. 5. 1985 – 5 AZR 30/84, BAGE 48, 365, 371 = ZIP 1986, 480 = AP Nr. 42 zu § 613a BGB.

11) Richtlinie 77/187/EWG des Rates vom 14. 2. 1977 zur Angleichung der Rechtsvorschriften der Mitgliedstaaten über die Wahrung von Ansprüchen der Arbeitnehmer beim Übergang von Unternehmen, Betrieben oder Betriebsteilen, ABl Nr. L 61, S. 26.

12) BAG, Vorlagebeschl. v. 21. 3. 1996 – 8 AZR 156/95 (A), ZIP 1996, 1184 = AP Nr. 10 zu EWG-Richtlinie Nr. 77/187 (unter II. der Gründe), dazu EWiR 1996, 1061 *(Willemsen/ Müller)*, aufgehoben durch BAG, Beschl. v. 17. 7. 1997 – 8 AZR 156/95 (B), ZIP 1997, 1554 = NZA 1997, 1050 wegen EuGH, Urt. v. 11. 3. 1997 – Rs C-13/95, ZIP 1997, 516 = NJW 1997, 2039 – Ayse Süzen, dazu EWiR 1997, 315 *(Blomeyer)*; siehe auch EuGH ZIP 1994, 1036 = AP Nr. 106 zu § 613a BGB; auch schon EuGH, Urt. v. 19. 5. 1992 – Rs C-29/91, NZA 1994, 207 (De Sophie Richmond Stichting ./. Hendrikus Bartol).

13) BAG, Urt. v. 11. 9. 1997 – 8 AZR 555/95, zur Veröffentlichung auch in der amtlichen Sammlung bestimmt.

14) EuGH ZIP 1994, 1036 = AP Nr. 106 zu § 613a BGB.

15) EuGH ZIP 1997, 516.

16) BAG AP Nr. 8 zu § 10 AÜG.

2. Leistungserbringung durch Einzelpersonen

Zunehmend neue Erscheinungsformen betreffen die Fallgruppe, in denen die *betriebswirtschaftliche Arbeitsleistung* nicht oder nicht mehr durch einen eigenen Arbeitnehmer erbracht wird, sondern durch eine *fremde Einzelperson*, d. h. durch den Dienstnehmer oder Werkunternehmer, freien Mitarbeiter, Vertriebspartner usw. persönlich. Das Phänomen selbst ist nicht neu. Schon das Reichsversicherungsamt hatte sich vor mehr als hundert Jahren mit der Frage zu befassen gehabt, ob jemand bei solcher Arbeitsteilung „Arbeiter" – heute sagen wir „Arbeitnehmer" – oder „Selbständiger" war.[17] *Hromadka* hat hierauf erst kürzlich wieder zum Beleg dessen wieder aufmerksam gemacht, daß schon damals wie auch heute die persönliche Abhängigkeit und nicht die nur wirtschaftliche dazu geführt hat, den Auftragnehmer als Arbeitnehmer anzusehen.[18] Das heute Neue liegt oft darin, daß bisher klassisch durch eigene Arbeitnehmer erbrachte Arbeiten nunmehr als „fertige Leistungen" durch Einzelpersonen erbracht werden, die nicht Arbeitnehmer des Leistungsempfängers sein sollen und – oft genug – auch nicht sein wollen.[19] Die Motive hierfür liegen sicherlich in jedem Fall anders. Als Tendenz ist jedoch auszumachen, daß die Initiative für eine derartige „Verselbständigung" sehr häufig von der Arbeitgeberseite ausgehen, weniger häufig von Existenzgründern.

Insgesamt ist dieses Feld unter Schlagworten wie „Grauzone"[20] oder „Scheinselbständigkeit"[21] oder – neutraler formuliert – „neue Selbständigkeit"[22] in das Zentrum nicht nur juristisch-wissenschaftlicher, sondern auch politischer Auseinandersetzungen gerückt. Dies wird von einem Anstieg auch der gerichtlichen Auseinandersetzungen begleitet. In letzter Zeit sind u. a. folgende Fälle oder Fallgruppen vor die Gerichte, vor allem vor die Arbeitsgerichte, gebracht worden:

---

17) Reichs-Versicherungsamt, Revisionsentsch. Nr. 77 und 78, Amtl. Nachrichten Jahrgang I (Nr. 21 vom 15. Dezember 1891), S. 181 f, S. 183 f.
18) *Hromadka*, NZA 1997, 569, 572, 575 f.
19) BAG, Urt. v. 11. 12. 1996 – 5 AZR 708/95, EzA § 242 BGB Rechtsmißbrauch Nr. 2, dazu EWiR 1997, 829 *(Wank)*.
20) Vgl. zum Ausdruck: *IAB (Institut für Arbeitsmarkt- und Berufsforschung)* – Werkstattbericht Nr. 7 vom 25. 11. 1996 – Kurzfassung abgedruckt in: NZA 1997, 590; *Bundesministerium für Arbeit und Sozialordnung*, Empirische Befunde zur „Scheinselbständigkeit" (Titel), Forschungsberichte Sozialforschung Nr. 262 und 262a, 1996/1997.
21) Entwürfe für ein „Gesetz zur Bekämpfung der Scheinselbständigkeit" der Länder Hessen und Nordrhein-Westfalen, BR-Drucks. 793/96, sowie der SPD-Fraktion, BT-Drucks. 13/6549.
22) Vgl. die Übersicht bei *Dauner/Lieb*, ZfA 1994, 44 ff.

- Transport-, Kurierdienste, Auslieferungsfahrer,[23]
- Montagearbeiten, Bau- und Bauhilfsarbeiten,[24]
- Restaurantbedienung, Etagenservice in Hotels,[25]
- Regaleinrichter in Ladengeschäften/Kaufhäusern,[26]
- Ausbeiner/Zerleger im Schlachtereigewerbe,[27]
- Wissenschaftler im Einsatz bei industriellen Auftraggebern,[28]
- Haustürwerbung/(nebenberufliche)Versicherungsvertreter,[29]
- Propagandisten/innen,[30]
- Ein-Mann-Franchisenehmer,[31]
- Ärztin für Mütterberatung, Schuluntersuchung,[32]
- Mitarbeiter bei Funk und Fernsehen,[33]

---

23) BAG, Urt. v. 19. 11. 1997 – 5 AZR 653/96, DB 1997, 2437 (zur Veröffentlichung auch in der amtlichen Sammlung bestimmt); LAG Düsseldorf, Beschl. v. 28. 8. 1995 – 14 TaBV 330/94, BB 1995, 2275; LG München I, Beschl. v. 15. 5. 1997 – 17 HKO 759/97, NZA 1997, 943.

24) Zitiert nach *Steinmeyer*, DVBl 1995, 962, 966 f.

25) LAG Frankfurt/M., Beschl. v. 16. 1. 1990 – 4 TaBV 76/89, ArbuR 1991, 187.

26) LAG Frankfurt/M., Beschl. v. 11. 7. 1989 – 7 TaBV 21/88, AiB 1990, 77; ArbG Bremerhaven, Beschl. vom 3. 8. 1988 – 2 BV 18/87, AiB 1989, 85.

27) LG Oldenburg, Beschl. v. 17. 3. 1995 – 1 WQs 43/94, BB 1995, 1697; auch RAG, Urt. v. 18. 1. 1936 – AZR 235/35, ARS 27, S. 326; BSG, Urt. v. 25. 10. 1990, Die Beiträge 1991, S. 98.

28) BFH, Urt. v. 18. 1. 1991 – VI R 122/87, AP Nr. 56 zu § 611 BGB Abhängigkeit.

29) ArbG Nürnberg, Beschl. v. 31. 7. 1996 – 2 Ta 4546/95, ArbuR 1996, 417; zu „Vertretern": LAG Hamm, Urt. v. 13. 10. 1989 – 5 Sa 546/89, LAGE § 611 BGB Arbeitnehmerbegriff Nr. 14.

30) LAG Köln, Urt. v. 30. 6. 1995 – 4 Sa 63/93, AP Nr. 80 zu § 611 BGB Abhängigkeit = ArbuR 1996, 413; die Revision hiergegen wurde vom BAG mit der Maßgabe zurückgewiesen, daß die Klage insgesamt als unzulässig abgewiesen wurde, BAG, Urt. v. 23. 4. 1997 – 5 AZR 727/95, EzA § 256 ZPO Nr. 47 – zur Veröffentlichung auch in der amtlichen Sammlung bestimmt; siehe ferner: BGH, Urt. v. 11. 3. 1982 – I ZR 27/80, AP Nr. 3 zu § 84 HGB; BSG, Urt. v. 24. 10. 1978 – 12 RK 58/76, AP Nr. 30 zu § 611 BGB Abhängigkeit.

31) BAG, Beschl. v. 16. 7. 1997 – 5 AZB 29/96, ZIP 1997, 1714 = NZA 1997, 1126 = NJW 1997, 2973 – *Eismann*, dazu EWiR 1997, 871 *(Reichold)*; BAG, Urt. v. 21. 2. 1990 – 5 AZR 162/89, AP Nr. 57 zu § 611 BGB Abhängigkeit – Jaques Weindepot I; LAG Düsseldorf, Beschl. v. 20. 10. 1987 – 16 TaBV 83/87, ZIP 1988, 454 = BB 1988, 293 – Jaques Weindepot II, dazu EWiR 1988, 219 *(Wank)* – nach Änderung der Verträge während des dritten Rechtszugs durch Verfahrensentscheidung beigelegt: BAG, Beschl. v. 13. 9. 1989 – 7 ABR 5/88, NJW 1991, 520 (Hinweis).

32) BAG, Urt. v. 7. 11. 1990 – 5 AZR 15/90 (unveröff.).

33) Statt vieler: BAG, Urt. v. 20. 7. 1994 – 5 AZR 627/93, BAGE 77, 226 = AP Nr. 73 zu § 611 BGB Abhängigkeit mit Anm. *Mohr*; BAG, Urt. v. 30. 11. 1994 – 5 AZR 704/93, BAGE 78, 343, 347 = AP Nr. 74 zu § 611 BGB Abhängigkeit.

- Bildberichterstatter für Tageszeitung,[34]
- Rechtsanwalt.[35]

In der Praxis gibt es noch weitaus mehr Fallkonstellationen. Der arbeitstechnischen wie auch der betriebswirtschaftlichen Phantasie sind für die Erfindung immer neuer Schnitte bei der funktionalen Arbeitsteilung keine Grenzen gesetzt.

III. Rechtliche Folgen und Risiken

Die skizzierte Art der Arbeitsteilung durch *Einsatz von Einzelpersonen*, die nicht Arbeitnehmer sein sollen, ist *nicht grundsätzlich gesetzwidrig*. Bei hinreichender Intensität und Dauer der Zusammenarbeit bestehen aber *Risiken* unter arbeitsrechtlichen, aber auch unter sozialversicherungsrechtlichen und nicht zuletzt auch steuerrechtlichen Gesichtspunkten. Deren Verwirklichung hat zum Teil äußerst massive Folgen; sie können häufig wirtschaftlich nicht beseitigt oder aufgefangen werden. Die wichtigsten Risiken lassen sich wie folgt umreißen.

1. Arbeitsrechtliche Risiken

Arbeitsrechtlich stellt sich grundlegend die Frage, inwieweit trotz ausdrücklich anderslautender Vereinbarungen rechtlich ein Arbeitsverhältnis vorliegen kann. Besteht tatsächlich ein Arbeitsverhältnis, so ist der Dienst- oder Werkleistende Arbeitnehmer. Ihm steht dann grundsätzlich der volle *Schutz des Arbeitsrechts* zur Seite. Auf welche arbeitsrechtlichen Schutznormen er sich jeweils stützen kann, hängt dann nur noch davon ab, ob die sonstigen gesetzlichen Voraussetzungen im Einzelfall erfüllt sind.

Das betrifft vor allem den *Kündigungsschutz*, die *Entgeltfortzahlung im Krankheitsfall* und an gesetzlichen Feiertagen und den bezahlten *Erholungsurlaub*. Der Betreffende hat teil an der *Betriebsverfassung*, auf das Arbeitsverhältnis können *Tarifverträge* anzuwenden sein. Unter dem Gesichtspunkt der arbeitsrechtlichen *Gleichbehandlung* können dem Betreffenden all jene betrieblichen Wohltaten zustehen, die die Arbeitnehmer des Betriebs erhalten, wie beispielsweise *Sonderzahlungen* oder betriebliche *Altersversorgung*. Schließlich sind dann auch noch das *Arbeitszeitgesetz*[36] und die sonstigen *Arbeitnehmerschutzvorschriften* zu beachten.

---

34) BAG, Beschl. v. 29. 1. 1992 – 7 ABR 25/91, AP Nr. 47 zu § 5 BetrVG 1972.
35) BAG, Beschl. v. 15. 4. 1993 – 2 AZB 32/92, AP Nr. 12 zu § 5 ArbGG 1979; LAG Berlin, Urt. v. 16. 12. 1986 – 11 Sa 93/86, NZA 1987, 488.
36) Im einzelnen: *Schliemann*, Arbeitszeitrecht, 1997, Teil 1, Rz. 104 ff.

Nicht zuletzt steht dem Betreffenden der *Rechtsweg zu den Arbeitsgerichten* offen, wenn er seine Rechte als – wie er geltend macht – Arbeitnehmer einklagt, z. B. Kündigungsschutzklage erhebt. Es ist aber auch möglich, den Schutz des Arbeitsrechts grundlegend zu erstreiten, indem die gerichtliche Feststellung beantragt wird, Arbeitnehmer des Beklagten zu sein. Dies bleibt nicht etwa schon deshalb erfolglos, weil die Parteien vertraglich ein typologisch anderes Rechtsverhältnis vereinbart haben, zum Beispiel einen Dienstvertrag als freier Mitarbeiter, einen Werkvertrag, ein Franchiseverhältnis, einen Frachtführervertrag oder einen Kommissionsvertrag.[37]

Wer erfolgreich geltend macht, Arbeitnehmer zu sein, läuft seinerseits auch arbeitsrechtliche Risiken. So kann es unter Umständen wegen Wegfalls der Geschäftsgrundlage zu einer *Verringerung* der *Vergütung* kommen, weil das tarifliche oder übliche Arbeitsentgelt geringer bemessen ist als die vereinbarte Vergütung.[38] Ob die Anpassung nur für die Zukunft möglich ist oder entsprechend der rückwirkenden Feststellung der Arbeitnehmereigenschaft auch rückwirkend vorgenommen werden kann, bedarf noch der Klärung in der Rechtsprechung.

2. Sozialversicherungsrechtliche Risiken

Sozialversicherungsrechtlich stellt sich vor allem die Frage nach der *Sozialversicherungspflicht*. Hierfür kommt es – im hier zu erörternden Zusammenhang – wesentlich darauf an, ob eine Beschäftigung i. S. d. § 7 Abs. 1 SGB IV vorliegt, vor allem in einem Arbeitsverhältnis. Auf Arbeitsverhältnisse beschränkt sich das Sozialversicherungsrecht jedoch nicht. Auch andere Arten abhängiger Dienstleistung können den Begriff der auf Abhängigkeit abstellenden „Beschäftigung" i. S. d. § 7 Abs. 1 SGB IV erfüllen. Eine Ausnahme von der Sozialversicherungspflicht besteht bei geringfügiger Beschäftigung i. S. d. § 8 SGB IV.

Besteht Sozialversicherungspflicht, so hat der Arbeitgeber die Sozialversicherungsbeiträge abzuführen, und zwar sowohl den Arbeitgeberanteil als auch den Arbeitnehmeranteil. Wird die Sozialversicherungspflicht nachträglich festgestellt, so hat der Arbeitgeber in der Regel auch *nachträgliche Sozialversicherungsbeiträge* abzuführen. Dies kann einen Zeitraum von fünf Jahren erfassen. Die Verjährungsfrist für Beitragsnachforderun-

---

37) Vgl. für den Rechtsweg: BAG ZIP 1997, 1714 = NZA 1997, 1126; BAG, Beschl. v. 8. 9. 1997 – 5 AZB 3/97, ZIP 1997, 2208, dazu EWiR 1998, 53 *(Walker)*.
38) BAG, Urt. v. 9. 7. 1986 – 5 AZR 44/85, BAGE 52, 273, 276 = AP Nr. 7 zu § 242 BGB Geschäftsgrundlage; vgl. auch: BAG, Urt. v. 11. 12. 1996 – 5 AZR 855/95, EzA § 242 BGB Rechtsmißbrauch Nr. 1.

gen beträgt vier Jahre; sie beginnt aber erst mit dem Ende des Fälligkeitsjahres (§ 25 SGB IV). Der Arbeitgeber kann zwar die Arbeitnehmeranteile von Entgeltforderungen des sozialversicherungspflichtig beschäftigten Arbeitnehmers abziehen. Ist dies unterblieben, so kann der Arbeitgeber dies jedoch nur bei den nächsten drei Monaten nachholen, danach nur dann, wenn der Abzug ohne Verschulden des Arbeitgebers unterblieben ist (§ 28g SGB IV).

3. Steuerrechtliche Risiken

Steuerrechtliche Risiken können sowohl den Arbeitgeber als auch den Arbeitnehmer im Sinne des Steuerrechts treffen,[39] wie die folgenden Beispiele zeigen.

Liegt steuerrechtlich ein Arbeitsverhältnis vor, so sind die Einkünfte hieraus als solche aus unselbständiger Arbeit zu versteuern (§ 2 Abs. 1 Satz 1 Nr. 4, §§ 19, 19a EStG, § 1 LStDV). Einkünfte aus unselbständiger Arbeit unterliegen – sowelt die Geringfügigkeitsgrenzen überschritten sind – grundsätzlich dem Steuerabzug vom Arbeitslohn, also der *Lohnsteuer*. Der Arbeitgeber hat den Steuerabzug durchzuführen. Einkünfte aus selbständiger Tätigkeit unterliegen dagegen der *Einkommensteuer*. Sie sind vom Steuerpflichtigen zu erklären und zu versteuern. Bei nachträglicher Feststellung der Lohnsteuerpflichtigkeit hat der Auftraggeber oder Empfänger der Arbeitsleistung als steuerrechtlicher Arbeitgeber den *Lohnsteuerabzug nachträglich* durchzuführen. In der Regel haftet dann nur er gegenüber dem Finanzamt für die Abführung der Lohnsteuer (§ 42d Abs. 3 EStG). Sein Risiko bleibt, inwieweit er die abgeführte Lohnsteuer vom Steuerschuldner, nämlich dem steuerrechtlichen Arbeitnehmer, wieder zurückerlangen kann.

Andererseits bestehen auch Risiken für den Arbeitnehmer. Hat er zum Beispiel *Betriebsausgaben* im Zusammenhang mit der Leistungserbringung bei der Versteuerung seines Einkommens aus selbständiger Tätigkeit geltend gemacht, so fallen diese weg, wenn sich die Einkünfte nachträglich als solche aus einer abhängigen Beschäftigung, d. h. als lohnsteuerpflichtige Einkünfte herausstellen. In der Regel kann der Arbeitnehmer dann zwar *Werbungskosten* geltend machen, jedoch fallen diese meistens deutlich geringer aus als die Betriebsausgaben für Einkünfte aus selbständiger Tätigkeit. Der Arbeitnehmer kann die deshalb meistens höhere Einkommensteuerschuld auch nicht dadurch erträglicher gestalten, daß er mit einem Erstattungsanspruch wegen zu Unrecht abgeführter Umsatzsteuer aufrechnet. Vielmehr verbleibt die Umsatzsteuer dem Fis-

---

[39] *Kunz/Kunz*, DB 1993, 326 f.

kus, weil der Arbeitnehmer sie unberechtigt in Rechnung gestellt hat (§ 16 Abs. 3 UStG).

IV. Schlüsselbegriff: Arbeitnehmer

Rechtliche Ordnungen artikulieren sich über Begriffe. Für den hier interessierenden Aspekt der arbeitsrechtlichen Möglichkeiten und Grenzen funktionaler Arbeitsteilung durch Mitarbeit oder Einsatz von Einzelpersonen kommt es entscheidend darauf an, ob sie *Arbeitnehmer* sind. Dies ist der *Schlüsselbegriff.*

Arbeitsrechtlich unterscheiden deutsche Gesetze drei Kategorien der funktionalen Arbeitsteilung, nämlich erstens Arbeitnehmer, zweitens arbeitnehmerähnliche Personen und drittens alle anderen. Hieran ist die Rechtsprechung gebunden.

1. Gesetzliche Definition des Arbeitnehmerbegriffs

Es gibt keine *gesetzliche Begriffsbestimmung* des Arbeitnehmers. Dies betrifft sowohl die nationalen Gesetze wie auch die europäischen Gesetze.

Zur Zeit befinden sich (noch) ein Gesetzentwurf des Freistaates Sachsen und einer des Landes Brandenburg für ein *Arbeitsvertragsgesetz* im Gesetzgebungsgang.[40] In beiden wird der Begriff des Arbeitnehmers definiert, allerdings unterschiedlich. Im Gesetzgebungsverfahren befinden sich zudem wortgleiche Entwürfe der Länder Hessen und Nordrhein-Westfalen sowie der SPD-Fraktion im Deutschen Bundestag[41] für ein *Gesetz zur Bekämpfung der Scheinselbständigkeit.* Darin wird der Begriff der Beschäftigung im Sinne des Sozialversicherungsrechts erweitert. Es ist nicht sehr wahrscheinlich, daß es noch in dieser Legislaturperiode zur Verabschiedung eines dieser Gesetze kommen wird.

Es gibt aber eine gesetzliche Definition der *arbeitnehmerähnlichen Person* in § 12a Abs. 1 Nr. 1 TVG. Hiernach sind arbeitnehmerähnliche Personen (von ihrem Auftraggeber) wirtschaftlich abhängig und ähnlich einem Arbeitnehmer schutzbedürftig. Dieselbe Umschreibung verwendet die Rechtsprechung auch außerhalb des § 12a TVG.[42] Arbeitnehmerähnliche Personen sind mangels hinreichender persönlicher Abhängigkeit vom Auf-

---

40) Entwurf eines Arbeitsvertragsgesetzes (Sachsen), BR-Drucks. 293/95; Entwurf eines Gesetzes zur Bereinigung des Arbeitsrechts (Brandenburg), BR-Drucks. 671/96.

41) Entwurf eines Gesetzes zur Bekämpfung der Scheinselbständigkeit der Länder Hessen und Nordrhein-Westfalen, BR-Drucks. 793/96, sowie der SPD-Fraktion, BT-Drucks. 13/6549.

42) BAG ZIP 1997, 1714 = NZA 1997, 1126.

traggeber keine Arbeitnehmer. Für sie gilt das Arbeitsrecht grundsätzlich nicht, einzelne Normen sind jedoch anzuwenden, nämlich das Bundesurlaubsgesetz (§ 2 BUrlG) und die Sonderregelung des § 12a TVG, wonach für arbeitnehmerähnliche Personen Tarifverträge abgeschlossen werden können. Ferner ist für bürgerliche Rechtsstreitigkeiten mit arbeitnehmerähnlichen Personen der Rechtsweg zu den Arbeitsgerichten eröffnet (§§2, 5 Abs. 1 Satz 2 ArbGG).

2. Definitionen des Arbeitnehmerbegriffs in der Literatur

In der wissenschaftlichen Literatur gibt es zahlreiche, zum Teil recht unterschiedliche Definitionen des Begriffs „Arbeitnehmer".[43]

Nach herkömmlicher Definition, die vor allem auf *Alfred Hueck*[44] zurückgeht, ist Arbeitnehmer, wer aufgrund privatrechtlichen Vertrags zur Leistung von Arbeit bzw. Diensten in persönlicher Abhängigkeit verpflichtet ist.[45]

Richardi geht vom herkömmlichen Arbeitnehmerbegriff aus, will ihn jedoch je nach Schutzzweck variieren.[46] Damit wird der einheitliche Arbeitnehmerbegriff in eine Vielzahl schutzzweckorientierter Varianten aufgelöst. Umgekehrt halten *Hilger*[47] und *Zeuner*[48] einen einheitlichen Arbeitnehmerbegriff herkömmlicher Definition für richtig; sie wollen jedoch die Schutzzwecke der anzuwendenden Normen teleologisch reduzieren.

Einen grundlegend alternativen Ansatz verfolgt *Wank*.[49] Er stellt in seiner Habilitationsschrift Arbeitnehmer einerseits und Selbständige andererseits gegenüber und versteht sie als definitiv erschöpfende Gegenbegriffe. Die dritte Kategorie, nämlich die arbeitnehmerähnliche Person, hatte in seiner Einteilung zunächst keinen Platz, seit kürzerer Zeit ordnet er sie als Untergruppe den Selbständigen zu. Die grundlegende Unterscheidung zwischen Arbeitnehmern und Selbständigen sieht *Wank* in der freiwilligen

---

43) Vgl. die Standardwerke zum Arbeitsrecht sowie die Übersicht bei *Schliemann* (Fußn. 1), § 611 vor Rz. 957; *Hromadka*, NZA 1997, 569 ff; *Rommé*, ZfA 1997, 251 ff.
44) *Hueck/Nipperdey*, Lehrbuch des Arbeitsrechts, Bd. I, 7. Aufl., 1963, § 9 III 3.
45) Z. B. *Schliemann* (Fußn. 1), § 611 Rz. 957–1016, 1015 (ausführlich); *Schaub*, Arbeitsrechtshandbuch, 8. Aufl., 1996, § 8 II (ausführlich); ferner *Nikisch*, Arbeitsrecht, Bd. I, 3. Aufl., 1961, § 14 I; *Söllner*, Grundriß des Arbeitsrechts, 11. Aufl., 1994, § 3 I 1; *Otto*, Einführung in das Arbeitsrecht, 2. Aufl., 1997, § 3 I.
46) *Richardi*, in: Münchener Handbuch zum Arbeitsrecht, Bd. 1, Individualarbeitsrecht I, 1992, § 23 Rz. 36–51.
47) *Hilger*, RdA 1989, 1, 3, 6.
48) *Zeuner*, RdA 1975, 84 f.
49) *Wank*, Arbeitnehmer und Selbständige (Habilitationsschrift 1988); *ders.*, DB 1992, 90; ablehnend: *Hromadka*, NZA 1997, 569 ff, *Rommé*, ZfA 1997, 251 ff.

Übernahme des Unternehmerrisikos durch den Leistungserbringer. Vereinzelt folgen Instanzgerichte der Ansicht von *Wank*.[50]

Lieb meint, die zur Bejahung der Arbeitnehmereigenschaft führende Schutzbedürftigkeit beruhe darauf, daß der Arbeitnehmer wegen der Bindung seiner Arbeitskraft nicht in der Lage sei, durch eigenen unternehmerischen Einsatz hinreichende Selbstvorsorge zu treiben.[51]

Nach *Hanau* bedarf der Arbeitnehmerbegriff de lege ferenda einer neuen gesetzlichen Definition, weil sich die Arbeitswelt ändere; die Rechtsprechung müsse sich jedoch an das geltende Recht halten und könne dessen Dreiteilung nicht aufgeben.[52]

3. Höchstrichterliche Rechtsprechung (außer Bundesarbeitsgericht) zum Arbeitnehmerbegriff

Der *Europäische Gerichtshof* geht von einem ungeschriebenen gemeinschaftsrechtlichen Arbeitnehmerbegriff aus, den er wegen der Freizügigkeit als eines Gemeinschaftsgrundrechts (Art. 48 EGV) umfassend auf alle Rechtsgrundlagen erstreckt und inhaltlich weit faßt.[53] So unterfallen dem Begriff auch Beamte.[54] Hiernach ist Arbeitnehmer, „wer während bestimmter Zeit für einen anderen nach dessen Weisung Leistung(en) erbringt, für die er Vergütung erhält".[55] Der europarechtliche Arbeitnehmerbegriff ist allerdings auf (rein) nationale Sachverhalte nicht anwendbar.[56]

Das *Bundesverfassungsgericht* hat keine eigene Definition des Arbeitnehmerbegriffs geäußert. Es hat jedoch für Rundfunkmitarbeiter in Frage gestellt, ob alle arbeitsrechtlichen Folgen gleichermaßen von der Arbeitnehmereigenschaft abhängen.[57] In jüngster Zeit hat es den nicht näher gesetzlich definierten Begriff der (abhängigen) Beschäftigung (§ 7 Abs. 1

---

50) U. a. LAG Köln AP Nr. 80 zu § 611 BGB Abhängigkeit = ArbuR 1996, 413 ; die Revision hiergegen wurde vom BAG mit der Maßgabe zurückgewiesen, daß die Klage insgesamt als unzulässig abgewiesen wurde, BAG EzA § 256 ZPO Nr. 47.
51) *Lieb*, Arbeitsrecht, 6. Aufl., 1997, Rz. 1 ff, 33.
52) *Hanau*, in: Festschrift Kehrmann, 1996, S. 23 ff, 27.
53) St. Rspr., z. B. EuGH, Urt. v. 19. 3. 1964 – Rs 75/63, EuGHE 64, 379 – Unger; EuGH, Urt. v. 26. 2. 1992 – Rs C-357/89, NJW 1992, 1493 – V. J. M. Raulin.
54) EuGH, Urt. v. 12. 2. 1974 – Rs 52/73, EuGHE 74, 153 – Sitgiu ./. Deutsche Bundespost; EuGH, Urt. v. 3. 7. 1986 – Rs 66/85, EuGHE 86, 2121 – Lawrie-Blum ./. Baden-Württemberg.
55) St. Rspr., z. B. EuGHE 64, 379; EuGH NJW 1992, 1493.
56) EuGH, Urt. v. 28. 11. 1992 – Rs C-332/90, EuZW 1992, 189 – Steen ./. Deutsche Bundespost.
57) BVerfG, Beschl. v. 13. 1. 1982 – 1 BvR 848/77 u. a., BVerfGE 59, 231 = AP Nr. 1 zu Art. 5 GG Rundfunkfreiheit.

SGB IV) für hinreichend bestimmt und deshalb für verfassungskonform erklärt.[58] Dies läßt sich als Bestätigung der bisherigen Rechtsanwendung verstehen.

Der *Bundesgerichtshof* hat sich unter anderem bei der Abgrenzung des Dienstvertrags vom Gesellschaftsvertrag[59] sowie des Arbeitsvertrags vom freien Dienstvertrag oder Handelsvertretervertrag[60] mit dem Arbeitnehmerbegriff zu befassen. Er hat dieselben Kriterien wie das Bundesarbeitsgericht angewendet. Auch das *Bundesverwaltungsgericht* verwendet dieselben Kriterien wie das Bundesarbeitsgericht.[61]

Der *Bundesfinanzhof* hat den steuerrechtlichen Begriff der unselbständigen Arbeit anzuwenden. Dieser umfaßt auch Bedienstete in öffentlich-rechtlichen Dienstverhältnissen[62] sowie (angestellte) Geschäftsführer und Vorstände. Steuerrechtlich gibt es die Rechtsfigur der arbeitnehmerähnlichen Person nicht. Ansonsten verwendet der Bundesfinanzhof ähnliche Kriterien wie das Bundesarbeitsgericht.[63]

Das *Bundessozialgericht* hat für die Frage der Sozialversicherungspflicht § 7 SGB IV anzuwenden, also zu prüfen, ob eine abhängige und deshalb sozialversicherungspflichtige „Beschäftigung, insbesondere in einem Arbeitsverhältnis" vorliegt. Soweit es dabei untersucht, ob ein Arbeitsverhältnis vorliegt, legt es dieselben Einzelkriterien zugrunde wie das Bundesarbeitsgericht. Zuweilen zieht das Bundessozialgericht aber auch das „Unternehmerrisiko" zur Abgrenzung selbständiger von unselbständiger Tätigkeit heran.[64]

V. *Rechtsprechung des Bundesarbeitsgerichts zum Arbeitnehmerbegriff*

Die Rechtsprechung des Bundesarbeitsgerichts zum Begriff des Arbeitnehmers ist in hohem Maße konstant,[65] aber nicht im selben Maße prognostizierbar. Gleichwohl wird ihr bescheinigt, nahezu jedesmal im Einzelfall zu zutreffenden Ergebnissen zu gelangen.[66] Gemäß dem Gesetz un-

---

58) BVerfG, Beschl. v. 20. 5. 1996 – 1 BvR 21/96, AP Nr. 82 zu § 611 BGB Abhängigkeit.
59) BGH, Urt. v. 28. 10. 1982 – I ZR 134/80, NJW 1983, 1191.
60) BGH AP Nr. 3 zu § 84 HGB.
61) BVerwG, Urt. v. 21. 6. 1982 – 6 P 4.81, AP Nr. 1 zu § 4 BPersVG.
62) *Brenne*, Der Begriff „Arbeitnehmer" im Steuerrecht – insbesondere sein Verhältnis zum Begriff „Arbeitnehmer" im Arbeitsrecht, Diss. Köln, 1969.
63) *Schmidt*, EStG, 15. Aufl., 1996, § 19 Rz. 4.
64) Zusammenfassend: *Schliemann* (Fußn. 1), § 611 Rz. 978.
65) Vgl. insgesamt: *Schliemann* (Fußn. 1), § 611 Rz. 982–1004 sowie Einzelabgrenzungen Rz. 1016–1083.
66) *Reuter*, Anm. zu BAG, Urt. v. 1. 8. 1989, SAE 1990, 359, 360.

terscheidet das Bundesarbeitsgericht grundlegend zwischen Arbeitnehmern und Nichtarbeitnehmern sowie zwischen Arbeitnehmern und arbeitnehmerähnlichen Personen. Trotz der einen oder anderen sprachlichen Variante legt das *Bundesarbeitsgericht* für den Begriff des Arbeitnehmers ständig folgende *Definition*[67] zugrunde: *Arbeitnehmer ist, wer auf privatrechtlicher Grundlage im Dienste eines anderen (in persönlicher Abhängigkeit) zu (fremdbestimmter) Arbeit verpflichtet ist.*

1. Begriff der Arbeit

Unter *Arbeit* ist in diesem Zusammenhang jede Dienstleistung im Sinne einer wirtschaftlich relevanten Betätigung zu verstehen. Dies dient der Abgrenzung vorrangig in zwei Richtungen, nämlich gegenüber dem nur auf Erfolg bezogenen Werkvertrag einerseits und gegenüber sonstiger nichtkommerzieller Betätigung andererseits, z. B. im Sport,[68] in der Kunst, in der Religionsausübung.

2. Arbeitsvertrag

Rechtsgrundlage für die Verpflichtung zur Arbeitsleitung muß ein hierauf gerichteter privatrechtlicher Vertrag, mithin ein *Arbeitsvertrag*, sein. Dieses Kriterium dient der Abgrenzung gegenüber Rechtsverhältnissen außerhalb des Privatrechts, zum Beispiel öffentlich-rechtlichen Dienstverhältnissen,[69] wie auch gegenüber sonstigen privatrechtlichen Rechtsverhältnissen außer Dienstverträgen wie Vereinsmitgliedschaft, Gesellschaft, Familie.[70]

3. Im Dienste eines anderen – persönliche Abhängigkeit

Das in Theorie und Praxis schwierigste Unterscheidungskriterium für den Begriff des Arbeitnehmers in der Rechtsprechung des Bundesarbeitsge-

---

[67] BAG in ständiger Rechtsprechung, zum Teil jedoch mit unterschiedlichen Formulierungen, statt vieler: BAG, Urt. v. 28. 2. 1962 – 4 AZR 141/61, BAGE 12, 303, 307 = AP Nr. 1 zu § 611 BGB Abhängigkeit; BAG, Beschl. v. 25. 3. 1992 – 7 ABR 52/91, BAGE 70, 104, 109 = AP Nr. 48 zu § 5 BetrVG 1972; BAG, Beschl. v. 6. 7. 1996 – 5 AZB 9/93, NZA 1996, 33, 34, jeweils m. w. N.

[68] Z. B. für Lizenzfußballspieler: BAG, Urt. v. 17. 1. 1979 – 5 AZR 498/77, AP Nr. 2 zu § 611 BGB Berufssport mit Anm. *Reuter*; für DFB-Vertragsamateurspieler: BAG, Urt. v. 10. 5. 1990 – 2 AZR 607/89, AP Nr. 51 zu § 611 BGB Abhängigkeit, dazu EWiR 1990, 1067 *(Däubler)*.

[69] Vgl. im einzelnen *Schliemann* (Fußn. 1), § 611 Rz. 986, 1017–1035 mit vielen Nachweisen aus der Rechtsprechung.

[70] Vgl. im einzelnen *Schliemann* (Fußn. 1), § 611 Rz. 986, 1036–1047 mit vielen Nachweisen aus der Rechtsprechung.

richts ist das dritte: „*Im Dienste eines anderen*" muß die Arbeit zu leisten sein, d. h. *in einem hinreichenden Grad persönlicher Abhängigkeit*.[71] Hierbei handelt es sich um Stereotype. Das Merkmal dient der Abgrenzung gegenüber nicht auf die Leistung von (abhängiger oder fremdbestimmter) Arbeit gerichteten Dienstverträgen, zum Beispiel mit Organmitgliedern juristischer Personen oder Personenvereinigungen (Vorstand, Geschäftsführer usw.),[72] mit Handelsvertretern,[73] mit Franchisenehmern[74] oder mit freien Mitarbeitern.[75]

Sehr häufig, wenn nicht gar regelmäßig, liegt neben der persönlichen Abhängigkeit zugleich auch wirtschaftliche Abhängigkeit vor. Beide Arten der Abhängigkeit müssen auseinandergehalten werden. Die bloße wirtschaftliche Abhängigkeit ist aber weder erforderlich noch ausreichend, um annehmen zu können, es liege ein Arbeitsverhältnis vor.[76] Liegt persönliche Abhängigkeit nicht oder nur in nicht hinreichendem Maße vor, so ist der Dienstleistende kein Arbeitnehmer. Das Kriterium der (hinreichenden) persönlichen Abhängigkeit ist – allen Gegenansichten zum Trotz – nach wie vor unterscheidungskräftig und von der Sache her geboten.[77] Eine andere Frage ist, wie es im Einzelfall auszufüllen ist. Keine Kriterien sind dagegen Abrechnungsmodalitäten oder die tatsächliche steuer- oder sozialversicherungsrechtliche Behandlung.[78]

4. Topoi zur persönlichen Abhängigkeit

In der Rechtsprechung des Bundesarbeitsgerichts zeigt sich die persönliche Abhängigkeit des Arbeitnehmers vor allem im Topos *Weisungsgebundenheit*, aber auch in einer weiteren Reihe von Topoi. Die *Eingliede-*

---

71) Ständige Rechtsprechung, statt vieler: BAG, Urt. v. 16. 7. 1997 – 5 AZR 312/96, EzA § 611 BGB Arbeitnehmerbegriff Nr. 61; BAG, Urt. v. 12. 9. 1996 – 5 AZR 104/95, AP Nr. 122 zu § 611 BGB Lehrer, Dozenten; BAG BAGE 70, 104, 109 = AP Nr. 48 zu § 5 BetrVG 1972; vgl. des näheren: *Schliemann* (Fußn. 1), § 611 Rz. 987–990 m. w. N.
72) Z. B. GmbH-Geschäftsführer: BAG, Beschl. v. 25. 6. 1997 – 5 AZB 41/96, ZIP 1997, 1930 = EzA § 2 ArbGG 1979 Nr. 37; vgl. im einzelnen *Schliemann* (Fußn. 1), § 611 Rz. 1049.
73) BAG, Urt. v. 20. 4. 1966 – 5 AZR 278/63, BAGE 15, 335, 341 = AP Nr. 1 zu § 90a HGB; vgl. jedoch § 5 Abs. 3 ArbGG für Ein-Firmen-Vertreter mit Einnahmen von bis zu 2 000 DM monatlich.
74) BAG ZIP 1997, 1714 = NZA 1997, 1126.
75) Vgl. im einzelnen *Schliemann* (Fußn. 1), § 611 Rz. 1056–1064 mit vielen Nachweisen aus der Rechtsprechung.
76) St. Rspr., statt vieler: BAGE 78, 343, 347 = AP Nr. 74 zu § 611 BGB Abhängigkeit.
77) *Hromadka*, NZA 1997, 569, 574 m. w. N. auch der gegenteiligen Ansichten.
78) St. Rspr., statt vieler: BAG EzA § 611 BGB Arbeitnehmerbegriff Nr. 61.

rung in eine fremde Arbeitsorganisation,[79] die Art und Organisation der Tätigkeit,[80] die Eigenart der Tätigkeit[81] können zur (hinreichenden) persönlichen Abhängigkeit führen. Dabei gibt es keine gleichbleibenden Merkmale für alle Arten von Tätigkeiten.[82] Man kann jedoch tendenziell sagen, daß eine Eingliederung in den Betrieb um so eher anzunehmen ist, je einfacher oder anspruchsloser die Aufgabenstellung ist.[83]

Die *Weisungsgebundenheit* kann Gegenstand und Inhalt, Zeit, Ort, Art, Reihenfolge usw. der Aufgabenzuteilung und der Aufgabenerledigung betreffen. Das Gegenstück hierzu ist die freie Einteilung durch den Dienstleistenden. Dieser Rechtsgedanke kommt im Gesetz, nämlich bei der Abgrenzung des freien Handelsvertreters zum Arbeitnehmer – Handlungsreisenden – nach § 84 Abs. 1 Satz 2, Abs. 2 HGB zum Ausdruck.[84] Hiernach ist selbständig, wer im wesentlichen frei seine Tätigkeit gestalten und seine Arbeitszeit bestimmen kann; wer dies nicht kann, gilt als Angestellter.

Zeitliche Weisungsgebundenheit zeigt sich nicht nur in entsprechenden ausdrücklichen Anweisungen. Sie kann sich auch daraus ergeben, daß der Dienstleistende in den Dienstplan aufgenommen wird,[85] daß von ihm ständig Dienstbereitschaft erwartet wird,[86] oder daß er Tätigkeit auf „Abruf" zu leisten hat. Dabei ist nicht in erster Linie entscheidend, ob er eine geringe oder große Arbeitszeitmenge zu leisten hat.[87] *Örtlich oder räumlich* kann sich Weisungsgebundenheit in vergleichbarer Weise zeigen. Allerdings reichen Bindungen hinsichtlich Zeit und Ort kraft vom Auftraggeber nicht beeinflußbaren Sachzwangs nicht immer aus, um einen hinreichenden Grad persönlicher Abhängigkeit des Auftragnehmers vom Auftraggeber und damit ein Arbeitsverhältnis annehmen zu können. Solche Sachzwänge können beispielsweise bei der Presseberichterstattung

---

79) BAG EzA § 611 BGB Arbeitnehmerbegriff Nr. 61; BAG AP Nr. 122 zu § 611 BGB Lehrer, Dozenten; BAGE 77, 226, 234 = AP Nr. 73 zu § 611 BGB Abhängigkeit.
80) BAGE 77, 226, 234 = AP Nr. 73 zu § 611 BGB Abhängigkeit.
81) BAG EzA § 611 BGB Arbeitnehmerbegriff Nr. 61; BAG AP Nr. 122 zu § 611 BGB Lehrer, Dozenten.
82) St. Rspr., statt vieler: BAG EzA § 611 BGB Arbeitnehmerbegriff Nr. 61.
83) BAG EzA § 611 BGB Arbeitnehmerbegriff Nr. 61.
84) St. Rspr., statt vieler: BAG Urt. v. 28. 2. 1962 – 4 AZR 141/61, BAGE 12, 303 = AP Nr. 1 zu § 611 BGB Abhängigkeit; BAG, Urt. v. 9. 9. 1981 – 5 AZR 477/79, BAGE 36, 77, 82 = AP Nr. 38 zu § 611 BGB Abhängigkeit; BAG, Urt. v. 9. 5. 1984 – 5 AZR 195/82, AP Nr. 45 zu § 611 BGB Abhängigkeit.
85) BAGE 77, 226, 234 = AP Nr. 73 zu § 611 BGB Abhängigkeit.
86) BAG, Urt. v. 7. 5. 1980 – 5 AZR 293/78, AP Nr. 35 zu § 611 BGB Abhängigkeit.
87) BAG, Urt. v. 27. 3. 1991 – 5 AZR 194/90, AP Nr. 53 zu § 611 BGB Abhängigkeit.

über Tagesereignisse anzunehmen sein; die Berichterstatter sind dann nicht schon wegen solcher Bindungen Arbeitnehmer.[88]

Auf persönliche Abhängigkeit deutet in der Regel auch die *fachliche Weisungsgebundenheit* hin. Sie kann jedoch für Spitzenfachleute mehr oder weniger, zum Teil ganz entfallen, wenn sich die Tätigkeit der fachlichen Weisung entzieht[89] (z. B. Chefärzte, führende Wissenschaftler, Künstler, Journalisten, Programm-Mitarbeiter bei Funk und Fernsehen, Juristen (Rechtsanwälte).[90] Nicht selten deuten aber Weisungen hinsichtlich der äußerlichen Erscheinung („Dienstkleidung") oder hinsichtlich des Auftretens in der Öffentlichkeit oder gegenüber Kunden und Interessenten auf persönliche Abhängigkeit hin.

Hinreichende persönliche Abhängigkeit besteht jedoch nicht nur, wenn der Arbeitgeber ein Weisungs- oder Direktionsrecht hat. Vielmehr kann sie auch durch zu detaillierte Einzelregelungen in einem Vertrag herbeigeführt werden, der – von seinem Typus her – gerade kein Arbeitsvertrag sein soll.

VI. Rechtliche Gestaltungsmöglichkeiten

Die Feststellung, ob jemand Arbeitnehmer ist oder nicht, kann nur für ein bestimmtes Rechtsverhältnis getroffen werden. Die Arbeitnehmereigenschaft ist kein „Status", der dem Menschen anhaftet. Vielmehr zeigen allein die *vertraglichen Beziehungen*, ob der Dienstleistende Arbeitnehmer des Vertragspartners ist oder nicht.[91]

Für die rechtliche Einordnung der vertraglichen Beziehungen ist nicht die gewählte *Vertragsbezeichnung* entscheidend, sondern die tatsächliche Gestaltung und Durchführung des Vertragsverhältnisses.[92] Dabei kommt es stets auf alle Umstände des Einzelfalles an. Gelegentliche Typisierungen, wie sie beispielsweise für Lehrkräfte an allgemeinbildenden Schulen oder in entsprechenden Kursen an Volkshochschulen[93] oder im Bereich der Rundfunkmitarbeiter[94] vorgenommen worden sind, dürfen nicht verallgemeinert werden.

---

88) BAG AP Nr. 47 zu § 5 BetrVG 1972.
89) St. Rspr., z. B. BAG, Urt. v. 23. 4. 1980 – 5 AZR 426/79, AP Nr. 34 zu § 611 BGB Abhängigkeit.
90) BAG AP Nr. 12 zu § 5 ArbGG 1979.
91) St. Rspr., statt vieler: BAGE 77, 226 = AP Nr. 73 zu § 611 BGB Abhängigkeit.
92) St. Rspr., statt vieler: BAG, Urt. v. 26. 7. 1995 – 5 AZR 22/94, AP Nr. 79 zu § 611 BGB Abhängigkeit m. w. N.
93) BAG AP Nr. 122 zu § 611 BGB Lehrer, Dozenten.
94) BAGE 77, 226 = AP Nr. 73 zu § 611 BGB Abhängigkeit.

1. Rechtsformenzwang und -freiheit

Dies wirft die Frage auf, inwieweit die Parteien in der Lage sind, durch Vertragsgestaltung – nicht nur auf dem Papier – zu bestimmen, ob zwischen ihnen ein Arbeitsverhältnis besteht oder nicht. Grundsätzlich ist es Sache der Parteien, zu vereinbaren, welcher Art das zwischen ihnen bestehende Rechtsverhältnis sein soll. Der *Grundsatz der Vertragsfreiheit* ist für das Arbeitsrecht jedoch *eingeschränkt*, soweit es um den Vertragstypus geht. Ist die geschuldete Tätigkeit (ausnahmsweise?) nur im Arbeitsverhältnis durchführbar, insbesondere weil sie keinen hinreichenden Gestaltungsspielraum für den Dienstleistenden läßt, z. B. die Arbeit eines Tankwarts,[95] oder weil Arbeit – wie die einer Sekretärin[96] – von der Erteilung ständig wechselnder Weisungen geprägt ist, so können die Parteien wirksam nur einen Arbeitsvertrag, nicht aber ein freies Dienstverhältnis vereinbaren. Darin besteht das, was – etwas schief, aber einprägsam – als *Rechtsformenzwang* bezeichnet wird.[97] Eine Korrektur erfährt dieser Zwang aber durch § 242 BGB. Es kann rechtsmißbräuchlich sein, wenn sich jemand, der rechtlich nur Arbeitnehmer sein kann, jahrelang dagegen wehrt, Arbeitnehmer zu sein, um später – aus durchsichtigen Erwägungen – geltend zu machen, er sei doch von Anfang an Arbeitnehmer gewesen.[98]

Kann jedoch – wie wohl für die meisten Arten von Dienstleistungen anzunehmen ist – eine *funktionale Arbeitsteilung auch außerhalb eines Arbeitsverhältnisses* entwickelt und ausgeübt werden, so steht den Parteien frei, ob sie ein Arbeitsverhältnis vereinbaren oder ob die Zusammenarbeit außerhalb des Arbeitsrechts stattfinden soll. Dabei sind Wirtschaft und Verwaltung nicht an bisherige Schnitte der funktionalen Arbeitsteilung gebunden. Sie können andere Teilungen entwickeln, die dem Dienstleistenden oder sonstigen Leistungserbringer hinreichende Freiheiten, vor allem hinsichtlich der Gestaltung seiner Tätigkeit und der Arbeitszeit lassen, so daß das Rechtsverhältnis nicht als Arbeitsverhältnis zu qualifizieren ist. Insoweit sind der Phantasie wie der *Vertragsfreiheit* keine Grenzen gesetzt. Die Anschauungen darüber, wann eine Tätigkeit nur im Arbeitsverhältnis ausgeübt werden kann, sind in letzter Zeit großem Wandel unterworfen. Immer neue funktionale Arbeitsteilungen prägen das heutige Bild, auch und gerade solche, die traditionell im Arbeitsverhältnis stattfanden. Da-

---

[95] BAG, Urt. v. 12. 6. 1996 – 5 AZR 960/94, AP Nr. 1 zu § 611 BGB Werkstudent.
[96] BAG EzA § 242 BGB Rechtsmißbrauch Nr. 2.
[97] *Lieb* (Fußn. 51), Rz. 37; *Hromadka*, NZA 1997, 569, 577.
[98] BAG EzA § 242 BGB Rechtsmißbrauch Nr. 1; BAG EzA § 242 BGB Rechtsmißbrauch Nr. 2.

durch entstehen immer *neue Berufe für Selbständige*.[99] Dieser Umstand wird in der politischen, aber auch in der juristischen Diskussion nicht immer erkannt, geschweige denn arbeitsrechtlich oder sozialversicherungsrechtlich wertfrei gewürdigt. Traditionell geprägte Positionen, gelegentlich auch bloße Besitzstandskonservierung, stehen einer nüchternen Analyse zuweilen deutlich im Wege. In der Rechtsprechung finden sich allerdings in stark zunehmendem Maße deutliche Hinweise im jeweiligen Einzelfall, daß die betreffende Tätigkeit im Arbeitsverhältnis, aber auch außerhalb eines Arbeitsverhältnisses erbracht werden kann.[100] Wer dies liest, muß die zugrundeliegende Tätigkeit im jeweiligen Einzelfall genau würdigen. Indessen kann die Rechtsprechung kein vollständiges Bild aufzeichnen oder gar Projektionen für die Zukunft liefern. Dies ist auch nicht ihre Aufgabe. Sie hat nur den an sie herangetragenen jeweiligen Einzelfall zu entscheiden. Sie ist deshalb darauf angewiesen, daß ihr entsprechende, der Sachentscheidung zugängliche Fallgestaltungen zur Entscheidung unterbreitet werden. Dies sowie der Umstand, daß sie mit Topoi arbeitet und arbeiten muß, lassen sie nicht immer hinreichend prognostizierbar erscheinen und trägt ihr den Vorwurf mangelnder Rechtssicherheit ein.

2. Vereinbarter Vertragstyp und Änderung

Haben die Parteien sich entschieden, daß ihre *Zusammenarbeit auf der Grundlage des Arbeitsrechts* erfolgen soll, haben sie also einen Arbeitsvertrag geschlossen, so können sie den Vertragstyp nur einvernehmlich ändern. Das Arbeitsverhältnis wandelt sich nicht schon dadurch zum freien Dienstverhältnis, daß der Arbeitgeber auf sein vertragliches Direktionsrecht verzichtet. Will der (bisherige) Arbeitgeber erreichen, daß die (künftige) Zusammenarbeit nicht mehr als Arbeitsverhältnis anzusehen ist, so muß er sich hierüber mit dem (bisherigen) Arbeitnehmer vertraglich einigen, und zwar so, daß nicht nur die Papierform geändert wird, sondern tatsächlich ein Wandel der Zusammenarbeit im Sinne des Wegfalls eines hinreichenden Grades persönlicher Abhängigkeit eintritt.[101] Ist der bisherige Arbeitnehmer damit nicht einverstanden, so muß sich der Arbeitgeber (notfalls) einer (ordentlichen) Beendigungskündigung bedienen; ihre soziale Rechtfertigung kann ihrerseits auf eine Unternehmerentscheidung des Arbeitgebers zurückzuführen sein, zur Erzielung des Arbeitserfolgs künftig keine eigenen Arbeitnehmer mehr einzusetzen, sondern hierzu eine Orga-

---

99) *Hromadka*, NZA 1997, 569, 577.
100) Z. B. BAGE 78, 343, 349, 350 = AP Nr. 74 zu § 611 BGB Abhängigkeit.
101) BAG, Urt. v. 12. 9. 1996 – 5 AZR 1066/94, AP Nr. 1 zu § 611 BGB Freier Mitarbeiter.

nisation aufzubauen, in der freie Mitarbeiter eingesetzt werden.[102] Erforderlich ist aber, daß die freien Mitarbeiter dann auch tatsächlich frei sind und nicht – wie das von *Hanau* zutreffend benutze Bild verdeutlicht – an derselben kurzen Leine gehalten werden wie zuvor im Arbeitsverhältnis.[103] Dies muß auch in der für die soziale Rechtfertigung vorausgesetzte Unternehmerentscheidung selbst zum Ausdruck kommen.

Haben sich die Parteien zur *Zusammenarbeit außerhalb des Arbeitsrechts* entschieden, so können sie ihre eigene Absicht grundsätzlich dadurch konterkarieren, daß dem dienstleistenden Vertragspartner keine *hinreichende Freiheit* hinsichtlich der Gestaltung seiner Tätigkeit mehr verbleibt. Dies kann sowohl durch ausdrückliche vertragliche Gestaltungen geschehen als auch dadurch, daß nur „gute Ratschläge" oder „Empfehlungen" erteilt werden, verbunden mit der erkennbaren Erwartung ihrer Befolgung und der durch die Vertragsanlage bedingten latenten Möglichkeit, das Vertragsverhältnis ohne Angabe von Gründen oder Rechtfertigungszwang durch (ordentliche) Kündigung beenden zu können. Umgekehrt hat aber die bloße, wenn auch zuweilen massive wirtschaftliche Abhängigkeit eines Vertragspartners vom anderen nicht zur Folge, daß dem nur wirtschaftlich Unterlegenen der Schutz des Arbeitsrechts gebührt.

Zum Schluß

Unjuristisch vergröbert läßt sich konstatieren: In den allermeisten Fällen ist eine funktionale Arbeitsteilung außerhalb des Arbeitsrechts möglich. Dabei muß allerdings die flehentliche Bitte des Marquis von Posa an Don Carlos

„(Sire,) geben Sie Gedankenfreiheit"[104]

in Abwandlung beherzigt werden:

„Auftraggeber, lassen Sie *Handlungsfreiheit*".

---

102) BAG ZIP 1996, 1879 = AP Nr. 79 zu § 1 KSchG 1969 Betriebsbedingte Kündigung.
103) *Hanau*, Die Anforderungen an die Selbständigkeit des Versicherungsvertreters nach den §§ 84, 92 HGB („Mannheimer Reihe" Bd. 69), 1997, S. 5, 6.
104) *Schiller*, Don Carlos, 3. Akt, 10. Auftritt.

Aktuelle Fragen der inhaltlichen Gestaltung von Arbeitsverträgen

von

Prof. Dr. ULRICH PREIS, Hagen/Düsseldorf

Inhaltsübersicht

I. Generelle Defizite in der Praxis der Arbeitsvertragsgestaltung
   1. Unterschätzte Bedeutung der Vertragsgestaltung
   2. Fehlende Diskussion über differenzierte Vertragsgestaltung
   3. Notwendigkeit innovativer Ansätze in der Vertragsgestaltung

II. Erweiterte Bedeutung der Vertragsgestaltung

III. Risiken und Chancen standardisierter Vertragsgestaltung
   1. Rationalisierungseffekte und Gleichbehandlungsgrundsatz
   2. Inhaltskontrolle
   3. Der Arbeitsvertrag – ein verläßliches Steuerungsinstrument?
   4. Beispiele
      a) Ausschlußfristen
      b) Mehrarbeitsvergütung

IV. Negativeffekte unreflektierter Vertragsgestaltung
   1. Nachweisgesetz
   2. Vertragsgestaltung ohne Abstimmung auf Gesetz und Kollektivvertrag
      a) Arbeitszeit- und Entgeltregelungen ohne Tarifvorbehalt
      b) Probleme konstitutiver und deklaratorischer Vertragsgestaltung

V. Negativeffekte unterlassener Vertragsgestaltung
   1. Freistellungsklauseln
   2. Altersgrenzenregelungen
   3. Kurzarbeitsklauseln
   4. Direktionsrecht

VI. Vertragsgestaltung durch einseitige Rechtsgestaltung
1. Änderungsvereinbarungen – selten durchsetzbar
2. Änderungsvorbehalte – notwendig
3. Betriebliche Übung – ungewollte Bindung
4. Verzichtserklärungen – Notfalltherapie
5. „Vertragsgestaltung" durch betriebsbedingte Kündigung?

VII. Ausgewählte aktuelle Einzelfragen
1. Arbeitszeit- und Entgeltkorridore in Arbeitsverträgen?
2. Bezugnahmeklauseln auf Tarifverträge

VIII. Resümee

I. Generelle Defizite in der Praxis der Arbeitsvertragsgestaltung

1. Unterschätzte Bedeutung der Vertragsgestaltung

Die Bedeutung der Vertragsgestaltung für eine flexible, ausgewogene und rechtssichere Ausgestaltung der Arbeitsbedingungen wird in Deutschland noch weitgehend unterschätzt. Schon der Abschluß eines „Normalarbeitsvertrages" mit einem „Normalarbeitnehmer" beinhaltet auf die reguläre Gesamtdauer ein Investitionsvolumen von mehreren Millionen DM. Die Sorgfalt, die gegenwärtig auf die Ausgestaltung der Arbeitsverträge verwendet wird, steht dazu in keiner Relation.

2. Fehlende Diskussion über differenzierte Vertragsgestaltung

Eine differenzierte Diskussion über eine rechtssichere und zweckmäßige Vertragsgestaltung fehlt. Obwohl in den letzten Jahren nachdrücklich auf die Notwendigkeit differenzierter Vertragsgestaltungen hingewiesen[1] und die Vernachlässigung der Thematik beklagt wurde, hat sich, soweit ersichtlich, noch keine wesentliche Besserung eingestellt.

Für die inhaltliche Konkretisierung der Arbeitsbedingungen ist der Arbeitsvertrag das probate Gestaltungsmittel. Freilich dominiert auch hier die kollektive Gestaltung mittels vorformulierter Bedingungen. Hieraus wird erkennbar, daß das Arbeitsleben ohne kollektive Regelungswerke schwerlich auskommt. Die Krise des Flächentarifvertrages und die damit einhergehende betriebsnahe Ausgestaltung von Arbeitsbedingungen lassen neue Kollektivverträge zur Blüte kommen, die nur in ausgewählten Teilbe-

---

1) *Hanau/Preis*, Der Arbeitsvertrag, Loseblatt, Stand: Juli 1997; *Preis*, Grundfragen der Vertragsgestaltung, 1993, passim; *Tschöpe*, MDR 1996, 1081 ff.

reichen eine funktionsgerechte Ausgestaltung ermöglichen. Für die Aushandlung von Arbeitszeiten und Arbeitsentgelten eignet sich ohne völlige Umgestaltung des Arbeitsrechtssystems die Betriebsvereinbarung nicht. Ob es wünschenswert ist, den Kampf um die materiellen Arbeitsbedingungen in die Betriebe zu verlagern, darf mit Fug und Recht bezweifelt werden.

Als kollektives Regelungsinstrument hat der Arbeitsvertrag unverkennbare Schwächen: Angesichts des individuellen Bestandsschutzes nach dem Kündigungsschutzgesetz sind seiner Anpassung an neue Erfordernisse, soweit sie in die Vertragsposition des Arbeitnehmers eingreifen, immanente Grenzen gesetzt. Dieses Defizit kann nur durch vorsorgende, abgewogene Vertragsgestaltung vermieden werden. Hierbei müssen Arbeitgeber, die aufgrund ihrer Marktmacht in der Vertragsbegründungsphase in der Regel die Bedingungen einseitig stellen können, bedenken, daß eine einseitige, die Vertragsbindung übermäßig relativierende Vertragsgestaltung in Konflikt mit der wertsetzenden Bedeutung des Kündigungsschutzes und dem Institut der richterlichen Inhaltskontrolle gerät.

In der rechtspolitischen Diskussion wird vielfach die Forderung nach größerer Vertragsfreiheit mit dem Hinweis auf die Mündigkeit der Arbeitnehmer erhoben.[2] Es ist hier nicht der Ort, die ordnungspolitische Grundfrage zu diskutieren, ob das Arbeitsrecht insgesamt dem Individualwillen zu wenig Raum gibt. Es läßt sich allerdings empirisch kaum dartun, daß Arbeitnehmer wie Arbeitgeber tatsächlich in größerem Umfang zu individueller Vertragsgestaltung bereit sind. Es darf bezweifelt werden, ob der Wille und die Fähigkeit zu differenzierter Vertragsgestaltung im Arbeitsrecht vorhanden sind. Im Vordergrund scheint eher der Wille zum Unterlaufen oder zum Ausstieg aus gesetzlichen oder kollektivvertraglichen Regelungszusammenhängen zu stehen, und zwar als Massenphänomen. Man kann zum Fall Viessmann[3] stehen, wie man will: Mit der Ausübung individueller, nicht paritätsgestörter Vertragsfreiheit hat es wenig zu tun, wenn unter dem Druck des Arbeitsplatzverlustes 3 234 von 3 356 Mitarbeiter ein durch Geschäftsleitung und Betriebsrat vorformuliertes „Bündnis für Arbeit" unterzeichnen, wobei sich der Fall Viessmann durch die Kompensation – längere Arbeitszeit gegen Verzicht auf betriebsbedingte Kündigung – wohltuend von manch anderen, durch Druck erpreßter „kollektiver Ausübung individueller Vertragsfreiheit" unterscheidet. Es mag Einsicht in die Notwendigkeiten gewesen sein. Doch aus der Sicht der Vertragsgestaltung ist der Fall Viessmann eher ein anschauliches Beispiel dafür, wie

---

2) Hierzu zuletzt pointiert *Junker*, NZA 1997, 1305 ff.
3) ArbG Marburg, Beschl. v. 7. 8. 1996 – 1 BV 6/96, NZA 1996, 1331 ff; hierzu *Buchner*, NZA 1996, 1304 ff.

fraglich die These von der Wiederbelebung realer Vertragsfreiheit im Arbeitsrecht ist.

3. Notwendigkeit innovativer Ansätze in der Vertragsgestaltung

Für unser Thema verdient hier nur festgehalten zu werden, daß – wie im allgemeinen rechtsgeschäftlichen Verkehr – standardisierte Vertragsbedingungen die gewollte Regel sind. Dennoch ist es eine Herausforderung an die standardisierte Vertragsgestaltung, möglichst breite Spielräume für individuelle Gestaltungen zu ermöglichen. Aber statt im Zeitalter zunehmender Flexibilisierung Phantasie und Mühe auf eine ausgewogene, kostenbewußte und notwendige Krisenintervention bereits einbeziehende Vertragsgestaltung zu verwenden, atmet in der Vertragsgestaltung noch der Geist der fünfziger Jahre. Hierzu mögen einige Hinweise genügen:

– Innovative Ansätze in der tariflichen Gestaltung (Arbeitszeit- und Entgeltkorridore) werden teilweise durch unreflektierte Vertragsgestaltung behindert und – soweit ersichtlich – im nicht tarifgebundenen Bereich noch nicht mit dem notwendigen Ernst aufgegriffen. Flexibilisierung wird statt dessen durch unangemessen benachteiligende Vertragsgestaltung und Vertragstypenvermischung zu erreichen versucht, die angesichts einer berechtigten Vertragsinhaltskontrolle der Arbeitsgerichte erhebliche Kostenrisiken beinhalten (Stichwort: Frachtführer-, Unternehmer-, Propagandistinnenverträge).[4] Die arbeits- und sozialrechtlichen Risiken versuchter nichtarbeitsrechtlicher Vertragsgestaltung über fremdbestimmte Dienstleistungen werden unterschätzt.[5] Kautelarjuristische Abenteurer stürzen ihre Mandanten in erhebliche finanzielle Risiken.[6]

– Die arbeitsrechtlichen Vorteile und begrenzten Risiken sozialrechtlich geförderter „subarbeitsrechtlicher" Eingliederungsverträge werden nicht hinreichend genutzt. Beispiele: Eingliederungsverträge für Langzeitarbeitslose (§§ 229 ff SGB III), Wiedereingliederungsverhältnisse (§ 74 SGB V) für Rehabilitanden.[7]

– Der erleichterte Abschluß befristeter Arbeitsverträge nach § 1 BeschFG ermöglicht die Ausschöpfung von Beschäftigungsimpulsen. § 1 BeschFG ermöglicht aber auch über die Zweijahresfrist hinausreichende, schwer greifbare Kettenarbeitsverträge und mehrfache Nut-

---

4) Vgl. hierzu den Beitrag von *Schliemann* in diesem Band.
5) Beispiel: BAG, Urt. v. 12. 6. 1996 – 5 AZR 960/94, EzA § 2 BeschFG 1985 Nr. 49.
6) Zu den sozialrechtlichen Folgen *Hanau/Preis* (Fußn. 1), I D.
7) Hierzu BAG, Urt. v. 29. 1. 1992 – 5 AZR 37/91, BAGE 69, 272 = NZA 1992, 643.

zung des Beschäftigungsförderungsgesetzes durch Zwischenschaltung eines befristeten Arbeitsvertrages mit sachlichem Grund. Auf Transparenz in der Vertragsgestaltung sollte geachtet werden. Die fehlende Transparenz hinsichtlich des Befristungsgrundes kann zu einer Änderung der Dogmatik zur Kontrolle befristeter Arbeitsverträge in der Rechtsprechung Anlaß geben.[8]

- Statt individueller, Spielräume des Gesetzes und der Tarifverträge nutzender Vertragsgestaltung herrscht eine traditionelle stereotype Formularvertragsgestaltung vor, die notwendige Regelungen unterläßt, überflüssige und schädliche Regelungen dagegen fortschreibt.[9] So wird die in den meisten Arbeitsverträgen anzutreffende generelle Beschränkung von Nebentätigkeiten weder der Rechtsprechung[10] noch der Realität des Arbeitslebens gerecht. Wer die Freiheit des Arbeitnehmers preist, muß sie ihm auch in der gelebten Vertragspraxis lassen. Bei zunehmender Teilzeitarbeit sind viele Arbeitnehmer gezwungen und berechtigt, weitere Tätigkeiten auszuüben. In der Vertragsgestaltung wird zwischen den verschiedenen Fallvarianten nicht hinreichend differenziert. Abrufteilzeitarbeitsverhältnisse sind vor diesem Hintergrund problematisch, wenn der zeitlich für den Arbeitnehmer nicht kalkulierbare Einsatz ihn in Kollision zu seinen weiteren, überlebensnotwendigen (Teilzeit-)Beschäftigungen bringt.

- Interdependenzen der Arbeitsvertragsgestaltung zu bestehenden oder zu erwartenden Kollektivverträgen werden nicht hinreichend problematisiert. Arbeitsvertragliche Abreden müssen verstärkt im Gesamtzusammenhang kollektivvertraglicher Regelungssysteme gewichtet werden. So sind die zwiespältigen Wirkungen von Bezugnahmeklauseln (hierzu VII 2) insbesondere im Zuge des Wechsels der Tarifzuständigkeit, dem Ausstieg aus der Tarifbindung und Betriebsübergängen deutlich geworden. Die Möglichkeiten zwischen tarifgebundenen und tarifungebundenen Arbeitnehmern in der Vertragsgestaltung zu differenzieren, werden von der Praxis nicht genutzt. Im Gegenteil: Durch eine erweiternde Auslegung von Verweisungsklauseln wird über den erkennbaren Vertragsinhalt hinaus eine Gleichstellung erreicht („Gleichstellungsabrede").[11]

---

8) Hierzu *Preis*, NJW 1996, 3369 ff; *Rolfs*, NZA 1996, 1134 ff.
9) Ausführlich *Hanau/Preis* (Fußn. 1), I A C.
10) Hierzu *Hanau/Preis* (Fußn. 1), II N 10.
11) Vgl. BAG, Urt. v. 4. 9. 1996 – 4 AZR 135/95, AP Nr. 5 zu § 1 TVG Bezugnahme auf Tarifvertrag.

- Statt differenzierter und abgestimmter Vertragsgestaltung herrscht in der Praxis die Doppel- und Mehrfachregelung eines Gegenstandes im Arbeitsvertrag (allgemeinen Arbeitsbedingungen), Betriebsvereinbarungen und Tarifverträgen vor, die Auslegungs- und Konkurrenzprobleme schafft. Die die einzelvertragliche Regelung in der Regel lediglich verdrängende Wirkung der Normen eines Tarifvertrages[12] oder von Betriebsvereinbarungen[13] ist vielfach nicht bekannt. Auch die Überlagerung des Arbeitsvertrages durch Kollektivverträge macht deshalb eine solide Vertragsgestaltung nicht entbehrlich, sondern umgekehrt eine besonders sorgfältige Vertragsgestaltung in Ansehung der lediglich verdrängenden Wirkung notwendig.

- Es ist zweifelhaft, ob – prinzipiell – durch Betriebsvereinbarung alle durch Arbeitsvertrag und Tarifvertrag regelbaren Gegenstände geregelt werden sollten.[14] Es fehlt eine Klärung, ob eine derartige Verlagerung in großem Stile sinnvoll ist.[15] Wenig problematisiert wird, welcher Vertragskern unabhängig vom Schicksal kollektivrechtlicher Vereinbarungen gesichert werden soll. Sinnvoll mag es sein, Zusatzentgelte (sog. „freiwillige Leistungen") vom Vertrag auf die Ebene der jederzeit grundlos und ohne Nachwirkung kündbaren (§ 77 Abs. 5 und 6 BetrVG) Betriebsvereinbarung zu verlagern. Die Verlagerung ausschließlich für Arbeitnehmer nachteiliger Regelungen in Betriebsvereinbarungen begründet jedoch einen hohes Unwirksamkeitsrisiko.[16]

- Im Günstigkeitsbereich zwingender gesetzlicher Materien bestehen weithin ungenutzte Möglichkeiten zu flexibler Vertragsgestaltung. Soweit ersichtlich werden die gestalterischen Möglichkeiten hinsichtlich des über den gesetzlichen Mindesturlaub hinausgehenden Urlaubsanspruchs, der nicht an die zwingenden Vorgaben des Bundesurlaubsgesetz gebunden ist, nicht genutzt. Anteilige Urlaubskürzung bei entschuldigten oder unentschuldigten Fehltagen sind hier denkbar. Durch die Begrenzung der Entgeltfortzahlung bestehen erweiterte Möglichkeiten, günstigere vertragliche Zusagen zu flexibilisieren (Widerrufsvorbehalt, Anwesenheitsprämie).

---

12) BAG, Urt. v. 28. 5. 1997 – 4 AZR 546/95, DB 1997, 2229.
13) BAG, Urt. v. 21. 9. 1989 – 1 AZR 454/88, AP Nr. 43 zu § 77 BetrVG 1972.
14) Vgl. hierzu *Waltermann*, NZA 1996, 357.
15) Differenzierend *Hanau/Preis* (Fußn. 1), I A Rz. 36 ff.
16) Vgl. BAG, Urt. v. 6. 8. 1991 – 1 AZR 3/90, DB 1992, 146, dazu EWiR 1992, 227 *(Ackmann)*.

II. Erweiterte Bedeutung der Vertragsgestaltung

Angesichts dieser grundlegenden Defizite der Vertragspraxis beschränken sich die nachfolgenden Ausführungen darauf, einige – willkürlich ausgewählte – Hinweise zur erweiterten Bedeutung der Arbeitsvertragsgestaltung zu geben. Die Krise des Flächentarifvertrages, die Fluchtbewegung aus Arbeitgeberverbänden und die Neugründungen von Unternehmen werden die Bedeutung der Vertragsgestaltung für viele Unternehmen steigen lassen. Die Öffnung der Tarifverträge für betriebliche Regelungen ermöglicht, soweit die Regelung nicht den Betriebsparteien vorbehalten ist, auch für die Vertragsgestaltung Spielräume. Deshalb rücken Arbeitsverträge als Basis für die gleichberechtigte und angemessene Gestaltung der Arbeitsbedingungen zunehmend in den Mittelpunkt der Betrachtung.

III. Risiken und Chancen standardisierter Vertragsgestaltung

1. Rationalisierungseffekte und Gleichbehandlungsgrundsatz

Der Rationalisierungseffekt und die Gleichbehandlung („Gleichmacherei") durch standardisierte Vertragsgestaltung müssen mit dem damit einhergehenden Verzicht auf weitergehende Differenzierung durch individuelle Vertragsgestaltung abgewogen werden. In deutschen Unternehmen ist die Bereitschaft, die Forderungen nach mehr Vertragsfreiheit im Arbeitsrecht mit Leben zu füllen, gering. Die Gleichbehandlung der Arbeitnehmer, jedenfalls innerhalb einer Beschäftigtengruppe, hat erkennbar größeres Gewicht. Es herrscht die Furcht vor „Präzedenzfällen". Selbst die rechtlich mögliche Differenzierung zwischen tarifgebundenen und tarifungebundenen Arbeitnehmern unterbleibt.

Statt dessen wird gruppenbezogen differenziert. Nachvollziehbar, wenn auch symptomatisch, ist die deutliche Trennung in den standardisierten Vertragsbedingungen leitender oder außertariflicher Mitarbeiter zu Mitarbeitern, die innerhalb des Tarifgefüges wirken.[17] Hinzuweisen ist jedoch darauf, daß die gruppenbezogene Differenzierung noch kein Indiz für eine individualisierte Vertragsgestaltung ist. Vielmehr wird auch bei gruppenbezogener Differenzierung „kollektiv" geregelt, was nachvollziehbar Konflikte mit dem arbeitsrechtlichen Gleichbehandlungsgrundsatz produziert. Der Gleichbehandlungsgrundsatz verbietet die willkürliche Schlechterstellung einzelner Arbeitnehmer innerhalb einer Gruppe und eine sachfremde Gruppenbildung. Das Bundesarbeitsgericht hat eine Regelung im Zusammenhang mit einer Sonderzahlung gebilligt, die nur bei der Gruppe der Ar-

---

17) Hierzu *Preis* (Fußn. 1), S. 86 f.

beiter wegen *krankheitsbedingter Fehlzeiten* gekürzt wird.[18] Das soll selbst für Branchen wie das Baugewerbe gelten, in denen das Risiko für gewerbliche Arbeitnehmer, arbeitsunfähig zu erkranken, ungleich größer ist als für Angestellte.[19] Diese Rechtsprechung billigte eine erkennbar sachwidrige Gruppenbildung, weil der in gleichem Umfang wie ein Angestellter erkrankte Arbeiter nur wegen seiner Gruppenzugehörigkeit eine Kürzung seiner Sonderzahlung hinnehmen sollte. Sachgerecht wäre es gewesen, die Kürzung der Gratifikation an den tatsächlichen Fehlzeiten der Arbeitnehmer zu orientieren. Das Bundesverfassungsgericht hat die Entscheidung des Bundesarbeitsgerichts im Ergebnis zu Recht als verfassungswidrig aufgehoben.[20] Daraus ist die Lehre zu ziehen, daß alle gruppenbezogenen Differenzierungen – angesichts des hohen Verwerfungsrisikos – nur sehr zurückhaltend vorgenommen werden sollten.

Die Rechtsprechung billigt aber weithin individuelle Vereinbarungen und stützt damit das Prinzip ausgeübter Vertragsfreiheit. Der Grundsatz der Vertragsfreiheit genießt Vorrang, wenn und soweit Vertragsbedingungen mit den einzelnen Arbeitnehmern frei ausgehandelt sind.[21] *Individuell vereinbarte Regelungen* sind daher nicht am arbeitsrechtlichen Gleichbehandlungsgrundsatz zu messen. Die *Besserstellung* einzelner wird durch ihn nicht versagt.[22] Nicht ausreichend ist jedoch, daß sich die Arbeitnehmer bei Vertragsschluß vorformulierten Vorgaben beugen. Nach Auffassung des Bundesarbeitsgerichts kann der einzelne Arbeitnehmer sogar auf die Wahrung des Gleichbehandlungsgrundsatzes *verzichten*, wenn der Arbeitnehmer eine ihm vom Arbeitgeber angetragene Vertragsänderung ablehnt, die alle übrigen vergleichbaren Arbeitnehmer annehmen.[23] Der Verzicht ist aber unwirksam, wenn der Arbeitnehmer dabei unzulässigem Druck ausgesetzt war.

2. Inhaltskontrolle

Bei standardisierter Vertragsgestaltung lehnt sich die richterliche Inhaltskontrolle richtigerweise zunehmend an die allgemeinen im Privatrecht

---

18) BAG, Urt. v. 19. 4. 1995 – 10 AZR 136/94, AP Nr. 172 zu § 611 BGB Gratifikation.
19) BAG, Urt. v. 6. 12. 1995 – 10 AZR 123/95, ZIP 1996, 928 = DB 1996, 2342, 2343, dazu EWiR 1996, 587 *(Künzl)*.
20) Hierzu BVerfG, Urt. v. 1. 9. 1997 – 1 BvR 1929/95, BB 1997, 2330.
21) BAG, Urt. v. 19. 8. 1992 – 5 AZR 513/91, AP Nr. 102 zu § 242 BGB Gleichbehandlung.
22) *Erman/Hanau*, BGB, 9. Aufl., 1993, § 611 Rz. 220; *Schaub*, Arbeitsrechtshandbuch, 8. Aufl., 1996, § 112 I 5 (S. 970); MünchKomm-*Müller-Glöge*, BGB, Bd. 4, 3. Aufl., 1997, § 611 Rz. 451.
23) BAG, Urt. v. 4. 5. 1962 – 1 AZR 250/61, AP Nr. 32 zu § 242 BGB Gleichbehandlung; *Richardi*, in: Münchener Handbuch zum Arbeitsrecht, Bd. 1, Individualarbeitsrecht I, 1992, § 14 Rz. 32 ff; dagegen MünchKomm-*Müller-Glöge* (Fußn. 22), § 611 Rz. 449.

Aktuelle Fragen der inhaltlichen Gestaltung von Arbeitsverträgen

geltenden Grundsätze an. Dies hat Folgen für die Vertragsgestaltung. Die Kautelarpraxis kann sich nicht (mehr) darauf verlassen, daß unangemessen benachteiligende oder überraschende Klauseln salviert werden.

Bei seiner Inhaltskontrolle unterscheidet das Bundesarbeitsgericht allerdings nicht durchgängig zwischen formularmäßigen und individuell ausgehandelten Vereinbarungen. Rechtsgrundlage für die Inhaltskontrolle vorformulierter arbeitsvertraglicher Bedingungen ist im Arbeitsrecht § 242 BGB auf der Basis einer lückenschließenden Rechtsfortbildung. Die Bereichsausnahme des § 23 Abs. 1 AGBG schließt dies nicht aus. Zwar meint das Bundesarbeitsgericht, diese Vorschrift hindere eine unmittelbare ebenso wie eine entsprechende Anwendung des AGB-Gesetzes.[24] Dies hindert das Gericht jedoch nicht, im Rahmen der „arbeitsrechtlichen Inhaltskontrolle", deren Rechtsgrundlage es neuerdings zu Recht in § 242 BGB sieht, Grundgedanken der AGB-Kontrolle heranzuziehen.[25] Eine normative Verankerung der richterrechtlichen Grundsätze spricht für die Heranziehung der Wertungen des AGB-Gesetzes bei der Kontrolle vorformulierter Vertragsgestaltung.[26] Darüber hinausgehend wird überwiegend auch die Kontrolle individuell ausgehandelter Einzelabreden befürwortet, weil der Arbeitnehmer typischerweise unterlegen und auf den Arbeitsplatz angewiesen sei.[27] Das Vorliegen einer ausgehandelten, nicht paritätsgestörten Einzelabrede sei der Ausnahmefall und vom Arbeitgeber zu beweisen.[28] Die Inhaltskontrolle von Einzelvereinbarungen darf jedoch nicht weitergehen, als die im AGB-Gesetz typisierte Kontrolle.[29]

Die Wertungsmaßstäbe des AGB-Gesetzes können freilich nicht generell auf das Arbeitsvertragsrecht erstreckt werden. Es ist ein weitgehender Konsens festzustellen, daß die allgemeinen Rechtsgrundsätze des AGB-Gesetzes (nicht die speziellen Klauselverbote der §§ 10, 11 AGBG) jedenfalls bei der Verwendung standardisierter Vertragsbedingungen im Ar-

---

24) BAG, Urt. v. 27. 5. 1992 – 5 AZR 324/91, EzA § 339 BGB Nr. 8; BAG, Urt. v. 24. 11. 1993 – 5 AZR 153/93, AP Nr. 11 zu § 611 BGB Mehrarbeitsvergütung = EzA § 611 BGB Mehrarbeit Nr. 1 = NZA 1994, 759.

25) BAG, Urt. v. 16. 3. 1994 – 5 AZR 339/92, AP Nr. 18 zu § 611 BGB Ausbildungsbeihilfe.

26) Ebenso im Grundsatz *Coester-Waltjen*, AcP 190 (1990), 1, 16; *Zöllner*, RdA 1989, 152, 158; *Wolf*, RdA 1988, 269; *Richardi* (Fußn. 23), § 14 Rz. 61 ff; *Krause*, AR-Blattei SD 220.2.1 Rz. 41 ff; *Koller*, DAE 1994, 40 ff; ausführlich *Preis* (Fußn. 1), § 0.

27) Insbesondere *Fastrich*, RdA 1997, 65, 75 ff; *Dieterich*, RdA 1995, 129, 135; *Wolf*, RdA 1988, 269, 270, 272; nur im Einzelfall bejahend *Preis* (Fußn. 1), S. 282.

28) LAG Düsseldorf, Urt. v. 18. 5. 1995 – 12 Sa 183/95, LAGE § 611 BGB Inhaltskontrolle Nr. 1 = NZA-RR 1996, 363.

29) Zutreffend LAG Düsseldorf LAGE § 611 BGB Inhaltskontrolle Nr. 1.

beitsrecht herangezogen werden können.[30] Das *Verbot überraschender Klauseln* (§ 3 AGBG) ist auch im Arbeitsrecht anerkannt. Es hat jedoch in der Praxis keine überragende Bedeutung, weil für den Arbeitnehmer der Arbeitsvertrag kein Massengeschäft ist und deshalb das subjektive Überraschungsmoment regelmäßig ausscheidet. Ein wichtiger Anwendungsfall für das Verbot überraschender Klauseln ist der Fall der *Ausgleichsquittungen*.[31] Zunehmende Bedeutung kann § 3 AGBG überdies bei *Verweisungsklauseln* erhalten.[32] Einen Überraschungsschutz vor der Verweisung auf tarifliche Ausschlußfristen hat das Bundesarbeitsgericht aber abgelehnt.[33] Jedoch kann die Bezugnahme auf beamtenrechtliche Bestimmungen, die zum Ausschluß von Mehrarbeitsvergütung führt, unangemessen benachteiligen.[34] Die *Unklarheitenregel* des § 5 AGBG findet seit langem in der Rechtsprechung Anerkennung. Sie ist zunächst bei der Auslegung von *Versorgungszusagen* angewandt worden.[35] Die Regel ist aber auch auf *Arbeitgeberdarlehen*,[36] *Wettbewerbsverbote*,[37] *Vertragsstrafenabreden*,[38] vorformulierte *Aufhebungsverträge*[39] und andere Fallgestaltungen[40] angewandt worden.

Vermehrt werden die Grundgedanken der *Inhaltskontrolle nach §§ 8–11 AGBG* auch im Arbeitsrecht angewandt. Die Grundsätze können jedoch nicht unbesehen auf das Arbeitsvertragsrecht übertragen werden. Von einer starken Strömung in Literatur und Rechtsprechung wird allerdings

---

30) *Wolf*, RdA 1988, 269, 276; *Wolf/Horn/Lindacher*, AGBG, 3. Aufl., 1994, § 23 Rz. 40; MünchKomm-*Kötz*, 3. Aufl., 1993, § 23 AGBG Rz. 2; *Preis*, ArbuR 1979, 97; *Koller*, SAE 1994, 48 ff; *Richardi* (Fußn. 23), § 14 Rz. 68.
31) *Preis*, ArbuR 1979, 97, 101; LAG Berlin, Urt. v. 18. 1. 1993 – 12 Sa 120/92, LAGE § 3 AGBG Nr. 1 = DB 1993, 942.
32) *Seibert*, NZA 1985, 730 ff; *Mook*, DB 1987, 2252 ff.
33) BAG, Urt. v. 11. 1. 1995 – 10 AZR 5/94, ZTR 1995, 277.
34) BAG AP Nr. 11 zu § 611 BGB Mehrarbeitsvergütung.
35) BAG, Urt. v. 27. 6. 1969 – 3 AZR 297/68, AP Nr. 2 zu § 242 BGB Ruhegehalt VBL; BAG, Urt. v. 25. 5. 1973 – 3 AZR 405/72, AP Nr. 160 zu § 242 BGB Ruhegehalt; BAG, Urt. v. 12. 2. 1985 – 3 AZR 183/83, AP Nr. 12 zu § 1 BetrAVG; BAG, Urt. v. 11. 8. 1987 – 3 AZR 6/86, AP Nr. 4 zu § 1 BetrAVG Hinterbliebenenversorgung; BAG, Urt. v. 24. 6. 1986 – 3 AZR 630/84, EzA § 6 BetrAVG Nr. 10 = ZIP 1987, 187, dazu EWiR 1987, 535 *(Griebeling)*.
36) BAG, Urt. v. 16. 10. 1991 – 5 AZR 35/91, AP Nr. 1 zu § 19 BErzGG = NZA 1992, 793.
37) BAG, Urt. v. 5. 9. 1995 – 9 AZR 718/93, NZA 1996, 700 = ZIP 1996, 558, dazu EWiR 1996, 559 *(Steinmeyer)*.
38) BAG, Urt. v. 18. 9. 1991 – 5 AZR 650/90, AP Nr. 14 zu § 339 BGB.
39) ArbG Hanau, Urt. v. 26. 9. 1996 – 3 Ca 90/96, NZA-RR 1997, 333.
40) BAG, Urt. v. 27. 4. 1995 – 8 AZR 382/94, NZA 1995, 935, 936.

die prinzipielle Heranziehung der Grundsätze befürwortet.[41] Insbesondere der 5. Senat des Bundesarbeitsgerichts hat die Grundsätze des AGB-Gesetzes teilweise unmittelbar, teilweise analog für Fragen der Inhaltskontrolle fruchtbar gemacht.[42] Im Kernbereich arbeitsrechtlicher Materien hat der 5. Senat die Inhaltskontrolle zu Recht auf § 242 BGB gestützt.[43] Der 10. Senat hat allerdings die Kontrolle einer arbeitsvertraglichen Bezugnahme auf einen Tarifvertrag nach Maßgabe des § 242 BGB verneint.[44] Letztere Entscheidung widerspricht aber nicht den Grundsätzen des 5. Senats, weil diese sich aus der begrenzten Inhaltskontrolle von Tarifvertragsabreden erklärt.

Ungeklärt ist bislang die Reichweite des in § 6 Abs. 2 AGBG kodifizierten Grundsatzes, wonach bei unwirksamen Vertragsbestimmungen der Inhalt des Vertrages sich nach den gesetzlichen Bestimmungen richtet. Bei Verstößen gegen zwingendes Gesetzesrecht ergibt sich diese Konsequenz von selbst. Soweit die Unangemessenheit von Vertragsklauseln in Rede steht, ist dies nicht zwingend.[45] Denkbar ist das Instrument der *geltungserhaltenden Reduktion* von Vertragsklauseln. Das Bundesarbeitsgericht geht in seiner Vertragskontrollpraxis diesen Weg und befürwortet weithin noch die geltungserhaltende Reduktion überschießender Vertragsbedingungen. Der Bundesgerichtshof akzentuiert dagegen in ständiger Rechtsprechung das Verbot geltungserhaltender Reduktion und weigert sich, Vertragsklauseln im Rahmen des gerade noch Zulässigen aufrechtzuer-

---

41) *Ulmer/Brandner/Hensen*, AGBG, 8. Aufl., 1997, § 23 AGBG Rz. 4a; *Wolf/Horn/Lindacher* (Fußn. 30), § 23 AGBG Rz. 41; *Wolf*, RdA 1988, 269, 270, 273 ff; *Richardi* (Fußn. 23), § 14 Rz. 69; *Preis* (Fußn. 1), § 9 II 6; *Koller*, SAE 1994, 48 ff; aus der Rechtsprechung: ArbG Herne, Urt. v. 8. 6. 1989 – 1 Ca 531/89, ArbuR 1990, 162; LAG Saarland, Urt. v. 29. 4. 1987 – 1 Sa 91/86, LAGE § 9 AGB-Gesetz Nr. 1 = NZA 1988, 164 = ZIP 1988, 192, dazu EWiR 1988, 109 *(Harry Schmidt)*; LAG Bremen, Urt. v. 28. 7. 1987 – 1 Sa 155/86, NZA 1987, 815; LAG Niedersachsen, Urt. v. 14. 1. 1992 – 6 Sa 524/91, LAGE § 611 BGB Personalrabatt Nr. 2; LAG Hamm, Urt. v. 19. 2. 1993 – 10 Sa 1397/92, LAGE § 607 BGB Nr. 2 = NZA 1994, 559 = ZIP 1993, 1254.

42) Zu Darlehensverträgen: BAG, Urt. v. 23. 9. 1992 – 5 AZR 569/91, AP Nr. 1 zu § 611 BGB Arbeitnehmerdarlehen = NZA 1993, 936 = ZIP 1993, 528, dazu EWiR 1993, 379 *(v. Hoyningen-Huene)*; zu Kaufverträgen mit Arbeitnehmern: BAG, Urt. v. 26. 5. 1993 – 5 AZR 219/92, AP Nr. 3 zu § 23 AGB-Gesetz = NZA 1993, 1029 = ZIP 1993, 1251, dazu EWiR 1993, 845 *(Hensen)*; hierzu *Koller*, SAE 1994, 48 ff; krit. *Nicolai*, ZIP 1995, 359; Leasingverträgen mit Arbeitnehmern LAG Düsseldorf LAGE § 611 BGB Inhaltskontrolle Nr. 1.

43) Zur Mehrarbeitsvergütung: BAG AP Nr. 11 zu § 611 BGB Mehrarbeitsvergütung; zur Rückzahlungsvereinbarung über Ausbildungskosten BAG, Urt. v. 16. 3. 1994 – 5 AZR 339/92, AP Nr. 18 zu § 611 BGB Ausbildungsbeihilfe = NZA 1994, 937; zu Ausschlußfristen BAG, Urt. v. 29. 11. 1995 – 5 AZR 447/94, AP Nr. 13 zu § 242 BGB = NZA 1996, 702 = ZIP 1996, 848, dazu EWiR 1996, 637 *(Heckelmann)*.

44) BAG ZTR 1995, 277.

45) Dafür *Wolf*, RdA 1988, 269, 270, 276.

halten, weil hierdurch dem Verwender jegliches Risiko bei der Vorformulierung vorgefaßter Vertragswerke abgenommen würde.[46] So werden an sich unzulässige Rückzahlungsklauseln nach Ansicht des Bundesarbeitsgerichts innerhalb der zulässigen Grenzen aufrechterhalten. Die Vertragskorrektur geht so weit, daß bei Ausbildungskosten die Staffelung des Rückzahlungsbetrages der abgekürzten Frist angepaßt, also neu verteilt wird.[47] Die besseren Gründe sprechen dafür, bei vorformulierter Vertragsgestaltung von einem Verbot geltungserhaltender Reduktion auszugehen.[48]

3. Der Arbeitsvertrag – ein verläßliches Steuerungsinstrument?

Der Arbeitsvertrag wird seine Funktion als verläßliches Steuerungsinstrument nur erfüllen können, wenn das Vertrauen in die Bestandskraft der Vereinbarung nicht enttäuscht wird. Die Freiheit der Vertragsgestaltung korrespondiert mit dem Prinzip der Vertragstreue. Je störungsfreier die jeweilige Vertragsabrede begründet wird und je mehr sie auf beiderseitigem, frei gebildetem Vertragswillen gestützt ist, um so weniger ist es gerechtfertigt, durch Instrumente der Inhaltskontrolle das Vertragsprinzip zu durchbrechen.[49]

Diese Grundeinsicht zeigt sich im Arbeitsrecht erst schemenhaft, so etwa bei der Befristung auf Wunsch des Arbeitnehmers[50] oder bei der Ablösung eines Arbeitsvertrages durch Vereinbarung eines freien Dienstverhältnisses auf Wunsch und im Interesse beider Vertragsparteien.[51]

Einseitig (arbeitgeberseitig) gestellte Verträge müssen jedoch, um vor der Rechtsprechung bestehen zu können und damit als verläßliches Steue-

---

46) BGH, Urt. v. 6. 10. 1982 – VIII ZR 201/81, ZIP 1982, 1449 = NJW 1983, 159; BGH, Urt. v. 1. 2. 1984 – VIII ZR 541/83, BGHZ 90, 69, 73 = ZIP 1984, 330; BGH, Urt. v. 8. 10. 1986 – VIII ZR 342/85, ZIP 1987, 85 = NJW 1987, 487, dazu EWiR 1987, 5 *(Meyer-Cording)*.
47) BAG, Urt. v. 24. 1. 1963 – 5 AZR 100/62, AP Nr. 29 zu Art. 12 GG; BAG, Urt. v. 11. 4. 1984 – 5 AZR 430/82, EzA § 611 BGB Ausbildungsbeihilfe Nr. 4; zur Anwesenheitsprämie BAG, Urt. v. 15. 2. 1990 – 6 AZR 381/88, AP Nr. 15 zu § 611 BGB Anwesenheitsprämie; dem folgend *Hager*, SAE 1996, 365; *Schliemann*, in: BGB-RGRK, 12. Aufl., 1989/97, § 611 Rz. 1316.
48) Hierzu im einzelnen *Preis* (Fußn. 1), § 13; ebenso *Wolf*, RdA 1988, 269, 270, 276; *v. Hoyningen-Huene*, Anm. zu BAG, Urt. v. 6. 9. 1995 – 5 AZR 241/94, AP Nr. 23 zu § 611 BGB Ausbildungsbeihilfe; *Stoffels*, SAE 1995, 180; ebenso LAG Düsseldorf LAGE § 611 Inhaltskontrolle Nr. 1.
49) Hierzu ausführlich *Preis* (Fußn. 1), S. 26 ff.
50) BAG, Urt. v. 26. 4. 1985 – 7 AZR 316/82, AP Nr. 91 zu § 620 BGB Befristeter Arbeitsvertrag.
51) BAG, Urt. v. 11. 12. 1996 – 5 AZR 855/95, EzA § 242 BGB Rechtsmißbrauch Nr. 1, und BAG, Urt. v. 11. 12. 1996 – 5 AZR 708/95, EzA § 242 BGB Rechtsmißbrauch Nr. 2, dazu EWiR 1997, 829 *(Wank)*.

rungsinstrument anerkannt zu werden, einen angemessenen Interessenausgleich enthalten. Hieran fehlt es jedoch vielfach. Einige Beispiele mögen dies verdeutlichen.

4. Beispiele

Wenn sich die Maßstäbe der Rechtskontrolle richtigerweise dem allgemein im Privatrecht erreichten Standard annähern, dann ist es geboten, auch in der arbeitsrechtlichen Vertragsgestaltung darauf zu reagieren. Insbesondere die Transparenz in der Arbeitsvertragsgestaltung läßt zu wünschen übrig. Wesentliche Vertragsbedingungen sind nicht im Vertrag selbst, sondern in einbezogenen Regelwerken enthalten. Dies provoziert den Einwand der Intransparenz und der Überraschungsklauseln. Hierin liegt auch ein schwerwiegender Einwand gegen *dynamische Verweisungsklauseln*.

a) Ausschlußfristen

So müssen rechtsbeschneidende Ausschlußfristen angemessen ausgestaltet sein und nicht in Allgemeinen Vertragsbedingungen versteckt werden.[52] Das Bundesarbeitsgericht hat eine versteckte, drucktechnisch nicht besonders hervorgehobene vertragliche *Ausschlußfrist* als Überraschungsklausel in analoger Anwendung des § 3 AGBG gewertet.[53] Dieser Ansatz ist zwar zweifelhaft, weil Ausschlußfristen im Arbeitsrecht üblich sind. Richtigerweise handelt es sich um eine Frage der Inhaltskontrolle.[54] Im Ergebnis hat das Bundesarbeitsgericht jedoch die in einem formularmäßig einbezogenen Regelwerk versteckte, viel zu kurze (vierwöchige) Ausschlußfrist verworfen. Eine transparente formularmäßige Regelung nimmt Ausschlußfristen in den (Formular-)Arbeitsvertrag selbst auf. Eine abgewogene Regelung könnte etwa wie folgt lauten:[55]

„(1) Alle beiderseitigen Ansprüche aus dem bestehenden Arbeitsverhältnis müssen innerhalb von sechs Monaten nach Fälligkeit schriftlich geltend gemacht werden.

(2) Nach Beendigung des Arbeitsverhältnisses verkürzt sich die Frist nach Absatz 1 auf zwei Monate. Lehnt die Gegenseite den Anspruch ab oder erklärt sie sich nicht innerhalb eines Monats nach Geltendmachung des Anspruches, so verfällt dieser, wenn er nicht innerhalb

---

52) BAG AP Nr. 13 zu § 242 BGB = ZIP 1996, 848; ausführlich *Preis,* ZIP 1989, 885 ff.
53) BAG AP Nr. 13 zu § 242 BGB = ZIP 1996, 848; ablehnend *Schwarz,* BB 1996, 1434.
54) Ausführlich *Preis,* ZIP 1989, 885.
55) Vgl. *Hanau/Preis* (Fußn. 1), II A 150.

von zwei Monaten nach der Ablehnung oder dem Fristablauf gerichtlich geltend gemacht wird. Dies gilt nicht für Zahlungsansprüche des/der Mitarbeiters/in, die während eines Kündigungsprozesse fällig werden und von seinem Ausgang abhängen. Für diese Ansprüche beginnt die Verfallfrist von zwei Monaten nach rechtskräftiger Beendigung des Kündigungsschutzverfahrens."

b) Mehrarbeitsvergütung

Ein anderes Beispiel intransparenter, möglicherweise unangemessen benachteiligender Vertragsgestaltung ist die Beschneidung von Mehrarbeitsvergütung. Auch ohne vertragliche Regelung gilt eine *Grundvergütung* für Mehrarbeit (üblicher Stundenverdienst; Anteil des Monatslohns) gemäß § 612 Abs. 1 BGB als stillschweigend vereinbart, da der Arbeitnehmer eine quantitative Mehrleistung erbringt.[56] Es existiert jedoch kein allgemeiner Rechtsgrundsatz, daß jede Mehrarbeitszeit oder jede dienstliche Anwesenheit über die vereinbarte oder betriebsübliche Arbeitszeit zu vergüten ist. Gemäß § 612 Abs. 1 BGB gilt eine Vergütung nur dann als stillschweigend vereinbart, wenn die Umstände der Dienstleistungen im Einzelfall für eine Erwartung zusätzlicher Vergütung sprechen.[57] Diese Erwartung wird zumeist gegeben sein. Etwas anderes gilt nur für *leitende Angestellte* und Chefärzte bei Mehrarbeit im Rahmen ihres Aufgabenkreises, da diese grundsätzlich mit der vereinbarten Vergütung abgegolten ist,[58] oder wenn es dem Arbeitnehmer oblag, Überstunden durch Freizeit selbst auszugleichen.[59] Es ist aber auch möglich, daß für die Überarbeit eine geringere als die sonst übliche Vergütung[60] oder ein Ausgleich durch Freizeitgewährung („Überstunden abfeiern") vereinbart wird.[61]

Problematisch wird es jedoch, wenn der Anspruch auf Mehrarbeitsvergütung ausgeschlossen oder mit einer marginalen Pauschale abgegolten

---

56) BAG, Urt. v. 10. 6. 1959 – 4 AZR 567/56, AP Nr. 5 zu § 7 AZO; BAG, Urt. v. 31. 3. 1960 – 5 AZR 443/57, AP Nr. 17 zu § 611 BGB Ärzte Gehaltsansprüche; BAG, Urt. v. 23. 2. 1977 – 4 AZR 667/75, AP Nr. 1 zu § 1 TVG Tarifverträge: Techniker-Krankenkasse; BAG, Urt. v. 17. 3. 1982 – 5 AZR 1047/79, AP Nr. 33 zu § 612 BGB; BAG, Urt. v. 3. 2. 1988 – 4 AZR 516/87 (unveröff.)
57) BAG, Urt. v. 3. 9. 1997 – 5 AZR 428/96, EzA § 612 BGB Nr. 20.
58) BAG, Urt. v. 17. 11. 1966 – 5 AZR 225/66, AP Nr. 1 zu § 611 BGB Leitende Angestellte; BAG AP Nr. 33 zu § 611 BGB.
59) BAG, Urt. v. 4. 5. 1994 – 4 AZR 445/93, AP Nr. 1 zu § 1 TVG Tarifverträge: Arbeiterwohlfahrt; LAG Köln, Urt. v. 7. 9. 1989 – 10 Sa 488/89 = NZA 1990, 349 f; ebenso LAG Köln, Urt. v. 20. 5. 1992 – 7 Sa 847/91, NZA 1993, 24 für den Fall der Beendigung des Arbeitsverhältnisses.
60) BAG, Urt. v. 3. 10. 1969 – 3 AZR 400/68, AP Nr. 12 zu § 15 AZO.
61) MünchKomm-*Schaub*, BGB, 3. Aufl., 1997, § 612 BGB Rz. 183.

wird, gleichzeitig im Vertrag jedoch der Arbeitnehmer verpflichtet wird, Mehrarbeit bis zur Obergrenze des Arbeitszeitrechts zu leisten. Durch eine derartige Vertragsgestaltung wird das Austauschverhältnis unter Umständen massiv verschoben. An einem angemessenen Interessenausgleich fehlt es, wenn die Verpflichtung zu Mehrarbeit mit einer unangemessenen Pauschalabgeltung gegebenenfalls sogar durch das vereinbarte Grundgehalt vereinbart wird. Unangemessen benachteiligend kann die Wirkung solcher Klauselkombinationen auch bei außertariflichen Angestellten sein, wenn diese durch Überstundenverpflichtung und Pauschabgeltung schlechter vergütet werden als Tarifmitarbeiter. Einseitig vorformulierte Vertragsgestaltungen, die den Anspruch auf Mehrarbeitsvergütung derart beschneiden, unterliegen einer Inhaltskontrolle daraufhin, ob sie zu einer unangemessenen und sachlich nicht gerechtfertigten Benachteiligung des Arbeitnehmers führen.[62] Eine faire Vertragsgestaltung könnte wie folgt aussehen:[63]

„Zur Abgeltung von Überstunden erhält Herr/Frau ... zusätzlich eine Pauschale von ... DM, die ausgehend vom Grundgehalt, monatlich bis zu ... Stunden abgelten soll. Diese Pauschalvereinbarung kann von beiden Parteien mit einer Kündigungsfrist von einem Monat zum Monatsende gekündigt und der Übergang zur Einzelabrechnung verlangt werden."

IV. Negativeffekte unreflektierter Vertragsgestaltung

Unreflektierte Vertragsgestaltung kann in der Praxis – insbesondere für den vorformulierenden Arbeitgeber – unangenehme Konsequenzen haben.

1. Nachweisgesetz

Das Nachweisgesetz[64] sollte das Bewußtsein für die Notwendigkeit differenzierter und reflektierter Vertragsgestaltung gestärkt haben.[65] Die größte, in der Praxis schwer zu vernachlässigende Wirkung wird das Nachweisgesetz hinsichtlich der beweisrechtlichen Folgen haben, die die zwingende Nachweispflicht nach sich zieht. In seiner ersten Entscheidung überläßt der Europäische Gerichtshof[66] die beweisrechtlichen Konsequen-

---

62) BAG AP Nr. 11 zu § 611 BGB Mehrarbeitsvergütung; ausführlich *Hanau/Preis* (Fußn. 1), II M 30.
63) Vgl. Klauselbeispiel bei *Hanau/Preis* (Fußn. 1), II M 30.
64) Gesetz über den Nachweis der für ein Arbeitsverhältnis geltenden wesentlichen Bedingungen (Nachweisgesetz – NachwG) vom 20. 7. 1995, BGBl I, 946.
65) Hierzu *Preis*, NZA 1997, 10 ff.
66) EuGH, Urt. v. 4. 12. 1977 – Rs. C 253/96 bis C 258/96 – Kampelmann u. a..

zen dem nationalen Recht, verlangt aber, daß für den Nachweis im innerstaatlichen Recht eine ebenso starke Vermutung der Richtigkeit gilt wie für jedes andere arbeitgeberseitige Dokument. Es ist daher unverzichtbar, die gesamte arbeitsrechtliche Vertragsgestaltung auf eine solide Basis zu stellen. Merksatz: Wer die Nachweispflicht bagatellisiert – verliert (im Prozeß).

Alle erfolgten (und unterbliebenen) Niederschriften, die dem Arbeitnehmer über seine Arbeitsbedingungen (nicht) ausgehändigt wurden, haben im Lichte des Nachweisgesetzes prozessuale Konsequenzen. Deshalb ist es unverzichtbar, die gesamte Vertragsgestaltung in deutschen Unternehmen und insbesondere öffentlichen Verwaltungen auf eine solide Basis zu stellen.

Nur einer *von beiden Seiten* unterzeichneten Vertragsurkunde, also insbesondere dem Arbeitsvertrag, kommt die *Vermutung der Vollständigkeit und Richtigkeit* zugute. Daraus folgt, daß der Vertragspartner, der von dem Vertragstext abweichende Abreden behauptet, den Gegenbeweis abweichender mündlicher Abrede führen muß. Diese privilegierte beweisrechtliche Stellung hat der einseitig vom Arbeitgeber ausgefertigte Nachweis nicht. Der Nachweis ist zivilprozessual eine Privaturkunde i. S. d. § 416 ZPO, die der freien Beweiswürdigung in materieller Hinsicht unterliegt. Hierbei sind folgende Situationen zu unterscheiden:

– *Hat der Arbeitgeber* (irgend-)einen *Nachweis erteilt*, muß er – wenn er sich nicht an dessen Inhalt festhalten lassen will – als Aussteller der Urkunde beweisen, daß die Urkunde unrichtig oder unvollständig erstellt ist oder daß das mündlich Besprochene Gültigkeit haben soll. Daraus folgt konkret: Ist in dem Nachweis eine dem Arbeitnehmer günstige Vereinbarung niedergelegt, an die sich der Arbeitgeber nicht festhalten lassen will, weil er eine andere Vereinbarung behauptet, so obliegt ihm hierfür die Beweislast.

– *Zu seinen Gunsten* kann sich der *Arbeitgeber* dagegen *nicht* auf den von ihm selbst ausgestellten Nachweis mit *beweisrechtlicher Privilegierung* berufen. Insbesondere greift kein Anscheinsbeweis zu seinen Gunsten, daß er den Vertragsinhalt richtig und vollständig wiedergegeben hat. Vor diesem Hintergrund empfiehlt sich auch für Arbeitgeber nicht, lediglich den einseitigen Nachweis zu erteilen, sondern einen Arbeitsvertrag mit beidseitiger Unterschrift auszufertigen.

– Hat der Arbeitgeber abweichend von seiner gesetzlichen Pflicht den *Nachweis nicht* oder nicht vollständig *erteilt*, gilt folgendes: Eine vollständige Umkehr der Beweislast zu Lasten des Arbeitgebers läßt sich in richtlinienkonformer Auslegung des Nachweisgesetzes nicht begründen. Richtig ist die Lösung, im Falle der Nichterteilung des

Nachweises über wesentliche Vertragsbedingungen den Fall einer *Beweisvereitelung* durch den Arbeitgeber anzunehmen. Der Umstand der Beweisvereitelung ist vom Tatrichter im Rahmen des § 286 ZPO zu berücksichtigen; im Ergebnis tritt für den Arbeitnehmer eine erhebliche Erleichterung der Beweisführungslast ein, die – je nach Fallgestaltung – einer Beweislastumkehr nahekommen kann.

Doch liegen im Nachweisgesetz nicht nur die bezeichneten Risiken, sondern auch Chancen für den Arbeitgeber. Der regelmäßig notwendige Nachweis der Änderung wesentlicher Vertragsbedingungen (§ 3 Satz 1 NachwG) kann dazu beitragen, defizitäre Vertragsgestaltung im Unternehmen auf eine neue solide Basis zu stellen. Insbesondere können auch durch Tatbestände betrieblicher Übung begründete Vertragsansprüche durch widerspruchslose Hinnahme einer Abweichung abgelöst werden.

2. Vertragsgestaltung ohne Abstimmung auf Gesetz und Kollektivvertrag

Unreflektierte standardisierte Vertragsgestaltung, die die Regelungsbedürfnisse und Erfordernisse nicht in Abstimmung auf die jeweilige gesetzliche und kollektivvertragliche Situation vornimmt, kann zu Widersprüchen und Einschränkungen der Flexibilität führen.

a) Arbeitszeit- und Entgeltregelungen ohne Tarifvorbehalt

Als wichtiges Beispiel seien *Arbeitszeit- und Entgeltregelungen ohne Tarifvorbehalt* genannt. Eine konstitutive Arbeitszeitregelung und der Verzicht der dynamischen Verweisung auf den Entgelttarif können die Flexibilisierung durch Tarifvertrag hindern.[67] Sofern Sondervergütungen oder andere *Sonderleistungen ohne Betriebsvereinbarungsvorbehalt* gewährt werden, kann dies zur Folge haben, daß die Ablösung von Sonderleistungen zum Nachteil der Mitarbeiter durch Betriebsvereinbarung nicht möglich ist. Im Sinne einer vorsorgenden Vertragsgestaltung gehört daher folgende Klausel[68] in den Arbeitsvertrag:

„Die Parteien sind sich darüber einig, daß spätere Betriebsvereinbarungen den Regelungen in diesem Vertrag oder anderen einzelvertraglichen Absprachen (gegebenenfalls mit Ausnahme von ...) auch dann vorgehen, wenn die vertragliche Regelung günstiger ist."

---

67) Zur Arbeitszeit vgl. BAG, Urt. v. 29. 1. 1992 – 4 AZR 293/91, EzA § 2 BeschFG Nr. 16; zum Entgelt BAG DB 1997, 2229.
68) *Hanau/Preis* (Fußn. 1), II O 10.

b) Probleme konstitutiver und deklaratorischer Vertragsgestaltung

Das weithin fehlende Bewußtsein zur Wirkung arbeitsvertraglicher Regelungen führt zu unerwünschten Nebeneffekten, die sich insbesondere bei der *Differenzierung zwischen konstitutiver und deklaratorischer Vertragsgestaltung* zeigen. Die Arbeitsvertragsgestaltung muß heute mehr denn je die Veränderbarkeit gesetzlicher und kollektivvertraglicher Rahmenbedingungen in ihr Gestaltungsprogramm einbeziehen. Die Wirkungen konstitutiver dynamischer Verweisungen auf Tarifverträge müssen bedacht werden (hierzu unten VII 2). Dies erfordert zunehmende Sorgfalt bei der Regelung von Sachverhalten, die Gegenstand gesetzlicher oder tarifvertraglicher Normsetzung sind. Der Streit und die Unsicherheit, ob konstitutive oder deklaratorische Regelungen vorliegen (Beispiel: Kündigungsfristen und Entgeltfortzahlung),[69] zeigen dies. Deshalb folgende Hinweise:

– Im Einzelfall ist zu prüfen, ob nicht die bloße Information des Arbeitnehmers über den Gesetzesinhalt ausreicht, statt in ihrer Wirkung zweifelhafte Wiederholungen des Gesetzes in den Vertrag aufzunehmen.

– Vertragliche Regelungen im tarif- oder gesetzesnahen Bereich sollten generell unter einen Anpassungsvorbehalt gestellt werden. Damit können die zweischneidigen Wirkungen von wiederholenden Klauseln sowie von Verweisungs- und Bezugnahmeklauseln abgemildert werden.

Der nachfolgende Klauselvorschlag ist – soweit ersichtlich – der erste Versuch, diese Problematik generell zu lösen. Er sei – mit der Bitte um Kritik – der kautelarjuristischen Diskussion überantwortet:

„(1) Ändern sich Gesetze oder auf das Arbeitsverhältnis anzuwendende Tarifverträge, die in diesem Vertrag geregelte Vertragsabreden betreffen, so ist, soweit die jeweilige gesetzliche oder tarifvertragliche Regelung nicht ohnehin zwingend dem Vertrag vorgeht, jede Vertragspartei berechtigt, mit einer Frist von … Monaten zum Monatsende die betreffende Vertragsabrede zu kündigen und eine Neuverhandlung zu verlangen.

(2) Einigen sich die Vertragsparteien innerhalb von … Monaten nicht über eine Neufassung der Vertragsabrede, tritt nach Ablauf dieser Frist an deren Stelle die jeweils anwendbare gesetzliche oder tarifliche Regelung."

---

69) Hierzu *Preis*, in: Festschrift Schaub, 1998, S. 571 ff m. w. N.

V. Negativeffekte unterlassener Vertragsgestaltung

Unterlassene Vertragsgestaltung vergibt die Chance, flexiblen und wirtschaftlichen Personaleinsatz bereits in der Phase der Vertragsbegründung vorzubereiten. Unterlassene Vertragsgestaltung kann insbesondere bei Störungen der Vertragsbeziehungen nachteilig wirken. Hierzu einige Beispiele:

1. Freistellungsklauseln

Angesichts unsicherer Rechtsprechung zum Beschäftigungsanspruch des Arbeitnehmers ist jedenfalls für den Kündigungsfall eine Freistellungsbefugnis mit Resturlaubsanrechnung vorzusehen. Folgender Klauselvorschlag sei hier unterbreitet:[70]

„Die Firma ist berechtigt, den/die Mitarbeiter/in mit Ausspruch einer Kündigung – gleichgültig von welcher Seite – unter Fortzahlung der Bezüge und unter Anrechnung restlicher Urlaubsansprüche von der Arbeitsleistung freizustellen, wenn ein triftiger Grund, insbesondere ein grober Vertragsverstoß, der die Vertrauensgrundlage beeinträchtigt (z. B. Geheimnisverrat, Konkurrenztätigkeit) gegeben ist. Nicht erfüllte Urlaubsansprüche sind abgegolten, soweit nicht aufgrund von Arbeitsunfähigkeit des/der Mitarbeiters/in oder aus sonstigen gesetzlichen und tarifvertraglichen Gründen eine Abgeltung ausgeschlossen ist."

2. Altersgrenzenregelungen

Fehlende Altersgrenzenregelungen in Arbeitsverträgen und eine sprunghafte Rentengesetzgebung haben zeitweise das altersbedingte Ausscheiden des Arbeitnehmers zum 65. Lebensjahr problematisch werden lassen. Vor dem Hintergrund zunehmender Unsicherheiten im Recht der Rentenversicherung sind arbeitsvertragliche Regelungen über Altersgrenzen notwendig. Die flexible Koppelung an die jeweilige Regelaltersgrenze ist allein vor dem Hintergrund der Unwägbarkeiten der gesetzlichen Rentenversicherung sinnvoll. Derartige Vereinbarungen sind wirksam.[71] Darüber hinaus ist die Regelung einer auflösenden Bedingung nach Feststellung der Erwerbsunfähigkeit zu empfehlen:[72]

---

70) *Hanau/Preis* (Fußn. 1), II F 10.
71) Zuletzt BAG, Urt. v. 14. 10. 1997 – 7 AZR 660/96, BB 1997, 2274; ausführlich *Preis*, in: Festschrift Stahlhacke, 1995, S. 417 ff.
72) Vgl. *Hanau/Preis* (Fußn. 1), III A.

„(1) Das Arbeitsverhältnis endet, ohne daß es einer Kündigung bedarf, mit Ablauf des Monats, in dem der/die Mitarbeiter/in das 65. Lebensjahr vollendet oder die jeweils gültige Regelaltersgrenze der gesetzlichen Rentenversicherung erreicht. Es endet in jedem Falle mit Ablauf des Monats, in dem der/die Mitarbeiter/in eine gesetzliche Rente wegen Alters bezieht.

(2) Wird durch den Bescheid eines Rentenversicherungsträgers festgestellt, daß der/die Mitarbeiterin auf Dauer berufs- oder erwerbsunfähig ist, so endet das Arbeitsverhältnis mit Ablauf des Monats, in dem der Bescheid zugestellt wird. Beginnt die Rente wegen Berufs- und Erwerbsunfähigkeit erst nach der Zustellung des Rentenbescheides, so endet das Arbeitsverhältnis mit Ablauf des dem Rentenbeginn vorangehenden Tages. Das Arbeitsverhältnis endet nicht, wenn nach dem Bescheid des Rentenversicherungsträgers eine Rente auf Zeit gewährt wird. In diesem Fall ruht das Arbeitsverhältnis mit allen Rechten und Pflichten von dem Tage an, der auf den nach Satz 1 oder 2 maßgeblichen Zeitraum folgt, bis zum Ablauf des Tages, bis zu dem die Zeitrente bewilligt ist, längstens jedoch bis zum Ablauf des Tages, an dem das Arbeitsverhältnis endet."

3. Kurzarbeitsklauseln

Unterlassene Vertragsgestaltung kann insbesondere in betriebsratslosen Betrieben nachteilige Auswirkungen haben. Der Arbeitgeber kann Kurzarbeit nicht allein auf der Basis des Direktionsrechts ohne kollektiv- oder einzelvertragliche Ermächtigung anordnen.[73] Die (tarif-)vertragliche Ausgestaltung muß so erfolgen, daß der Vorwurf der Umgehung des Kündigungsschutzrechts vermieden wird.[74] Vorsorglich sollten in Arbeitsverträge Kurzarbeitsklauseln aufgenommen werden, weil die Eingriffsbefugnis in den Arbeitsvertrag allein durch die Ausübung des Mitbestimmungsrechts nach § 87 Abs. 1 Nr. 3 BetrVG bestritten wird.

4. Direktionsrecht

Unterlassene Vertragsgestaltung vergibt die Konkretisierungschance, die angesichts einer fehlenden Arbeitsvertragskodifikation besteht. So wird auf die Ausgestaltung des arbeitgeberseitigen Direktionsrechts zu wenig Mühe verwandt. Je enger die Tätigkeit des Arbeitnehmers sowie die Ein-

---

73) BAG, Urt. v. 14. 2. 1991 – 2 AZR 415/90, AP Nr. 4 zu § 615 BGB Kurzarbeit.
74) Hierzu sehr restriktiv BAG, Urt. v. 18. 10. 1994 – 1 AZR 503/93, NZA 1995, 1064; BAG, Urt. v. 27. 1. 1994 – 6 AZR 541/93, NZA 1995, 134.

zelheiten seiner Beschäftigung, der Einsatzort, Umfang und Lage der Arbeitszeit im Arbeitsvertrag festgeschrieben sind, um so geringer ist der Spielraum des Arbeitgebers zur Ausübung des Direktionsrechts.[75]

- Schon die Abfassung der Tätigkeitsbeschreibung entscheidet über das Ausmaß des Direktionsrechts des Arbeitgebers. In aller Regel ist es zweckmäßig, die *Tätigkeitsbeschreibung* nicht zu eng zu fassen. Ist eine konkret zugewiesene Tätigkeit nicht mehr von der vereinbarten Tätigkeitsbeschreibung gedeckt, kann der Arbeitgeber eine Änderung des Arbeitsvertrages nur durch Vereinbarung oder Änderungskündigung herbeiführen. Welche Arbeitsleistungen zum jeweils vereinbarten Berufs- oder Tätigkeitsbild gehören, ist im Wege der Auslegung unter Berücksichtigung der Verkehrsanschauung zu ermitteln. So gehören zum Tätigkeitsbild eines Kraftfahrers auch Ladetätigkeiten.[76]

- Die Ausgestaltung der Einsatzmöglichkeiten des Arbeitnehmers durch erweitertes Direktionsrechts hat auch Rückwirkungen auf den Kündigungsschutz (Sozialauswahl und Versetzungsobliegenheit). Der Arbeitnehmer kann sich auf eine gegebenenfalls bestehende Weiterbeschäftigungsmöglichkeit in konzernangehörigen Unternehmen berufen.[77]

VI. Vertragsgestaltung durch einseitige Rechtsgestaltung

Mangelnde vorsorgende Vertragsgestaltung, die den Anpassungsbedarf im Dauerschuldverhältnis berücksichtigt, kann nicht immer durch einseitige Vertragsänderung mittels Gestaltungsrechten adäquat kompensiert werden.

1. Änderungsvereinbarungen – selten durchsetzbar

Änderungsangebote des Arbeitgebers führen nur selten zu einer Vertragsänderung durch konkludente Annahme seitens des Arbeitnehmers. Trägt der Arbeitgeber einseitig verschlechternde Vertragsbedingungen an den Arbeitnehmer heran, so kann die bloße stillschweigende Fortsetzung der bisherigen Tätigkeit nicht als Annahme des Änderungsangebotes angese-

---

75) LAG Köln, Urt. v. 26. 10. 1984 – 6 Sa 740/84, NZA 1985, 258; LAG Berlin, Urt. v. 25. 4. 1988 – 9 Sa 15/88, DB 1988, 1228; LAG Rheinland-Pfalz, Urt. v. 13. 10. 1987 – 3 Sa 457/87, NZA 1988, 471.
76) LAG Hessen, Urt. v. 13. 6. 1995 – 9 Sa 2054/94, NZA-RR 1996, 210.
77) BAG, Urt. v. 27. 11. 1991 – 2 AZR 255/91, AP Nr. 6 zu § 1 KSchG 1969 Konzern = ZIP 1992, 573, dazu EWiR 1992, 499 *(Windbichler)*.

hen werden.[78] Eine Zustimmung des Arbeitnehmers kann nur dann angenommen werden, wenn sich die Vertragsänderung unmittelbar im Arbeitsverhältnis auswirkt und der Arbeitnehmer deshalb umgehend feststellen kann, welchen Einfluß die Änderung auf seine Rechte und Pflichten hat. Eine stillschweigende Annahmeerklärung kann daher in der Regel nicht angenommen werden, solange die Folgen der Änderung nicht hervortreten.[79]

2. Änderungsvorbehalte – notwendig

Abändernde Vertragsgestaltung kann weitgehend durch Einfügung von *Widerrufsvorbehalten, Änderungsvorbehalten* und *Teilkündigungsklauseln* erreicht werden, soweit keine unangemessene Benachteiligung des Arbeitnehmers eintritt. Ohne ausdrücklichen Vorbehalt können auch nebensächliche Zusatzleistungen nicht widerrufen werden.[80] Die Chancen flexibler Vertragsgestaltung, die in einer präzisen und fairen Ausgestaltung von Änderungsvorbehalten liegen, werden noch nicht hinreichend genutzt. Die arbeitsrechtliche Kautelarpraxis verläßt sich gegenwärtig zu weitgehend darauf, daß die Rechtsprechung überschießende Vertragsklauseln saliviert.

– Ansätze vorhandener Änderungsvorbehalte oder Freiwilligkeitsvorbehalte werden gegenwärtig sehr großzügig zugunsten des Arbeitgebers – nicht immer unter Beachtung der Unklarheitenregel („freiwillige, jederzeit widerrufliche Leistung") – ausgelegt.[81]

– Bei Freiwilligkeits-, Widerrufs- und Anrechnungsvorbehalten sowie der Befristung von Arbeitsbedingungen nimmt das Bundesarbeitsgericht eine Unwirksamkeit der Klausel erst dann an, wenn der Kernbestand des Arbeitsverhältnisses betroffen ist.[82] Der Kernbestand sind Arbeitszeit und Vergütung; bei Zusatzentgelten jeder Art ist das Gericht jedoch äußerst großzügig.

---

78) BAG, Urt. v. 30. 7. 1985 – 3 AZR 405/83, AP Nr. 13 zu § 65 HGB = NZA 1986, 474; BAG, Urt. v. 14. 8. 1996 – 10 AZR 69/96, AP Nr. 47 zu § 242 BGB Betriebliche Übung.
79) BAG, Urt. v. 20. 5. 1976 – 2 AZR 202/75, AP Nr. 4 zu § 305 BGB; BAG, Urt. v. 19. 6. 1986 – 2 AZR 565/85, AP Nr. 16 zu § 2 KSchG 1969.
80) Vgl. zum Personalrabatt BAG, Urt. v. 14. 6. 1995 – 5 AZR 126/94, EzA § 611 BGB Personalrabatt Nr. 1, dazu EWiR 1996, 17 *(Heckelmann)* und BAG, Urt. v. 11. 12. 1996 – 5 AZR 336/95, EzA § 611 BGB Personalrabatt Nr. 2.
81) BAG, Urt. v. 15. 11. 1995 – 2 AZR 521/95, AP Nr. 20 zu § 1 TVG Tarifverträge Lufthansa mit krit. Anm. *Hromadka* = NZA 1996, 603; BAG, Urt. v. 26. 3. 1997 – 10 AZR 612/96, BB 1997, 2054.
82) BAG, Urt. v. 7. 10. 1982 – 2 AZR 455/80, AP Nr. 5 zu § 620 BGB Teilkündigung = ZIP 1983, 719; BAG, Urt. v. 31. 1. 1985 – 2 AZR 393/83, EzBAT § 8 BAT Direktionsrecht Nr. 3.

- Eine Umgehung wurde verneint bei einer Leistungszulage in Höhe von 20 % des tariflichen Bruttogehalts,[83] einer widerruflichen Leistungszulage in Höhe von 19–31% des Tariflohns,[84] bei einer Provision von 15 % des Gesamteinkommens,[85] bei der Einziehung eines Verkaufsbezirks, der zu einer Provision von gleichfalls 20 % des Gesamtverdienstes führte,[86] ebenso bei Entzug einer Aufgabe, die zum Fortfall einer Zulage in Höhe von 15 % der Gesamtbezüge führt.[87]

3. Betriebliche Übung – ungewollte Bindung

Die arbeitnehmerfreundliche *einseitige Vertragsgestaltung durch das Institut der betrieblichen Übung* kann zu ungewollten Bindungen des Arbeitgebers führen. Die immer noch bestehenden Probleme der betrieblichen Übung legen Zeugnis über das fehlende Problembewußtsein der Arbeitsvertragsgestaltung ab. Die praktische Handhabung des Instituts der betrieblichen Übung in der jüngeren Rechtsprechung ebenso wie die Fortentwicklung der Vertragspraxis lassen im Ergebnis nur noch selten eine vertragliche Bindung des Arbeitgebers entstehen. Auf der Basis der Vertragstheorie kann der Arbeitgeber durch *ausdrückliche oder konkludente Willenserklärung*[88] eine *Bindung für die Zukunft ausschließen*. Ein Anspruch entsteht demnach nicht, wenn der Arbeitgeber die Leistung jedesmal nur *unter Vorbehalt*, sei es durch Aushang, Rundschreiben oder Erklärung gegenüber jedem einzelnen Arbeitnehmer, gewährt hat. Damit macht er hinreichend deutlich, daß er jedes Jahr neu über die zusätzliche Leistung entscheiden will. Eine zukünftige Bindung kann der Arbeitgeber durch einen unmißverständlich erklärten Vorbehalt ausschließen, wobei der Vorbehalt *keiner bestimmten Form* bedarf.[89] Dies zeigt, daß einseitige Vertragsgestaltung durch betriebliche Übung ihrerseits gegebenenfalls nur durch rechtsgeschäftlich reflektierte Reaktionen verhindert werden kann. Die jüngere Rechtsprechung ist bei der *Annahme eines vertrauenszerstörenden Vorbehalts* großzügig. Sie hilft dem „dummen" Arbeitgeber durch eine *anspruchsverhindernde Auslegung* und ermöglicht dem geschickten Arbeitgeber das „Herausschleichen" aus der Vertragsbindung, die mit dem anerkannten Prinzip, daß das Schweigen des Arbeitnehmers auf sich zu-

---

83) BAG, Urt. v. 7. 1. 1971 – 5 AZR 92/70, AP Nr. 12 zu § 315 BGB.
84) BAG, Urt. v. 13. 5. 1987 – 5 AZR 125/86, AP Nr. 4 zu § 305 BGB Billigkeitskontrolle.
85) BAG, Urt. v. 21. 4. 1993 – 7 AZR 297/92, AP Nr. 34 zu § 2 KSchG 1969.
86) BAG AP Nr. 5 zu § 620 BGB Teilkündigung = ZIP 1983, 719.
87) BAG AP Nr. 20 zu § 1 TVG Tarifverträge Lufthansa.
88) BAG, Urt. v. 4. 9. 1985 – 7 AZR 262/83, AP Nr. 22 zu § 242 BGB Betriebliche Übung.
89) BAG, Urt. v. 6. 9. 1994 – 9 AZR 672/92, AP Nr. 45 zu § 242 BGB Betriebliche Übung.

nächst nicht auswirkende Vertragsänderungsangebote nicht zur Vertragsänderung führt, kollidiert. Im einzelnen:

- Schon die Gewährung einer Leistung „nach Gutdünken" wertet das Bundesarbeitsgericht als Vorbehalt, die Leistung nur für das jeweilige Jahr zu zahlen.[90] Auch die Erklärung, daß eine (freiwillige) Arbeitsbefreiung (Rosenmontag, Brauchtumstage, Heiligabend) „auch in diesem Jahr" oder für das „laufende Jahr" gewährt wird, zerstört das Vertrauen auf Weitergewährung.[91] Ein Vertrauen soll schon dann nicht entstehen, wenn die jährliche Leistung erkennbar als nicht ins Gewicht fallende Annehmlichkeit („eine kleine Freude": Sonderzahlung oder Sachgeschenk im Werte von DM 100,-) ausgestaltet ist.[92]

- Eine besondere, in der jüngsten Rechtsprechung klar hervortretende Variante ist die abändernde und anspruchsvernichtende Betriebsübung. Schon immer anerkannt wurde eine *Betriebsübung zuungunsten der Arbeitnehmer*, wenn eine sonst regelmäßig gewährte Weihnachtsgratifikation mehrere Jahre hintereinander widerspruchslos nicht mehr gezahlt wird.[93] Die bloß einmalige Nichterfüllung genügt jedoch nicht.[94] Auch kann eine alte betriebliche Übung einvernehmlich geändert werden, wenn der Arbeitnehmer einer geänderten Handhabung (hier: Gewährung unter Freiwilligkeits- und Widerrufsvorbehalt) über einen Zeitraum von drei Jahren nicht widerspricht.[95] Dies ist sehr weitgehend, weil die begründete Betriebsübung nach wohl herrschender Vertragstheorie zu einem vertraglichen Anspruch führt, der durch bloße nachträgliche Vorbehalte wohl kaum vernichtet werden kann.

4. Verzichtserklärungen – Notfalltherapie

Verzichtserklärungen des Arbeitnehmers sind Erlaßverträge i. S. d. § 397 BGB. Sie sind Notfalltherapien im Arbeitsverhältnis, die – sofern keine unverzichtbaren Ansprüche betroffen sind (z. B. § 12 EFZG, § 13 BUrlG, § 4

---

90) BAG, Urt. v. 28. 2. 1996 – 10 AZR 516/95, AP Nr. 192 zu § 611 BGB Gratifikation = NZA 1996, 758 = ZIP 1996, 1099, dazu EWiR 1996, 689 *(Schaub)*.
91) BAG, Urt. v. 12. 1. 1994 – 5 AZR 41/93, AP Nr. 43 zu § 242 BGB Betriebliche Übung, dazu EWiR 1994, 537 *(v. Hoyningen-Huene)* und BAG AP Nr. 45 zu § 242 BGB Betriebliche Übung.
92) BAG, Urt. v. 16. 4. 1997 – 10 AZR 705/96, DB 1997, 1927, 1928 = ARSt 1997, 254, 255, dazu EWiR 1997, 927 *(Künzl)*.
93) BAG, Urt. v. 13. 7. 1968 – 5 AZR 400/67, AP Nr. 2 zu § 242 BGB Betriebliche Übung.
94) BAG, Urt. v. 10. 8. 1988 – 5 AZR 571/87, AP Nr. 32 zu § 242 BGB Betriebliche Übung.
95) BAG, Urt. v. 26. 3. 1997 – 10 AZR 612/96, NZA 1997, 1007 = SAE 1997, 341 mit krit. Anm. *Franzen*.

Abs. 4 TVG) – Hilfsmittel zur Krisenbewältigung im Unternehmen sein können. Je angemessener Erlaßverträge ausgestaltet sind (kein vollständiger Verzicht, Kompensation nach Krisenbewältigung), um so eher werden sie vor der Rechtsprechung Bestand haben können. Formularmäßige Verzichtserklärungen können wegen unangemessener Benachteiligung unwirksam sein. Die Grundsätze der §§ 3, 5 und 9 AGBG sind entsprechend anwendbar.[96] Lohnverzichte und Verzicht auf betriebliche Altersversorgung im Zusammenhang mit einem Betriebsübergang sind nach der Rechtsprechung nur zulässig, wenn hierfür bei Anlegung eines strengen Maßstabes sachliche Gründe vorliegen.[97]

5. „Vertragsgestaltung" durch betriebsbedingte Kündigung?

Bei Fällen unternehmerischer Umgestaltung des Betriebskonzeptes kann nach der jüngeren, umstrittenen Rechtsprechung „Vertragsgestaltung" durch betriebsbedingte Kündigung erfolgen.

In der bekannten Weight-Watcher-Entscheidung des 2. Senats[98] wird das Recht der betriebsbedingten Kündigung zum unmittelbaren Instrument für den Ausstieg aus dem Arbeitsrecht,[99] in dem der Senat als kündigungsbegründende freie unternehmerische Entscheidung im Rahmen einer innerbetrieblichen Umstrukturierungsmaßnahme (Einführung eines neuen Vertriebssystems) das Recht zum Vertragswechsel zur *„Umgestaltung der zugrundeliegenden Vertragsform für die Vertriebsmitarbeiter – freies Mitarbeiterverhältnis statt Arbeitsverhältnis"* anerkennt. Der Senat deutet das Recht der betriebsbedingten Kündigung als Mittel zum Wechsel der Vertragsart. Der damit legitimierte Ausstieg aus sozialversicherungspflichtiger Beschäftigung ist volkswirtschaftlich problematisch und kann – im Hinblick auf Sozialplankosten und verlorene Investitionen in das „Humankapital" teurer werden, als die sinnvolle Anpassung der Arbeitsverhältnisse.

---

96) *Preis* (Fußn. 1), S. 496 ff.
97) BAG, Urt. v. 27. 4. 1988 – 5 AZR 358/87, AP Nr. 71 zu § 613a BGB = NZA 1988, 655 = ZIP 1988, 989, dazu EWiR 1988, 767 *(v. Stebut)*; BAG, Urt. v. 18. 8. 1976 – 5 AZR 95/75, AP Nr. 4 zu § 613a BGB und BAG, Urt. v. 26. 1. 1977 – 5 AZR 302/75, AP Nr. 5 zu § 613a BGB, und BAG, Urt. v. 17. 1. 1980 – 3 AZR 160/79, AP Nr. 18 zu § 613a BGB; BAG, Urt. v. 29. 10. 1985 – 3 AZR 486/83, AP Nr. 4 zu § 1 DetrAVG Betriebsveräußerung = ZIP 1986, 1001, dazu EWiR 1986, 773 *(Grunsky)*.
98) BAG, Urt. v. 9. 5. 1996 – 2 AZR 438/95, EzA § 1 KSchG Betriebsbedingte Kündigung Nr. 85 = ZIP 1996, 1879, dazu EWiR 1997, 85 *(Wank)*; krit. hierzu *Preis*, NZA 1997, 1073, 1079.
99) Ebenso *Franzen*, Anm. zu BAG EzA § 1 KSchG Betriebsbedingte Kündigungen Nr. 85.

VII. Ausgewählte aktuelle Einzelfragen

Wesentlich erscheint daher, daß durch Arbeitsrecht und die Arbeitsvertragsgestaltung die Möglichkeiten zur Anpassung der Vertragsbedingungen nicht behindert werden. Die größere Flexibilität einzelvertraglicher und betriebsnaher Regelungen muß auch genutzt werden können. Vor diesem Hintergrund ist darauf hinzuweisen, daß die vielfach wegen ihrer Starrheit kritisierten Tarifverträge neuerdings erhebliche Flexibilisierungspotentiale enthalten. Problematisch wäre es, wenn auf der Ebene des Arbeitsvertrages in Tarifverträgen anerkannte Flexibilisierungsmöglichkeiten nicht umgesetzt würden.

1. Arbeitszeit- und Entgeltkorridore in Arbeitsverträgen?

Nach vorherrschender Sicht dürfen Entgelte und Arbeitszeiten nicht durch Änderungsvorbehalte zur Disposition des Arbeitgebers stehen. Klauseln im Arbeitsvertrag, durch die der Arbeitgeber zur Festlegung der Arbeitszeit, d. h. auch zu deren Reduzierung mit der Folge entsprechender Entgeltabsenkung, ermächtigt wird, sollen wegen Umgehung des Kündigungsschutzes nach § 134 BGB nichtig sein.[100] Dies ist aus drei Gesichtspunkten überdenkenswert:

– Entsprechende tarifvertragliche Klauseln werden von der Rechtsprechung für zulässig gehalten.[101] Dies gewinnt vor dem Hintergrund zunehmender beschäftigungssichernder Tarifflexibilisierung durch Arbeitszeitkorridore und befristete Arbeitszeitreduzierungen (ohne Lohnausgleich) vermehrte Relevanz.[102]

– Die Praxis erreicht das Flexibilisierungsziel durch den Abschluß von Teilzeitverträgen mit Überstundenanordnung.

– Im Bereich sog. freiwilliger Leistungen erkennt die Rechtsprechung Einschnitte in Entgeltbestandteile von in der Regel 15 % an. Besonders weitgehend ist die Rechtsprechung zu Entwicklungs- und Anpassungsklauseln bei Chefarztverträgen. Nach Auffassung des Bundesarbeitsgerichts führt eine auf der Basis einer „Entwicklungsklausel" vorgenommene Beschränkung des Aufgabenbereichs eines Chefarztes nicht schon deshalb zu einer Umgehung des Kündigungs-

---

100) BAG, Urt. v. 12. 12. 1984 – 7 AZR 509/83, AP Nr. 6 zu § 2 KSchG 1969.
101) BAG, Urt. v. 22. 5. 1985 – 4 AZR 88/84, AP Nr. 6 zu § 1 TVG Tarifverträge: Bundesbahn und BAG, Urt. v. 22. 5. 1985 – 4 AZR 427/83, AP Nr. 7 zu § 1 TVG Tarifverträge: Bundesbahn.
102) Aktueller Überblick zu den anzutreffenden tariflichen Regelungen *Bispinck*, WSI-Mitteilungen 1997, 551, 555 ff.

schutzrechts, weil dadurch seine Einnahmen für die Tätigkeit im dienstlichen Aufgabenbereich auf etwa 75 % und die Gesamteinnahmen aus dienstlicher und genehmigter Nebentätigkeit auf 60–65 % seiner bisherigen Einnahmen sinken.[103]

Bandbreitenregelungen und Entgeltkorridore, die in abgewogenem Maße Schwankungen in den Hauptleistungspflichten zulassen, sollten auch in Arbeitsverträgen zulässig sein. Es ist nicht gerechtfertigt, die in tariflichen Regelungen liegenden Vorteile kleineren, nicht tarifgebundenen Unternehmen zu verweigern. Bandbreitenregelungen (Arbeitszeitkorridore) müssen jedoch präzise und überschaubare Voraussetzungen haben. Sie dürfen nicht gegen die Grundgedanken des § 4 BeschFG verstoßen. Einfaches Klauselbeispiel:[104]

„Die Arbeitszeit beträgt 30 Stunden monatlich, wobei die tatsächliche Arbeitszeit zwischen 20 und 40 Stunden variieren kann. Die Vergütung erfolgt auf der Basis von 30 Wochenstunden. Mehr- oder Minderarbeit wird innerhalb eines Jahres ausgeglichen."

Entgeltkorridore sind im Hinblick auf die großzügige Rechtsprechung zu Freiwilligkeits-, Änderungs- und Widerrufsvorbehalten sowie zur Befristung von Einzelarbeitsbedingungen auch im Vertragsrecht bereits Realität. Woran es fehlt, ist allerdings eine geschlossene widerspruchsfreie Dogmatik im Bereich der Flexibilisierung von Vertragsbedingungen. Die Thematik kann hier nicht erschöpfend behandelt werden.[105]

2. Bezugnahmeklauseln auf Tarifverträge

Chancen und Risiken von Verweisungsklauseln und Jeweiligkeitsklauseln sind sorgfältig abzuwägen. Die gegenwärtige Vertragspraxis verwendet die Klauseln unreflektiert; die unter Umständen weitreichenden Nebeneffekte entsprechender Klauseln sind jedoch zu bedenken.

Verweisungs- und Jeweiligkeitsklauseln auf Tarifverträge und andere allgemeine Vertragsbedingungen haben den Vorteil gleichmäßiger, standardisierter und – im Rahmen der Bezugnahme – veränderbarer Vertragsgestaltung für eine Vielzahl von Arbeitnehmern. In Arbeitsverträgen wird regelmäßig auf *Tarifverträge* Bezug genommen. Eine derartige Verweisung ist überflüssig, wenn die Vertragspartner tarifgebunden sind. Die Verwei-

---

103) BAG, Urt. v. 28. 5. 1997 – 5 AZR 125/96, EzA § 611 BGB Krankenhausarzt Nr. 7.
104) *Hanau/Preis* (Fußn. 1), II A 100.
105) Hierzu ausführlich *Hromadka* (Hrsg.), Änderung von Arbeitsbedingungen, 1990; *ders.*, RdA 1992, 234; *ders.*, DB 1995, 1609; *Löwisch*, ZfA 1986, 1; *Leuchten*, NZA 1994, 721; *Preis*, in: Festschrift Kissel, 1994, S. 879; *Zöllner*, NZA 1997, 121.

sung erlangt jedoch *konstitutive Bedeutung bei fehlender Tarifbindung.* Verweisungsklauseln wollen erreichen, daß für alle Arbeitnehmer unabhängig von der Gewerkschaftszugehörigkeit gleiche Arbeitsbedingungen gelten.[106] Die Normen werden schuldrechtlicher Inhalt des Vertrages, gelten also entgegen § 4 Abs. 1 TVG nicht unmittelbar und zwingend zwischen den Parteien.

Bei einer *einzelvertraglichen Gesamt- oder Globalbezugnahme* unterliegt der einzelvertragliche einbezogene Tarifvertrag der gleichen *Richtigkeitsgewähr wie die Tarifvertragsnorm* selbst. Einer Inhalts- oder Billigkeitskontrolle bedarf es nicht.[107] Zu bedenken ist, daß die vertraglichen Bezugnahmen auf Tarifverträge zu einer Tarifbindung führen, die über die Tarifbindung des Tarifvertragsgesetzes hinausgeht[108] und von der sich der Arbeitgeber gegebenenfalls nur durch Änderungskündigung lösen kann.[109]

Verweisungs- und Jeweiligkeitsklauseln führen nach richtiger, sich allmählich durchsetzender Auffassung zu einer konstitutiven Vertragsbindung, d. h. einer vertraglichen Bindung an die Bezugnahme. Ohne weiteres ist damit ein Wechsel des Bezugnahmeobjektes ausgeschlossen. Auf die Ausgestaltung der Verweisungsklauseln ist daher größere Sorgfalt zu legen. Aus kautelarjuristischer Sicht ist die schlechteste Lösung die bloß konkludente Bezugnahme eines Tarifvertrages oder gar die Anwendung eines Tarifvertrages kraft betrieblicher Übung. Je weniger vertraglich fixiert ist, um so größer werden die Auslegungsprobleme und um so schwieriger ist die Bezugnahme zu ändern.

Die Rechtsprechung des Bundesarbeitsgerichts zur Wirkung von Bezugnahmeklauseln auf Tarifverträge ist unkalkulierbar geworden. Aus der Sicht einer vorsorgenden Vertragsgestaltung müssen die möglichen ungewollten Konsequenzen der Verweisungsklauseln wohl bedacht werden. Insbesondere ist auf Klarheit der Regelung zu achten, weil Unklarheiten zu Lasten des vorformulierenden Arbeitgebers gehen.[110]

– Ungewollte Vertragsänderungen durch dynamische Verweisungsklauseln können durch eindeutig *statische Verweisungsklauseln* abgewehrt werden, die aber nicht immer zweckmäßig sind. Empfeh-

---

106) BAG, Urt. v. 27. 1. 1997 – 1 AZR 572/96, EzA § 242 BGB Betriebliche Übung Nr. 36.
107) Siehe BAG, Urt. v. 6. 9. 1995 – 5 AZR 241/94, AP Nr. 23 zu § 611 BGB Ausbildungsbeihilfe mit Anm. v. *Hoyningen-Huene*; BAG, Urt. v. 6. 11. 1996 – 5 AZR 334/95, AP Nr. 1 zu § 10a AVR Caritasverband; differenzierend *Preis* (Fußn. 1), S. 398.
108) Hierzu *Hanau/Preis* (Fußn. 1), II V 60; *Tschöpe*, MDR 1996, 1081, 1089.
109) Siehe LAG Hamm, Urt. v. 17. 5. 1995 – 3 Sa 1924/94, LAGE § 3 TVG Bezugnahme auf Tarifverträge Nr. 4.
110) BAG, Urt. v. 28. 5. 1997 – 4 AZR 663/95, NZA 1997, 1066.

Aktuelle Fragen der inhaltlichen Gestaltung von Arbeitsverträgen

lenswerter scheint jedoch die oben unter IV 2 wiedergegebene *Anpassungsklausel*, die die Negativeffekte statischer und dynamischer Verweisungen verhindern kann.

- Die *korrigierende Auslegung* arbeitsvertraglicher Verweisungsklauseln, die „einen konkret benannten Tarifvertrag in der jeweils geltenden Fassung" in Bezug nehmen, bei Verbandswechsel des Arbeitgebers dahin, daß die Verweisung auf den jeweils für den Betrieb geltenden Tarifvertrag erfolgt,[111] überschreitet die Grenzen der Auslegung und verstößt gegen das Prinzip der Vertragsbindung.

- Nur *Globalverweisungen* (z. B. „Auf das Arbeitsverhältnis finden die jeweils für den Arbeitgeber oder den Betrieb geltenden Tarifverträge in der jeweils gültigen Fassung Anwendung" oder „Auf das Arbeitsverhältnis finden die jeweiligen Tarifverträge für das X-Personal/die Y-Branche Anwendung") können als sogenannte „große dynamische Verweisungsklauseln rechtssicher die Auswechslung des anwendbaren Tarifvertrages und die Einheit der Tarifanwendung bei Verbands- oder Betriebszweckwechsel oder auch Betriebsaufspaltung oder Arbeitgeberwechsel sicherstellen.[112] Derartige Klauseln sind aber vertragsrechtlich unter dem Gesichtspunkt der Bestimmtheit und Transparenz problematisch. Auch hier bietet sich eine differenziertere Gestaltung an.

Die jüngste Rechtsprechung neigt zur Annahme konstitutiver Vereinbarungen.[113] Der vereinbarte Vertragsinhalt gewinnt dadurch gegenüber der früheren – die Vertragsabrede vielfach überspielenden – Handhabung des Grundsatzes der Tarifeinheit größere Bedeutung. Dies hat weitreichende Konsequenzen:

- Der Verbandswechsel und -austritt des Arbeitgebers und die Auflösung des Verbandes lassen die Tarifgeltung unberührt.

- Konstitutive Bezugnahmeklauseln können den Wechsel der Tarifzuständigkeit verhindern.

- Der Grundsatz der Tarifeinheit gilt nicht.

Wie immer man die Rechtsprechung auch bewerten mag, eine vorsorgende Vertragsgestaltung muß hierauf reagieren. Wir haben daher folgenden Klauselvorschlag zu bieten:[114]

---

111) So BAG AP Nr. 5 zu § 1 TVG Bezugnahme auf Tarifvertrag.
112) Vgl. auch BAG, Urt. v. 18. 6. 1997 – 4 AZR 699/85, NZA 1998, 39.
113) BAG NZA 1997, 1066.
114) *Hanau/Preis* (Fußn. 1), II V 60.

Für tarifungebundene Arbeitgeber:

„Neufassungen oder Änderungen der hier in Bezug genommen Tarifverträge werden Vertragsinhalt, wenn der Arbeitgeber nicht binnen ... Wochen nach Inkrafttreten erklärt, daß die Tarifverträge in ihrer zu diesem Zeitpunkt geltenden Fassung weiterhin Vertragsbestandteil bleiben sollen. Werden der Betrieb oder der Betriebsteil, in dem der Arbeitnehmer beschäftigt wird, einem anderen Wirtschaftszweig zugeordnet, werden die dort maßgeblichen Tarifverträge Vertragsinhalt."

Für tarifgebundene Arbeitgeber tritt anstelle des Satzes 1:

„Tritt der Arbeitgeber aus dem Arbeitgeberverband aus oder endet die Tarifgebundenheit aus sonstigen Gründen, bleiben die Tarifverträge in ihrer zu diesem Zeitpunkt geltenden Fassung maßgeblich."

VIII. Resümee

Die wenigen kursorischen Anmerkungen zu aktuellen Problemen der Vertragsgestaltung haben – hoffentlich – nochmals deutlich gemacht, daß der kautelarjuristischen Vorsorge im Arbeitsrecht größere Bedeutung zukommen muß, als ihr bisher gewährt worden ist. Vertragsgestaltung ist die *zukunftsbezogene Ausgestaltung* der Lebensverhältnisse mit den Mitteln und in den Grenzen des Rechts.[115] Ein wesentliches Ziel guter Vertragsgestaltung ist die Flexibilität des Vertrages, so daß künftige Änderungen des Lebenssachverhaltes weiterhin von dem bestehenden Vertrag erfaßt werden, ohne daß dieser jedesmal geändert oder gar gekündigt werden muß. In der entsprechenden Gestaltung, die Unklarheiten und unangemessene Benachteiligungen eines schwächeren Vertragspartners vermeidet, liegt die Zukunftsaufgabe der arbeitsrechtlichen Kautelarjurisprudenz.

---

115) *Rehbinder* AcP 174, 1974, 265 f; *Preis* (Fußn. 1), S. 95.

Bericht über die Diskussion

von

HEINKE HOCHWELLER, Köln

Im Anschluß an die Vorträge des Vorsitzenden Richters am Bundesarbeitsgericht *Harald Schliemann* und von Professor Dr. *Ulrich Preis* dankte Professor Dr. Dr. h. c. mult. *Peter Hanau* als Moderator der Tagung den Vortragenden und faßte das Referat von *Schliemann* in drei Botschaften zusammen. Zuerst sei festzuhalten, daß in der Rechtsprechung keine Ansätze zur Änderung des Arbeitnehmerbegriffs, etwa in dem von *Wank*[1] vertretenen Sinne, erkennbar seien. Gleichzeitig sei festzustellen, daß die Figur der arbeitnehmerähnlichen Person vor einer Renaissance stehe, da sie geeignet sei, den sozialen Bedürfnissen derjenigen Beschäftigten Rechnung zu tragen, die nicht Arbeitnehmer im herkömmlichen Sinne seien. Die dritte Botschaft des Vortrags verstand *Hanau* als Appell an die Praxis, die zwar am klassischen Arbeitnehmerbegriff festhalte, ihn aber auch ernst nehmen solle. Es sei nicht vertretbar, einem Beschäftigten einerseits den Status eines freien Mitarbeiters zu verleihen, ihn aber andererseits engen vertraglichen Bindungen zu unterwerfen. In diesem Zusammenhang stellte *Hanau* eine Frage, über die er anregte nachzudenken. Aus dem Vortrag habe sich ergeben, daß eine ehemals als Arbeitsverhältnis begründete Rechtsbeziehung nicht allein durch eine faktische Lockerung des Weisungsverhältnisses zum freien Mitarbeiterverhältnis werden könne. Umgekehrt stehe aber die ursprüngliche Vereinbarung freier Mitarbeit der Annahme eines Arbeitsverhältnisses nicht entgegen, wenn sich die Tatsachenlage in diese Richtung entwickle. Fraglich und überlegungswert sei aber, ob durch eine wiederum veränderte Faktizität das ehedem freie Mitarbeiterverhältnis wieder aufleben könne.

Dem Vortrag von *Preis* über aktuelle Fragen der inhaltlichen Gestaltung von Arbeitsverträgen entnahm *Hanau* als erstes die (Auf-)Forderung an die Praxis, die Vertragsgestaltung ernster zu nehmen. Kurzsichtig sei es insbesondere, Verträge einseitig zu gestalten. Vielmehr sei es auf die Dauer lohnender, faire Vertragsbedingungen festzuschreiben. Zudem müsse dem Arbeitsvertrag als Mittel der Flexibilisierung in der Zukunft mehr Beachtung geschenkt werden. Nur wenn Arbeitsverhältnisse flexibel ausgestaltet seien, könnten sie dauerhaft halten.

Im Anschluß daran eröffnete die Diskussion Rechtsanwalt Dr. *Heinrich Meinhard Stindt*, Direktor bei der Bayer AG, der an die Aufforderung von

---

1) *Wank*, Arbeitnehmer und Selbständige, 1988, passim.

Preis anknüpfte, in der Vertragsgestaltung mehr Variantenreichtum zu produzieren. Er stellte sich dabei die Frage, inwieweit bestimmte Mischverhältnisse, beispielsweise die Beschäftigung als Teilzeitarbeitnehmer und im übrigen als freier Mitarbeiter, zulässig seien. Zu bedenken sei auch die zunehmende Aufnahme von Zielvereinbarungen in Arbeitsverträge, die der rechtlichen Beziehung zwischen Arbeitnehmer und Arbeitgeber Züge eines Werkvertragsverhältnisses verleihe. *Schliemann* schloß in seiner Antwort die Möglichkeit des Bestehens mehrerer Vertragsverhältnisse nicht aus. Kritisch sei jedoch die Greifbarkeit der Tatsachen. Als Beispiel wies er auf die Einstellung eines Chefarztes hin, der nie fachlich gebunden sei, dem aber Räumlichkeiten vorgegeben und bestimmte Präsenzpflichten auferlegt seien.

Auch *Hanau* betonte, daß eine Annahme verschiedener nebeneinander bestehender Vertragsverhältnisse nur bei einer deutlichen Trennung der Tätigkeitsbereiche möglich sei. Ausgeschlossen sei beispielsweise die Kombination einer geringfügigen mit einer nicht geringfügigen Beschäftigung. *Preis* veranschaulichte diese Möglichkeiten der Vertragsgestaltung am Beispiel alternierender Telearbeit. Denkbar sei hier, den Beschäftigten für ein bis zwei Tage im Betrieb zu beschäftigen und ihn darüber hinaus mit Entwicklungsarbeiten zu betrauen. Den ersten Teil der Rechtsbeziehung könne man dabei als Teilzeitarbeit qualifizieren, im übrigen sei es zum Abschluß eines Werkvertrages gekommen. Diese Gestaltung kombiniere einen gewissen erforderlichen Grundschutz mit der Möglichkeit einer erfolgsorientierten Vertragsgestaltung.

Die Diskussion wurde mit der an *Preis* gerichteten Frage von Rechtsanwalt Dr. *Ralf Hottgenroth*, ob unter dem Eindruck des AGB-Gesetzes eine Aushändigung des im Arbeitsvertrag in Bezug genommenen Tarifvertrages an den Arbeitnehmer notwendig sei, beendet. *Preis* verneinte die Frage mit einem Hinweis auf § 3 Satz 3 NachwG, dem diesbezüglich implizit eine Regelung zu entnehmen sei, da es den Arbeitgeber – anders als bei der Änderung wesentlicher Vertragsbedingungen – nicht verpflichte, dem Arbeitnehmer Änderungen der Tarifverträge, die für das Arbeitsverhältnis gelten, mitzuteilen. Hieraus könne geschlossen werden, daß auch die Aushändigung einschlägiger Tarifverträge nicht notwendig sei.

Neue Produktionsmethoden, Dienstleistungsservice und Managementleistungen im Arbeitsrecht

von

Vors. Richter am BAG Dr. h. c. GÜNTER SCHAUB, Kassel

Inhaltsübersicht

I. Einleitung

II. Moderne Produktionsmethoden
   1. Gruppenarbeit
      a) Wirtschaftliche und rechtliche Grundlagen
         aa) Industrielle Fertigung
         bb) Begriff
         cc) Arbeitsfelder
         dd) Vorbereitung
         ee) Betriebsvereinbarung oder Weisung
      b) Zusammensetzung der Gruppe
      c) Gruppensprecher
      d) Vorgesetzte
      e) Entlohnung
      f) Verbesserungsvorschläge
      g) Mitbestimmung
   2. Fraktale Fabrik
      a) Verbreitungsumfang
      b) Modulare Fertigung
      c) Arbeitsrechtliche Beschränkungen der fraktalen Fabrik

III. Dienstleistungsservice
   1. Telearbeit
      a) Begriff
      b) Voraussetzungen
      c) Beratung
      d) Durchführung
      e) Die arbeitsrechtlichen Rahmenbedingungen
      f) Internationalisierung
      g) Sozialversicherung
      h) Haftungsrecht

2. Arbeitnehmerüberlassung
   a) Gesetzliche Regelung
   b) Änderungen durch das Arbeitsförderungs-Reformgesetz
   c) Tarifvertragsrecht
   d) Betriebsverfassung

IV. Managementmethoden
   1. Outsourcing
      a) Begriff
      b) Betriebswirtschaftliches Ziel
   2. Individualvertragliche Fragestellungen des Outsourcing
   3. Tarifvertragliche Fragestellungen des Outsourcing
      a) Outsourcing als Tarifflucht
      b) Tarifzuständigkeit
      c) Betriebsübergang
      d) Betriebsrat

V. Tarifverträge und Betriebsvereinbarungen beim Betriebsübergang und bei der Umwandlung von Unternehmen
   1. Arten der Umwandlung und Geltung des Umwandlungsgesetzes
   2. Rechtsformen der Umwandlung
      a) Grundformen
         aa) Verschmelzung (§§ 2–122 UmwG)
         bb) Spaltung (§§ 123–173 UmwG)
         cc) Vermögensübertragung (§§ 174–189 UmwG)
         dd) Formwechsel (§§ 190–304 UmwG)
      b) Betriebsübergang
         aa) Anwendung von § 613a BGB
         bb) Individualrechtliche Auswirkungen
         cc) Tarifvertragliche Auswirkungen
   3. Betriebsvereinbarungen
      a) Grundsatz
      b) Kollektivrechtliche Weitergeltung von Betriebsvereinbarungen
         aa) Transformationsausschluß
         bb) Befristung oder Zweckerreichung
         cc) Betriebsspaltung
         dd) Erhaltung von Rechten aus der Betriebsvereinbarung
         ee) Sozialplan

c) Transformation von Betriebsvereinbarungen
   aa) Transformation
   bb) Kündigung und Nachwirkung
   cc) Beendigung der Betriebsvereinbarung
   dd) Vorzeitige Kündigung
d) Besonderheiten bei Gesamt- und Konzernbetriebsvereinbarungen
4. Einzelne Umwandlungsfälle
   a) Aufnehmende Verschmelzung
   b) Verschmelzung mit Neugründung
   c) Abspaltung und Ausgliederung
   d) Aufspaltung zur Neugründung
5. Regelungsabreden
   a) Fehlende Normativwirkung
   b) Arbeitsvertragliche Umsetzung
6. Sprecherausschußvereinbarungen
7. Betriebsverfassungsrechtliche Mitbestimmung (§ 325 Abs. 2 UmwG)
   a) Wegfall der Voraussetzungen für die Errichtung eines Betriebsrats
   b) Vereinbarung der Fortgeltung des Beteiligungsrechtes
      aa) Tarifvertrag
      bb) Betriebsvereinbarung
      cc) Frist
      dd) Ausnahme

I. Einleitung

Vielerorts liest man, das Arbeitsrecht stecke in einer Krise, weil es den veränderten gesellschaftlichen und wirtschaftlichen Verhältnissen nicht mehr Rechnung trage. Es soll daher der Versuch unternommen werden, diese Vorwürfe aufzugreifen. Das Arbeitsrecht kann keine Arbeitsplätze schaffen. Dazu bedarf es der Investitionen und einer ständigen Innovation. Das Arbeitsrecht kann sich aber neuen Entwicklungen anpassen. Allerdings bedarf es dazu gelegentlich des Umdenkens.

Die hohe Arbeitslosigkeit in der Bundesrepublik ist bedrückend. Sie ist nicht nur ein sozialpolitisches Problem, sondern stellt auch eine Belastung der öffentlichen Haushalte dar. Die Gesamtkosten für Bund, Länder, Gemeinden und Sozialversicherung veranschlagt das Nürnberger Institut für Arbeitsmarkt und Berufsforschung (IAB) für 1996 auf 150 Mrd. DM. Auf der Ausgabenseite werden 47 Mrd. DM als Arbeitslosengeld und Arbeitslosenhilfe gezahlt. Dazu kommen 33,7 Mrd. DM, die als Sozialbeiträge von der Bundesanstalt für Arbeit übernommen werden, und Mehrausgaben für Sozialhilfe und Wohngeld für Arbeitslose. Die durch Beitragsausfälle verursachten Mindereinnahmen der Sozialversicherung beliefen sich auf rund 35,7 Mrd. DM. Dem Staat entgehen durch Steuerausfälle schätzungsweise 33,8 Mrd. DM. Vor diesem Hintergrund ist es wohl wirklich notwendig, daß Entlassungen vermieden und Rationalisierungen auf anderem Wege durchgeführt werden, wie der neue § 2 SGB III es erfordert.[1]

In Großbritannien wuchs nach dem Statistikamt die Wirtschaft im zweiten Quartal um 3,4 %. Für das Gesamtjahr wird ein Wachstum von 3 % erwartet. Die Arbeitslosenquote ist im Juli auf 5,5 % gefallen.[2] In den USA ist die Arbeitslosigkeit von Durchschnittswerten zwischen 1980 und 1990 von 7 % auf 4,9 % im Juni 1997 gefallen.[3] In den Niederlanden liegt die Arbeitslosenquote mit 5,7 % deutlich unter der der Bundesrepublik.

Im folgenden soll untersucht werden, ob und inwieweit sich Rationalisierungseffekte erzielen lassen durch vieldiskutierte Fertigungsmethoden, Dienstleistungen und Unternehmensumstrukurierungen.

II. Moderne Produktionsmethoden

1. Gruppenarbeit

a) Wirtschaftliche und rechtliche Grundlagen

aa) Industrielle Fertigung

Die industrielle und Fließbandfertigung setzt eine vollständige und paßgenaue Austauschbarkeit der Bauteile voraus. Der Übergang von der handwerklichen Fertigung zur Serienfertigung wurde als erste industrielle Revolution bezeichnet. Als zweite industrielle Revolution wird die Lean production verstanden. In der Studie des Massachusetts Institute of Technology heißt es: „Lean production ist ‚schlank', weil sie von allem weniger einsetzt als die Massenfertigung - die Hälfte des Personals in der Fabrik, die Hälfte der Investition in Werkzeuge, die Hälfte der Zeit für die Entwicklung eines neuen Produktes. Sie erfordert auch weit weniger als die Hälfte des notwendigen Lagerbestandes, führt zu viel weniger Fehlern und produziert eine größere und noch wachsende Vielfalt von Produkten."[4] Die Managementstrategie der Lean production lebt von der Vision, die Unternehmens-

---

1) Sozialpolitische Informationen des Presse- und Informationsamtes Nr. 371/1997 vom 11. 8. 1997.
2) Schnellbrief für Arbeitsrecht Nr. 19/97 vom 1. 10. 1997.
3) Sozialpolitische Umschau Nr. 367/1997.
4) *Womack/Jones/Roos*, Zweite Revolution in der Autoindustrie, 7. Aufl., 1992.

ziele qualitativ besser, kostengünstiger und kundenorientierter einführen zu können, wenn der Arbeitnehmer an der Organisation der Arbeit beteiligt wird. Ein arbeitsrechtliches Kernstück ist die Einführung von Gruppenarbeit.[5] Über sie wird im Bereich industrieller Fertigung, aber auch im Verwaltungs- und Dienstleistungsbereich nachgedacht. IG Metall und IG Chemie stehen der Einführung wohlwollend gegenüber. So heißt es: „Solche Konzepte werden gewerkschaftliche Unterstützung finden, wenn sie den Arbeitnehmern in der Gruppe ein möglichst hohes Maß an Autonomie gewähren und ihnen Freiraum für die Gestaltung ihrer konkreten Arbeitsbeziehungen zur Verfügung stellen."[6] Ein Arbeitskreis bei Gesamtmetall hat 1989 hervorgehoben, die Unternehmen bräuchten mehr denn je den kreativen, über den eigenen Arbeitsbereich hinausgehenden Mitarbeiter.

bb) Begriff

Unter dem Begriff der Gruppenarbeit verbergen sich mannigfache Arbeitsformen. So wird von Gruppenarbeit gesprochen, wenn es um die gemeinsame Erledigung von Aufgaben geht. Dagegen ist Teamarbeit gegeben, wenn episodisch Gruppenkonzepte verwirklicht werden, also z. B. bei Qualitätszirkeln, Vertreterteams im Außendienst und schließlich Gruppenarbeit im engeren Sinne, wenn eine dauerhafte, partizipative und weitgehend selbständige Tätigkeit in der Gruppe erfolgt.[7]

Nach *Lutz*[8] ist zu gliedern zwischen Kolonnenarbeit, bei der eine mehr oder minder große Kolonne von Arbeitskräften zur Durchführung einer Arbeit zusammenarbeitet, und der Arbeit in Fertigungsinseln, bei denen die Arbeit in Einzelarbeit an Werkzeugmaschinen und anderen Betriebsmitteln erfolgt. Die Gruppenarbeit kommt vor allem in aufgabenübergreifenden Aktivitäten vor, z. B. Gruppenarbeit in Fertigungsinseln, auf Steuerbrücken, Arbeitsständen und Meßwarten.

---

5) Dazu *Breisig*, Gruppenarbeit und ihre Regelungen durch Betriebsvereinbarungen, Handbuch für Praktiker, 1997; *Cox/Peter*, Rechtliche Rahmenbedingungen der Gruppenarbeit, AiB 1997, 371; *dies.*, Betriebsvereinbarung Gruppenarbeit, AiB 1997, 402; *Grossner/Reif*, Gruppenarbeit einfach so einführen, AiB 1997, 391; *Herlitzius*, Lean Production – Arbeitsrechtsfragen bei Einführung und Gestaltung von Gruppenarbeit, 2. Aufl., 1997; *ders.*, Eine produktivitätsorientierte Entlohnung bei Gruppenarbeit, AuA 1994, 320; *Kreßel*, Tarifvertragliche Regelungsbefugnisse bei Fragen der Arbeitsgestaltung am Beispiel der Gruppenarbeit, RdA 1994, 23; *Maier*, Teamvergütung bei Bosch in Eisenach, AuA 1996, 269; *Schack*, Gruppenarbeit bei der chemischen Industrie, NZA 1996, 923; *Schaub*, Lean production und Arbeitsrecht, BB 1993, Beilage 15, S. 1; *Chindele*, Lean production und Mitbestimmung des Betriebsrats, BB 1993, Beilage 15, S. 14; *Wank/Jansen*, Lean Management und Business Reengineering aus arbeitsrechtlicher Sicht, 1995.
6) *Schmoldt*, Gewerkschaftliche Umschau, Nr. 2/95, S. 4.
7) *Stürzl*, Lean Production in der Praxis, 2. Aufl., 1993, S. 33 ff.
8) *Lutz*, Qualifizierte Gruppenarbeit, in: Roth/Kohl, Perspektive: Gruppenarbeit, 1988.

Breisig[9] sieht Gruppenarbeit nur dann als gegeben an, wenn folgende Merkmale gegeben sind:
- Gruppe von fünf bis zwölf Arbeitnehmern,
- dauerhafte Zusammenarbeit,
- eigenständige Einheit in der Unternehmenshierarchie,
- vollständige Herstellung eines Produkts oder Produktteils,
- Selbstbestimmung des Arbeitsablaufs und nur geringe Kontrolle von außen,
- vorgegebene Produktziele und Qualitätsstandards,
- Fehlen einer eigenen Hierarchie, aber Vorhandensein eines Gruppensprechers,
- gleiche Qualifikation aller Mitglieder, die allerdings als nur wünschenswert bezeichnet wird.

cc) Arbeitsfelder

Als mögliche Aufgabenfelder werden angesehen:
- Die Festlegung der Bearbeitungsfolgen im Rahmen der Arbeitsaufgabe, die Job-Rotation und die Feinplanung der Fertigungssteuerung,
- die Mitsprache im Personalwesen bei der Arbeitseinteilung, bei der Zielfestlegung und Urlaubsplanung,
- die kontinuierliche Verbesserung im Rahmen der Qualitätssicherung, Erhebung von Prüfungsergebnissen,
- Instandhaltung, Störungsbeseitigung und kleinere Reparaturen,
- Mitwirkung im Rahmen der Logistik bei Materialbereitstellung und Materialdisposition,
- Feinplanung und Prozeßoptimierung im Rahmen der Fertigungssteuerung,
- bei Qualifizierung learning by doing und Anleitung neuer Mitarbeiter.

dd) Verbreitung

Die Verbreitung der Gruppenarbeit ist nach einer Erhebung des betriebspsychologischen Bereiches der Universität Mannheim bei den hundert größten deutschen Unternehmen von 1994 angestellt. Danach haben nur

---

[9] *Breisig* (Fußn. 5), S. 30 ff

ein Drittel Gruppenarbeit eingeführt. Das sind nicht mehr als fünf Jahre zuvor. Nach statistischen Erhebungen soll aber der Krankenstand nicht unerheblich gesunken sein, weil sich die Gruppendynamik auswirkt.

ee) Betriebsvereinbarung oder Weisung

Gruppenarbeit kann durch eine freiwillige Betriebsvereinbarung oder durch Ausübung des Weisungsrechts eingeführt werden. Gleichwohl bestehen im Rahmen der Einführung eine Reihe von erzwingbaren Mitbestimmungsrechten des Betriebsrats. Soll die Gruppenarbeit im Wege des Weisungsrecht eingeführt werden, sind regelmäßig Grundsätze der Lohngestaltung berührt.

b) Zusammensetzung der Gruppe

Im Wege der Auslegung der bestehenden Arbeitsverträge ist zu entscheiden, ob die bestehenden Arbeitsverträge es zulassen, daß der Arbeitgeber Gruppenarbeit einführt. Im allgemeinen wird das Direktionsrecht es zulassen, daß der Arbeitgeber Arbeitsgruppen bildet. Aufgrund des Weisungsrechts ist der Arbeitgeber berechtigt, Art und Durchführung der Arbeit zu regeln. Dies gibt ihm auch das Recht, mehrere Arbeitnehmer aus organisatorischen Gründen zusammenzufassen.[10] Dagegen kann er ohne Zustimmung der einzelnen Arbeitnehmer keine Gruppenentlohnung einführen. Die Entlohnung gehört nicht zu den Bedingungen, die der Arbeitgeber einseitig festsetzen kann. Jedoch kann die Auslegung des Arbeitsvertrages ergeben, daß die Entlohnung im Leistungslohn und auch in Gruppenentlohnung erfolgt.

Ist die Bildung von Arbeitsgruppen überhaupt zulässig, so steht nach herrschender Meinung die Zusammensetzung im Weisungsrecht des Arbeitgebers. Hieraus folgt, daß die Betriebsgruppe grundsätzlich nicht eine bestimmte Zusammensetzung der Gruppe, Versetzung und Entlassung eines Gruppenmitgliedes verlangen kann. Allerdings wird der Betriebsrat bei der Zusammensetzung der Gruppe Mitwirkungsrechte haben (§§ 90, 91 BetrVG). Andererseits wird der Arbeitgeber weitgehend auf Wünsche der Gruppe eingehen, um optimale Arbeitsergebnisse zu erzielen. Jedoch muß gewährleistet sein, daß auch Schwerbehinderte oder sonst Leistungsgeminderte noch beschäftigt werden können. Dagegen wird die Arbeit in der Gruppe weitgehend durch die Gruppe selbst geregelt.

---

10) *Schaub*, Arbeitsrechtshandbuch, 8. Aufl., 1996, § 182; a. A. *Staudinger/Richardi*, BGB, 12. Aufl., § 611 Rz. 517 f.

Wenn der Arbeitgeber die Gruppe zusammensetzen darf, muß er auch für eine hinreichende Besetzung der Gruppe sorgen, wenn ein Gruppenmitglied langfristig ausfällt und eine Vertretung durch Gruppenmitglieder nicht in Betracht kommt. Kommt er dieser Verpflichtung nicht nach, kann es zu Schadensersatzansprüchen der Gruppenmitglieder kommen. Zwischen den einzelnen Gruppenmitgliedern entstehen keine Rechtsbeziehungen. Die Gruppe stellt lediglich eine tatsächliche Gemeinschaft dar. Der Arbeitgeber kann durch die Ausübung des Weisungsrechts keine gesellschaftsrechtlichen Beziehungen zwischen den Gruppenmitgliedern schaffen. Allerdings können sich auf die Dauer Interessengemeinschaften oder sogar Innengesellschaften ergeben.

Kernstück jeder Gruppenarbeit ist die Gruppenrotation und die Qualitätskontrolle. Aufgrund der Gruppenrotation soll jedes Gruppenmitglied jede Arbeit in der Gruppe übernehmen müssen. Im Rahmen bereits bestehender Arbeitsverträge kann dies zu individualrechtlichen Schwierigkeiten führen. Nach der Rechtsprechung des Bundesarbeitsgerichts[11] darf der Arbeitgeber einem Arbeitnehmer nur im Rahmen der Wertigkeit der Entgeltgruppe Arbeiten zuweisen.

c) Gruppensprecher

Der Gruppensprecher ist der von den Gruppenmitgliedern gewählte Vertrauensmann. Im allgemeinen besitzt er keine disziplinären Befugnisse. Er soll die Arbeit in der Gruppe koordinieren. Seine Aufgaben sollten klar definiert werden. Der Gruppensprecher ist auch nicht berechtigt, die Gruppenmitglieder zu vertreten.

d) Vorgesetzte

Die Arbeit des Vorgesetzten wandelt sich im Rahmen des Gruppenarbeitsverhältnisses, da die Gruppe die Arbeit weitgehend im Rahmen der Zielvorgaben selbst organisiert. Der Vorgesetzte übernimmt mehr die Aufgabe der Betreuung und Beratung der Gruppe durch Überzeugung.

e) Entlohnung

Mantel-, Rahmen- und Entgelttarifverträge schaffen im allgemeinen ein Entgeltsystem, nach dem sich die Vergütung des Arbeitnehmers nach bestimmten Vergütungsgruppen richtet. Die tariflichen Regelungen sind in

---

11) St. Rspr. seit BAG, Urt. v. 14. 7. 1965 – 4 AZR 347/63, AP Nr. 19 zu § 611 BGB Direktionsrecht; BAG, Urt. v. 16. 2. 1966 – 4 AZR 50/65, AP Nr. 6 zu § 1 TVG-BAVAV.

vielen Fällen nicht auf Gruppenarbeit ausgelegt. Durch die Verlagerung der Funktionen aus den indirekten Bereichen in Fertigungsinseln verändern sich die Inhalte der Arbeitsaufgaben. Durch die Job-Rotation muß jeder Mitarbeiter alle Aufgaben übernehmen. Im allgemeinen wird es daher zur Eingruppierung in hohe Vergütungsgruppen kommen. Soweit die Eingruppierung auf subjektive Merkmale abstellt, müssen diese von allen Gruppenmitgliedern erfüllt werden. Der Gruppensprecher wird im allgemeinen eine höhere Verantwortung haben. Ob seine Arbeitsleistung allein durch einen Gruppenführerzuschlag abgegolten werden kann, erscheint zumindest zweifelhaft.

f) Verbesserungsvorschläge

Durch die Gruppenarbeit sollen auch Verbesserungsvorschläge angereizt werden. Zweckmäßig werden diese der Gruppe zugerechnet, weil sie regelmäßig auf Erfahrungswissen der Gruppe beruht.

g) Mitbestimmung

Die Gruppenarbeit kann eine Vielzahl von Mitwirkungsrechten des Betriebsrats auslösen.

- Ob Gruppenarbeit eingeführt wird, liegt in der unternehmerischen Entscheidungsfreiheit. Jedoch kann die Einführung eine Betriebsänderung i. S. d. §§ 111, 112 BetrVG darstellen und entsprechende Mitwirkungsrechte auslösen.

- Bei der Durchführung der Gruppenarbeit können Mitwirkungsrechte nach §§ 90, 91 BetrVG erwachsen. Die Umstellung bedingt eine Änderung der Arbeitsverfahren und der Arbeitsabläufe.

- Im allgemeinen werden sich Mitwirkungsrechte des Betriebsrats bei der Personalplanung ergeben. Umfangreiche Mitwirkungsrechte bestehen bei den betrieblichen Bildungsmaßnahmen nach §§ 96 ff BetrVG.

- Im Rahmen der sozialen Mitbestimmung können Tatbestände nach § 87 Abs. 1 Nr. 1, 3, 6, 7 BetrVG betroffen sein. Vor allem werden aber Fragen der Entlohnungsmethode angesprochen (§ 87 Abs. 1 Nr. 10 BetrVG).

- Bei der personellen Mitbestimmung können Fragen der Versetzung, der Ein- und Umgruppierung eine Rolle spielen (§§ 95, 99 ff BetrVG).

- Schließlich können sich im Rahmen der wirtschaftlichen Mitbestimmung Mitwirkungsrechte ergeben (§§ 106 BetrVG).

2. Fraktale Fabrik

a) Verbreitungsumfang

Der Begriff der fraktalen Fabrik kommt vor allem in der Autoindustrie vor. In Brasilien hat VW ein Werk für Nutzfahrzeuge in Betrieb genommen. In Lothringen baut Mercedes-Benz mit dem Schweizer Swatch-Produzenten SMH das smart-Werk.

b) Modulare Fertigung

Beide Werke verfolgen das Prinzip der modularen Fertigung. Bei ihr beschränkt sich das Focusunternehmen auf die Systemintegration, das Qualitätsmanagement und die Organisation. Selbst die Koordination des Materialflusses wird delegiert. Nur noch geringe Teile der Fertigung werden selbst produziert. Im übrigen wird diese auf die Zulieferer übertragen, die die Produkte an das Band liefern. Bei Mercedes in Lothringen liegt die Fertigungstiefe nur noch bei 25 %, die Endmontagezeit bei 4,5 Stunden.

Die Zulieferer übernehmen

- den gesamten Karosserie-Rohbau (220 Mitarbeiter, 250 Roboter),
- die Kunststoffaußenhaut,
- die Lackiererarbeiten,
- das Cockpit,
- das Hinterachsmodul,
- die komplett montierten Türen und die Heckklappe.

Drei weitere Unternehmen sind für die Logistik zuständig. Ein Unternehmen übernimmt die Teilebereitstellung. Der Rationalisierungseffekt liegt darin, daß das Focusunternehmen nur noch zu rund 20 Unternehmen Kontakt halten muß, während die übrigen Unternehmen durch die Subunternehmer koordiniert werden.

c) Arbeitsrechtliche Beschränkungen der fraktalen Fabrik

Individualrechtliche Beschränkungen der fraktalen Fabrik werden sich im allgemeinen nicht ergeben. Allerdings ist nicht auszuschließen, daß es zu einem erheblichen Personalabbau kommt.[12]

Das für den jeweiligen Betrieb geltende Tarifvertragsrecht bestimmt sich danach, in welchen fachlichen Geltungsbereich der Betrieb fällt.[13]

---

[12] *Schaub*, Personalanpassung und Personalabbau, 2. Aufl., 1997, passim.
[13] *Wellenhofen-Klein*, Just-in-Time-Produktion und betriebsverfassungsrechtliche Mitbestimmung, DB 1997, 978.

Da jeder Betrieb eigenständig ist, hat jeder Betrieb einen eigenen Betriebsrat. Die Wahl eines Gesamt- oder Konzernbetriebsrats kommt kaum in Betracht. Jedoch bestehen Überlegungen, eine Konstruktion zu finden wie etwa bei dem Europäischen Betriebsrat.

Die Mitbestimmungsrechte des Betriebsrats können stark berührt sein. Bei der Just-in-Time-Produktion muß der Zulieferbetrieb im Takt des Focusunternehmens arbeiten. Es können also Überstunden oder Arbeitsstrekkungen anfallen. Andererseits hat der Betriebsrat des Zuliefererbetriebs wegen der vorübergehenden Verkürzung oder Verlängerung der Arbeitszeit nach § 87 Abs. 1 Nr. 3 BetrVG ein erzwingbares Mitbestimmungsrecht.

III. Dienstleistungsservice

1. Telearbeit

a) Begriff

Telearbeit[14] stellt eine neue Form der Arbeitsorganisation dar. Es ist eine Form der Arbeitsorganisation bei der der Mitarbeiter sowohl zu Hause als auch im Büro arbeitet. Die alternierende Telearbeit verbindet die Vorteile der Flexibilität des Arbeitsortes mit den notwendigen Kommunikationsbedürfnissen der Mitarbeiter. Die Telearbeit wird in verschiedenen Organisationsformen realisiert.

- Bei der Teleheimarbeit befindet sich der Arbeitsplatz permanent zu Hause.

- Bei der alternierenden Telearbeit wechseln einzelne Arbeitsplätze. Sie befinden sich teilweise zu Hause und teilweise im Büro.

- Beim Satellitenbüro sind mehrere Arbeitsplätze teilweise oder permanent wohnortnah.

- Beim Nachbarschaftsbüro sind mehrere Arbeitsplätze teilweise oder permanent wohnortnah.

- Beim Teleservicecenter liegt ein Dienstleistungsangebot für dezentrale Unternehmen wohnortnah vor.

- Bei der mobilen Telearbeit sind einzelne oder beliebige Arbeitsplätze teilweise oder permanent an beliebigen Orten.

---

14) *Godehardt/Worch/Förster*, Teleworking: So verwirklichen Unternehmen das Büro der Zukunft, 1997; *Godehardt/Klinge/List/Pollmann/Schuchardt/Worch*, Telearbeit – Telekooperation – Teleteaching, i. V. 1997.

b) Voraussetzungen

Die Einführung von Telearbeit wirft eine Reihe von Fragestellungen auf:

- Für welche Arbeitsplätze und in welcher Form kann Telearbeit eingeführt werden, und wie können Koordination, Kommunikation, Führung und Kontrolle geregelt werden? Die Einführung von Telearbeit empfiehlt sich nur, wenn der Mitarbeiter die Arbeit auch außerhalb des Betriebes verrichten kann. Dies ist vor allem auch dann der Fall, wenn es darauf ankommt, daß der Mitarbeiter über Problemlösungen nachdenkt.
- Wie muß die Ausstattung der Arbeitsplätze erfolgen?
- Wie sind die rechtlichen Beziehungen zwischen Unternehmen und Mitarbeiter auszugestalten?
- Ist die Telearbeit wirtschaftlich sinnvoll?
- Wie sind die sozialen Aspekte und das zu berücksichtigende Umfeld der Telearbeit?

c) Beratung

Die TA Telearbeit GmbH, Geilenkirchen, hat zusammen mit dem Ministerium für Wirtschaft, Mittelstand, Technologie und Verkehr des Landes Nordrhein-Westfalen ein Projekt „Telearbeit in NRW - Das virtuelle Büro" aufgelegt. Ziel dieses Projektes besteht in der Schaffung von zunächst 1 000 Arbeitsplätzen.

Die TA Telearbeit GmbH hat im Sommer 1996 eine Umfrage bei 1 000 Unternehmen durchgeführt. Davon haben 272 Unternehmen geantwortet. Die Umfrage hat ergeben, daß bei 60 Unternehmen bereits rund 2 000 Arbeitsplätze bestehen; bei rund 8,4 % der Unternehmen war die Schaffung von 1 200 Arbeitsplätzen geplant.[15]

Das Ministerium für Wirtschaft und Mittelstand, Technologie und Verkehr des Landes Nordrhein-Westfalen fördert in Zusammenarbeit mit der Deutschen Telekom, IBM und Siemens das Projekt Telekoop-Zentrum am Betriebswirtschaftlichen Institut für Organisation und Automation an der Universität Köln (BIFOA).

Ein besonderer Beratungsbedarf besteht in bezug auf die technische Ausstattung der Telearbeitsplätze. Insoweit wird eine Ausstattung mit PC, ISDN-PC-Karte, Software und Drucker genannt, die heute schon für 5 000 DM verfügbar seien.[16]

---

15) *Godehardt/Klinge*, Telearbeit in Unternehmen, CoPers 2/97, S. 36.
16) *Bokai/Klinge*, Technische Gestaltung und Ausstattung, CoPers 3/97, S. 26.

Die Baden-Badener Mensch & Büro-Akademie unter Leitung des Sozialwissenschaftlers Prof. Dr. Bernhard Meyer hat eine Studie bei 1 325 Personen durchgeführt. Danach würden 47,3 % der Befragten es vorziehen, drei Tage im Heimbüro und zwei Tage im Betrieb tätig zu sein. Weitere 20,5 % möchten zu Hause einen festen Arbeitsplatz und im Betrieb die Möglichkeit haben, einen Arbeitsplatz belegen zu können.[17]

Zur Stärkung der Telearbeit hat der Bundesminister für Technologie gemeinsam mit dem Vorstand der Deutschen Telekom AG ein neues Förderprogramm vorgelegt, dessen Ziel es ist, in rund 500 kleinen und mittelständischen Unternehmen eine Vielzahl von Telearbeitsplätzen einzurichten. Das Bundesforschungsministerium und die Telekom stellen je 100 Mio. DM bereit. Damit sollen 2 500 Telearbeitsplätze geschaffen werden.

Das Fraunhofer-Institut für Arbeitswissenschaft und Organisation hat ein Gutachten zur Entwicklung der Telearbeit und zu ihren arbeitsrechtlichen Rahmenbedingungen im Bundesarbeitsministerium vorgestellt. Aufgrund einer repräsentativen Befragung des Managements und der Betriebsräte wurde ermittelt, daß es in Deutschland ca. 500 000 Arbeitsplätze für mobile Telearbeit (Außendienstmitarbeiter) gibt. Darunter sind 350 000 Arbeitsplätze für alternierende Telearbeit, 22 000 Arbeitsplätze, bei denen die Arbeit ausschließlich zu Hause erbracht wird, und 3 500 Arbeitsplätze in Satelliten- und Nachbarschaftsbüros.[18]

d) Durchführung

Die Einführung der Telearbeit bedarf des organisatorischen Eigenstudiums und der Schulung und der Förderung der Akzeptanz bei Mitarbeitern und Betriebsrat. Im allgemeinen sind nur solche Mitarbeiter geeignet, die eine besondere Selbstdisziplin zur Arbeit aufweisen.

Im Rahmen der Beurteilung der Wirtschaftlichkeit werden im allgemeinen drei Ziele verfolgt:

— Reduktion der Kosten durch Einsparung von Raum- und Mietkosten, aber auch durch weniger Krankmeldungen;

— Verbesserung der unternehmerischen Leistungsfähigkeit, z. B. durch Steigerung der Mitarbeiterproduktivität;

— Bindung qualifizierter Mitarbeiter durch Erhöhung der Motivation.

---

17) Schnellbrief Arbeitsrecht 2/97, S. 6 = Handelsblatt vom 30./31. 8. 1996.
18) Sozialpolitische Informationen vom 23. 9. 1997.

e) Die arbeitsrechtlichen Rahmenbedingungen

Für die Mitarbeiter, für die Telearbeit eingeführt werden soll, bedarf es der Umgestaltung der Verträge.[19] Die Teleheimarbeit, die alternierende Telearbeit, die Arbeit in einem Telecenter, in einem Teleservicecenter und in mobiler Telearbeit kann aufgrund eines Arbeitsvertrages, eines Dienstvertrages oder eines Werkvertrages erfolgen. Für die Teleheimarbeit und die alternatierende Telearbeit kann auch ein Heimarbeitsverhältnis in Betracht kommen. Die Abgrenzung der Vertragstypen erfolgt nach dem jetzigen Stand des Arbeitsrechts, ob und in welchem Umfang die Arbeit in persönlicher Abhängigkeit oder in einem freien Mitarbeiterverhältnis geleistet wird oder ob Arbeits-/Dienstleistung geschuldet wird oder ein Arbeitserfolg, also eine Werkleistung.

Ein Arbeitsverhältnis wird immer dann anzunehmen sein, wenn dem Mitarbeiter Weisungen im Hinblick auf Arbeitsdurchführung (fachliche Weisungsgebundenheit), Arbeitsort und -zeit gegeben werden. Das kann auch ein Zeitrahmen sein. Seine Einhaltung kann durch die Zugriffszeiten zum Rechner kontrolliert und gesteuert werden. Dagegen wird die Abhängigkeit vom Rechner noch nicht zum Arbeitnehmer machen.

Ferner sprechen für ein Arbeitsverhältnis Vorgabe bestimmter Erledigungszeiten, Inanspruchnahme der gesamten Arbeitskraft, hohe Berührungsdichte mit den Betriebsabläufen, insbesondere Bürotage, Notwendigkeit ständiger Berichterstattung, fehlendes unternehmerisches Risiko, Abführung von Sozialversicherungsbeiträgen.

Liegen die Merkmale eines Arbeitsverhältnisses nicht vor, kann immer noch ein Heimarbeitsverhältnis gegeben sein. Hierfür sprechen fehlende Weisungsbefugnis im Hinblick auf Arbeitsdurchführung, Arbeitszeit und -ort, keine Eingliederung in den Betrieb, aber gleichwohl eine Anbindung, Tätigwerden für mehrere Auftraggeber, Mithilfe von Familienangehörigen, wirtschaftliche Abhängigkeit.

Der Dienstnehmer wird völlig frei seine Arbeit einteilen, gestalten und nur eine bestimmte Zeitspanne zur Verfügung stehen. Möglicherweise ist er arbeitnehmerähnlich. Die Abgrenzung erfolgt nach den allgemeinen Merkmalen.[20] Merkmale einer selbständigen Tätigkeit sind insbesondere Tätigwerden für mehrere Auftraggeber, Arbeit für den Absatzmarkt und selbständige Vermarktung der Arbeitsergebnisse, unternehmerisches Risiko und entsprechende Gewinnmöglichkeiten, technische Unabhängigkeit von dem einzelnen Auftraggeber.

---

19) *Albrecht*, Die Einrichtung von Tele- und Außenarbeitsplätzen, NZA 1996, 1240.
20) *Schaub* (Fußn. 10), §§ 8.

Neue Produktionsmethoden, Dienstleistungsservice

Die Arbeit in einem Satelliten- oder Nachbarschaftsbüro wird im allgemeinen nur in einem Arbeitsverhältnis zu leisten sein. Wünschenswert ist die Beibehaltung des Arbeitnehmerstatus. Ist dies der Fall, so bedarf es der Regelungen im Arbeitsvertrag über die Arbeitszeit und die Arbeitsmittel. Ferner sind Regelungen notwendig über die Überlassung von Büroraum, Versicherung der Maschinen und einer Hausratsversicherung. Im Rahmen der Sozialversicherung sollte klargestellt werden, daß der Mitarbeiter weiter in der Sozialversicherung, insbesondere aber auch in der Unfallversicherung, versichert bleibt.

Ist der Mitarbeiter auf die ständige Zugriffsmöglichkeit auf den Rechner des Unternehmens angewiesen, läßt sich die Arbeitszeit leicht steuern und kontrollieren. Andererseits geht damit die Flexibilität verloren, die gerade angestrebt wird. Zweckmäßig erscheint daher ein Aufschreiben der geleisteten Stunden.

In jedem Fall ist eine Unterscheidung zwischen betriebsbestimmten und selbstbestimmten Arbeitszeiten erforderlich. Der Betriebsrat hat nur bei betriebsbestimmten Arbeitszeiten ein erzwingbares Mitbestimmungsrecht nach § 87 Abs. 1 Nr. 3 BetrVG. Bei selbstbestimmten Arbeitszeiten fehlt es an dem vom Gesetz verfolgten Schutzzweck.

Je nach der Art der ausgelagerten Arbeit können Fragen des Datenschutzes eine Rolle spielen, z. B. wenn Teile der Personalverwaltung ausgelagert werden. Andererseits kann sich auch die Frage der eigenen Datensicherung des Unternehmens stellen, die sich aber im allgemeinen durch entsprechende Schaltungen lösen läßt.

Die Kosten für den Außenarbeitsplatz trägt im allgemeinen der Arbeitgeber. Hierzu gehört die Anschaffung der Büroeinrichtung, Anschaffung, Wartung und Pflege der Telekommunikationseinrichtung, dienstlicher Anteil an Raummiete, Beleuchtung und Heizung.

Der Betriebsrat hat bei der Einführung von Telearbeit nur Mitwirkungsrechte, wenn sie aufgrund eines Arbeitsverhältnisses oder eines Heimarbeitsverhältnisses geleistet wird. Mitwirkungsrechte können nach §§ 80 ff BetrVG bestehen. Er ist über Einführung und Ausgestaltung umfassend zu unterrichten. Es können sich bei Fragen der Arbeitszeit aber auch erzwingbare Mitbestimmungsrechte aus § 87 Abs. 1 BetrVG bei betriebsbestimmten Arbeitszeiten ergeben. Die personelle Mitbestimmung der §§ 99 ff BetrVG bleibt unberührt. Wird eine werkvertragliche Lösung gewählt, bestehen keine Mitbestimmungsrechte des Betriebsrats.

Im Rahmen der sozialen Mitbestimmung können sich Mitbestimmungsrechte ergeben

- nach § 87 Abs. 1 Nr. 2 BetrVG bei Beginn und Beendigung der Arbeitszeit,
- nach § 87 Abs. 1 Nr. 3 BetrVG bei der Verteilung der betriebsbedingten Arbeitszeit,
- nach § 87 Abs. 1 Nr. 6 BetrVG bei der technischen Überwachung; ausreichend ist, wenn die technische Einrichtung zur Überwachung objektiv geeignet ist,[21]
- nach § 87 Abs. 1 Nr. 3 BetrVG im Rahmen der Unfallverhütung,
- nach § 87 Nr. 10 und 11 BetrVG bei der Lohngestaltung.

Schließlich ist denkbar, daß im Rahmen der wirtschaftlichen Mitbestimmung (§§ 111 ff BetrVG) Mitwirkungsrechte bestehen. Die Einführung der Telearbeit stellt eine Betriebsänderung dar. Von Gewerkschaftsseite wird befürchtet, daß die Telearbeit zu einer Ausdünnung der Mitwirkungsrechte des Betriebsrats führt.[22]

f) Internationalisierung

Die Telearbeit wird zu einer weiteren Internationalisierung des Arbeitsrechts führen. Ob der Telearbeitsplatz auf den Bahamas oder in einem Programmierzentrum in Neu-Delhi liegt, ist nur eine Frage der unternehmerischen Entscheidung. Deutsches Tarifvertragsrecht kann zwar auch für im Ausland belegene „Konzernunternehmen" geschaffen werden.[23] Das Betriebsverfassungsrecht ist aber auf das Gebiet der Bundesrepublik beschränkt.[24]

g) Sozialversicherung

Der Telearbeitnehmer ist in der Renten-, Kranken- und Arbeitslosenversicherung versicherungspflichtig. Haben sie den Status von Heimarbeitern, so ergibt sich die Versicherungspflicht aus § 12 Abs. 2, § 5 Abs. 5 SGB V

---

21) BAG, Beschl. v. 9. 9. 1975 – 1 ABR 20/74, AP Nr. 2 zu § 87 BetrVG 1972 Überwachung = DB 1975, 2233 = NJW 1976, 261; BAG, Beschl. v. 6. 12. 1983 – 1 ABR 43/81, AP Nr. 7 zu § 87 BetrVG 1972 Überwachung = DB 1984, 775 = NJW 1984, 1476.
22) *Fricke*, Virtuelle Betriebe – Auswirkungen auf die Betriebratsarbeit, AiB 1997, 31.
23) BAG, Urt. v. 11. 9. 1991 – 4 AZR 71/91, AP Nr. 29 zu Internationales Privatrecht, Arbeitsrecht (Goethe-Institut).
24) BAG, Urt. v. 7. 12. 1989 – 2 AZR 228/89, AP Nr. 27 zu Internationales Privatrecht, Arbeitsrecht = NZA 1990, 658 = NJW 1990, 3104.

Neue Produktionsmethoden, Dienstleistungsservice

und § 168 Abs. 2 AFG (vgl. §§ 24, 27 Abs. 3 Nr. 2 SGB III). In der Unfallversicherung können sich Abgrenzungsprobleme ergeben, was dem dienstlichen Bereich und was dem häuslichen Bereich zuzuordnen ist. Nach dem bereits erwähnten Gutachten des Frauenhofer-Institutes (oben III 1 c) wird die Telearbeit überwiegend als sozialversicherungspflichtige Voll- oder Teilzeitbeschäftigung angeboten.

h) Haftungsrecht

Im Rahmen des Haftungsrechts ist die Haftung des Telearbeitnehmers nach den allgemeinen Grundsätzen eingeschränkt.[25] Denkbar ist aber auch, daß Familienangehörige den Arbeitgeber schädigen. Insoweit werden vertragliche Beschränkungen getroffen werden müssen, wenn die Haftungsbeschränkung des Telearbeitnehmers nicht leerlaufen soll. Letztlich ist daran zu denken, daß eine Außenhaftung des Telearbeitnehmers erwachsen kann, wenn dieser bei der Verrichtung der Arbeit Dritte schädigt.

2. Arbeitnehmerüberlassung

a) Gesetzliche Regelung

Das Arbeitnehmerüberlassungsgesetz ist durch die Neufassung vom 3. Februar 1995[26] und durch das Arbeitsförderungs-Reformgesetz[27] wesentlich flexibilisiert worden. Der Bundesverband der Zeitarbeit (BZA) hatte während des Gesetzgebungsverfahrens in Aussicht gestellt, daß im Falle der Beseitigung beschäftigungshemmender Vorschriften 280 000 Arbeitsplätze geschaffen werden könnten. Der Marktanteil der Zeitarbeit am allgemeinen Arbeitsmarkt beträgt zur Zeit 0,63 %. Der Marktanteil soll wie in den Niederlanden auf 3 % steigen. Das Arbeitnehmerüberlassungsgesetz erlaubt weitgehend vorübergehende Personalengpässe zu überbrücken. Außerdem bestehen in der Wirtschaft durchaus Überlegungen einer Tarifflucht. Im Rahmen der Fachanwaltsausbildung habe ich den fiktiven Fall als Klausur gegeben, daß die Ruhrstahl AG eine Dienstleistungs- und Service GmbH gründet, deren Zweck darin besteht, den Konzerntöchtern bei Bedarf Arbeitnehmer zu überlassen. Gefragt war, ob die Arbeitnehmer

---

25) BAG, Beschl. v. 12. 6. 1992 – GS 1/92, NZA 1993, 547 = NJW 1993, 1732; *Schaub* (Fußn. 10), § 52.

26) Gesetz zur Regelung der gewerbsmäßigen Arbeitnehmerüberlassung (Arbeitnehmerüberlassungsgesetz – AÜG) i. d. F. der Bekanntmachung vom 3. 2.1995, BGBl I, 158, zuletzt geändert durch Gesetz vom 18. 6. 1997, BGBl I, 1430.

27) Gesetz zur Reform der Arbeitsförderung (Arbeitsförderungs-Reformgesetz – AFRG) vom 24. 3. 1997, BGBl I, 594.

Anspruch auf den Tariflohn beim Entleihbetrieb haben und ob der Betriebsrat mit Aussicht auf Erfolg der Einstellung von Leiharbeitnehmern widersprechen könne.

b) Änderungen durch das Arbeitsförderungs-Reformgesetz

Nach § 1 Abs. 2, § 3 Abs. 1 Nr. 6 AÜG ist die zulässige Dauer der Überlassung auf zwölf Monate erstreckt worden. Im Rahmen des Gesetzgebungsverfahrens war eine Erstreckung auf drei Jahre verlangt worden, um Zeiten des Wehrdienstes oder des Erziehungsurlaubes zu überbrücken. Diesem Vorschlag ist der Gesetzgeber nicht gefolgt, weil der Unterschied zwischen Stamm- und Leiharbeitnehmern verwischt werde. Der verlängerte Zeitrahmen für Arbeitnehmerüberlassungsverträge wirkt auch für vor dem 1. April 1997 vereinbarte Überlassungsverträge, da einschränkende Übergangsbestimmungen nicht bestehen. Erfolgt die Überlassung für mehr als zwölf Monate gilt die alte Rechtsprechung des Bundesarbeitsgerichts, daß ein Arbeitsverhältnis zum Entleihbetrieb fingiert wird.[28]

Das Arbeitnehmerüberlassungsgesetz ist nicht anzuwenden, wenn der Leiharbeitnehmer in ein auf der Grundlage zwischenstaatlicher Vereinbarungen begründetes deutsch-ausländisches Gemeinschaftsunternehmen verliehen wird, an dem der Verleiher beteiligt ist (§ 1 Abs. 3 Nr. 3 AÜG). Die Staatsangehörigkeit des Leiharbeitnehmers spielt keine Rolle. Dasselbe gilt für die Dauer der Ausleihe. Es können mithin im grenznahen Bereich deutsche Arbeitnehmer ins Ausland verliehen werden, ohne daß deutsches Arbeitsrecht zum Verleihunternehmen beseitigt wird.

Der Erlaubnisvorbehalt für Kleinunternehmer ist wesentlich erweitert (§ 1a AÜG). Keiner Erlaubnis zur Arbeitnehmerüberlassung bedarf ein Arbeitgeber mit weniger als 50 Beschäftigten, der zur Vermeidung von Kurzarbeit oder Entlassungen an einen Arbeitgeber einen Arbeitnehmer bis zur Dauer von zwölf Monaten überläßt, wenn er die Überlassung vorher schriftlich dem für seinen Geschäftssitz zuständigen Landesarbeitsamtes angezeigt hat.

In erheblichem Umfang ist der Befristungs- und Kündigungsschutz gelockert worden. Nach § 9 Nr. 2 AÜG sind wiederholte Befristungen des Arbeitsverhältnisses zwischen Verleiher und Leiharbeitnehmer unwirksam, es sei denn, daß sich für die Befristung aus der Person des Leiharbeitnehmers ein sachlicher Grund ergibt, oder die Befristung ist für einen Arbeitsvertrag vorgesehen, der unmittelbar an einen mit demselben Verlei-

---

[28] BAG, Urt. v. 23. 11. 1988 – 7 AZR 34/88, AP Nr. 14 zu § 1 AÜG = NZA 1989, 812, dazu EWiR 1990, 9 *(Bauer/Baeck)*.

her geschlossenen Arbeitsvertrag anschließt. Hieraus folgt, daß die erste Befristung des Arbeitsverhältnisses wirksam ist, auch wenn kein sachlicher Grund vorliegt. Das Befristungsverbot gilt vor allem dann nicht mehr, wenn sich mit demselben Arbeitnehmer ein neues befristetes Arbeitsverhältnis anschließt. Damit sind sog. Kettenarbeitsverträge zulässig.

Die Kündigungsfreiheit des Verleihers wird wesentlich erweitert und der Kündigungsschutz des Leiharbeitnehmers eingeschränkt. Nach § 9 Nr. 3 AÜG sind Kündigungen des Arbeitsverhältnisses zwischen Verleiher und Leiharbeitnehmer durch den Verleiher, wenn der Verleiher den Leiharbeitnehmer wiederholt innerhalb von drei Monaten nach Beendigung des Arbeitsverhältnisses erneut einstellt, unwirksam. Nach der bisherigen gesetzlichen Regelung war der Leiharbeitnehmer davor geschützt, daß der Verleiher das Beschäftigungsrisiko auf den Leiharbeitnehmer überbürden konnte.[29] Hinfort kann der Verleiher auch innerhalb von drei Monaten nach der Beendigung des Arbeitsverhältnisses kündigen.

c) Tarifvertragsrecht

Nach ganz herrschender Meinung[30] richtet sich das Tarifrecht beim Verleiher nicht nach dem Tarifrecht des Entleihbetriebes.

d) Betriebsverfassung

Die Arbeitnehmer des Verleihbetriebes haben die in § 14 AÜG aufgezählten Rechte.

IV. Managementmethoden

1. Outsourcing

a) Begriff

Outsourcing setzt sich aus den Worten „Outside Resource Using" zusammen. Im wesentlichen werden zwei Fallgruppen des Outsourcing unterschieden. Bei Outsourcing im engeren Sinne konzentriert sich die Fremdvergabe vor allem auf die Aufgaben der Informationsverarbeitung. Bei dem Outsourcing im weiteren Sinne werden alle Aufgabenbereiche ausgegliedert, die nicht zum Kerngeschäft eines Unternehmens gehören.

---

29) BAG, Urt. v. 9. 4. 1987 – 2 AZR 280/86, AP Nr. 1 zu § 9 AÜG = NZA 1988, 541 = ZIP 1988, 187, dazu EWiR 1988, 215 *(Oellers).*
30) BAG, Urt. v. 10. 12. 1997 – 4 AZR 247/96, BB 1998, 108 m. w. N.

Gelegentlich wird in der Literatur auch die Ausgliederung von Unternehmensteilen zum Outsourcing gezählt. Dies soll hier außer Betracht bleiben. Zum Outsourcing geeignet sind einfache Dienstleistungsfunktionen. Hierzu gehören die Kantine, Gebäudereinigung, Wachdienst oder Transport. Die Daimler Benz AG hat die Datenverarbeitung und andere Finanzdienstleistungen auf die Daimler-Benz Inter-Services ausgegliedert.

Bei totalem Outsourcing (Komplettoutsourcing) wird ein gesamter Aufgabenbereich ausgegliedert, bei partiellem Outsourcing (Moduloutsourcing) wird nur ein Teil eines Aufgabenbereiches ausgegliedert, bei einem Übergangsoutsourcing wird nur vorübergehend ein Aufgabenbereich ausgegliedert.

b) Betriebswirtschaftliches Ziel

Ziel des Outsourcing ist es, bestimmte Produkte oder Dienstleistungen nicht mehr selbst herzustellen, sondern auf einen Dienstleister zu übertragen, der die geforderte Leistung wirtschaftlicher erbringt als das outsourcende Unternehmen. Wegen des hohen Durchdringungsgrads der Unternehmen durch die Informationstechnik, bei der die Unternehmen häufig auf die Hilfe fremder Techniker angewiesen sind, bietet sich insoweit das Outsourcing geradezu an.

2. Individualvertragliche Fragestellungen des Outsourcing

Im allgemeinen werden im Falle des Outsourcing die Arbeitsverhältnisse fortbestehen. Die Arbeitsverhältnisse derjenigen Arbeitnehmer, die zu dem rechtlich verselbständigten Unternehmen oder Unternehmensteil gehören, gehen nach den Regeln des Betriebsübergangs nach § 613a BGB auf den Erwerber über. Arbeitsverträge mit neu eingestellten Arbeitnehmern sind nach dem Recht des neuen Wirtschaftsbereichs abzuschließen. Dadurch kann es vorübergehend zu unterschiedlichen Rechtslagen unter den Betriebsangehörigen kommen. Nach dem Gleichbehandlungsgrundsatz können aber weder die neu Eingestellten eine Anpassung der Arbeitsbedingungen an die der alten Arbeitnehmer, noch die alten Arbeitnehmer an die der neu Eingestellten verlangen.

3. Tarifvertragliche Fragestellungen des Outsourcing

a) Outsourcing als Tarifflucht

In einigen Wirtschaftsbereichen, insbesondere im Bau- und Baunebengewerbe, werden zunehmend Abteilungen ausgegliedert und rechtlich verselbständigt, die keine unmittelbaren baulichen Leistungen erbringen. Bezweckt wird damit, solche Abteilungen aus dem fachlichen baulichen Bereich auszugliedern, die sonstige Nebenleistungen erbringen. Dieses Phänomen ist aber auch zu beobachten in Kaufhausunternehmen, die ihre Gastronomiebetriebe in die häufig schlechteren Tarifverträge des Gaststättengewerbes entlassen. Auch dies ist einer der Gründe der Gewerkschaftskonzentration.

b) Tarifzuständigkeit

Wandert ein Betrieb aus dem Geltungsbereich eines Tarifvertrages hinaus, so entfällt die Tarifzuständigkeit nach § 2 TVG. Die bisherigen Tarifvertragsparteien verlieren für den Betrieb die Regelungszuständigkeit. Der Tarifvertrag kann mithin nicht mehr mit unmittelbarer und zwingender Wirkung gelten.[31] Er gilt nur noch kraft Nachwirkung (§ 4 Abs. 5 TVG). Gelegentlich wird hiergegen eingewandt, diese Auffassung verstoße gegen den Gleichheitssatz, weil diejenigen Unternehmen begünstigt werden, denen eine rechtliche Aufspaltung möglich sei. Dieser Meinung ist kaum zu folgen. Die Struktur des Unternehmens steht in der unternehmerischen Gestaltungsfreiheit des Art 12 GG.

c) Betriebsübergang

Zumeist wird in den Fällen des Outsourcing von Betrieben oder Betriebsteilen ein Fall der Betriebsnachfolge vorliegen. Geht ein Betrieb oder Betriebsteil durch Rechtsgeschäft auf einen anderen Inhaber über, so tritt dieser in die Rechte und Pflichten aus den im Zeitpunkt des Übergangs bestehenden Arbeitsverhältnissen ein (§ 613a Abs. 1 Satz 1 BGB). Sind diese Rechte und Pflichten durch Rechtsnormen eines Tarifvertrages oder einer Betriebsvereinbarung geregelt, so werden sie Inhalt des Arbeitsvertrages und dürfen nicht vor Ablauf eines Jahres nach dem Zeitpunkt des Übergangs zum Nachteil des Arbeitnehmers geändert werden (§ 613a Abs. 1 Satz 2 BGB). Im Falle der Betriebs- oder Betriebsteilnachfolge wird der Tarifvertrag in den Inhalt des Arbeitsvertrages transponiert. Die unmittelbare und zwingende Wirkung wird durch die Veränderungssperre ersetzt. Hieraus ergibt sich: Im Falle des Aufsplitting von Betrieben und unter Wechsel des fachlichen Geltungsbereiches kann der auf- oder abgespaltene Betrieb in einen anderen fachlichen Geltungsbereich abwandern. Ist das Splitting zugleich mit einer Betriebsnachfolge verbunden, greift allerdings eine Veränderungssperre von einem Jahr ein.

---

31) BAG, Urt. v. 11. 11. 1970 – 4 AZR 522/69, AP Nr. 28 zu § 2 TVG; BAG, Urt. v. 15. 10. 1986 – 4 AZR 289/85, AP Nr. 4 zu § 3 TVG = NZA 1987, 246.

Die Veränderungssperre greift dann nicht ein, wenn die Rechte und Pflichten bei dem neuen Inhaber durch Rechtsnormen eines anderen Tarifvertrages oder durch eine andere Betriebsvereinbarung geregelt werden. Der Tarifvertrag bei dem Erwerber verdrängt mithin das alte Tarifrecht. Outsourcing und Betriebsnachfolge können mithin dazu genutzt werden, aus einem Tarifvertrag zu entweichen.

d) Betriebsrat

Da sich die Stärke der Belegschaft im Zuge des Outsourcing verändern wird, kann es zur Notwendigkeit der Neuwahl von Betriebsräten kommen (§ 13 BetrVG).

V. Tarifverträge und Betriebsvereinbarungen beim Betriebsübergang und bei der Umwandlung von Unternehmen

1. Arten der Umwandlung und Geltung des Umwandlungsgesetzes

Das Umwandlungsgesetz vom 28. Oktober 1994[32)] findet Anwendung, wenn eine Strukturveränderung im Unternehmen stattfindet. Dagegen werden Strukturveränderungen innerhalb eines Unternehmens, die sich lediglich auf dessen Bestandteile beziehen, nicht erfaßt.

Die einzelnen Arten der Umwandlung ergeben sich aus § 1 UmwG. Rechtsträger mit Sitz im Inland können umgewandelt werden durch

- Verschmelzung,

- Spaltung mit den Formen der Aufspaltung, Abspaltung und Ausgliederung,

- Vermögensübertragung,

- Formwechsel.

---

32) Umwandlungsgesetz vom 28. 10. 1994, BGBl I S. 3210; ber. S. 428; vgl. dazu *Bachner/ Köstler/Trittin/Trümner*, Arbeitsrecht bei Unternehmensumwandlung, 1997; *Boecken*, Unternehmensumwandlungen und Arbeitsrecht, 1996; *Lutter*, Umwandlungsgesetz, Kommentar, 1996; *Mengel*, Umwandlungen im Arbeitsrecht, 1997; wegen der Aufsatzliteratur zum Arbeitsrecht: *Schaub* (Fußn. 10), § 117; *Mengel*, Umwandlungen im Arbeitsrecht, 1996; ferner *Schaub*, Die Tarifverträge bei Umwandlung von Unternehmen, ZTR 1997, 245.

2. Rechtsformen der Umwandlung

a) Grundformen

aa) Verschmelzung (§§ 2–122 UmwG)

Die Verschmelzung kommt in zwei Grundformen vor. Bei der Verschmelzung *durch Aufnahme* überträgt der übertragende Rechtsträger sein Vermögen als Ganzes auf einen bestehenden Rechtsträger. Bei der Verschmelzung *durch Neugründung* übertragen zwei oder mehrere Rechtsträger ihr Vermögen jeweils als Ganzes auf einen neuen, von ihnen dadurch gegründeten Rechtsträger. Die Anteilseigner der übertragenden Rechtsträger erhalten Anteilsrechte des aufnehmenden oder neu gegründeten Unternehmens. Der Rechtsübergang zwischen den übertragenden und aufnehmenden Unternehmen vollzieht sich im Wege der Gesamtrechtsnachfolge (§ 20 Abs. 1 Nr. 1 UmwG). Mit der Eintragung der Verschmelzung erlöschen die übertragenden Unternehmen.

bb) Spaltung (§§ 123–173 UmwG)

Die Spaltung kommt in drei Grundformen vor. Der übertragende Rechtsträger kann unter Auflösung ohne Abwicklung sein Vermögen *aufspalten* entweder zur Aufnahme durch gleichzeitige Übertragung oder zur Neugründung auf neu gegründete Rechtsträger. Bei der *Abspaltung* werden Teile oder ein Teil des Vermögens abgespalten zur Aufnahme oder zur Neugründung. Bei der *Ausgliederung* werden ein Teil oder mehrere Teile ausgegliedert zur Aufnahme oder zur Neugründung. Die Anteilseigner der übertragenden Rechtsträger erhalten Anteilsrechte der aufnehmenden oder neuen Rechtsträger. Der Rechtsübergang vollzieht sich im Wege der Gesamtrechtsnachfolge (§ 131 Abs. 1 Nr. 1 UmwG). Bei der Aufspaltung erlischt der übertragende Rechtsträger; bei der Abspaltung wird nur ein Teil des Vermögens übertragen. Der Rechtsträger bleibt mithin erhalten.

cc) Vermögensübertragung (§§ 174–189 UmwG)

Bei der Vollübertragung überträgt ein Rechtsträger unter Auflösung ohne Abwicklung sein Vermögen als Ganzes auf einen anderen bestehenden Rechtsträger gegen Gewährung einer Gegenleistung an die Anteilseigner des übertragenden Unternehmens, die nicht in Anteilen oder Mitgliedschaftsrechten besteht. Die Vermögensübertragung kommt ferner vor als Aufspaltung, Abspaltung oder Ausgliederung. In den Fällen der Aufspaltung und Abspaltung erhalten die Anteilseigner die Gegenleistung; im Falle der Ausgliederung das übertragende Unternehmen. Die Rechtsübertragung vollzieht sich im Wege der Gesamtrechtsnachfolge. Die Vermögensübertragung kommt in Betracht von einer Kapitalgesellschaft auf den

Bund, ein Land, eine Gebietskörperschaft oder deren Zusammenschlüsse. Ferner kommt die Vermögensübertragung bei den verschiedenen Formen der Versicherungsunternehmen in Betracht.

dd) Formwechsel (§§ 190–304 UmwG)

Es liegt überhaupt keine Rechtsnachfolge vor. Vielmehr erhält ein Unternehmen nur eine andere Rechtsform.

b) Betriebsübergang

aa) Anwendung von § 613a BGB

Nach § 324 UmwG bleibt § 613a Abs. 1 und 4 BGB durch die Wirkungen der Verschmelzung, Spaltung oder Vermögensübertragung unberührt. Das Umwandlungsgesetz hat damit eine Streitfrage geklärt. Das Bundesarbeitsgericht hat angenommen, daß der Übergang durch Gesamtrechtsnachfolge auf Gesetz und nicht auf einem Rechtsgeschäft beruhe, so daß die Wirkungen des § 613a BGB nicht ausgelöst würden.[33]

Die Richtlinie 77/187/EWG des Rates[34] gilt dagegen auch für eine Verschmelzung. Bei einer richtlinienkonformen Auslegung von § 613a BGB mußte dieser auch auf die Gesamtrechtsnachfolge anwendbar werden. Dem trägt das Umwandlungsgesetz Rechnung. Nach Art. 232 § 5 EGBGB gilt § 613a BGB auch in den neuen Bundesländern.

bb) Individualrechtliche Auswirkungen

Nach § 613a Abs. 1 Satz 1 BGB tritt ein Rechtsnachfolger in die Rechte und Pflichten aus den im Zeitpunkt des Übergangs bestehenden Arbeitsverhältnissen ein. Der Rechtsnachfolger muß mithin in dieselben Rechte und Pflichten eintreten, wie sie beim übertragenden Rechtsträger bestanden.[35]

---

33) BAG, Urt. v. 25. 2. 1981 – 5 AZR 991/78, AP Nr. 24 zu § 613a BGB = ZIP 1981, 522 = NJW 1981, 2212.

34) Richtlinie 77/187/EWG des Rates vom 14. 2. 1977 zur Angleichung der Rechtsvorschriften der Mitgliedstaaten über die Wahrung von Ansprüchen der Arbeitnehmer beim Übergang von Unternehmen, Betrieben oder Betriebsteilen, ABl Nr. L 61, S. 26.

35) MünchKomm-*Schaub*, BGB, Bd. 4, 3. Aufl., 1997, § 613a Rz. 197 ff; *Schaub* (Fußn. 10), §§ 117, 118.

cc) Tarifvertragliche Auswirkungen

Bei den tarifvertraglichen Auswirkungen sind mehrere Fallgruppen zu unterscheiden.

(1) Nach § 3 Abs. 1 TVG sind tarifgebunden die Mitglieder der Tarifvertragsparteien und der Arbeitgeber, der selbst Partei des Tarifvertrages ist. Für die Fälle der Verschmelzung, Spaltung oder Vermögensübertragung ist charakteristisch, daß ein anderer Rechtsträger das Vermögen übernimmt. Da die Tarifbindung von der Verbandsmitgliedschaft abhängt, besteht für den übernehmenden Rechtsträger nur dann Tarifbindung, wenn er in demselben Verband organisiert ist wie der übertragende Rechtsträger.[36] Ist dagegen der aufnehmende Rechtsträger nicht oder anders organisiert, besteht aus Gründen der Koalitionsfreiheit keine Tarifbindung. Die Organisationszugehörigkeit geht auch bei der Gesamtrechtsnachfolge nicht automatisch auf den neuen Rechtsträger über.[37] Nach § 38 BGB ist die Verbandsmitgliedschaft nicht übertragbar. Entfällt die Tarifbindung für den übertragenden Rechtsträger, wirkt der Tarifvertrag nach § 4 Abs. 5 TVG nach. Infolge der Umwandlung kann der übernehmende Rechtsträger aus dem betrieblichen/fachlichen Geltungsbereich herausfallen.

(2) Bei einem Firmentarifvertrag tritt dagegen der Nachfolger in den Tarifvertrag ein. Wer im Wege der Gesamtrechtsnachfolge ein Unternehmen übernimmt, muß in die Verpflichtungen eintreten. Ist der übernehmende Rechtsträger an einen anderen Tarifvertrag gebunden, kann ein Fall der Tarifpluralität auftreten. Die Kollision ist nach den Grundsätzen der Tarifkonkurrenz und der Tarifpluralität zu lösen.[38] Auch bei Fortgeltung eines Firmentarifvertrages kann der neue Rechtsträger aus dem Geltungsbereich des Tarifvertrages herausfallen.

(3) § 613a Abs. 1 und 4 BGB bleibt durch die Wirkungen der Eintragung einer Verschmelzung, Spaltung oder Vermögensübertragung nach § 324 UmwG unberührt. Fehlt es an einer kollektivrechtlichen Fortgeltung des Tarifvertrages mit unmittelbarer und zwingender Wirkung, werden die normativen Bestimmungen in das Arbeitsverhältnis transponiert. Änderungen des Tarifvertragsrechts nach der Transformation wirken sich nicht mehr aus. Die in das Arbeitsverhältnis transponierten Tarifnormen dürfen

---

36) *Däubler*, Das Arbeitsrecht im neuen Umwandlungsgesetz, RdA 1995, 136, 139; *Joost*, Arbeitsrechtliche Angaben im Umwandlungsvertrag, ZIP 1995, 976, 979; *Wlotzke*, Arbeitsrechtliche Aspekte des neuen Umwandlungsrechts, DB 1995, 40, 41.

37) BAG, Urt. v. 5. 10. 1993 – 3 AZR 586/92, AP Nr. 42 zu § 1 BetrAVG Zusatzversorgungskassen = NZA 1994, 848, dazu EWiR 1994, 325 *(Griebeling)*; BAG, Urt. v. 13. 7. 1994 – 4 AZR 555/93, AP Nr. 14 zu § 3 TVG Verbandszugehörigkeit, dazu EWiR 1995, 295 *(Reichold)*.

38) *Schaub* (Fußn. 10), § 203 VII.

vor Ablauf eines Jahres nicht geändert werden. Die Veränderungssperre tritt an die Stelle der unmittelbaren und zwingenden Wirkungen des Tarifvertragsrechts. Eine Ausnahme von der Veränderungssperre besteht nur dann, wenn der Tarifvertrag seine zwingende Wirkung schon verloren hatte. Durch die Umwandlung hat die Rechtsstellung des Arbeitnehmers nicht verbessert werden sollen. Er sollte lediglich den bisherigen Schutz des Tarifvertragsrechts nicht sofort verlieren. Die Veränderungssperre tritt ferner zurück, wenn bei fehlender beiderseitiger Tarifgebundenheit im Geltungsbereich eines anderen Tarifvertrages dessen Anwendung zwischen dem neuen Inhaber und dem Arbeitnehmer vereinbart wird (§ 613a Abs. 1 Satz 4 BGB).

(4) Die Transformation in das einzelne Arbeitsverhältnis findet dann nicht statt, wenn die Rechte und Pflichten bei dem neuen Inhaber durch Rechtsnormen eines anderen Tarifvertrages geregelt sind (§ 613a Abs. 1 Satz 3 BGB). Der Arbeitnehmer bedarf nicht des Schutzes des bisherigen Tarifvertragsrechts, wenn er bei dem aufnehmenden Unternehmen den Schutz des dort bestehenden Tarifvertragsrechts genießt. Der Gesetzgeber muß mithin davon ausgegangen sein, daß der Arbeitnehmer zur Herstellung der Tarifbindung notfalls die nach dem Industrieverbandssystem organisierten Gewerkschaften wechseln muß.[39] Der Gesetzgeber muß ferner darauf bedacht gewesen sein, die Tarifeinheit im Betrieb, vielleicht sogar im Unternehmen zu wahren. Die transformierten Arbeitsbedingungen können auch durch einen späteren, neu abgeschlossenen, für das Arbeitsverhältnis geltenden Tarifvertrag abgelöst werden.[40]

3. Betriebsvereinbarungen

a) Grundsatz

Betriebsvereinbarungen gelten nach § 77 Abs. 4 BetrVG mit unmittelbarer und zwingender Wirkung für das Arbeitsverhältnis. Einer Umsetzung in das Einzelarbeitsverhältnis bedarf es nicht. Bei einem Betriebsübergang oder bei einer Umwandlung können die Normen gegenüber dem neuen Rechtsträger entweder die kollektivrechtliche Geltung behalten oder in das einzelne Arbeitsverhältnis transformiert werden.

---

39) Vgl. BAG, Urt. v. 16. 5. 1995 – 3 AZR 535/94, AP Nr. 15 zu § 4 TVG Ordnungsprinzip = NZA 1995, 1166, 1167, dazu EWiR 1995, 1177 *(Schaub)*.

40) BAG, Urt. v. 19. 3. 1986 – 4 AZR 640/84, AP Nr. 49 zu § 613a BGB = NZA 1986, 687 = ZIP 1986, 933, dazu EWiR 1986, 881 *(Schwerdtner)*; BAG AP Nr. 15 zu § 4 TVG Ordnungsprinzip = NZA 1995, 1166, 1167.

b) Kollektivrechtliche Weitergeltung von Betriebsvereinbarungen

aa) Transformationsausschluß

Einer Transformation bedarf es dann nicht, wenn die Betriebsvereinbarung kollektivrechtlich weitergilt.[41] Sie gelten dann kollektivrechtlich weiter, wenn die Identität der bisherigen betrieblichen Einheit erhalten bleibt. In diesen Fällen führt die Umwandlung nur zu einem Austausch des Arbeitgebers. Die Betriebsvereinbarungen zum bisherigen Rechtsträger gelten kollektivrechtlich weiter.[42] Die Identität bleibt z. B. erhalten, wenn bei einer Verschmelzung der ganze Betrieb auf den neuen Rechtsträger übergeht.

Zweite Voraussetzung ist, daß der Arbeitgeber noch unter den Geltungsbereich des Betriebsverfassungsgesetzes fällt. Das kann dann anders sein, wenn der übernehmende Arbeitgeber in den Bereich der Personalvertretungsgesetze fällt. In diesen Fällen wird man davon ausgehen müssen, daß die Betriebsvereinbarung nicht kollektivrechtlich weitergilt, sondern in das Arbeitsverhältnis transformiert wird.

bb) Befristung oder Zweckerreichung

Die mit dem früheren Inhaber abgeschlossene Betriebsvereinbarung endet mit Ablauf der vereinbarten Zeit oder Erreichung ihres Zwecks. Sie kann auch durch Vertrag aufgehoben werden. Die Betriebsvereinbarung kann von dem neuen Rechtsträger mit einer Frist von drei Monaten gekündigt werden (§ 77 Abs. 2 BetrVG). In den Fällen der erzwingbaren Mitbestimmung entfaltet die Betriebsvereinbarung allerdings Nachwirkung (§ 77 Abs. 6 BetrVG).

cc) Betriebsspaltung

Die Betriebsspaltung führt dagegen regelmäßig zu einem Verlust der betrieblichen Identität, sofern nicht nach § 322 Abs. 1 UmwG ein einheitlicher Betrieb vorliegt. Die Betriebsvereinbarung kann jedoch nur für den Betrieb gelten, für den sie abgeschlossen worden ist. Im allgemeinen wird durch eine Betriebsspaltung die bisherige Betriebsvereinbarung beendet. Dies gilt insbesondere für die Abspaltung. Eine andere Frage ist, ob sie in den Arbeitsvertrag transformiert wird. Wird eine kollektivrechtlich weitergeltende Betriebsvereinbarung in den Arbeitsvertrag transformiert, so

---

41) BAG, Beschl. v. 5. 2. 1991 – 1 ABR 32/90, AP Nr. 89 zu § 613a BGB = NZA 1991, 639, dazu EWiR 1992, 447 *(Willemsen)*; BAG, Beschl. v. 27. 7. 1994 – 7 ABR 37/93, AP Nr. 118 zu § 613a BGB = ZIP 1995, 235, dazu EWiR 1995, 237 *(Joost)*.
42) BAG AP Nr. 89 zu § 613a BGB; BAG AP Nr. 118 zu § 613a BGB = ZIP 1995, 235.

gelten die für die Ablösung einer Betriebsvereinbarung geltenden Rechtsgrundsätze[43] nach herrschender Meinung[44] nicht.

dd) Erhaltung von Rechten aus der Betriebsvereinbarung

Sind beim früheren Betriebsinhaber bereits vor Betriebsübergang Ansprüche von Arbeitnehmern entstanden, so gehören diese zu den individualrechtlichen Ansprüchen. Diese gehen auf den neuen Betriebsinhaber nach § 613a Abs. 1 Satz 1 BGB über. Nach § 613a Abs. 2 Satz 2 BGB haften sowohl der alte als auch der neue Arbeitgeber gesamtschuldnerisch.[45]

ee) Sozialplan

Eine besondere Regelung besteht für den Sozialplan. Wird ein Sozialplan für den Fall einer Betriebsänderung mit Identitätsverlust für den Betrieb abgeschlossen, so wirken die Sozialplanregelungen weiterhin normativ auf die Arbeitsverhältnisse der betroffenen Arbeitnehmer ein, soweit Dauerregelungen getroffen sind.[46]

c) Transformation von Betriebsvereinbarungen

aa) Transformation

Gelten Betriebsvereinbarungen nicht bereits kollektivrechtlich weiter, so werden sie nach § 613a Abs. 1 Satz 2 BGB in das Arbeitsverhältnis transformiert und dürfen nicht vor Ablauf eines Jahres geändert werden. Im wesentlichen wird es sich um die Verschmelzung von mehreren Betrieben handeln, weil alsdann die Identität verlorengeht. Die Transformation von ursprünglich kollektivrechtlich geltenden Betriebsvereinbarungen ist unabhängig davon, welche Betriebsverfassungsorgane (Betriebsrat, Gesamtbetriebsrat, Konzernbetriebsrat) die Betriebsvereinbarung abgeschlossen hat. Transformiert werden auch die Rechte und Pflichten aus einer bereits abgelaufenen Betriebsvereinbarung. Die vorstehende Rechtslage ist entsprechend derjenigen bei Tarifverträgen.

---

43) BAG, Urt. v. 16. 9. 1986 – GS 1/82, AP Nr. 17 zu § 77 BetrVG 1972 = ZIP 1987, 251, dazu EWiR 1987, 539 *(Däubler)*.
44) MünchKomm-*Schaub* (Fußn. 35), § 613a Rz. 178 m. w. N.
45) Vgl. für das Tarifrecht: BAG, Urt. v. 14. 6. 1994 – 9 AZR 89/93, AP Nr. 2 zu § 3 TVG Verbandsaustritt = NZA 1995, 178.
46) BAG, Urt. v. 24. 3. 1981 – 1 AZR 805/78, AP Nr. 12 zu § 112 BetrVG 1972 = ZIP 1981, 1125 = NJW 1982, 70; BAG, Beschl. v. 10. 8. 1994 – 10 ABR 61/93, AP Nr. 86 zu § 112 BetrVG 1972 = NZA 1995, 314 = ZIP 1995, 1037, dazu EWiR 1995, 331 *(Plander)*.

Neue Produktionsmethoden, Dienstleistungsservice

bb) Kündigung und Nachwirkung

Die unmittelbare und zwingende Wirkung entfällt dann, wenn die Rechte und Pflichten bei dem neuen Rechtsträger durch eine andere Betriebsvereinbarung geregelt sind (§ 613a Abs. 1 Satz 3 BGB). Der neue Betriebsinhaber ist nur gezwungen, seine Betriebsvereinbarungen einzuhalten. Dagegen braucht er nicht die in das Individualrecht transformierten Betriebsvereinbarungen einzuhalten. Es soll also der Grundsatz gelten, daß in einem Betrieb nur eine Betriebsvereinbarung gelten soll. Voraussetzung ist aber, daß die Betriebsvereinbarungen im veräußerten und im Erwerberbetrieb denselben Regelungsgegenstand betreffen. Das ist schon dann nicht der Fall, wenn sich die Betriebsvereinbarung im Erwerberbetrieb zu einem Gegenstand verschweigt. Die Transformation wird auch dann verdrängt, wenn beim Erwerber die Betriebsvereinbarung nur nachwirkt. Auch hier haben die Betriebsvereinbarungen des neuen Rechtsträgers den Vorrang.

cc) Beendigung der Betriebsvereinbarung

Die transformierten Betriebsvereinbarungen enden nicht automatisch. Sie bleiben also grundsätzlich in Kraft. Eine Beendigung tritt nur dann ein, wenn der Arbeitnehmer aus dem Geltungsbereich der Betriebsvereinbarung herauswächst, z. B. weil er leitender Angestellter wird. Vor Ablauf eines Jahres können die Rechte und Pflichten aus der Betriebsvereinbarung anderweitig geregelt werden, wenn die Betriebsvereinbarung des abgebenden Rechtsträgers nicht mehr gilt (§ 613a Abs. 1 Satz 4 BGB). Eine Betriebsvereinbarung gilt dann nicht mehr, wenn sie durch Fristablauf beendet, aufgehoben oder gekündigt worden ist. Durch einen Betriebsübergang sollen die Rechte des Arbeitnehmers nicht verstärkt, sondern nur gesichert werden. Soweit Betriebsvereinbarungen nach § 77 Abs. 6 BetrVG nachwirken, kann die in den Arbeitsvertrag transformierte Betriebsvereinbarung durch Änderungsvereinbarung oder durch Änderungskündigung des Arbeitgebers beendet werden. Die Veränderungssperre des § 613a Abs. 1 Satz 2 BGB gilt nicht mehr. Nach Ablauf der einjährigen Veränderungssperre bleiben die transformierten Rechte aus der Betriebsvereinbarung bestehen, bis sie durch Änderungsvereinbarung, Aufhebungsvertrag oder Änderungskündigung zwischen dem neuen Arbeitgeber und dem Arbeitnehmer geändert werden. Für die Änderungskündigung gilt der allgemeine und besondere Kündigungsschutz.

dd) Vorzeitige Kündigung

Umstritten ist, ob der neue Betriebsinhaber das Recht hat, eine in den Arbeitsvertrag transformierte Betriebsvereinbarung vor Ablauf eines Jahres nach § 77 Abs. 5 BetrVG zu kündigen. Dies kann für den Erwerber einer Betriebsabteilung von Interesse sein, weil er für die Kündigung des Arbeitsvertrages der Veränderungssperre unterliegt. Nach herrschender Meinung steht ihm dieses Recht auch dann nicht zu, wenn bei dem Betriebserwerber ein Betriebsrat besteht.[47] Das Gesetz sieht nur die Kündigung der Individualvereinbarung vor. Dem Arbeitgeber bleibt aber die Möglichkeit, durch Abschluß einer Betriebsvereinbarung mit dem bei ihm bestehenden Betriebsrat die Verdrängungswirkung auszunutzen.

d) Besonderheiten bei Gesamt- und Konzernbetriebsvereinbarungen

Wird ein Betrieb unter Erhaltung seiner betrieblichen Selbständigkeit auf einen Erwerber übertragen, so bedarf es der Klärung, wenn bei dem Veräußerer eine Gesamtbetriebsvereinbarung bestand, welches Schicksal diese erleidet. Dies kann z. B. für eine unternehmenseinheitlich geltende Ruhegeldordnung von Bedeutung sein.

Die kollektivrechtliche Weitergeltung der Gesamtbetriebsvereinbarung ist umstritten. Zum Teil wird angenommen, es bestehe kein Grund, die in mehreren Betrieben gleichzeitig geltende Betriebsvereinbarung von der kollektivrechtlichen Weitergeltung auszunehmen.[48] Zum Teil wird aber auch angenommen, daß nur dann eine kollektivrechtliche Weitergeltung in Betracht komme, wenn der Gesamtbetriebsrat zum Abschluß von Betriebsvereinbarungen für den Einzelbetrieb ermächtigt war.[49] Dagegen könne die Gesamtbetriebsvereinbarung nicht kollektivrechtlich weitergelten, wenn der Regelungsgegenstand zum Zuständigkeitsbereich des Gesamtbetriebsrats gehört hat.[50] Der letzten Meinung wird zu folgen sein, weil durch die Veräußerung eines Betriebes an den Erwerber die Unternehmensidentität nicht gewahrt bleibt.

Kommt ein Betrieb zu einem Erwerber, in dem bereits eine Gesamtbetriebsvereinbarung besteht, so wird der Betriebsrat des aufgenommenen Betriebes hinfort zwei Mitglieder in den Gesamtbetriebsrat entsenden. Die Gesamtbetriebsvereinbarung des aufnehmenden Unternehmens wird in ihrer Wirksamkeit auf den aufgenommenen Betrieb erstreckt. Bei deren Abschluß war der aufgenommene Betrieb noch nicht durch den Gesamt-

---

47) Statt vieler Erman/*Hanau*, BGB, 9. Aufl., 1993, § 613a Rz. 91.
48) *Hanau/Vossen*, in: Festschrift Hilger/Stumpf, 1983, S. 271, 275.
49) *Düwell*, Das Schicksal von Betriebsvereinbarungen bei Übergang von Betrieben und Umwandlung von Unternehmen, in: Düwell/Hanau/Molkenbur/Schliemann (Hrsg.), Betriebsvereinbarung, 1995, S. 137.
50) *Wank*, in: Münchener Handbuch zum Arbeitsrecht, Bd. 2, Individualarbeitsrecht, 1993, § 121 Rz. 190.

betriebsrat repräsentiert. Es muß aber davon ausgegangen werden, daß in dem Unternehmen des Erwerbers einheitliche Arbeitsbedingungen gelten sollen. Damit kann eine Gesamtbetriebsvereinbarung bei dem Erwerber eine alte Gesamtbetriebsvereinbarung verdrängen. Soweit die Gesamtbetriebsvereinbarung nicht kollektivrechtlich weitergilt, wird sie nach § 613a Abs. 1 BGB in das Arbeitsverhältnis transformiert, und zwar nach Maßgabe der Sätze 2 bis 4.

Kollidiert eine Betriebsvereinbarung des veräußerten Betriebs mit einer Gesamtbetriebsvereinbarung bei dem aufnehmenden Unternehmen, so verdrängt die Gesamtbetriebsvereinbarung des aufnehmenden Unternehmens die Betriebsvereinbarung des veräußerten Betriebes. Der aufgenommene Betrieb muß sich in das rechtliche Gefüge des Unternehmens einpassen.[51] Dasselbe Ergebnis wird aber auch bei der Transformation der Betriebsvereinbarung erzielt. Wird die Betriebsvereinbarung in das Arbeitsverhältnis transformiert, verdrängt nach § 613a Abs. 1 Satz 3 BGB die Gesamtbetriebsvereinbarung die Betriebsvereinbarung.

4. Einzelne Umwandlungsfälle

a) Aufnehmende Verschmelzung

Nimmt ein Unternehmen im Wege der aufnehmenden Verschmelzung ein oder mehrere Betriebe auf und bleibt die Identität der Betriebe erhalten, so bleibt die kollektivrechtliche Geltung der Betriebsvereinbarungen oder der Gesamtbetriebsvereinbarungen, die für den Einzelbetrieb abgeschlossen sind, erhalten.

b) Verschmelzung mit Neugründung

Wird ein Betrieb des veräußernden Unternehmens mit einem Betrieb des erwerbenden Unternehmens verschmolzen, so endet die alte Betriebs- und Unternehmensverfassung. Es kann nach den dargestellten Grundsätzen nicht zur kollektivrechtlichen Weitergeltung der Betriebsvereinbarungen kommen. Dagegen können die Betriebsvereinbarungen des alten Betriebes in das Arbeitsverhältnis transformiert werden. Die Transformation findet dann nicht statt, wenn bei dem neuen Unternehmen und dem neuen Betrieb eine andere Betriebsvereinbarung besteht (§ 613a Abs. 1 Satz 3 BGB).

---

51) BAG, Urt. v. 27. 6. 1985 – 6 AZR 392/81, AP Nr. 14 zu § 77 BetrVG 1972 = NZA 1986, 401.

c) Abspaltung und Ausgliederung

Werden von einem Rechtsträger mit mehreren Betrieben ein oder mehrere Betriebe abgespalten oder ausgegliedert, so bleibt die Identität der Betriebe unberührt. Die Betriebsvereinbarungen gelten damit kollektivrechtlich weiter. Die Unternehmensidentität wird allerdings aufgelöst. Hieraus folgt, alle Betriebsvereinbarungen gelten in den beim ursprünglichen Rechtsträger verbliebenen Betrieben kollektivrechtlich weiter. Das Unternehmen ist nicht untergegangen. In den abgespaltenen oder ausgegliederten Unternehmen können die Betriebsvereinbarungen nur nach § 613a Abs. 1 Satz 1 BGB weitergelten.

d) Aufspaltung zur Neugründung

Es geht der übertragende Rechtsträger unter. Werden dabei Betriebe aufgeteilt, organisatorisch verselbständigt oder verschmolzen, so endet wegen kollektivrechtlichen Identitätsverlustes die kollektivrechtliche Weitergeltung. Es findet jedoch eine Transformation in das Arbeitsverhältnis statt. Besondere Probleme können noch einmal wegen des Überhangmandates des Betriebsrates erwachsen. Die übergegangenen Belegschaften werden weiterhin durch einen Betriebsrat vertreten. Der alte Arbeitgeber kann diesem gegenüber die Kündigung der Betriebsvereinbarung erklären.

5. Regelungsabreden

a) Fehlende Normativwirkung

Regelungsabreden haben keine normative Wirkung. Unter denselben Voraussetzungen, unter denen der neue Rechtsträger in die Rechte und Pflichten des früheren Rechtsträgers eintreten muß, tritt er auch in die Regelungsabreden ein.[52] Die Regelungsabrede erlangt Wirkungen für das Arbeitsverhältnis aber erst dann, wenn der Arbeitgeber die mit dem Betriebsrat vereinbarte Regelung mit individualrechtlichen Mitteln in das Arbeitsverhältnis umgesetzt hat. Bevor die Umsetzung nicht erfolgt ist, können die Regelungsabreden nicht in den Arbeitsvertrag transformiert werden.

---

52) BAG AP Nr. 89 zu § 613a BGB = NZA 1991, 639.

b) Arbeitsvertragliche Umsetzung

Ist dagegen die Regelungsabrede in den Arbeitsvertrag transformiert worden, so tritt der neue Rechtsträger nach § 613a Abs. 1 Satz 1 BGB in das Arbeitsverhältnis ein.

6. Sprecherausschußvereinbarungen

Sie gelten kollektivrechtlich weiter, wenn die betriebliche Einheit erhalten bleibt. Dagegen fehlt es für die Transformation in den Arbeitsvertrag an einer Regelung in § 613a Abs. 1 BGB. Da die Transformationsbestimmung aber auf der Richtlinie des Rates 77/185/EWG vom 14. Februar 1977 beruht, bedarf es einer richtlinienkonformen Auslegung von § 613a BGB.[53] Dasselbe gilt nach einer umstrittenen Meinung auch für Richtlinien nach § 28 Abs. 1 SprAuG.[54] Sie regeln zwar nicht unmittelbar die Rechte und Pflichten des Arbeitnehmers, sondern bedürfen der Umsetzung auf arbeitsvertraglicher Ebene. Aber es entspricht dem Zweck der Richtlinie, daß auch sie auf das Arbeitsverhältnis bei dem übernehmenden Rechtsträger Anwendung finden.

7. Betriebsverfassungsrechtliche Mitbestimmung (§ 325 Abs. 2 UmwG)

a) Wegfall der Voraussetzungen für die Errichtung eines Betriebsrats

Die Spaltung oder Teilübertragung eines Rechtsträgers kann dazu führen, daß ein Betrieb gespalten wird. § 325 Abs. 2 UmwG gilt nur für die Spaltung eines Betriebes. Alsdann kann in den aus der Spaltung hervorgegangenen Betrieben die Voraussetzung für die Errichtung eines Betriebsrats entfallen sein. Das kann dann der Fall sein, wenn die aus der Spaltung hervorgegangenen Betriebe jeweils einzeln bestimmte Mindestgrößen nicht erreichen. Eine bestimmte Mindestgröße ist z. B. vorgesehen für die vollständige Freistellung von Betriebsratsmitgliedern, die Aufstellung von Auswahlrichtlinien nach § 95 BetrVG oder die Errichtung eines Wirtschaftsausschusses.

b) Vereinbarung der Fortgeltung des Beteiligungsrechtes

Nach § 325 Abs. 2 UmwG kann durch Tarifvertrag oder Betriebsvereinbarung die Fortgeltung der Beteiligungsrechte vereinbart werden. Die Vor-

---

53) *Hromadka*, Sprecherausschußgesetz, 1991, § 28 Rz. 40; *Oetker*, Grundprobleme bei der Anwendung des Sprecherausschußgesetzes, ZfA 1990, 43, 85.

54) *Gaul*, Das Schicksal von Tarifverträgen und Betriebsvereinbarungen bei der Umwandlung von Unternehmen, NZA 1995, 717; a. A. *Oetker*, ZfA 1990, 43, 85.

schrift eröffnet die Möglichkeit, Beteiligungsrechte zu vereinbaren, die ohne diese Vereinbarung nicht bestehen. Ob das Betriebsverfassungsrecht zwingend ist, wird unterschiedlich beurteilt. Im Betriebsverfassungsgesetz sind eine Reihe von Vorschriften enthalten, die es erlauben, durch Tarifvertrag oder Betriebsvereinbarung vom Gesetz abzuweichen. Im übrigen wird angenommen, daß das Betriebsverfassungsrecht zwingend ist. § 325 Abs. 2 UmwG enthält eine weitere Öffnungsklausel.

aa) Tarifvertrag

Die Fortgeltung hat eine betriebsverfassungsrechtliche Angelegenheit zum Gegenstand. Ausreichend ist mithin die Tarifbindung des Arbeitgebers (§ 3 Abs. 2 TVG). Die Arbeitnehmer müssen also die Fortgeltung auch dann hinnehmen, wenn sie nicht Mitglied der Gewerkschaft sind.

bb) Betriebsvereinbarung

Die Betriebsvereinbarung kann durch den Betriebsrat des gespaltenen Betriebes oder des nach der Spaltung entstandenen Betriebes abgeschlossen werden. Zuständig können auch der Gesamtbetriebsrat oder der Konzernbetriebsrat sein. Stets handelt es sich aber um eine freiwillige Betriebsvereinbarung.

cc) Frist

Eine Frist für den Abschluß der Fortgeltungsvereinbarung ist nicht vorgesehen. Gleichwohl ergibt sich mittelbar eine Frist. Ein Tarifvertrag oder Betriebsvereinbarung kann nicht mehr abgeschlossen werden, wenn der neue Betrieb sich betriebsverfassungsrechtlich konstituiert hat. In diesen Fällen kann nicht mehr von Fortgeltung gesprochen werden. Die Fortgeltung kann befristet und unbefristet vereinbart werden.

dd) Ausnahme

Eine Ausnahme besteht nach § 325 Abs. 2 Satz 2 UmwG wegen §§ 9 und 27 BetrVG. Diese Vorschriften bleiben unberührt. In § 9 BetrVG ist die Zahl der Mitglieder des Betriebsrats geregelt; § 27 BetrVG legt die Voraussetzungen für die Bildung des Betriebsausschusses fest. Sie können durch Tarifvertrag oder Betriebsvereinbarung nicht geändert werden. Unterhalb der Zahl von fünf Arbeitnehmern kann mithin keine Fortgeltung der Betriebsverfassung vereinbart werden. Ebenfalls kann unterhalb der Zahlen von § 27 BetrVG kein Betriebsausschuß errichtet werden.

Arbeitsrechtliche Fragen der Ausgliederung von Unternehmensteilen

von

Prof. Dr. ABBO JUNKER, Göttingen

Inhaltsübersicht

I. Einleitung

II. Betrieb – Unternehmen – Konzern

III. Betriebsübergang – Betriebsänderung

IV. Umstrukturierung – Konzernbildung

V. Arten der Umwandlung von Unternehmen
  1. Unternehmen – Rechtsträger
  2. Verschmelzung
  3. Spaltung
     a) Aufspaltung (§ 123 Abs. 1 UmwG)
     b) Abspaltung (§ 123 Abs. 2 UmwG)
     c) Ausgliederung (§ 123 Abs. 3 UmwG)
  4. Vermögensübertragung
  5. Formwechsel

VI. Arbeitsrechtliche Regelungen im Umwandlungsrecht
  1. Regelungen für Verschmelzung und Spaltung
  2. Bestimmungen nur für die Spaltung
  3. Besonderheiten bei der Vermögensübertragung
  4. Bestimmungen für den Formwechsel
  5. Ausblick: Umstrukturierungen außerhalb des Umwandlungsgesetzes

I. Einleitung

Die Ausgliederung von Unternehmensteilen ist der in der Praxis wichtigste Anwendungsfall der Umstrukturierung von Unternehmen.[1)] Die *Umstrukturierung von Unternehmen* umfaßt zwei grundverschiedene Tatbestände: die Zusammenfassung mehrerer Unternehmen zu einer größeren Einheit und die Aufteilung eines Unternehmens in mehrere kleinere Einheiten. Gesellschaftsrechtlich sprechen wir im ersten Fall von der Verschmelzung von Rechtsträgern (vgl. § 2 UmwG), im zweiten Fall von der Spaltung von Rechtsträgern (vgl. § 123 UmwG).

Mit der Umstrukturierung des Unternehmens ist häufig eine Umstrukturierung des Betriebes verbunden. Zur *Umstrukturierung von Betrieben* gehören ebenfalls zwei entgegengesetzte Fallgruppen: der Zusammenschluß von Betrieben (§ 111 Satz 2 Nr. 3 Alt. 1. BetrVG) und die Spaltung von Betrieben (§ 111 Satz 2 Nr. 3 Alt. 2 BetrVG). Wenn durch den Zusammenschluß von Betrieben ein neuer Betrieb entsteht, spricht man von der *Verschmelzung* von Betrieben. Werden Betriebe dagegen in der Weise zusammengeschlossen, daß ein (fort-)bestehender Betrieb einen anderen Betrieb, der seine Selbständigkeit verliert, in sich aufnimmt, so handelt es sich um eine *Eingliederung* eines Betriebes in einen anderen Betrieb.[2)] Sowohl die Verschmelzung als auch die Eingliederung von Betrieben sind ein Zusammenschluß von Betrieben i. S. d. § 111 Satz 2 Nr. 3 Alt. 1 BetrVG.

Umstrukturierung	durch Verschmelzung	durch Spaltung
von Unternehmen	z. B. nach §§ 2–122 UmwG	z. B. nach §§ 123–173 UmwG
von Betrieben	§ 111 Satz 2 Nr. 3 Alt. 1 BetrVG	§ 111 Satz 2 Nr. 3 Alt. 2 BetrVG

Abbildung 1: Formen der Umstrukturierung

Die *Verschmelzung* von Unternehmen – häufig verbunden mit dem Zusammenschluß der Betriebe – kann auf der Entscheidung beruhen, sich künftig auf das – wie auch immer definierte – Kerngeschäft zu konzentrieren und sich andere, weniger zukunftsträchtige Betriebe aufzugeben. Haben mehrere Konzerne (zum Konzernbegriff unten IV) das gleiche betriebswirtschaftliche Problem, werden die „abgespeckten" Geschäftsfelder

---

1) *Junker*, in: Hromadka (Hrsg.), Recht und Praxis der Betriebsverfassung, 1996, S. 99, 101; *Düwell*, ArbuR 1994, 357, 357 unter I.

2) Die Begriffsbildung ist nicht einheitlich: *Fitting/Kaiser/Heither/Engels*, BetrVG, 18. Aufl., 1996, § 111 Rz. 65; *Stege/Weinspach*, BetrVG, 7. Aufl., 1994, §§ 106 - 109 Rz. 68; *Däubler*, in: Däubler/Kittner/Klebe (Hrsg.), BetrVG, 5. Aufl., 1996, § 111 Rz. 70.

nicht selten in ein Gemeinschaftsunternehmen eingebracht.[3] Ein Maschinenbaukonzern kann sich beispielsweise entschließen, die defizitäre Produktsparte „Papiertechnik" in eine gemeinsame Gesellschaft mit einem Konkurrenten einzubringen, dessen Sparte „Papiertechnik" ebenfalls nicht ausgelastet ist. Ein weiteres Beispiel ist die Entscheidung konkurrierender Mineralölunternehmen, ihre nebeneinander liegenden Raffineriebetriebe in ein Gemeinschaftsunternehmen einzubringen und dadurch Einsparungen (Synergieeffekte) zu erzielen. Das deutsche Kartellrecht sieht in der Bildung solcher Gemeinschaftsunternehmen einen wettbewerbsrechtlich bedeutsamen Zusammenschluß der Mutterunternehmen: Nach § 23 Abs. 2 Nr. 2 Satz 3 GWB gilt die Gründung oder der Erwerb eines Gemeinschaftsunternehmens unter bestimmten Voraussetzungen als „Teilfusion der Mütter".

Die *Spaltung* eines Unternehmens – häufig verbunden mit der Spaltung des Betriebes – kann durch steuerliche und haftungsrechtliche Überlegungen motiviert sein; das ist das „klassische" Motiv der sog. Betriebsaufspaltung in Betriebs- und Besitzgesellschaft[4] (vgl. § 134 UmwG). Bei Familiengesellschaften kann die Spaltung durch das Motiv veranlaßt sein, die erb- und gesellschaftsrechtlichen Nachfolgeregelungen zu erleichtern.[5] In den meisten Fällen sind es jedoch betriebswirtschaftliche Überlegungen, die den Ausschlag für die Entscheidung geben, durch Spaltung des Rechtsträgers Unternehmensteile rechtlich zu verselbständigen: Große geschäftsübergreifende Funktionsblöcke werden durch kleine und flexible unternehmerische Einheiten abgelöst; die Verselbständigung von Unternehmensteilen soll Hierarchien abbauen, die Entscheidungsfreiheit der vormaligen Abteilungsleiter vergrößern und ihre Ergebnisverantwortung stärken. In der Regel verbindet sich mit der Dezentralisierung ferner die Erwartung, Kosten – auch Arbeitskosten – sparen zu können.[6] Ein solches Profit-Center-Konzept könnte beispielsweise lauten:

„Die ... GmbH plant, mit Wirkung zum 1. Januar 1998 die bisherigen Betriebsabteilungen ... in Form von Gesellschaften mbH rechtlich zu verselbständigen. Die rechtliche Verselbständigung der Betriebsabteilungen verfolgt das Ziel, Hierarchien zu verflachen und die Ertragslage der Gruppe zu verbessern. Unternehmerische Energien sollen frei-

---

3) Zu dieser Konstellation: *Weiss/Weyand*, AG 1993, 97–107; *Windbichler*, Arbeitsrecht im Konzern, 1989, S 315–318.
4) Zu den arbeitsrechtlichen Folgen *Belling/Collas*, NJW 1991, 1919–1926; *Birk*, ZGR 13 (1984), 23, 28–43; *Bork*, BB 1989, 2181–2187; *Jaeger*, BB 1988, 1036–1040.
5) Dazu im einzelnen *Kallmeyer*, DB 1996, 28–30.
6) Zu diesem Aspekt der Unternehmensspaltung: *Kreuder*, AG 1992, 375–384; *Henssler*, NZA 1994, 294, 294–295.

gesetzt werden, indem die Verantwortungs- und Zuständigkeitsbereiche der Geschäftsführer der zukünftigen Profit Center vergrößert werden. Ferner sollen ab dem Jahre 2001 die Profit Center ihre Leistungen gegenüber den anderen Konzernunternehmen im Wettbewerb mit externen Anbietern erbringen."

II. Betrieb – Unternehmen – Konzern

Um die arbeitsrechtlichen Folgen von Umstrukturierungen zutreffend erfassen zu können, ist es unerläßlich, die Ebenen des Betriebes, des Unternehmens und des Konzerns zu unterscheiden. Als Anknüpfungspunkt arbeitsrechtlicher Regelungen hat der *Betrieb* die größte Bedeutung, das *Unternehmen* hat eine geringere Bedeutung, und der *Konzern* hat die geringste Bedeutung.[7] So stellt das *Kündigungsschutzgesetz* überwiegend auf den Betrieb (Geltungsbereich, Sozialauswahl, dringende betriebliche Erfordernisse), teilweise aber auch auf das Unternehmen ab (Beschäftigungsdauer, Möglichkeit der Weiterbeschäftigung). Der Konzern kommt im Kündigungsschutzgesetz nicht vor.[8] Im *Betriebsverfassungsrecht* wird auf der Ebene des Betriebes der Betriebsrat gewählt (§ 1 BetrVG). Bestehen in einem Unternehmen mehrere Betriebsräte, so muß ein Gesamtbetriebsrat gebildet werden (§ 47 BetrVG); gehört das Unternehmen einem Konzern an, kann ein Konzernbetriebsrat errichtet werden (§ 54 BetrVG). Es gilt das Prinzip der Subsidiarität:[9] Der Gesamtbetriebsrat ist zuständig für Angelegenheiten, die nicht durch die einzelnen Betriebsräte geregelt werden können (§ 50 Abs. 1 BetrVG); der Konzernbetriebsrat ist zuständig für Angelegenheiten, die nicht durch die einzelnen Gesamtbetriebsräte geregelt werden können (§ 58 Abs. 1 BetrVG). Die Begriffe „Betrieb", „Unternehmen" und „Konzern" werden im folgenden so verwendet, wie sie von der Rechtsprechung verstanden werden:

– Der *Betrieb* ist nach der Rechtsprechung des Bundesarbeitsgerichts „die organisatorische Einheit, innerhalb deren der Unternehmer allein oder in Gemeinschaft mit seinen Mitarbeitern mit Hilfe sächlicher und immaterieller Mittel bestimmte arbeitstechnische Zwecke fortgesetzt verfolgt".[10]

---

7) Zum „Periodensystem arbeitsrechtlicher Elemente": *Hanau*, ZfA 21 (1990), 115 f.
8) Zum ausnahmsweisen Konzernbezug des Kündigungsschutzes: *Junker*, in: Beseler u. a., Betriebsänderung und Personalreduzierung, 1993, S. 204, 207–211.
9) *Fitting/Kaiser/Heither/Engels* (Fußn. 2), § 50 Rz. 9: „Primärzuständigkeit" des Betriebsrats.
10) BAG, Urt. v. 3. 12. 1954 – 1 ABR 7/54, BAGE 1, 175 = AP Nr. 1 zu § 88 BetrVG 1952 = DB 1954, 1072; BAG, Urt. v. 29. 1. 1987 – 6 ABR 23/85, AP Nr. 6 zu § 1 BetrVG 1972 = ZIP 1987, 1281 = DB 1987, 1539, dazu EWiR 1987, 953 *(v. Hoyningen-Huene).*

- Das *Unternehmen* setzt nach der Rechtsprechung des Bundesarbeitsgerichts einen einheitlichen Rechtsträger voraus: Es wird durch die rechtliche Selbständigkeit seines Trägers definiert; eine juristische Person kann nur ein einziges Unternehmen haben (die GmbH = das Unternehmen).[11]
- Der *Konzernbegriff* richtet sich im folgenden, soweit nicht anders vermerkt, nach § 54 BetrVG (Konzernbetriebsrat). Er umfaßt also nur den Unterordnungskonzern (§ 18 Abs. 1 AktG) und nicht den Gleichordnungskonzern (§ 18 Abs. 2 AktG), der in der Unternehmenspraxis die Ausnahme darstellt.

Zur Verdeutlichung dient der folgende Fall:

Die A. GmbH plant, eine Tochtergesellschaft (die B. GmbH) zu gründen und ihren Geschäftsbetrieb als Sacheinlage in die B. GmbH einzubringen. Die A. GmbH soll keine eigenen Arbeitnehmer mehr haben; die B. GmbH soll nicht dem Arbeitgeberverband beitreten. Der Betriebsrat ist der Ansicht, die Umstrukturierung stelle einen Betriebsübergang i. S. d. § 613a BGB dar. Die Geschäftsführung meint, es handele sich nicht um einen Betriebsübergang, sondern um einen Unternehmensübergang, so daß es an den Voraussetzungen des § 613a BGB fehle.

Es handelt sich im Beispielsfall nicht nur um einen „Unternehmensübergang", sondern auch um einen Betriebsübergang. Der Betriebsübergang verlangt einen Inhaberwechsel; der Betriebsinhaberwechsel „setzt einen Wechsel der Rechtspersönlichkeit auf seiten des Betriebsinhabers sowie eine Fortführung des Betriebes durch den neuen Inhaber voraus".[12] Bringt eine natürliche oder juristische Person ihren Betrieb als Sacheinlage in eine Gesellschaft ein, die den Betrieb fortführt, so geht der Betrieb von einer Rechtsperson auf eine andere über.[13]

III. Betriebsübergang – Betriebsänderung

Die Umwälzungen auf der Ebene der *Unternehmen* – die Umstrukturierungen von Unternehmen – können den *Betrieb*, verstanden im arbeitsrechtlichen Sinne, unangetastet lassen; sie können aber auch Änderungen der

---

11) DAG, Urt. v. 5. 12. 1975 – 1 ABR 8/74, BAGE 27, 360 = AP Nr. 1 zu § 47 BetrVG 1972 – DB 1976, 588; BAG, Urt. v. 11. 12. 1987 – 7 ABR 49/87, BAGE 57, 144 = AP Nr. 7 zu § 47 BetrVG 1972 = ZIP 1988, 532 = DB 1988, 759.
12) BAG, Urt. v. 18. 8. 1976 – 5 AZR 95/75, AP Nr. 4 zu § 613a BGB = DB 1977, 310.
13) *Erman/Hanau*, BGB, 9. Aufl., 1993, § 613a Rz. 7.

betrieblichen Strukturen mit sich bringen.[14] Das Verhältnis der Unternehmensumstrukturierung zur Betriebsänderung zeigt sich besonders deutlich bei der Abgrenzung des § 613a BGB (Betriebsübergang) von §§ 111–113 BetrVG (Betriebsänderung). Die Umstrukturierung des Unternehmens bewirkt regelmäßig den Übergang eines Betriebes oder Betriebsteiles auf einen anderen Inhaber, also einen *Betriebsübergang*. Bei der *Einzelrechtsnachfolge* (zum Beispiel: Neugründung einer GmbH und rechtsgeschäftliche Übertragung von Betriebsmitteln auf die GmbH) ist § 613a BGB unmittelbar anzuwenden; bei der *Gesamtrechtsnachfolge* nach dem neuen Umwandlungsrecht (zum Beispiel: Ausgliederung eines Teils des Vermögens einer GmbH auf einen neuen Rechtsträger nach § 123 Abs. 3 Nr. 2 UmwG) erklärt § 324 UmwG die Regelung des § 613a Abs. 1 und 4 BGB für entsprechend anwendbar.[15]

Der Betriebsübergang i. S. d. § 613a BGB ist als solcher keine *Betriebsänderung*: Wenn ein Betrieb auf einen anderen Inhaber übergeht, ändert sich die rechtliche Zuordnung des Betriebes, nicht aber der Betrieb selbst.[16] Es kann jedoch anläßlich eines Betriebsübergangs auch zu Betriebsänderungen i. S. v. § 111 BetrVG kommen. Wenn sich die Umstrukturierung nicht in einem Betriebsinhaberwechsel erschöpft, sondern mit Maßnahmen verbunden ist, die einen der Tatbestände des § 111 BetrVG erfüllen, sind die Rechte des Betriebsrats nach §§ 111–113 BetrVG zu wahren: „Es ist kein Grund ersichtlich, der die Anwendbarkeit der Vorschriften über die Beteiligung des Betriebsrats bei Betriebsänderungen ausschlösse, wenn die Betriebsänderung mit einem Betriebsübergang verbunden ist."[17] Anders formuliert: Anläßlich eines Betriebsübergangs kann der Versuch eines Interessenausgleichs (§ 112 Abs. 1 Satz 1 BetrVG) erforderlich und ein Sozialplan (§ 112 Abs. 1 Satz 2 BetrVG) erzwingbar sein, wenn der Veräußerer oder der Erwerber Maßnahmen planen, die den Tatbestand einer Betriebsänderung (§ 111 BetrVG) erfüllen.[18]

---

14) *Düwell*, NZA 1996, 393, 395 unter III 3; *Junker* (Fußn. 1), S. 99, 102.

15) Herrschende Meinung: *Bauer/Lingemann*, NZA 1994, 1057, 1061; *Boecken*, ZIP 1994, 1087, 1095; *Kreßel*, BB 1995, 925, 928; *Wlotzke*, DB 1995, 40, 43.

16) BAG, Urt. v. 21. 10. 1980 – 1 AZR 145/79, AP Nr. 8 zu § 111 BetrVG 1972 = ZIP 1981, 420 = DB 1981, 698; BAG, Urt. v. 17. 2. 1981 – 1 ABR 101/78, AP Nr. 9 zu § 111 BetrVG 1972 = ZIP 1981, 646 = DB 1981, 1190; BAG, Urt. v. 16. 6. 1987 – 1 ABR 41/85, AP Nr. 19 zu § 111 BetrVG 1972 = ZIP 1987, 1068 = DB 1987, 1842, dazu EWiR 1987, 1067 *(Blank)*.

17) BAG, Urt. v. 4. 12. 1979 – 1 AZR 843/76, AP Nr. 6 zu § 111 BetrVG 1972 = ZIP 1980, 282 = DB 1980, 743.

18) *Junker*, in: Beseler u. a., Umstrukturierung bei Banken und Versicherungen, 1994, S. 33, 38–39; *Bauer*, DB 1994, 217, 220; *Fitting/Kaiser/Heither/Engels* (Fußn. 2), § 111 Rz. 38, 39.

IV. Umstrukturierung – Konzernbildung

Die neuen unternehmerischen Einheiten, die durch Umstrukturierung von Unternehmen entstehen, sind zwar rechtlich selbständig, aber häufig nicht wirtschaftlich selbständig. Sie stehen in der Regel nicht unverbunden nebeneinander, sondern sind unter einheitlicher Leitung zusammengefaßt.[19] Die Zusammenfassung mehrerer rechtlich selbständiger Unternehmen unter einheitlicher Leitung ist ein *Konzern*.[20] Aus einem Unternehmen wird also beispielsweise durch Ausgliederung von Unternehmensteilen ein Konzern oder – wenn das Unternehmen bereits konzernverbunden war – ein erweiterter Konzern. Die Umstrukturierung von Unternehmen, die sich beispielsweise in einer Ausgliederung von Unternehmensteilen niederschlägt, bedeutet also zugleich eine Vermehrung von Konzerntatbeständen. Arbeitgeber, Betriebsräte und ihre Berater müssen den Konzerntatbestand zunehmend in ihre rechtlichen Überlegungen einbeziehen. Die Bedeutung des „Arbeitsrechts im Konzern", die sich bereits zunehmend in der Praxis des Bundesarbeitsgerichts niederschlägt,[21] wird in Zukunft weiter wachsen.[22] Nach deutschem Recht sind alle Konzerne dadurch gekennzeichnet, daß mehrere rechtlich selbständige Unternehmen unter einheitlicher Leitung zusammengefaßt sind. Es gibt sodann zwei Typen von Konzernen: den Unterordnungskonzern (§ 18 Abs. 1 AktG), von dem wir – soweit nicht anders vermerkt – im folgenden als Regelfall ausgehen, und den Gleichordnungskonzern (§ 18 Abs. 2 AktG).[23]

- Ein *Unterordnungskonzern* liegt vor, wenn ein herrschendes und ein oder mehrere abhängige Unternehmen unter der einheitlichen Leitung des herrschenden Unternehmens zusammengefaßt sind (§ 18 Abs. 1 AktG). Die Abhängigkeit muß gesellschaftsrechtlich vermittelt

---

19) Zu diesem Tatbestand *Trittin*, in: Däubler/Kittner/Klebe (Fußn. 2), vor § 54 Rz. 59–68; *Emmerich/Sonnenschein*, Konzernrecht, 6. Aufl., 1997, § 1 III 3.

20) Zum Konzernbegriff: *Hüffer*, AktG, 3. Aufl., 1997, § 18 Rz. 1, 2; *Baumbach/Hueck/Zöllner*, GmbH-Gesetz, 16. Aufl., 1996, Schlußanhang I (GmbH-Konzernrecht) Rz. 17, 18.

21) Zum Kündigungsschutz: BAG, Urt. v. 27. 11. 1991 – 2 AZR 255/91, AP Nr. 6 zu § 1 KSchG 1969 Konzern = ZIP 1992, 573 = DB 1992, 1247, dazu EWiR 1992, 499 *(Windbichler)*; BAG, Urt. v. 20. 1. 1994 – 2 AZR 489/93, AP Nr. 8 zu § 1 KSchG 1969 Konzern = ZIP 1994, 966 = BB 1995, 933, dazu EWiR 1995, 83 *(Junker)*. Zur betrieblichen Altersversorgung: BAG, Urt. v. 14. 12. 1993 – 3 AZR 519/93, AP Nr. 29 zu § 16 BetrAVG = ZIP 1994, 729 = DB 1994, 1147; BAG, Urt. v. 4. 10. 1994 – 3 AZR 910/93, NZA 1995, 368 = ZIP 1995, 491 = DB 1995, 528, dazu EWiR 1995, 427 *(Ziegenhain)*.

22) *Konzen*, ZHR 151 (1987), 566, 567; *Rüthers/Bakker*, ZfA 21 (1990), 245, 248; *Wiedemann*, Unternehmensgruppe, 1989, S. 91–128; *Windbichler* (Fußn. 3), S. 5 f.

23) Die aktienrechtlichen Vorschriften sind abgedruckt bei *Trittin*, in: Däubler/Kittner/Klebe (Fußn. 2), vor § 54 Rz. 7.

sein,[24] insbesondere durch Mehrheitsbeteiligung (so die Abhängigkeitsvermutung in § 17 Abs. 2 AktG).

– Dagegen ist der *Gleichordnungskonzern* dadurch gekennzeichnet, daß die Zusammenfassung unter einheitlicher Leitung ohne Abhängigkeit des einen von dem anderen Unternehmen zustande kommt (§ 18 Abs. 2 AktG).

Da ein Konzernbetriebsrat nur für den Unterordnungskonzern errichtet werden kann (§ 54 BetrVG), steht im Betriebsverfassungsrecht der Unterordnungskonzern im Vordergrund. Das bedeutet aber nicht, daß der Tatbestand des Gleichordnungskonzerns bedeutungslos wäre. Beispiel:

> Zwei (Lebens-)Versicherungsvereine auf Gegenseitigkeit (VVaG) sollen im Jahre 2000 nach § 109 Satz 1 UmwG miteinander verschmolzen werden. Zur wirtschaftlichen Vorbereitung der Verschmelzung schließen die beiden Versicherungsvereine im Jahre 1995 einen Gleichordnungsvertrag, auf dessen Grundlage die Vorstände der beiden Versicherungsvereine personenidentisch besetzt werden.[25] Im Jahre 1997 werden bei einem der beiden Versicherungsunternehmen 60 der 600 Arbeitsplätze durch Kündigungen und Aufhebungsverträge abgebaut, während im anderen Unternehmen neue Arbeitsplätze entstehen.

Es handelt sich um eine Betriebsänderung i. S. d. § 111 Satz 2 Nr. 1 BetrVG, da auch ein bloßer Personalabbau eine Betriebseinschränkung im Sinne dieser Vorschrift sein kann[26] und die erforderliche Anzahl von Arbeitnehmern betroffen ist (analog § 17 Abs. 1 Nr. 3 KSchG mindestens 30 Arbeitnehmer). Es ist auch ein Sozialplan aufzustellen, denn die Größenkriterien des § 112a Abs. 1 Satz 1 Nr. 4 BetrVG sind erfüllt, und als Entlassung gilt auch das vom Arbeitgeber aus Gründen der Betriebsänderung veranlaßte Ausscheiden von Arbeitnehmern aufgrund von Aufhebungsverträgen (§ 112a Abs. 1 Satz 2 BetrVG). Die Einigungsstelle hat nach § 112 Abs. 5 Satz 2 Nr. 2 BetrVG den Konzernsachverhalt zu berücksichtigen. Nach dieser Vorschrift soll sie Arbeitnehmer von Sozialplanleistungen ausschließen, die in einem zumutbaren Arbeitsverhältnis bei dem anderen Versicherungsverein weiterbeschäftigt werden können

---

24) BGH, Urt. v. 26. 3. 1984 – II ZR 171/83, BGHZ 90, 381, 395–396 = ZIP 1984, 572 = NJW 1984, 1893, 1896–1897 – Beton- und Monierbau; abweichend *Trittin*, in: Däubler/Kittner/Klebe (Fußn. 2), vor § 54 Rz. 86–93.

25) Zu dieser Konstellation *Hüffer* (Fußn. 20), § 18 Rz. 20. Zur Rechtsnatur des Gleichordnungsvertrages *Karsten Schmidt*, ZHR 155 (1991), 417, 426–428.

26) BAG, Urt. v. 6. 12. 1988 – 1 ABR 47/87, BAGE 60, 237 = AP Nr. 26 zu § 111 BetrVG 1972 = ZIP 1989, 389 = DB 1989, 883, dazu EWiR 1989, 529 *(Hromadka)*; Fitting/Kaiser/Heither/Engels (Fußn. 2), § 111 Rz. 57, 58; *Bauer*, DB 1994, 217, 219.

und die Weiterbeschäftigung ablehnen. Es handelt sich in diesem Fall zwar um einen Gleichordnungskonzern, aber auch der Gleichordnungskonzern ist ein Konzern i. S. d. § 112 Abs. 5 Satz 2 Nr. 2 BetrVG.[27]

V. Arten der Umwandlung von Unternehmen

Am 1. Januar 1995 ist das Umwandlungsbereinigungsgesetz[28] in Kraft getreten, dessen Kernstück das 325 Paragraphen starke Umwandlungsgesetz (UmwG) bildet.[29] Das neue Umwandlungsrecht wurde nach gründlicher Vorbereitung verabschiedet: Bereits bei der Novellierung des GmbH-Gesetzes im Jahre 1980 stellte der Rechtsausschuß des Deutschen Bundestages die Forderung auf, „die Verschmelzung und Umwandlung aller in Betracht kommenden Unternehmensformen in einem Gesetz zu regeln und bei dieser Gelegenheit inhaltlich und formal zu überprüfen".[30] Der Bundesminister der Justiz legte im Jahre 1988 nach umfangreichen Vorarbeiten einen „Diskussionsentwurf" vor, dem im Jahre 1992 ein Referentenentwurf und im Januar 1994 schließlich der Regierungsentwurf folgte. Die Kenntnis dieser Entstehungsgeschichte ist für die Rechtsanwendung wichtig, weil die verschiedenen Entwürfe eine Reihe von Stellungnahmen hervorgerufen haben, die in Zweifelsfragen Anhaltspunkte für die Gesetzesauslegung geben.[31] Die arbeitsrechtlichen Regelungen des neuen Umwandlungsrechts, die sich insbesondere in den §§ 321–325 UmwG finden, sind im Laufe der Entwurfsstadien nach und nach in den Gesetzestext aufgenommen worden, so daß auch insoweit die Entstehungsgeschichte wichtige Aufschlüsse gibt.[32] Die Neuregelung des Umwandlungsrechts, die durch die arbeitsrechtlichen Regelungen flankiert wird, verfolgt vor allem drei Ziele:

– Das Umwandlungsgesetz dient erstens der *Rechtsbereinigung*: Die Möglichkeiten der Umwandlung waren vorher in mehreren Gesetzen geregelt: dem Umwandlungsgesetz 1969, dem Aktiengesetz, dem Kapitalerhöhungsgesetz (für GmbHs), dem Genossenschaftsgesetz

---

27) Zutreffend *Däubler*, in: Däubler/Kittner/Klebe (Fußn. 2), §§ 112, 112a Rz. 70.
28) Gesetz zur Bereinigung des Umwandlungsrechts (UmwBerG) vom 28. 10. 1994, BGBl I, 3210, mit Materialien abgedruckt in: *Neye* (Hrsg.), Umwandlungsgesetz (UmwG) – Umwandlungssteuergesetz (UmwStG), RWS-Dok. 17, 2. Aufl., 1995.
29) Eine Einführung in die Problematik gibt *Zöllner*, ZGR 23 (1993), 334–342; einen Überblick über das neue Recht gibt *Lüttge*, NJW 1995, 417–424.
30) Rechtsausschuß zum Entwurf eines Gesetzes zur Änderung des GmbH-Gesetzes und anderer handelsrechtlicher Vorschriften vom 4. 7. 1980, BT-Drucks. 8/3908, S. 77.
31) Umfassende Nachweise bei *Boecken*, Unternehmensumwandlungen und Arbeitsrecht, 1996, S. 2–5; siehe ferner *Ganske*, DB 1992, 125–126; *Neye*, BB 1994, 2069–2072.
32) Zu den verschiedenen Entwicklungsstadien *Willemsen*, RdA 1993, 133–140; *Däubler*, RdA 1995, 136 f.

und dem Versicherungsaufsichtsgesetz. Diese Gesetze wurden zu verschiedenen Zeitpunkten erlassen und nicht hinreichend aufeinander abgestimmt: Für vergleichbare Vorgänge gab es unterschiedliche Regelungen.[33] Das Umwandlungsgesetz soll die Möglichkeiten der Umwandlung von Unternehmen (Rechtsträgern) in einem Gesetzeswerk zusammenfassen und systematisieren. Dementsprechend enthält das Gesetz in seinem Zweiten bis Fünften Buch die vier Umwandlungsarten Verschmelzung (§§ 2–122 UmwG), Spaltung (§§ 123–173 UmwG), Vermögensübertragung (§§ 174–189 UmwG) und Formwechsel (§§ 190–304 UmwG).

– Das Umwandlungsgesetz dient zweitens der Umsetzung von *EG-Richtlinien*: Die Neufassung des Umwandlungsgesetzes setzt zunächst die Kapitalschutzrichtlinie[34] in das deutsche Recht um. Diese Richtlinie will zum Schutze der Gesellschafter (Aktionäre) und Dritter (Gläubiger, Arbeitnehmer) sicherstellen, daß bei der Umwandlung einer Gesellschaft in eine Aktiengesellschaft die gleichen Garantien der Kapitalaufbringung und Kapitalerhaltung bestehen wie bei der Neugründung einer Aktiengesellschaft. Das Umwandlungsgesetz transformiert ferner die Verschmelzungsrichtlinie[35] und die Spaltungsrichtlinie[36] in das deutsche Recht.

– Das Umwandlungsgesetz bezweckt drittens eine erhebliche *Erweiterung* der Umwandlungsmöglichkeiten: Aus den vorher bestehenden 44 Möglichkeiten der Umwandlung von Unternehmen sind 119 Möglichkeiten geworden, wenn man die vier Umwandlungsarten – Verschmelzung, Spaltung, Vermögensübertragung und Formwechsel – und die verschiedenen Gesellschaftsformen miteinander kombiniert. Verschmelzungen können auch zwischen Unternehmen (Rechtsträgern) vorgenommen werden, für die sie bisher ausgeschlossen oder nur in beschränktem Maße möglich waren, vor allem zwischen Per-

---

33) *Neye*, ZIP 1994, 165 f; *Boecken* (Fußn. 31), S. 5.
34) Zweite Richtlinie 77/91/EWG des Rates vom 13. 9. 1976 zur Koordinierung der Schutzbestimmungen, die in den Mitgliedstaaten den Gesellschaften im Sinne des Artikels 58 Absatz 2 des Vertrages im Interesse der Gesellschafter sowie Dritter für die Gründung der aktiengesellschaft sowie für die Erhaltung und Änderung ihres Kapitals vorgeschrieben sind, um diese Bestimmungen gleichwertig zu gestalten (Zweite gesellschaftsrechtliche Richtlinie), ABl Nr. L 26/1 vom 31. 1. 1977, abgedruckt in: *Neye* (Fußn. 28), S. 613.
35) Dritte Richtlinie 78/855/EWG des Rates vom 9. 10. 1978 gemäß Artikel 54 Absatz 3 Buchstabe g) des Vertrages betreffend die Verschmelzung von Aktiengesellschaften (Verschmelzungsrichtlinie), ABl Nr. L 295/36 vom 20. 10. 1978, abgedruckt in: *Neye* (Fußn. 28), S. 627.
36) Sechste Richtlinie 82/891/EWG des Rates vom 17. 12. 1982 gemäß Artikel 54 Absatz 3 Buchstabe g) des Vertrages betreffend die Spaltung von Aktiengesellschaften (Spaltungsrichtlinie), ABl Nr. L 378/47 vom 31. 12. 1982, abgedruckt in: *Neye* (Fußn. 28), S. 635.

sonengesellschaften, Genossenschaften und eingetragenen Vereinen; nach dem Vorbild der Spaltung von Treuhandunternehmen gibt es erstmals eine generelle gesetzliche Regelung der Spaltung für Unternehmen (Rechtsträger) nahezu jeder Rechtsform.[37]

1. Unternehmen – Rechtsträger

Der Gegenstand des Umwandlungsgesetzes sind verschiedene Arten der Umwandlung von Unternehmensträgern.[38] Das Umwandlungsgesetz spricht nicht von der Umwandlung von *Unternehmen*, sondern von der Umwandlung von *Rechtsträgern* (§ 1 Abs. 1 UmwG: „Rechtsträger mit Sitz im Inland können umgewandelt werden ..."). Damit will der Gesetzgeber deutlich machen, daß es nicht darauf ankommt, ob ein Unternehmen im betriebswirtschaftlichen und rechtlichen Sinne betrieben wird.[39] Entscheidend soll vielmehr sein, ob eine im Rechtsverkehr auftretende juristische Einheit (beispielsweise eine GmbH oder eine AG) an einem Umwandlungsvorgang beteiligt ist. Das Gesetz verwendet für diese juristische Einheit den Begriff „Rechtsträger".[40] In der Praxis gibt es allerdings kaum einen Rechtsträger (GmbH, AG etc.), der nicht auch ein Unternehmen betreibt. Umwandlungen werden daher in nahezu allen Fällen zum Zwecke der Umstrukturierung von Unternehmen durchgeführt.[41] Deshalb ist es für praktische Bedürfnisse der Rechtsberatung unschädlich, von der „Umwandlung von Unternehmen" zu sprechen, wenn man im Auge behält, daß der juristisch korrekte Ausdruck „Umwandlung von Rechtsträgern" lautet.

2. Verschmelzung

Die Verschmelzung von Rechtsträgern (§§ 2–122 UmwG) ist die Grundform der Umwandlung, auf deren Vorschriften die Regelungen über die Spaltung und die Vermögensübertragung aufbauen: Die Vorschriften über die Spaltung und die Vermögensübertragung verweisen an vielen Stellen auf die Vorschriften über die Verschmelzung.[42] Bei der Verschmelzung geht das gesamte Vermögen eines oder mehrerer *übertragender Rechts-*

---

37) Dazu im Überblick *Lüttge*, NJW 1995, 417, 418; *Wlotzke*, DB 1995, 40, 40 unter A I 1.
38) Begründung des Referentenentwurfs vom 15. 4. 1992, Beilage Nr. 112a zum BAnz vom 20. 6. 1992, S. 2.
39) Zum Unternehmensbegriff des Konzernrechts („jeder Rechtsträger, der selbst an Märkten anbietend tätig wird"): *Raumbach/Hueck/Zöllner* (Fußn. 20), Schlußanhang I Rz. 11.
40) Allgemeine Begründung zum RegE UmwG, BT-Drucks. 12/6699, S. 71, abgedruckt in: *Neye* (Fußn. 28), S. 87.
41) *Boecken* (Fußn. 31), S. 5.
42) Kritisch zu dieser Verweisungstechnik („Pfadsuche im Verweisungsdschungel des neuen Umwandlungsrechts"): *Bayer/Wirth*, ZIP 1996, 817–825.

träger im Wege der Gesamtrechtsnachfolge auf einen anderen Rechtsträger – den *übernehmenden Rechtsträger* – über (§ 20 Nr. 1 UmwG). Die übertragenden Rechtsträger erlöschen; sie werden ohne Abwicklung kraft Gesetzes aufgelöst (§ 20 Nr. 2 UmwG).

– Bei der *Gesamtrechtsnachfolge* tritt der Rechtsnachfolger ähnlich einem Erben mit der Eintragung des Vermögensübergangs im Handelsregister *kraft Gesetzes* in alle Rechte und Pflichten des untergegangenen Unternehmens ein.

– Den Gegensatz zur Gesamtrechtsnachfolge bildet die *Einzelrechtsnachfolge*, die sich außerhalb des Umwandlungsgesetzes *durch Rechtsgeschäft* (vgl. § 613a Abs. 1 Satz 1 BGB) – etwa aufgrund eines Unternehmenskaufes – vollzieht.[43]

Beispiel für eine Verschmelzung und die Konsequenzen der Gesamtrechtsnachfolge:

Die Vereinigte Versicherung Stuttgart VVaG (übertragender Rechtsträger) wird nach § 109 Satz 1 UmwG i. V. m. §§ 2 ff UmwG mit der Vereinigten Versicherung Köln VVaG (übernehmender Rechtsträger) verschmolzen. Die Arbeitnehmer der Vereinigten Versicherung Stuttgart VVaG erhalten mit der Eintragung der Verschmelzung in das Handelsregister beim Amtsgericht Köln kraft Gesetzes einen neuen Arbeitgeber, nämlich die Vereinigte Versicherung Köln VVaG. Die Vereinigte Versicherung Köln VVaG übernimmt kraft Gesetzes auch alle sonstigen Verpflichtungen der Vereinigten Versicherung Stuttgart VVaG, beispielsweise die Ansprüche der bereits aus dem Arbeitsverhältnis ausgeschiedenen Arbeitnehmer auf Betriebsrente, Karenzentschädigung oder Urlaubsabgeltung. Ausgenommen sind Rechte und Pflichten, die nicht ohne weiteres übertragbar sind;[44] dazu zählt die Mitgliedschaft im Arbeitgeberverband.[45] Das bedeutet: Die Rechte und Pflichten aus einem von der Vereinigten Versicherung Stuttgart VVaG abgeschlossenen Haustarifvertrag gehen auf die Vereinigte Versicherung Köln VVaG über, denn es handelt sich um Vermögen und Verbindlichkeiten i. S. d. § 20 Abs. 1 Nr. 1 UmwG.[46] Anders ist es bei einem Verbandstarifvertrag: Er bindet nur den Arbeitgeber, der Mitglied des tarifschließenden Arbeitgeberverbandes ist (§ 3 Abs. 1

---

43) Zu diesem Gegensatzpaar *Däubler*, RdA 1995, 136, 138; *Düwell*, NZA 1996, 393, 393–394.

44) *Düwell*, NZA 1996, 393, 394; *Bachner*, NJW 1995, 2881, 2882.

45) BAG, Urt. v. 5. 10. 1993 – 3 AZR 586/92, AP Nr. 42 zu § 1 BetrAVG Zusatzversorgungskassen = NZA 1994, 848 = DB 1994, 1683, dazu EWiR 1994, 325 *(Griebeling)*.

46) *Löwisch*, in: Münchener Handbuch zum Arbeitsrecht, Bd. 3, Kollektives Arbeitsrecht, 1993, § 248 Rz. 47; *Wiedemann/Stumpf*, TVG, 6. Aufl., 1992, § 3 Rz. 73; *Hagemeier/Kempen/Zachert/Zilius*, TVG, 3. Aufl., 1997, § 3 Rz. 38.

TVG); die Mitgliedschaft im Arbeitgeberverband geht jedoch nicht gemäß § 20 Abs. 1 Nr. 1 UmwG auf den übernehmenden Rechtsträger über.[47] Es ist deshalb zu klären, ob der übernehmende Rechtsträger bereit und in der Lage ist, die Mitgliedschaft im Arbeitgeberverband zu erwerben.

Die Verschmelzung bewirkt, daß das Vermögen eines oder mehrerer Rechtsträger als Ganzes auf einen anderen Rechtsträger übergeht und die übertragenden Rechtsträger im gleichen Moment erlöschen (§ 20 Abs. 1 Nr. 1, 2 UmwG). Als Gegenleistung für die Vermögensübertragung erhalten die Anteilsinhaber (beispielsweise GmbH-Gesellschafter, Aktionäre) des übertragenden Rechtsträgers Anteile oder Mitgliedschaften an dem übernehmenden Rechtsträger (§ 20 Abs. 1 Nr. 3 UmwG). Die Verschmelzung hat stets zur Folge, daß zwei oder mehr Rechtsträger zu einem einzigen Rechtsträger zusammengeführt werden.[48] Das kann in zwei Formen geschehen:

- Bei der Verschmelzung *durch Aufnahme* wird das Vermögen eines oder mehrerer Rechtsträger auf einen anderen, *bereits bestehenden* Rechtsträger übertragen (§ 2 Nr. 1 UmwG).
- Bei der Verschmelzung *durch Neugründung* wird das Vermögen zweier oder mehrerer Rechtsträger auf einen neuen, von ihnen *dadurch gegründeten* Rechtsträger übertragen (§ 2 Nr. 2 UmwG).

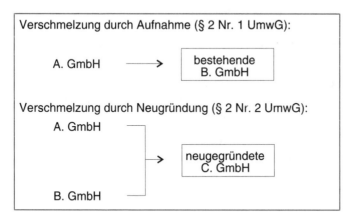

Abbildung 2: Verschmelzung durch Aufnahme und durch Neugründung

---

47) *Bachner*, NJW 1995, 2881, 2882; *Düwell*, NZA 1996, 393, 394.
48) Anschaulich dargestellt von *Däubler*, RdA 1995, 136, 137.

3. Spaltung

Die Spaltung von Rechtsträgern (§§ 123–173 UmwG) gehört zu den wichtigsten Regelungen des neuen Umwandlungsrechts.[49] Der Vorläufer dieser Regelung ist das Gesetz über die Spaltung von Treuhandunternehmen aus dem Jahre 1991.[50] Dieses Gesetz eröffnete die Möglichkeit, Aktiengesellschaften und Gesellschaften mbH, deren sämtliche Aktien oder Geschäftsanteile sich unmittelbar oder mittelbar in der Hand der Treuhandanstalt befanden, im Wege der Spaltung des Vermögens in kleinere Einheiten zu teilen.[51] Wenn Unternehmen in kleinere rechtliche Einheiten geteilt werden sollten, mußten nach bisherigem Recht – abgesehen vom Sonderfall der Spaltung von Treuhandunternehmen – die aktiven und passiven Vermögensgegenstände im Wege der *Einzelrechtsnachfolge* („durch Rechtsgeschäft", § 613a Abs. 1 Satz 1 BGB) auf eine andere Gesellschaft übertragen werden. Mit der Spaltung nach §§ 123–173 UmwG hat der Gesetzgeber die Möglichkeit geschaffen, ein Unternehmen im Wege der teilweisen (partiellen) *Gesamtrechtsnachfolge* in kleinere Einheiten aufzuteilen.[52] Das Umwandlungsgesetz sieht die Spaltung in drei Varianten vor, die bereits in § 1 Abs. 1 Nr. 2 UmwG genannt und in den ersten drei Absätzen des § 123 UmwG beschrieben sind:

a) Aufspaltung (§ 123 Abs. 1 UmwG)

Die Aufspaltung eines Rechtsträgers ist die Umkehrung der Verschmelzung von Rechtsträgern: Bei der Aufspaltung überträgt ein Rechtsträger sein gesamtes Vermögen durch gleichzeitige Übertragung der Vermögensteile jeweils als Gesamtheit auf andere bestehende Rechtsträger (Aufspaltung *zur Aufnahme*, § 123 Abs. 1 Nr. 1 UmwG) oder auf andere, von ihm dadurch gegründete neue Rechtsträger (Aufspaltung *zur Neugründung*, § 123 Abs. 1 Nr. 2 UmwG). Wie bei der Verschmelzung geht der übertragende Rechtsträger kraft Gesetzes ohne Abwicklung unter (§ 131 Abs. 1 Nr. 2 UmwG). Der Begriff der Aufspaltung macht diesen Vorgang anschaulich: Ein Rechtsträger spaltet sich auf und verschwindet.[53] Als Gegenleistung erhalten die Anteilsinhaber (Gesellschafter, Aktionäre) des übertragenden Rechtsträgers Anteile oder Mitgliedschaften der übernehmenden oder der neugegründeten Rechtsträger (§ 123 Abs. 1

---

49) *Zöllner*, ZGR 23 (1993), 334, 342.
50) Gesetz über die Spaltung der von der Treuhandanstalt verwalteten Unternehmen (SpTrUG) vom 5. 4. 1991, BGBl I, 854.
51) Dazu *Ising/Thiell*, DB 1991, 2021–2027; *Weimar/Alfes*, NZA 1991, 833–836.
52) Einführend *Neye*, DB 1994, 2069, 2070; *Junker* (Fußn. 1), S. 99, 109.
53) *Hennrichs*, ZIP 1995, 794, 797; *Lüttge*, NJW 1995, 417, 421.

UmwG). Durch das Erlöschen des übertragenden Rechtsträgers unterscheidet sich die Aufspaltung nach § 123 Abs. 1 UmwG von den beiden anderen, in § 123 Abs. 2 und 3 UmwG geregelten Formen der Spaltung. Beispiel:

> Die Energieversorgung Schwaben AG betreibt ein Kraftwerk in Ulm und ein Kraftwerk in Stuttgart. Die Aktionäre beschließen, die Aktiengesellschaft aufzulösen, das Vermögen der Gesellschaft in zwei Teile aufzuspalten und die beiden Vermögensteile jeweils als Gesamtheit auf die dadurch gegründeten neuen Rechtsträger Kraftwerksbetriebe Ulm AG und Kraftwerksbetriebe Stuttgart AG zu übertragen.

Bei dieser Aufspaltung wird das Unternehmen der Aktiengesellschaft in zwei Teile zerlegt und hört als solches zu bestehen auf; die Aktionäre erhalten Anteilsrechte (Aktien) an den beiden neugegründeten Aktiengesellschaften. Welche Vermögensteile auf welche neugegründete Aktiengesellschaft übergehen, bestimmt der Spaltungsplan, den der Vorstand der Energieversorgung Schwaben AG aufzustellen hat (§ 136 UmwG).

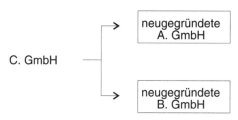

Abbildung 3: Aufspaltung zur Neugründung

b) Abspaltung (§ 123 Abs. 2 UmwG)

Die Abspaltung unterscheidet sich von der Aufspaltung dadurch, daß der übertragende Rechtsträger bestehenbleibt und nicht sein gesamtes Vermögen, sondern nur einen Teil oder mehrere Teile seines Vermögens abgibt. Bei der Abspaltung überträgt ein fortbestehender Rechtsträger einen Teil oder mehrere Teile seines Vermögens jeweils als Gesamtheit auf einen bestehenden oder mehrere bestehende Rechtsträger (Abspaltung *zur Aufnahme*, § 123 Abs. 2 Nr. 1 UmwG) oder auf einen oder mehrere, von ihm dadurch gegründete(n) neue(n) Rechtsträger (Abspaltung *zur Neugründung*, § 123 Abs. 2 Nr. 2 UmwG). Wie bei der Aufspaltung erhalten die Anteilsinhaber (Gesellschafter, Aktionäre) des übertragenden Rechtsträgers als Gegenleistung für den Vermögensverlust Anteile oder Mitgliedschaften an dem übernehmenden Rechtsträger oder den übernehmenden Rechtsträgern (§ 123 Abs. 2 UmwG). Die Abspaltung kann – ebenso wie die Aufspaltung – ein Mittel sein, um bei Meinungsverschiedenheiten in Familienunternehmen zur Trennung von Gesellschafterstämmen zu kommen, indem einzelnen Gesellschafterstämmen einzelne Unternehmensbereiche zugeordnet werden.[54] Beispiel:

Die Karl Fröndenberg GmbH & Co. KG, deren Anteilseigner Mitglieder der Familie Fröndenberg sind, möchte ein Profit-Center-Konzept umsetzen und zu diesem Zweck die Geschäftsbereiche Dichtungstechnik und Schwingungstechnik in eigenständige Kommanditgesellschaften überführen. Die Kommanditgesellschaften sollen neu entstehen; die Mitglieder der Familie Fröndenberg sollen als Gesellschafter die Geschäftsanteile an den Kommanditgesellschaften erhalten.

Dieses Vorhaben läßt sich im Wege der Abspaltung zur Neugründung verwirklichen: Die Geschäftsbereiche (Vermögensteile) Dichtungstechnik und Schwingungstechnik werden jeweils als Gesamtheit durch Abspaltung auf zwei dadurch gegründete neue Kommanditgesellschaften übertragen. Welche Gegenstände des Aktiv- und Passivvermögens an die Dichtungstechnik KG und welche Gegenstände des Aktiv- und Passivvermögens an die Schwingungstechnik KG übertragen werden, bestimmt – bei der Abspaltung ebenso wie bei der Aufspaltung – ein Spaltungsplan, den die Geschäftsführer der Karl Fröndenberg GmbH & Co. KG aufzustellen haben (§ 136 UmwG). Den Gesellschaftern der Karl Fröndenberg GmbH & Co. KG sind als Gegenwert für die Vermögensübertragung die Geschäftsanteile an der Dichtungstechnik KG und der Schwingungstechnik KG zu gewähren (§ 123 Abs. 2 UmwG). Die neuen Kommanditgesellschaften sind „Schwestergesellschaften" der Karl Fröndenberg GmbH & Co. KG; unter Umständen kann ein Gleichordnungskonzern entstehen (§ 18 Abs. 2 AktG). Es kann aber auch ein Unterordnungskonzern entstehen (§ 18 Abs. 1 AktG), wenn die Gesellschafter – die Mitglieder der Familie Fröndenberg – als „Unternehmen" im Sinne des Konzernrechts anzusehen sind.[55]

---

54) *Kallmeyer*, DB 1996, 28, 28 unter II 1, der zu Recht darauf hinweist, daß eine vollständige Trennung von Gesellschafterstämmen nur bei der Aufspaltung gelingt, die allerdings steuerlich ungünstiger sein kann als die Abspaltung.
55) BAG, Urt. v. 22. 11. 1995 – 7 ABR 9/95, AP Nr. 7 zu § 54 BetrVG 1972 m. Anm. *Junker* = NZA 1996, 706 = ZIP 1996, 969, dazu EWiR 1996, 675 *(Däubler)*.

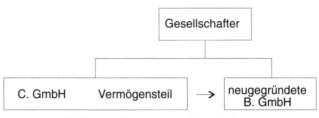

Abbildung 4: Abspaltung zur Neugründung

c) Ausgliederung (§ 123 Abs. 3 UmwG)

Die Ausgliederung gleicht der Abspaltung darin, daß der übertragende Rechtsträger bestehenbleibt und nur einen Vermögensteil oder Vermögensteile abgibt. Bei der Ausgliederung überträgt ein fortbestehender Rechtsträger einen Teil oder mehrere Teile seines Vermögens jeweils als Gesamtheit auf einen bestehenden oder mehrere bestehende Rechtsträger (Ausgliederung *zur Aufnahme,* § 123 Abs. 3 Nr. 1 UmwG) oder auf einen oder mehrere, von ihm dadurch gegründete(n) neue(n) Rechtsträger (Ausgliederung *zur Neugründung,* § 123 Abs. 3 Nr. 2 UmwG). Im Unterschied zur Abspaltung erhalten jedoch bei der Ausgliederung nicht die Anteilseigner des übertragenden Rechtsträgers, sondern der übertragende Rechtsträger selbst die Anteile an dem übernehmenden Rechtsträger oder den übernehmenden Rechtsträgern.[56] Die als Gegenleistung gewährten Anteile der aufnehmenden oder neuen Rechtsträger gelangen also in das Vermögen des übertragenden Rechtsträgers selbst; die Ausgliederung vollzieht sich nur auf der Rechtsträgerebene, nicht auf der Anteilsinhaber- oder Mitgliederebene.[57] Beispiel:

Die Karl Fröndenberg GmbH & Co. KG, deren Anteilseigner Mitglieder der Familie Fröndenberg sind, möchte ein Profit-Center-Konzept umsetzen und zu diesem Zweck die Geschäftsbereiche Dichtungstechnik und Schwingungstechnik in eigenständige Kommanditgesellschaften überführen. Die Kommanditgesellschaften sollen neu entstehen; nicht die Mitglieder der Familie Fröndenberg sollen als Gesellschafter die Geschäftsanteile an den Kommanditgesellschaften erhalten, sondern die Karl Fröndenberg GmbH & Co. KG soll Alleingesellschafterin der neuen Kommanditgesellschaft werden.

---

56) Zur Konzernproblematik: *Werner,* in: Festschrift Quack, 1991, S. 519, 524–528.
57) *Boecken* (Fußn. 31), S. 13.

Dieses Vorhaben läßt sich im Wege der Ausgliederung zur Neugründung durchführen: Die Geschäftsbereiche (Vermögensteile) Dichtungstechnik und Schwingungstechnik werden – wie bei der Abspaltung – jeweils als Gesamtheit durch Ausgliederung auf zwei dadurch gegründete neue Kommanditgesellschaften übertragen. Welche Gegenstände des Aktiv- und Passivvermögens an die Dichtungstechnik KG und welche Gegenstände des Aktiv- und Passivvermögens an die Schwingungstechnik KG übertragen werden, bestimmt – bei der Ausgliederung ebenso wie bei der Aufspaltung und bei der Abspaltung – ein Spaltungsplan, den die Geschäftsführer der Karl Fröndenberg GmbH & Co. KG aufzustellen haben (§ 136 UmwG). Der Karl Fröndenberg GmbH & Co. KG sind als Gegenwert für die Vermögensübertragung die Geschäftsanteile an der Dichtungstechnik KG und der Schwingungstechnik KG zu gewähren (§ 123 Abs. 3 UmwG). Die neuen Kommanditgesellschaften sind „Tochtergesellschaften" der Karl Fröndenberg GmbH & Co. KG; es entsteht ein Unterordnungskonzern (§ 18 Abs. 1 AktG).

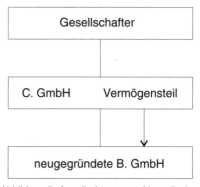

Abbildung 5: Ausgliederung zur Neugründung

Insgesamt ist für alle drei Varianten der Spaltung charakteristisch, daß im Wege grundsätzlich freier Zuordnung der Gegenstände des Aktiv- und Passivvermögens an den oder die übernehmenden Rechtsträger eine vollständige Vermögensübertragung (so bei der Aufspaltung) oder eine teilweise Vermögensübertragung (so bei der Abspaltung und bei der Ausgliederung) stattfindet. Diese Vermögensübertragung geschieht weder durch Einzelrechtsnachfolge noch durch eine Gesamtrechtsnachfolge (in reiner Form), sondern vielmehr durch eine teilweise (partielle) Gesamtrechtsnachfolge, die man auch als *Sonderrechtsnachfolge* bezeichnen kann.[58] Diese Sonderrechtsnachfolge („geteilte Gesamtrechtsnachfolge kraft Rechtsgeschäfts"[59] ist vergleichbar den – seltenen – Fällen der Sondererbfolge beim Tode eines Menschen, etwa bei der Vererbung von landwirtschaftlichen Höfen; die Sondererbfolge zeichnet sich dadurch aus, daß bestimmte Nachlaßgegenstände oder Vermögenseinheiten („der Hof") – losgelöst vom übrigen Vermögen des Erblassers – mit dem Erbfall unmittelbar einer anderen Person zufallen. Hinsichtlich des Verfahrens der Spaltung nimmt das Umwandlungsgesetz in zahlreichen Verweisungsvorschriften auf das Verschmelzungsverfahren Bezug.

4. Vermögensübertragung

Die Vermögensübertragung (§§ 174–189 UmwG) ist ein Sondertatbestand der Übertragung von Kapitalgesellschaften auf die Bundesrepublik Deutschland, auf ein Bundesland oder eine Gebietskörperschaft (§ 175 Nr. 1 UmwG). Sie ist ferner ein Sondertatbestand der Vermögensübertragung zwischen bestimmten Versicherungsunternehmen (§ 175 Nr. 2 UmwG): der Versicherungs-Aktiengesellschaft, dem Versicherungsverein auf Gegenseitigkeit und dem öffentlich-rechtlichen Versicherungsunternehmen. Die Sonderregelungen der §§ 174–189 UmwG erfassen nur die Vermögensübertragung zwischen Versicherungsunternehmen *verschiedener Rechtsform*. Die Übertragung des Vermögens eines Versicherungsvereins auf Gegenseitigkeit auf einen anderen Versicherungsverein auf Gegenseitigkeit – ein durchaus nicht seltener Fall – unterliegt den allgemeinen Regeln über die Verschmelzung (vgl. § 109 Satz 1 UmwG).[60] Die Sonderregeln der §§ 174–189 UmwG sind erforderlich, weil die Struktur des Versicherungsvereins auf Gegenseitigkeit und des öffentlich-rechtlichen Versicherungsunternehmens einen Anteilstausch – wie bei der Verschmelzung vorgesehen – nicht zuläßt. Die Gegenleistung für die Vermögensübertragung besteht daher nicht in Anteilen oder Mitgliedschaften, sondern in Geld oder anderen Wirtschaftsgütern. Die Vermögensübertragung gibt es in zwei Varianten: Als *Vollübertragung* nach § 174 Abs. 1 UmwG entspricht die Vermögensübertragung der Verschmelzung; als *Teilübertragung* nach § 174 Abs. 2 UmwG kommt sie der Spaltung gleich. Deshalb sind die Vorschriften, die für die Verschmelzung und für die Spaltung gelten, jeweils entsprechend anzuwenden (§§ 176, 177 UmwG).

---

58) Allgemeine Begründung zum RegE UmwG, BT-Drucks. 12/6699, S. 72, abgedruckt in: Neye (Fußn. 28), S. 88 f.
59) *Karsten Schmidt*, AcP 191 (1991), 495, 510.
60) Einführend *Boecken* (Fußn. 31), S. 14–15; *Lüttge*, NJW 1995, 417, 422.

5. Formwechsel

Der Formwechsel (§§ 190–304 UmwG) ist dadurch gekennzeichnet, daß ein Rechtsträger unter Wahrung seiner rechtlichen Identität und ohne Änderungen in seinem Vermögen lediglich die Rechtsform wechselt.[61] Die *Rechtsträger*, die durch Formwechsel in einen Rechtsträger anderer Rechtsform umgewandelt werden können, sind in § 191 Abs. 1 UmwG abschließend aufgezählt: Personenhandelsgesellschaften, Kapitalgesellschaften, eingetragene Genossenschaften, rechtsfähige Vereine, Versicherungsvereine auf Gegenseitigkeit sowie Körperschaften und Anstalten des öffentlichen Rechts (§ 191 Abs. 1 Nr. 1–6 UmwG). Der Formwechsel erfolgt auf der Grundlage eines Beschlusses der Anteilsinhaber des Rechtsträgers, der seine Rechtsform wechseln soll (*Umwandlungsbeschluß*, § 193 UmwG). Der formwechselnde Rechtsträger (beispielsweise eine Offene Handelsgesellschaft) besteht mit der Eintragung der neuen Rechtsform (beispielsweise einer GmbH) in das Handelsregister in dieser neuen Rechtsform weiter (§ 202 Abs. 1 Nr. 1 UmwG): „Der Formwechsel ist die gesetzliche Technik zur Herstellung der gewollten rechtlichen Kontinuität des Unternehmens. Damit steht der Formwechsel neben dem anderen möglichen Modell, nämlich der Gesamtrechtsnachfolge."[62] Da der Rechtsträger bei der formwechselnden Umwandlung identisch bleibt,[63] werden die Arbeitsverhältnisse als solche nicht berührt. Der Formwechsel betrifft lediglich Arbeitnehmerrechte, die – wie die Mitbestimmung im Aufsichtsrat – von der Rechtsform abhängen.[64]

Die *Abbildung 6* unterrichtet zusammenfassend über die vier Arten der Umwandlung; die Vermögensübertragung und der Formwechsel sind dunkel unterlegt, weil sie im folgenden nicht im Vordergrund des Interesses stehen:

---

61) Dazu *Hennrichs*, ZIP 1995, 794, 795–797; *Kallmeyer*, DB 1996, 28–30; *Joost*, in: Lutter (Hrsg.), Kölner Umwandlungsrechtstage, 1995, S. 245–260.
62) *Hennrichs*, ZIP 1995, 794, 796.
63) Dazu genauer *Zöllner*, ZGR 23 (1993), 334, 336–337.
64) *Däubler*, RdA 1995, 136, 138.

Arbeitsrechtliche Fragen der Ausgliederung von Unternehmensteilen

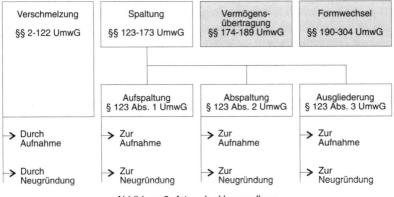

Abbildung 6: Arten der Umwandlung

VI. Arbeitsrechtliche Regelungen im Umwandlungsrecht

Das am 1. Januar 1995 in Kraft getretene Umwandlungsbereinigungsgesetz hat nicht nur das Umwandlungsrecht in einem Gesetzeswerk zusammengefaßt und die Möglichkeiten der Umwandlung von Unternehmen erweitert; es ist auch das erste *gesellschaftsrechtliche Gesetz*, in das in größerem Umfang *arbeitsrechtliche Vorschriften* Eingang gefunden haben.[65] Die arbeitsrechtlichen Bestimmungen im neuen Umwandlungsrecht finden sich in den §§ 321–325 UmwG sowie an einigen verstreuten Stellen des Umwandlungsgesetzes und des Betriebsverfassungsgesetzes.[66] Wie die Übersicht (unten S. 113) zeigt, lassen sich die arbeitsrechtlich relevanten Normen des neuen Umwandlungsrechts danach systematisieren, ob sie für die Verschmelzung und für die Spaltung gelten (*Ziffer 1 der Übersicht*) oder ob sie nur die Spaltung oder sogar nur einzelne Formen der Spaltung betreffen (*Ziffer 2 der Übersicht*). Die arbeitsrechtlich relevanten Normen bei einer Vermögensübertragung entsprechen denjenigen für die Verschmelzung oder die Spaltung, je nachdem, ob es sich um eine Vollübertragung oder um eine Teilübertragung handelt (§§ 176, 177 UmwG). Schließlich gibt es einige wenige arbeitsrechtlich relevante Vorschriften für den Formwechsel (*Ziffer 3 der Übersicht*).

---

65) Kritisch *Lutter/Lutter*, UmwG, 1996, § 5 Rz. 39; *Lutter/Joost*, UmwG, § 321 Rz. 5, § 322 Rz. 4.
66) Einführend *Düwell*, NZA 1996, 393; *Wlotzke*, DB 1995, 40; *Joost*, in: Lutter (Fußn. 61), S. 297.

1. Regelungen für Verschmelzung und Spaltung

Die arbeitsrechtlich relevanten Regelungen im neuen Umwandlungsrecht, die einheitlich für die Verschmelzung und die Spaltung gelten, lassen sich in zwei Normenkomplexe aufteilen. Der erste Normenkomplex enthält die *Rechte des Betriebsrats* im Verfahren der Verschmelzung oder der Spaltung (*Ziffer 1.1 der Übersicht*). Das Umwandlungsgesetz hat eine Reihe von Informationsrechten des Betriebsrats geschaffen:[67] Im Falle einer *Verschmelzung* ist nach § 5 Abs. 3 UmwG der (Verschmelzungs-)„Vertrag oder sein Entwurf spätestens einen Monat vor dem Tage der Versammlung der Anteilseigner jedes beteiligten Rechtsträgers, die gemäß § 13 Abs. 1 UmwG über die Zustimmung zum Verschmelzungsvertrag beschließen soll, dem zuständigen Betriebsrat dieses Rechtsträgers zuzuleiten".[68] Insbesondere zur Information des Betriebsrats muß der Verschmelzungsvertrag nach § 5 Abs. 1 Nr. 9 UmwG Angaben enthalten über „die Folgen der Verschmelzung für die Arbeitnehmer und ihre Vertretungen sowie die insoweit vorgesehenen Maßnahmen".[69] Entsprechende Vorschriften enthalten § 126 Abs. 3 UmwG und § 126 Abs. 1 Nr. 11 UmwG für die *Spaltung* von Rechtsträgern[70] (*Ziffern 1.1.1 und 1.1.2 der Übersicht*).

Weitere Beteiligungsrechte des Betriebsrats bei der Verschmelzung und der Spaltung von Unternehmen ergeben sich aus dem – durch Art. 13 UmwBerG ergänzten – Betriebsverfassungsgesetz. Nach § 106 Abs. 3 Nr. 8 BetrVG n. F. gehört zu den wirtschaftlichen Angelegenheiten, über die der Wirtschaftsausschuß mit dem Unternehmer zu beraten hat, „der Zusammenschluß oder die Spaltung von Unternehmen oder Betrieben" (*Ziffer 1.1.3 der Übersicht*). Diese Neufassung dient vor allem der Klarstellung, da die genannten Tatbestände zuvor in aller Regel unter die Generalklausel des § 106 Abs. 3 Nr. 10 BetrVG fielen („sonstige Vorgänge und Vorhaben, welche die Interessen der Arbeitnehmer des Unternehmens wesentlich berühren können").[71] Das Beratungsrecht des Wirtschaftsausschusses nach § 106 Abs. 3 Nr. 8 BetrVG umfaßt sowohl den Zusammenschluß oder die Spaltung von *Unternehmen* als auch den Zusammenschluß oder die Spaltung von *Betrieben*; es erfaßt also Veränderungen auf beiden Ebenen (Unternehmen und Betrieb).

---

67) Einführend *Boecken* (Fußn. 31), S. 210–234.
68) Kritische Würdigung bei *Lutter/Lutter* (Fußn. 65), Rz. 39–61.
69) Dazu umfassend *Joost*, ZIP 1995, 976–986.
70) Einführend *Willemsen*, NZA 1996, 791, 796–797.
71) *Däubler* (Fußn. 2), § 106 Rz. 74; *Hess/Schlochauer/Glaubitz*, BetrVG, 5. Aufl., 1997, § 106 Rz. 49.

Arbeitsrechtliche Fragen der Ausgliederung von Unternehmensteilen

Nach dem neu gefaßten § 111 Satz 2 Nr. 3 BetrVG gelten als Betriebsänderungen der „Zusammenschluß mit anderen Betrieben oder die Spaltung von Betrieben" (*Ziffer 1.1.4 der Übersicht*). Bei geplanten Betriebsänderungen hat der Unternehmer den Betriebsrat nach § 111 Satz 1 BetrVG rechtzeitig und umfassend zu unterrichten und die geplanten Betriebsänderungen mit dem Betriebsrat zu beraten; weitere Betriebsratsrechte ergeben sich aus § 112 BetrVG (Interessenausgleich, Sozialplan).[72] Diese Rechte kommen allerdings nur zum Zuge, wenn mit der Verschmelzung oder Spaltung von *Unternehmen* ein Zusammenschluß oder eine Spaltung von *Betrieben* einhergeht:[73] Die Umwandlung des Unternehmens muß eine Betriebsänderung mit sich bringen, damit Betriebsratsrechte aus §§ 111–113 BetrVG entstehen. Die Verschmelzung von Rechtsträgern (§§ 2–122 UmwG) und die Spaltung von Rechtsträgern (§§ 123–173 UmwG) ist für sich allein kein Tatbestand, der Beteiligungsrechte des Betriebsrats nach §§ 111–113 BetrVG auslöst.[74]

Eine zweite Gruppe von Regelungen, die für die Verschmelzung und für die Spaltung gelten, betrifft die *Folgen der Verschmelzung oder der Spaltung* für einzelne Arbeitsverhältnisse, für Betriebsvereinbarungen und für Tarifverträge (*Ziffer 1.2 der Übersicht*). § 323 Abs. 2 UmwG befaßt sich mit der *Zuordnung der Arbeitnehmer*. Wenn eine Verschmelzung oder eine Spaltung eine Betriebsänderung (§ 111 BetrVG) mit sich bringt und ein Interessenausgleich nach § 112 Abs. 1 Satz 1 BetrVG zustande kommt, „in dem diejenigen Arbeitnehmer namentlich bezeichnet werden, die nach der Umwandlung einem bestimmten Betrieb oder Betriebsteil zugeordnet werden, so kann die Zuordnung der Arbeitnehmer durch das Arbeitsgericht nur auf grobe Fehlerhaftigkeit überprüft werden" (*Ziffer 1.2.1 der Übersicht*). § 323 Abs. 2 UmwG ist „ein Produkt der allerletzten Phase der Gesetzesberatung im Bundestags-Rechtsausschuß",[75] das mehr Fragen aufwirft, als es beantwortet;[76] der Inhalt der Norm will schon zu der amtlichen Überschrift der Norm („kündigungsrechtliche Stellung") nicht recht passen.

Schließlich enthält § 324 UmwG für die Verschmelzung und die Spaltung (sowie die Vermögensübertragung) eine *Verweisung* auf die Rechte und Pflichten bei Betriebsübergang nach *§ 613a Abs. 1 und 4 BGB*. Nach dem

---

72) Dazu im Überblick *Bauer*, DB 1994, 217, 222–227.
73) Dazu eingehend *Bauer/Lingemann*, NZA 1994, 1057, 1063.
74) Fitting/Kaiser/Heither/Engels (Fußn. 2), § 111 Rz. 12; Hess/Schlochauer/Glaubitz (Fußn. 71), § 111 Rz. 55; Stege/Weinspach (Fußn. 2), §§ 111–113 Rz. 48. Zweifelnd, aber im Ergebnis wohl nicht anderer Ansicht *Däubler* (Fußn. 2), § 111 Rz. 93–97.
75) *Wlotzke*, DB 1995, 40, 45.
76) *Däubler*, RdA 1995, 136, 140.

109

Wortlaut des § 324 UmwG bleibt § 613a Abs. 1 und 4 BGB „durch die Wirkungen der Eintragung einer Verschmelzung, Spaltung oder Vermögensübertragung unberührt" (*Ziffer 1.2.2 der Übersicht*). Die Tragweite dieser Verweisung ist umstritten. Nach der Rechtsprechung des Bundesarbeitsgerichts aus der Zeit vor dem Inkrafttreten des Umwandlungsgesetzes galt § 613a Abs. 1 und 4 BGB bei der Verschmelzung gerade nicht; es fehle – so das Bundesarbeitsgericht – bei der Gesamtrechtsnachfolge am Tatbestandsmerkmal „durch Rechtsgeschäft" (§ 613a Abs. 1 Satz 1 BGB).[77] Diese Ansicht ließe sich auch nach dem Inkrafttreten des Umwandlungsgesetzes aufrechterhalten, denn die Arbeitsverhältnisse könnten gemäß § 20 Abs. 1 Nr. 1, § 131 Abs. 1 Nr. 1 UmwG kraft Gesamtrechtsnachfolge auf den übernehmenden oder neuen Rechtsträger übergehen.[78] Es verwundert daher nicht, daß die Formulierung des Gesetzgebers, § 613a Abs. 1 und 4 BGB bleibe „unberührt", Anlaß zu zahlreichen Streitfragen gibt.

2. Bestimmungen nur für die Spaltung

Eine zweite große Gruppe arbeitsrechtlich relevanter Regelungen betrifft, wie sich aus der *Abbildung 7* ergibt, nur die Spaltung (§§ 123–173 UmwG) oder sogar nur – wie § 134 UmwG und § 325 Abs. 1 UmwG – bestimmte Fälle der Spaltung. Eine Trennungslinie verläuft zwischen den Fällen, in denen die Spaltung eines Rechtsträgers nicht zur Spaltung eines Betriebes führt (*Ziffer 2.1 der Übersicht*), und den Fällen, in denen die Spaltung eines Rechtsträgers die Spaltung eines Betriebes zur Folge hat (*Ziffer 2.2 der Übersicht*). Der Dreh- und Angelpunkt für die arbeitsrechtlichen Folgen der Spaltung ist § 322 Abs. 1 UmwG. Die Vorschrift enthält unter bestimmten Voraussetzungen eine Vermutung für den *Fortbestand eines gemeinsamen Betriebes* im Betriebsverfassungsrecht (*Ziffer 2.1.1 der Übersicht*), die sich auch auf das Kündigungsschutzrecht auswirkt (*Ziffer 2.1.2 der Übersicht*). Die Vermutung für den gemeinsamen Betrieb mehrerer Unternehmen (Rechtsträger) setzt voraus, daß die Organisation des Betriebes nicht geändert wird.[79]

Wenn es an den Voraussetzungen der Vermutung fehlt (keine Änderung der Organisation des Betriebes) oder wenn die Vermutung widerlegt ist,

---

77) BAG, Urt. v. 8. 11. 1988 – 3 AZR 85/87, BAGE 60, 118 = AP Nr. 6 zu § 1 BetrAVG Betriebsveräußerung = NZA 1989, 679 = ZIP 1989, 795 = DB 1989, 1526 = NJW 1989, 795, dazu EWiR 1989, 869 *(Bauer/Baeck)*.

78) *Boecken* (Fußn. 31), S. 35–36.

79) Das Gesetz spricht bewußt vom „gemeinsamen Betrieb" und nicht vom „Gemeinschaftsbetrieb": *Zöllner*, in: Festschrift Semler, 1993, S. 997. Anders (nicht „Gemeinsamkeit", sondern „Gemeinschaft"): *Däubler*, in: Festschrift Zeuner, 1994, S. 19.

hat die Spaltung des Rechtsträgers zwar nicht denknotwendig, aber in der Praxis regelmäßig die Spaltung des Betriebes zur Folge. Bei der Spaltung des Betriebes gewährt § 321 UmwG dem Betriebsrat unter bestimmten Voraussetzungen *ein Übergangsmandat*, das auf höchstens sechs Monate begrenzt ist *(Ziffer 2.2.1. der Übersicht)*. § 325 Abs. 2 UmwG gibt den Tarif- und Betriebspartnern die Möglichkeit, die *Fortgeltung von Beteiligungsrechten* zu vereinbaren, die infolge der Spaltung eines Betriebes entfallen *(Ziffer 2.2.2 der Übersicht)*.[80]

Für bestimmte Formen der Spaltung ordnet § 134 UmwG eine verschärfte *Haftung* für Ansprüche aus §§ 111–113 BetrVG – Sozialplan, Nachteilsausgleich – an *(Ziffer 2.2.3 der Übersicht)*. Diese Vorschrift knüpft zwar nicht rechtlich, aber doch faktisch an die Spaltung des Betriebes an.[81] Die Vorschrift über den Schutz der *kündigungsrechtlichen Stellung* (§ 323 Abs. 1 UmwG) eines Arbeitnehmers kommt in der Praxis ebenfalls vor allem bei der Spaltung von Betrieben zum Zuge *(Ziffer 2.2.4 der Übersicht)*. Schließlich enthält § 325 Abs. 1 UmwG noch eine Vorschrift über die Beteiligung der Arbeitnehmer im *Aufsichtsrat* von mitbestimmten Unternehmungen *(Ziffer 2.3 der Übersicht)*.

3. Besonderheiten bei der Vermögensübertragung

Die umwandlungsrechtlichen Vorschriften der Vermögensübertragung verweisen für die *Vollübertragung* auf die Verschmelzungsregeln (§ 176 UmwG), für die *Teilübertragung* auf die Spaltungsregeln (§ 177 UmwG). Diese Verweisungstechnik setzt sich im Arbeitsrecht fort: Die arbeitsrechtlichen Regelungen und Folgen der *Vollübertragung* entsprechen denjenigen der Verschmelzung, die arbeitsrechtlichen Regelungen und Folgen der *Teilübertragung* denjenigen der Spaltung.[82] Besonderheiten ergeben sich aber daraus, daß an der Vermögensübertragung der Bund, ein Land, eine Gebietskörperschaft oder ein Zusammenschluß von Gebietskörperschaften (§ 175 Nr. 1 UmwG) oder ein öffentlich-rechtliches Versicherungsunternehmen (§ 175 Nr. 2 UmwG) beteiligt sein kann. Beispiel:

Die Versicherungsgruppe Salzgitter, ein öffentlich-rechtliches Versicherungsunternehmen, wird nach § 175 Nr. 2 Buchst. c UmwG in eine Versicherungs-Aktiengesellschaft überführt.

Der Personalrat muß durch einen Betriebsrat ersetzt werden. Der Wechsel von einer öffentlich-rechtlichen zu einer privatrechtlichen Organisations-

---

80) Einführend *Däubler*, RdA 1995, 136, 145.
81) Einführend *Boecken* (Fußn. 31), S. 165–169.
82) Übersicht bei *Däubler*, RdA 1995, 136, 138.

form bedeutet zugleich einen Übergang von der Anwendung des Personalvertretungsrechts zum Betriebsverfassungsrecht. Die Vorschriften des § 1 BPersVG (entsprechendes gilt gemäß § 95 BPersVG für die Ländervorschriften) und des § 130 BetrVG grenzen die Geltungsbereiche des Personalvertretungsrechts und des Betriebsverfassungsrechts formal voneinander ab. Aus dieser formalen Abgrenzung folgt, daß das Amt des Personalrates mit dem Stichtag der Privatisierung endet;[83] ein nachwirkendes Restmandat besteht nach herrschender Ansicht nicht.[84] Mit der Umwandlung in einen Betrieb privaten Rechts gilt das Betriebsverfassungsgesetz; ein Betriebsrat muß jedoch erst gewählt werden. Eine allgemeine gesetzliche Regelung über ein Übergangsmandat des Personalrats fehlt; ob ein solches außerhalb der gesetzlichen Regelung anzuerkennen ist, ist umstritten. Nach herrschender Ansicht scheidet auch eine kollektivrechtliche Weitergeltung von Dienstvereinbarungen als Betriebsvereinbarungen aus;[85] von *Hanau* wird allerdings eine entsprechende Anwendung des § 613a Abs. 1 Nr. 2–4 BGB befürwortet, wenn es im Zuge der Privatisierung zu einem Betriebsübergang von einer juristischen Person des öffentlichen Rechts auf einen privaten Rechtsträger kommt.[86]

4. Bestimmungen für den Formwechsel

Der Formwechsel (§§ 190–304 UmwG) wirft nur geringe arbeitsrechtliche Probleme auf, da das Arbeitgeberunternehmen lediglich seine Rechtsform ändert. Wie bei den anderen Umwandlungsformen wird den Informationsinteressen der Arbeitnehmervertreter Rechnung getragen (*Ziffer 3.1 der Übersicht*): Nach § 194 Abs. 2 UmwG muß der Entwurf des Umwandlungsbeschlusses spätestens einen Monat vor dem Tage der Versammlung der Anteilsinhaber dem zuständigen Betriebsrat des formwechselnden Rechtsträgers zugeleitet werden (*Ziffer 3.1.2 der Übersicht*). Zur Information des Betriebsrats muß der Umwandlungsbeschluß nach § 194 Abs. 1 Nr. 7 UmwG Aussagen zu den Folgen des Formwechsels für die Arbeitnehmer und ihre Vertretungen sowie die insoweit vorgesehenen Maßnahmen enthalten (*Ziffer 3.1.1 der Übersicht*). Durch die Änderung der Rechtsform kann insbesondere dann die Arbeitnehmervertretung im

---

83) BAG, Urt. v. 9. 2. 1982 – 1 ABR 36/80, BAGE 41, 5 = AP Nr. 24 zu § 118 BetrVG 1972 = NJW 1982, 1894 (für den umgekehrten Fall des Herausfallens aus dem Betriebsverfassungsgesetz: Übernahme eines Krankenhauses durch einen kirchlichen Träger); *Düwell*, ArbuR 1994, 357, 358.

84) *Schipp*, NZA 1994, 865, 868 unter Hinweis auf BAG, Urt. v. 23. 11. 1988 – 7 AZR 121/88, BAGE 60, 192 = AP Nr. 77 zu § 613a BGB = NZA 1989, 433, 434–435.

85) Statt vieler *Erman/Hanau* (Fußn. 13), § 613a Rz. 80.

86) *Erman/Hanau* (Fußn. 13), § 613a Rz. 81.

Aufsichtsrat entfallen, wenn eine Kapitalgesellschaft in eine Personengesellschaft verwandelt wird – ein eher seltener Fall.[87] Das Umwandlungsgesetz ändert daran nichts; § 203 UmwG bestimmt lediglich, daß die bisherigen Aufsichtsratsmitglieder für den Rest ihrer Wahlperiode weiter amtieren, wenn der Aufsichtsrat beim neuen Rechtsträger in gleicher Weise gebildet und zusammengesetzt wird und wenn der Umwandlungsbeschluß nichts anderes bestimmt (*Ziffer 3.2 der Übersicht*).

Übersicht über arbeitsrechtliche Normen im Umwandlungsrecht

1.	**Regelungen, die für Verschmelzung und Spaltung gelten**
1.1	Betriebsratsrechte bei Verschmelzung und Spaltung
1.1.1	Pflichtangaben im Umwandlungsvertrag, § 5 Abs. 1 Nr. 9, § 126 Abs. 1 Nr. 11 UmwG
1.1.2	Zuleitung an den Betriebsrat, § 5 Abs. 3, § 126 Abs. 3 UmwG
1.1.3	Änderung des § 106 Abs. 3 Nr. 8 BetrVG (Wirtschaftsausschuß)
1.1.4	Änderung des § 111 Satz 2 Nr. 3 BetrVG (Betriebsrat)
1.2	Folgen der Verschmelzung oder der Spaltung für Arbeitsverhältnisse, Betriebsvereinbarungen und Tarifverträge
1.2.1	Zuordnung von Arbeitnehmern (§ 323 Abs. 2 UmwG)
1.2.2	Verweisung auf § 613a Abs. 1 und 4 BGB (§ 324 UmwG)
2.	**Regelungen, die nur für die Spaltung gelten**
2.1	Vermutung für den Fortbestand eines gemeinsamen Betriebes
2.1.1	im Betriebsverfassungsrecht: § 322 Abs. 1 UmwG
2.1.2	im Kündigungsschutzrecht: § 322 Abs. 2 UmwG
2.2	Rechtsfolgen bei Spaltung des Betriebes
2.2.1	Übergangsmandat des Betriebsrats, § 321 UmwG
2.2.2	Schutz der kündigungsrechtlichen Stellung, § 323 Abs. 1 UmwG
2.2.3	Haftung der Anlagegesellschaft, § 134 UmwG
2.2.4	Betriebsverfassungsrechtliche Vereinbarungsbefugnis, § 325 Abs. 2 UmwG
2.3	Unternehmensmitbestimmung, § 325 Abs. 1 UmwG

---

[87] *Däubler*, RdA 1995, 136, 145–146.

3.	**Regelungen, die für den Formwechsel gelten**
3.1	Informationsrechte bei einem Formwechsel
3.1.1	Pflichtangaben im Umwandlungsbeschluß, § 194 Abs. 1 Nr. 7 UmwG
3.1.2	Zuleitung an den Betriebsrat, § 194 Abs. 2 UmwG
3.2	Unternehmensmitbestimmung, § 203 UmwG

5. Ausblick: Umstrukturierungen außerhalb des Umwandlungsgesetzes

Das Umwandlungsgesetz zählt in § 1 Abs. 1 UmwG abschließend die Arten der Umwandlung auf.[88] Eine Umwandlung von Unternehmen (Rechtsträgern), verstanden im rechtstechnischen Sinne, ist grundsätzlich nur in den vom Umwandlungsgesetz geregelten Fällen möglich (§ 1 Abs. 2 UmwG). Das Umwandlungsgesetz schließt es jedoch nicht aus, daß von anderen Formen der Umstrukturierung von Unternehmen Gebrauch gemacht wird: Eine GmbH kann eine andere GmbH gründen und dieser neuen GmbH einen Vermögensteil oder einen Betrieb im Wege der Einzelrechtsnachfolge übertragen. Ebenso können Umstrukturierungen außerhalb des Umwandlungsgesetzes durch Anteilserwerb, Unternehmenskauf oder Einbringung von Vermögenswerten als Sacheinlage in ein Unternehmen erfolgen. In allen diesen Fällen, die in der Praxis nach wie vor große Bedeutung haben, gelten die Vorschriften des Umwandlungsgesetzes nicht unmittelbar; bei einer Reihe arbeitsrechtlicher Regeln des Umwandlungsgesetzes stellt sich jedoch die Frage, ob sie auf andere Formen der Umstrukturierung entsprechend angewendet werden können.[89]

---

[88] Zum grundsätzlich abschließenden Charakter des Umwandlungsgesetzes *Boecken* (Fußn. 31), S. 9; einschränkend *Kallmeyer*, DB 1996, 28, 29.
[89] Einführend *Däubler*, RdA 1995, 136, 138, 146.

Bericht über die Diskussion

von

HEINKE HOCHWELLER, Köln

Im Anschluß an die Vorträge des Vorsitzenden Richters am Bundesarbeitsgericht Dr. h.c. *Günter Schaub* zu neuen Produktionsmethoden, Dienstleistungsservice und Managementleistungen im Arbeitsrecht und von Professor Dr. *Abbo Junker* zu arbeitsrechtlichen Fragen der Ausgliederung von Unternehmensteilen eröffnete *Burkhard Melcher* von der Carl Zeiss AG die Diskussion mit der Frage, ob ein in Ausübung des Direktionsrechts versetzter Arbeitnehmer einen Anspruch auf eine Begründung seiner Versetzung gegen den Arbeitgeber habe. *Schaub* und *Junker* bejahten diese Frage einvernehmlich, wobei *Schaub* später präzisierend auf § 81 Abs. 2 BetrVG hinwies, dem trotz des nicht ganz einschlägigen Inhalts die Grundwertung zu entnehmen sei, daß ein solcher Anspruch bestehe.

Abschließend stellte *Ralf Süllwald* von der Bertelsmann AG die Frage nach dem Schicksal von Konzernbetriebsvereinbarungen bei Ausgliederungen, insbesondere für den Fall, daß sie überwiegend konzernspezifische Angelegenheiten regeln. *Junker* entwickelte seine Anwort anhand der Parallelproblematik der Gesamtbetriebsvereinbarung. Hier sei grundsätzlich zu unterscheiden. Gründe sich die Zuständigkeit des Gesamtbetriebsrats auf eine Beauftragung durch den Betriebsrat gemäß § 50 Abs. 2 BetrVG, so gelte die Gesamtbetriebsvereinbarung fort. Richte sich die Zuständigkeit dagegen nach § 50 Abs. 1 BetrVG, weil eine Angelegenheit nur unternehmenseinheitlich regelbar sei, so entfalle die Gesamtbetriebsvereinbarung mit der Ausgliederung. In diesem Fall komme aber eine individualrechtliche Fortgeltung gemäß § 613a Abs. 1 Satz 2 BGB in Betracht. Entsprechendes gelte für die Konzernbetriebsvereinbarung.

Arbeitszeitkonto

von

Rechtsanwalt Dr. GERHARD HENTSCH, Ingolstadt

Inhaltsübersicht

I. Ausgangslage

II. Ziele der Arbeitszeitflexibilisierung

III. Instrumente zur Arbeitszeitflexibilisierung

IV. Rechtliche Würdigung des Arbeitszeitkontos
 1. Die Entgeltzahlung an Feiertagen
    a) Die gesetzliche Regelung
    b) Abdingbarkeit
    c) Die betriebliche Regelung
    d) Günstigkeitsvergleich
    e) Ergebnis
 2. Die Entgeltfortzahlung im Krankheitsfall
    a) Die gesetzliche Regelung
    b) Abdingbarkeit
    c) Die betriebliche Regelung
 3. Die Entgeltzahlung im Urlaub
 4. Gesamtergebnis

V. Arbeitszeitmodelle
 1. Freischichtenmodell
 2. Gleitende Arbeitszeit
 3. Teilzeit
 4. Beschäftigungssicherung/kollektive Arbeitszeitverkürzung
 5. Altersteilzeit

I. Ausgangslage

Die 70er Jahre können aus heutigem Blickwinkel als Beginn der Arbeitszeitflexibilisierung angesehen werden, wenngleich dieser Begriff zum damaligen Zeitpunkt noch unbekannt war. Mit der Einführung von gleitender

Arbeitszeit als Insellösung innerhalb der starren Arbeitszeitsysteme wurde erstmals die betriebliche von der persönlichen Arbeitszeit entkoppelt. Dieser Grundgedanke wurde im Vorfeld der Tarifauseinandersetzungen um die Einführung der 35-Stunden-Woche weiterentwickelt und fand in den Manteltarifverträgen der Metallindustrie ihren Niederschlag. Bei der Umsetzung der tariflichen Vereinbarungen wurde aber in den meisten Fällen die umfassende personalpolitische und organisatorische Herausforderung, die mit einer Flexibilisierung der Arbeitszeiten verbunden ist, nicht erkannt. Statt dessen stand nur die Realisierung der vereinbarten Arbeitszeitverkürzung im Mittelpunkt der betrieblichen Konkretisierungsmaßnahmen mit der Folge, daß mit Lösungen wie täglich verkürzter Arbeitszeit oder einem verkürzten Freitag, selbst aber auch mit Freischichtsystemen weitere Insellösungen entstanden. Erst allmählich, vielfach bedingt durch die weiteren Verkürzungen der Arbeitszeit, setzte sich die Erkenntnis durch, daß Arbeitszeitflexibilisierung ein entscheidender strategischer Faktor ist, um im Wettbewerb bestehen zu können. Es müssen Lösungen gesucht werden, kapitalintensive Anlagen möglichst lange auszulasten und das geistige Potential besser zu nutzen. Dabei darf sich die daraus resultierende organisatorische Herausforderung nicht nur auf eine Definition der Ziele, die Analyse bestehender Arbeitszeitsysteme und Konzeptionierung betrieblich passender Arbeitszeitmodelle beschränken, sondern in ein Gesamtplanungskonzept muß die Zeiterfassungs- und -abrechnungssystematik bis hin zur Entgeltabrechnung mit einbezogen werden.

In zukunftsorientiert agierenden Unternehmen wurden die Erfordernisse an ein effizientes und umfassendes, an den Unternehmens- und Mitarbeiterinteressen orientiertes Arbeitszeitmanagement bereits im Zuge der Maßnahmen zur Umsetzung der ersten Arbeitszeitverkürzung im Jahre 1985 grundlegend definiert und schrittweise realisiert, so daß in der Folgezeit insbesondere auf kapazitätsorientierte Änderungserfordernisse sowie die beiden weiteren tariflich vorgegebenen Arbeitszeitverkürzungen innerhalb kurzer Zeiträume flexibel reagiert werden konnte. Schwerpunkte der beispielsweise vom Vorstand der AUDI AG (Ingolstadt) postulierten Leitlinien waren Steigerung der Produktivität, ohne daß durch die Arbeitszeitverkürzung Kapazität verlorengeht und automatisch ein Personalmehrbedarf entsteht, Entflechtung der Betriebs- von der persönlichen Arbeitszeit bei maßvoller Differenzierung und Vermeidung einer Flexibilisierung um jeden Preis sowie Verbesserung der Arbeitszufriedenheit, wozu auch die Ausweitung der Teilzeitarbeit vor dem Hintergrund des Aspektes Beruf und Familie beitragen sollte. Oberstes Ziel dieser Vorgaben, die in einer mit dem Gesamtbetriebsrat vereinbarten „Rahmenregelung für Arbeitszeiten" ihren Niederschlag fand, war die Verbesserung der Wettbewerbsfähigkeit.

Arbeitszeitkonto

Die Umsetzung dieses Modells in die betriebliche Praxis gestaltete sich vielerorts problematisch: Insbesondere Unternehmen, die noch – traditionellen Mustern folgend – Stundenlöhne zahlten und Fehlzeiten nach dem Ausfallprinzip vergüteten, sahen sich mit einer ganzen Reihe von Ausgestaltungsproblemen und Auslegungsfragen konfrontiert: Waren bezahlte Ausfallzeiten (= Krankheits-, Urlaubs- und gesetzliche Feiertage) auf der Basis der durchschnittlichen täglichen Arbeitszeit von 7,7 Stunden oder der tatsächlich ausfallenden Arbeitszeit von 8 Stunden zu vergüten? Verfielen Freischichten, wenn sie mit bezahlten Ausfallzeiten zusammentrafen, oder waren sie nachzuholen? Wurde auch bei bezahlten Ausfallzeiten ein Anspruch auf Freizeit erworben?

Diese Punkte waren zwischen Arbeitgeberseite und Arbeitnehmervertretungen heftig umstritten und beschäftigten die Instanzgerichte über Jahre hinweg, wobei die Ergebnisse wie auch die Begründungen von Gericht zu Gericht divergierten.[1] Schließlich entschied das Bundesarbeitsgericht den Streit um die Vergütung von Ausfallzeiten im Sinne der Arbeitnehmer dahin, daß 8 Stunden zu vergüten seien,[2] während es den Streit bezüglich der mit Fehltagen „kollidierenden" Freischichten im Sinne der Arbeitgeber dahin gehend entschied, daß diese verfielen.[3] Im übrigen sei es Sache der Betriebspartner, eine einvernehmliche Lösung zu finden.

Letztlich ließ sich die gesamte, mit der Einführung der Freischichten verbundene Problematik jedoch auf der Grundlage der althergebrachten, starren Arbeitszeit- und Entgeltsysteme nicht befriedigend lösen.

Bei der AUDI AG beließ man es nicht bei oberflächlichen Korrekturen, sondern unterwarf das gesamte Arbeitszeit- und Entgeltsystem einer grundlegenden Reform:

Auf der Grundlage dieser Vereinbarung vom 15. März 1985 wurden in der Folgezeit die betrieblichen Nutzungszeiten und Arbeitszeitsysteme weiterentwickelt, am 1. Juni 1986 eine Betriebsvereinbarung über Teilzeitbeschäftigung abgeschlossen, am 1. Januar 1987 der Monatslohn eingeführt, ab 1. September 1987 älteren Mitarbeitern die Möglichkeit des gleitenden Ruhestands eingeräumt und zum 1. Januar 1988 als Abschluß der ersten „Runde" der Arbeitszeitflexibilisierung das Zeitkonto-Instrument zur Lösung sämtlicher Probleme auf den Gebieten der Zeit- und Entgeltabrechnung vereinbart, das sich rückblickend nach zehn Jahren Praxis

---

1) Vgl. v. *Pappenheim*, DB 1986, 2599.
2) BAG, Urt. v. 2. 12. 1987 – 5 AZR 471/86, AP Nr. 52 zu § 1 FeiertagslohnzahlungsG, und BAG, Urt. v. 2. 12. 1987 – 5 AZR 602/86, AP Nr. 53 zu § 1 FeiertagslohnzahlungsG.
3) BAG, Urt. v. 14. 6. 1989 – 5 AZR 505/88, AP Nr. 18 zu § 2 LFZG.

quasi als Dreh- und Angelpunkt der Arbeitszeitflexibilisierung herausgestellt hat.

II. Ziele der Arbeitszeitflexibilisierung

Eine allgemein verbindliche Definition von „Arbeitszeitflexibilisierung" hat sich trotz der nunmehr seit Jahren anhaltenden Diskussion noch nicht herausgeschält. Für *Endell* sind flexible Arbeitszeitregelungen solche Regelungen, „die mittels eines vorhandenen Handlungsspielraums eine gezielte Anpassung der Arbeitszeit im Hinblick auf veränderte bzw. sich ändernde inner- und außerbetriebliche Bedingungen zulassen".[4] Danach läßt sich ein Arbeitszeitsystem dann als flexibel bezeichnen, wenn es differenziert (nach Betriebsteilen, Arbeitnehmergruppen), variabel (entsprechend Kundenverhalten und Produktionszwängen) und nach vorn offen ist (auf Technik- und Marktveränderungen reagierend). Einen anderen Ansatzpunkt haben *Billinger/Weber*[5], die flexible Arbeitszeitregelungen an humanen, ökonomischen und organisatorischen Gesichtspunkten orientieren (Abb. 1, unten S. 133), wobei das außerbetriebliche Umfeld bei dieser Betrachtung außer acht gelassen wird. Aber gerade diese Rahmenbedingungen zur Arbeitszeitgestaltung gewinnen angesichts der stetigen Veränderungen im gesellschaftlichen (Gesetze, Tarifverträge, Wertewandel) und wirtschaftlichen Umfeld (Arbeitsmarkt, Europa) immer mehr an Bedeutung (Abb. 2–4, unten S. 133–138).

III. Instrumente zur Arbeitszeitflexibilisierung

Das Instrumentarium zur Arbeitszeitflexibilisierung ist in der betrieblichen Praxis bei Audi auf fünf Säulen aufgebaut. Das sind zuerst die betrieblichen Arbeitszeitmodelle, die persönliche Arbeitszeit und die Entgeltabrechnung, die alleine aber nicht ausreichend sind. Um die notwendige Flexibilität zu erhalten, müssen sie in einem Gesamtplanungskonzept einerseits voneinander entkoppelt, andererseits aber über einen „Transmissionsriemen" wieder miteinander verbunden werden. Dieses Erfordernis läßt sich durch die Einführung der beiden anderen Instrumente Zeitkonto sowie Monatslohn/-gehalt erfüllen (Abb. 5, unten S. 139).

Die Entkoppelung von betrieblicher und persönlicher Arbeitszeit ist bereits ein gängiger Begriff, die Notwendigkeit der Entkoppelung von persönlicher

---

[4] *Endell*, Analyse der wechselseitigen Beziehungen zwischen flexiblen Arbeitszeitregelungen und moderner Produktion, 1987, passim.

[5] *Billinger/Weber*, Job-Sharing und flexible Arbeitszeitformen aus der Sicht der Produktion, in: Heymann/Seiwert (Hrsg.), Job-Sharing – Flexible Arbeitszeit durch Arbeitsplatzteilung, 1982, S. 139.

Arbeitszeit und Entgelt sowie die Implementierung der notwendigen „Transmissionsriemen" sind dagegen bisher nicht in dem erforderlichen Umfang vollzogen worden, um auch organisatorisch die Voraussetzungen für eine durchgängige Flexibilisierung zu schaffen. Das wird insbesondere dann deutlich, wenn die Umsetzung von Arbeitszeitmodellen mit z. B. täglich unterschiedlichen Stundenzahlen oder wöchentlich/monatlich variabler Anzahl von Arbeitstagen beispielsweise bei der Entgeltabrechnung (bezahlte Ausfallzeiten) oder der Festlegung der Anzahl der Urlaubstage auf häufig nicht zu überwindende Schwierigkeiten stößt oder eine kostenintensive, intransparente Regelungsvielfalt nach sich zieht.

Die intelligente, d. h. praktikable und für die Mitarbeiter verständliche Vernetzung der Instrumente ist die Herausforderung, um den entscheidenden Beitrag für eine umfassende Arbeitszeitflexibilisierung leisten zu können.

Erforderlich ist ein ganzheitlicher Ansatz, der als Grundprinzip das Vor- und Nacharbeiten im rechnerischen Abgleich von geleisteter (Ist) zu im Durchschnitt zu leistender (Soll-)Arbeitszeit beinhaltet. Geleistete Arbeit kann erbracht werden durch starre vorgegebene betriebliche Arbeitszeiten (z. B. Schichtsystem mit festem Arbeitsanfang/-ende), durch variable Arbeitszeitmodelle (z. B. gleitende Arbeitszeit), einzelvertraglich (z. B. Teilzeit) oder auch – im Rahmen dieser Arbeitszeitmodelle, aber davon vorübergehend abweichend – in freier Absprache zwischen Vorgesetzten und Mitarbeitern oder zwischen den Mitarbeitern selbst nach Arbeitsanfall (Abb. 6, unten S. 139).

Vorgegeben ist per Arbeitsvertrag neben dem betreffenden Arbeitszeitmodell der Arbeitsumfang, der – rechnerisch auf die fünf Tage Montag bis Freitag verteilt – pro Woche im Durchschnitt zu erbringen ist (IRWAZ = individuelle regelmäßige wöchentliche Arbeitszeit). Daran orientiert sich das Entgelt, das je nach zu erbringendem Arbeitsumfang von 100 % des tariflichen Entgelts (Vollzeit) differenziert nach oben bis zum tarifvertraglichen Maximum oder unten (Teilzeit) abweichen kann und unabhängig von dem vorgegebenen bzw. erbrachten tatsächlichen Arbeitsumfang konstant monatlich (Monatslohn/-gehalt) gezahlt wird.

Damit ist die häufig immer noch praktizierte, in Abhängigkeit von der tatsächlich geleisteten Arbeit stundenweise Bezahlung nicht mehr möglich. Ebenso muß von dem sog. Ausfallprinzip bei der Abrechnung von bezahlten Ausfallzeiten abgegangen und in der Lohn-/Gehaltsabrechnung durchgängig auf das sog. Referenzprinzip umgestellt werden.

Das bedeutet, daß bezahlte Ausfalltage (Feiertag, Urlaub, Krankheit) auch dann (mit dem Monatsentgelt) bezahlt werden müssen, wenn laut Schichtplan oder Arbeitsvertrag keine Arbeitsleistung zu erbringen ist; andererseits werden aber diese Tage nur mit dem durchschnittlichen Entgelt bezahlt, selbst wenn an dem Ausfalltag der an sich zu leistende Arbeitsumfang größer gewesen wäre. Unabhängig von der Art des Arbeitszeitsystems ist damit von der Bezahlungsseite her die Gleichbehandlung aller Mitarbeiter sichergestellt. Denn es werden durch Ausfallzeiten keine unterschiedlichen Freizeitansprüche mehr aufgebaut (z. B. Urlaub an Arbeitstagen mit unterschiedlicher Arbeitszeit; Zusammenfallen von freiem Tag mit Feiertag oder Krankheit).

Erfreuliches „Abfallprodukt" dieser Entkoppelung von Arbeitszeit und Bezahlung ist die Folge, daß für alle Mitarbeiter unabhängig von ihrem jeweiligen Arbeitszeitmodell der Kalender gleich ist – ob der Feiertag (oder auch Krankheitstag) auf einen Arbeitstag oder einen freien Tag fällt, er wird immer/nur mit der durchschnittlich zu erbringenden Arbeitsleistung (im Rahmen des Monatsentgelts) bezahlt. Kalendermäßig bedingte Ungerechtigkeiten mit den damit verbundenen personellen Querelen, die die Einführung flexibler Arbeitszeitmodelle entscheidend hindern können, sind damit aus dem Wege geräumt.

Das gilt auch für Arbeitszeitsysteme, die den Samstag oder auch Sonntag als Arbeitstag einbeziehen. Da das Monatsentgelt rechnerisch nur die Bezahlung der Tage Montag bis Freitag beinhaltet, ist die Arbeit am Samstag und Sonntag unbezahlt und kann daher nicht (bezahlt) ausfallen. Sie ist im vollen Umfang Vor- oder Nacharbeit, die zu einem Zeitguthaben und damit Anspruch auf Freizeitausgleich an bezahlten Tagen bzw. zu einem Ausgleich von negativen Zeitsalden (Zeitschulden) führt.

Zusammengefaßt gelten damit für das Zeitkonto folgende Grundsätze:

Füllen

- durch Arbeit (geleistete Stunden) Montag–Freitag
- durch Arbeit (geleistete Stunden) Samstag/Sonntag
- durch Ausfall (IRWAZ) Montag–Freitag

Entnahme

- in Höhe IRWAZ Montag–Freitag
  (dafür entsprechend Entgelt mit Monatslohn/-gehalt)

Bezahlte Mehrarbeit wird nicht verbucht, da sie nicht abgefeiert, sondern separat vergütet wird.

An dem Arbeitszeitmodell Rechenzentrum (Abb. 7, unten S. 140: Montag bis Freitag mit 8,2 oder 8,7 oder 10 Std. täglicher Arbeitszeit, wechselnd mit freien Tagen bei einer IRWAZ von 37,5 Std. pro Woche bzw. 7,5 Std. pro Tag) wird deutlich, daß sich das Problem Urlaub bei unterschiedlich langen Arbeitstagen und einer unterschiedlichen Anzahl von Arbeitstagen

Arbeitszeitkonto

pro Woche mit Hilfe des Zeitkonto-Instruments lösen läßt. Normalerweise läßt sich einem Vollzeitbeschäftigten mit einem jährlichen Urlaubsanspruch von 30 Arbeitstagen nicht vermitteln, daß er aufgrund eines Schichtsystems, innerhalb dessen zum Ausgleich von täglich verlängerten Arbeitszeiten arbeitsfreie Tage eingeplant sind, nur einen Urlaubsanspruch von (wie hier) 28 Tagen haben soll. Außerdem ergeben sich im vorliegenden Fall „Ungerechtigkeiten", wenn nur Arbeitstage mit den längeren Arbeitszeiten mit Urlaub belegt werden.

Bei dem Zeitkonto-Instrument wird dagegen jeder Urlaubstag unabhängig von der Arbeitszeit, die hätte erbracht werden müssen, mit der IRWAZ (hier 7,5 Std.) berechnet. Die unterschiedlich langen Arbeitstage wirken sich nur noch insofern aus, als daß das Zeitguthaben, das bei Arbeit erworben worden wäre und zu einer bezahlten Freistellung führt, unterschiedlich hoch ist mit der weiteren Folge, daß sich je nach Länge des Urlaubs der nächste freie Tag weiter nach hinten hinausschiebt. Wenn der Mitarbeiter im Schichtrhythmus bleiben will, muß er die gemäß Schichtplan arbeitsfreien Tage mit Urlaub belegen. Dafür stehen ihm die sog. Differenztage (hier 2) zur Verfügung, so daß auch für ihn wie für alle anderen Mitarbeiter ein bezahlter Urlaub von 30 Tagen à 7,5 Std. (insgesamt 225 Std.) zur Verfügung steht. (Gegenrechnung: Hätte er von Woche 1 bis 6 gearbeitet, wäre ein Arbeitsvolumen von 232,9 Std. angefallen. Die Differenz von 2,1 Std. ergibt sich aus dem Umstand, daß laut Schichtplan die betriebliche Arbeitszeit kürzer als die persönliche Arbeitszeit ist. Mit Zeitkonto erfolgt eine exakte Abrechnung, die derartige Arbeitszeitsysteme ohne zusätzliche Kosten handhabbar sowie für die Betroffenen „gerecht" und nachvollziehbar machen.)

Bei dem Beispiel Teilzeit (Abb. 8, unten S. 141) ergeben sich durch die Entkoppelung von persönlicher Arbeitszeit und Bezahlung Unterschiede im Zeitsaldo. Diese Zeitsalden können für einen kapazitätsorientierten, flexiblen Personaleinsatz genutzt werden. Ist beispielsweise für die Folgewoche eine zu hohe Anwesenheit erkennbar, kann dieser kostenträchtige Personalüberhang gesenkt werden, indem Mitarbeiter mit Zeitguthaben abweichend vom Schichtplan zu Hause bleiben. Wenn umgekehrt eine Personalunterdeckung absehbar ist, die an sich kostenträchtige Mehrarbeit erforderlich machen würde, kann diese verhindert werden, indem Mitarbeiter mit Zeitschulden abweichend vom Schichtplan nacharbeiten. Zur Information über den aktuellen Stand des Arbeitszeitkontos erhalten die Mitarbeiter einen Kontoauszug, der Vorgesetzte den Saldenstand seiner Mitarbeiter.

IV. Rechtliche Würdigung des Arbeitszeitkontos

Die Konzeption des Arbeitszeitkontos versetzte die AUDI AG in die Lage, sämtliche tariflichen Arbeitszeitverkürzungen der achtziger Jahre nicht nur zügig, sondern vor allem auch ohne „Reibungsverluste" in die Praxis umzusetzen: Im Gegensatz zu seinen Mitbewerbern blieben dem Unternehmen die eingangs geschilderten Auseinandersetzungen um Freizeitausgleich, Feiertagsvergütung usw. erspart. Denn in all diesen Fällen erlaubt das Zeitkonto-Instrument mit Monatslohn und Referenzprinzip eine „saubere", für sämtliche Beteiligten akzeptable Lösung.

Allerdings waren diese Regelungen des Arbeitszeitkontos zunächst ohne definitive Rechtsgrundlage, da die neue Herausforderung der Entkoppelung der Betriebsmittelnutzungszeit (BENZ) von der IRWAZ weder gesetzlich noch tariflich abschließend geregelt war. Gleichwohl waren die Gerechtigkeit und Transparenz dieser sehr einfachen und daher für jeden Mitarbeiter nachvollziehbaren Regelung Grund genug, das Risiko einer gerichtlichen Überprüfung einzugehen. Denn eine derartige, von allen akzeptierte, bestehende Gesetze und Tarifverträge ausfüllende oder ergänzende Regelung wird – wie die Erfahrung gezeigt hat – nicht den Gerichten zur Überprüfung vorgelegt. Eine derartige unternehmerische Abwägung wäre überflüssig, wenn das „offizielle" Arbeitsrecht an die Erfordernisse einer modernen Unternehmensführung flexibel und schnell angepaßt würde.

Gleichwohl soll hier vor dem Hintergrund der aktuellen Rechtslage der Frage nachgegangen werden, inwieweit sich das Audi-Konzept mit gesetzlichen und tarifvertraglichen Vorgaben deckt. Schließlich weicht es von den Prinzipien, die der Gesetzgeber der Regelung der Entgeltfortzahlung und der Urlaubsabgeltung zugrunde gelegt hat, nicht unerheblich ab. So gehört die Abkehr vom traditionellen Lohnausfallprinzip zu den Charakteristika des Audi-Modells. Von ebendiesem Prinzip geht der Gesetzgeber aber etwa in den Fällen der Entgeltfortzahlung im Krankheitsfall und an Feiertagen aus.

1. Die Entgeltzahlung an Feiertagen

a) Die gesetzliche Regelung

Die Entgeltzahlung an Feiertagen ist nunmehr im Entgeltfortzahlungsgesetz geregelt. Das Gesetz zur Regelung der Lohnzahlung an Feiertagen wurde im Zuge der Reform des Entgeltfortzahlungsrechts aufgehoben.

Dem Entgeltfortzahlungsgesetz liegt der Gedanke zugrunde, daß dem Arbeitnehmer, der – sei es durch Krankheit, sei es aufgrund eines Feiertages – unverschuldet an der Erbringung seiner Arbeitsleistung gehindert ist, hierdurch kein finanzieller Nachteil entstehen soll. Das Gesetz bestimmt daher, daß dem Arbeitnehmer das Arbeitsentgelt zu zahlen ist, das er ohne den Arbeitsausfall erhalten hätte (§ 2 Abs. 1 EFZG). Das fortzuzahlende Entgelt ist nach dem Lohnausfallprinzip, also auf der Grundlage einer „Was-Wäre-Wenn-Betrachtung", zu errechnen: Hätte der betreffende Arbeitnehmer an dem ausgefallenen Tag tatsächlich 8 Stunden gearbeitet, so hätte er Anspruch auf Entgelt für 8 Stunden, wäre er zu Hause geblieben (z. B. weil er für eine Freischicht eingeteilt war), so hätte er auch keinen Anspruch auf Entgelt.

Dies gilt auch für Feiertage, an denen der Arbeitnehmer arbeitsunfähig erkrankt ist (§ 4 Abs. 2 EFZG).

b) Abdingbarkeit

Eine Abweichung von diesen Regelungen *zuungunsten* des Arbeitnehmers ist gemäß § 12 EFZG *nicht* möglich, und zwar weder durch kollektiv- noch durch einzelvertragliche Vereinbarungen.

Die in der Betriebsvereinbarung „Zeitkonto" vom 14. Dezember 1987 getroffene Regelung hinsichtlich der Entgeltzahlung an Feiertagen müßte also günstiger oder dürfte jedenfalls nicht ungünstiger als die gesetzliche Regelung sein. Anderenfalls wäre sie wegen Verstoßes gegen die Unabdingbarkeitsklausel des § 12 EFZG unwirksam.

c) Die betriebliche Regelung

Nach Punkt 4.2 der Betriebsvereinbarung „Zeitkonto" ist die Vergütung von bezahlten Ausfalltagen im Monatsgrundlohn/-gehalt enthalten. An Feiertagen wird zusätzlich ein Referenzbetrag bezahlt, der sich entsprechend den tariflichen Bestimmungen aus dem vorhergehenden Bezugszeitraum errechnet und sich zusammensetzt aus Schichtzuschlägen, Mehrarbeit und Mehrarbeitszuschlägen.

Sowohl im Manteltarifvertrag Bayern als auch in dem von Nordwürttemberg/Nordbaden fehlt es jedoch für den Fall der Entgeltzahlung an Feiertagen an der Festlegung eines solchen „Bezugszeitraums", so daß hinsichtlich der Zuschläge allein auf den Feiertag abzustellen ist, d. h., dem Arbeitnehmer sind genau die Zuschläge auszuzahlen, die er erhalten hätte, wenn er gearbeitet hätte. Die betriebliche Regelung weicht also insoweit von der gesetzlichen im Ergebnis nicht ab.

Auf dem Zeitkonto wird gemäß Punkt 3.5 der Betriebsvereinbarung die individuelle durchschnittliche tägliche Arbeitszeit verbucht, so daß sich für den Arbeitnehmer an diesem Tag weder ein negativer noch ein positiver Saldo ergibt.

d) Günstigkeitsvergleich

Fraglich ist, ob diese Regelung für den Arbeitnehmer nicht unter Umständen gleichwohl – also trotz ausgeglichenen Saldos – nachteilig gegenüber der gesetzlichen Regelung sein kann. Zu denken ist an jene Fälle, in denen der Arbeitnehmer an dem Feiertag länger gearbeitet hätte, als es seiner individuellen täglichen Arbeitszeit entspricht.

Beispiel:

Der Arbeitnehmer arbeitet in Teilzeit 17,5 Stunden/Woche dergestalt, daß er abwechselnd eine Woche voll (= 35 Stunden) und eine Woche gar nicht arbeitet. Seine IRWAZ beträgt 17,5 Stunden, seine individuelle durchschnittliche tägliche Arbeitszeit dementsprechend 3,5 Stunden.

Fällt nun ein Feiertag in die Woche, in der er voll arbeitet, so wäre er nach der gesetzlichen Regelung 7 Stunden bezahlt von der Arbeit freigestellt worden. Auf einen 2-Wochen-Zeitraum bezogen, hätte er also – bei voller Bezahlung – nur 28 Stunden arbeiten müssen. Nach der betrieblichen Regelung muß der Arbeitnehmer hingegen, wiederum auf einen 2-Wochen-Zeitraum bezogen, 31,5 Stunden arbeiten, da ihm an dem Feiertag nicht die Zeit, die er *tatsächlich* gearbeitet hätte, sondern lediglich die individuelle *durchschnittliche* tägliche Arbeitszeit gutgeschrieben wird. Er muß also „für sein Geld" effektiv 3,5 Stunden länger arbeiten.

Fällt hingegen der Feiertag in die Woche, in der der Arbeitnehmer nicht arbeitet, so wird ihm nach der betrieblichen Regelung gleichwohl die individuelle durchschnittliche tägliche Arbeitszeit gutgeschrieben (Punkt 3.5 der Betriebsvereinbarung: „Bezahlte Ausfallzeiten ... werden ... auch an arbeitsfreien Tagen dem Zeitkonto gutgeschrieben"), er muß also innerhalb von 2 Wochen lediglich 31,5 Stunden arbeiten. Gälte für ihn die gesetzliche Regelung, so hätte er Pech gehabt: Der Feiertag ginge ihm verloren. Er müßte die vollen 35 Stunden und damit 3,5 Stunden länger arbeiten als nach der betrieblichen Regelung.

e) Ergebnis

Da – statistisch gesehen – die Wahrscheinlichkeit, daß ein Feiertag auf einen arbeitsfreien Tag fällt ebenso groß ist wie die Wahrscheinlichkeit, daß ein Feiertag auf einen Arbeitstag fällt, ist die betriebliche Regelung nicht ungünstiger als die gesetzliche, also wirksam.

Daß sich die betriebliche Regelung aufgrund der Tatsache, daß sich die Feiertage nicht gleichmäßig über das Jahr verteilen, in Fällen, in denen beispielsweise blockweise ein halbes Jahr gearbeitet und dann ein halbes Jahr pausiert wird (z. B. Altersteilzeit), je nach Lage der „Blöcke" doch als nachteilig für den einzelnen Arbeitnehmer erweisen kann, steht dem nicht entgegen: Anders als beim Vergleich von individual- und kollektivrechtlichen Regelungen – hier ist auf das Interesse des einzelnen Arbeitnehmers abzustellen –, ist bei betrieblichen Normen das Interesse der Gesamtbelegschaft oder der von der Norm betroffenen Gruppe von Arbeitnehmern entscheidend.[6] Da aber die Lage der „Blöcke" innerhalb der Gruppe der „blockweise Arbeitenden" variieren wird, sich somit einzelne Arbeitnehmer auch günstiger stehen werden als nach der gesetzlichen Regelung, ist ein Verstoß gegen § 12 EFZG nicht festzustellen.

Abgesehen davon hat das Bundesarbeitsgericht bereits im Jahre 1966 entschieden, daß ein Arbeitnehmer, der ein festes Wochen- oder Monatsentgelt erhält, ohne daß die Höhe der Bezüge von der Zahl der Arbeitsstunden abhängt, durch den Arbeitsausfall an einem gesetzlichen Wochenfeiertag in der Regel keinen Verdienstausfall erleide, weshalb es auf die Anspruchsgrundlage des § 1 Feiertagslohnzahlungsgesetz in diesem Fall nicht ankomme.[7] Dies ist, worauf *Schaub* hinweist,[8] im Angestelltenbereich seit jeher der Fall. Bei Audi ist dieses Prinzip seit der Einführung des Monatslohnes am 1. Januar 1987 für alle Arbeitnehmer verwirklicht.

2. Die Entgeltfortzahlung im Krankheitsfall

a) Die gesetzliche Regelung

Die Entgeltfortzahlung im Krankheitsfall erfolgt auf der Grundlage des modifizierten Lohnausfallprinzips. Gemäß § 4 Abs. 1 Satz 1 EFZG ist dem Arbeitnehmer das Arbeitsentgelt fortzuzahlen, das ihm „bei der für ihn maßgebenden regelmäßigen Arbeitszeit" zusteht.

Der Ausdruck „regelmäßig" ist dabei nicht im Sinne von „durchschnittlich" zu verstehen: Es kommt nicht darauf an, was der Arbeitnehmer in einem bestimmten, der Erkrankung vorgelagerten Zeitraum im Durchschnitt verdient hat. Vielmehr ist das fortzuzahlende Entgelt auch hier aufgrund einer konkreten „Was-Wäre-Wenn-Betrachtung" zu errechnen, wobei für jeden Tag die „regelmäßige", d. h. plangemäße Arbeitszeit zugrunde zu legen ist.

---

6) *Schaub*, Arbeitsrechts-Handbuch, 8. Aufl., 1996, § 204 VI 2 a.
7) BAG, Urt. v. 25. 3. 1966 – 3 AZR 358/65, AP Nr. 19 zu § 1 FeiertagslohnzahlungsG.
8) *Schaub* (Fußn. 6), § 104 III 1.

b) Abdingbarkeit

Im Gegensatz zur Entgeltzahlung an Feiertagen ist eine Abweichung von dieser Regelung *zuungunsten* des Arbeitnehmers nicht gänzlich ausgeschlossen: Gemäß § 4 Abs. 4 EFZG kann die Entgeltfortzahlung im Krankheitsfall durch Tarifvertrag auch auf eine andere Bemessungsgrundlage gestellt werden.

Nach herrschender Meinung[9] ist eine Abweichung sowohl hinsichtlich der Bemessungsgrundlage (Beispiel: Berücksichtigung von Mehrarbeit bei der Berechnung der maßgeblichen täglichen Arbeitszeit) als auch hinsichtlich der Berechnungsmethode (Beispiel: Referenzprinzip statt Lohnausfallprinzip) möglich.

c) Die betriebliche Regelung

Beide Manteltarifverträge, die für die AUDI AG maßgeblich sind, machen von der Möglichkeit des § 4 Abs. 4 EFZG Gebrauch: Gemäß § 11 Abs. 2 Manteltarifvertrag Bayern bemißt sich das weiterzuzahlende Entgelt nach dem durchschnittlichen Verdienst der letzten drei abgerechneten Monate. Auf denselben Zeitraum stellt auch § 12.3.2 Manteltarifvertrag Nordwürttemberg/Nordbaden ab.

Kraft tarifvertraglicher Regelung gilt somit für die Entgeltfortzahlung im Krankheitsfall das Referenzprinzip.

Im übrigen gilt das oben Gesagte (I) entsprechend mit der Ausnahme, daß es auf einen Günstigkeitsvergleich hier nicht ankommt.

3. Die Entgeltzahlung im Urlaub

Hier ergibt sich gegenüber den obigen Fallgruppen die Besonderheit, daß sich das Urlaubsentgelt schon von Gesetzes wegen nach dem durchschnittlichen Arbeitsverdienst bemißt, das der Arbeitnehmer „in den letzten dreizehn Wochen vor dem Beginn des Urlaubs" (§ 11 Abs. 1 Satz 1 BUrlG) erhalten hat. Bei monatlicher Abrechnung ist von den letzten drei Monaten auszugehen.[10]

Anders als im Fall der Entgeltfortzahlung bei Krankheit bedarf es einer tarifvertraglichen Implementierung des Referenzprinzips hier also nicht.

---

9) *Helml*, EFZG, 1995, § 4 Rz. 26 m. w. N.
10) *Schaub* (Fußn. 6), § 102 VI 3.

Der „vorhergehende Bezugszeitraum", auf den Punkt 4.2 der Betriebsvereinbarung „Zeitkonto" abstellt, ist in diesem Fall nicht tarifvertraglich, sondern durch das Gesetz vorgegeben.

Das Bundesurlaubsgesetz ist vor kurzem dahin gehend geändert worden,[11] daß das im Berechnungszeitraum zusätzlich für Überstunden gezahlte Entgelt bei der Bemessung des Urlaubsgeldes nunmehr „außen vor" bleibt (§ 11 Abs. 1 Satz 1 letzter Halbsatz BUrlG).

Diese Gesetzesänderung wird jedoch durch Punkt 4.2 der Betriebsvereinbarung „Zeitkonto" aufgefangen, wonach für im Bezugszeitraum geleistete Mehrarbeit ein zusätzlicher Referenzbetrag zu zahlen ist.

4. Gesamtergebnis

Das betriebliche Arbeitszeit- und Entgeltmodell der AUDI AG verstößt weder gegen zwingende gesetzliche noch tarifvertragliche Bestimmungen. Gleichwohl stellt sich die Frage, warum die drei Gesetze, die inhaltlich hinsichtlich der Bezahlung von Ausfallzeiten denselben Regelungsinhalt haben, unterschiedliche Wege gehen und nicht zum Zwecke einer Erleichterung für die Führung eines Unternehmens aneinander angepaßt werden.

V. Arbeitszeitmodelle

Eine ausführliche Darstellung einzelner Arbeitszeitmodelle verbietet sich hier aus Platzgründen. Außerdem gibt es zu diesem Themenbereich bereits ein reiches Literaturangebot. Statt dessen sollen nur einige Grundmuster vor dem Hintergrund der Bedeutung des Zeitkonto-Instruments dargestellt werden, um die Vernetzung der Gesamtsystematik „Arbeitszeitflexibilisierung" zu verdeutlichen.

1. Freischichtenmodell

Das Freischichtenmodell ist dadurch gekennzeichnet, daß der Mitarbeiter (in der Regel Vollzeit) innerhalb eines Arbeitszeitsystems mit festem Arbeitsanfang/-ende länger als seine IRWAZ arbeitet. Durch das Einstellen des Arbeitsumfangs (Ist) unter gleichzeitiger Saldierung mit seiner IRWAZ (Soll) ergibt sich ein Zeitguthaben (Vorarbeit), das durch eine Freistellung an bezahlten Tagen wieder abgebaut wird, indem in das Konto an Arbeitstagen (Ist) Null eingestellt und Zeit im Umfang der IRWAZ entnommen wird. Kein Zeitguthaben entsteht an bezahlten Ausfalltagen, da die eingestellte Ausfallzeit der IRWAZ entspricht und somit der Saldo Null ist. Der

---

11) Durch Gesetz vom 25. 9. 1996, BGBl I, 1476.

Abbau von Zeitguthaben kann individuell zwischen Vorgesetztem und Mitarbeiter abgesprochen oder EDV-gesteuert werden; er sollte aber in jedem Fall kapazitätsorientiert erfolgen.

Ein weiterer Vorteil des Zeitkonto-Instruments zeigt sich in den Fällen, in denen aufgrund von Kapazitätsschwankungen oder anderer Sondermaßnahmen für einen gewissen Zeitraum die Produktion ruht und die ausgefallene Arbeitszeit danach wieder aufgeholt werden soll. Bei der noch häufig praktizierten stundenweisen Bezahlung und dem damit korrespondierenden Ausfallprinzip, aber auch bei dem starren Festlegen einer bestimmten Anzahl von Freischichten im Jahr ohne Rücksicht auf die tatsächlich erbrachte Arbeitsleistung ergeben sich immer personelle Probleme, wenn Freischicht mit Krankheit oder schichtfreier Tag mit einem Feiertag zusammenfällt: Verfällt die Freischicht oder ist sie nachzuholen?

Beim Zeitkonto-Instrument mit Monatslohn und Referenzprinzip tritt dieses Problem, das häufig kapazitätsorientierte Flexibilisierungsbemühungen zum Scheitern bringt, nicht auf. Bei einem an sich zur Arbeit bereiten Mitarbeiter entsteht pro ausgefallenem Arbeitstag (Montag bis Freitag) eine Zeitschuld in Höhe seiner IRWAZ, weil diese Tage innerhalb seines Monatsentgelts bezahlt sind, die er nacharbeiten muß. Wird er krank oder hatte er Urlaub eingeplant, sind diese Zeiten Ausfallzeiten und nicht nachzuarbeiten; sein Zeitsaldo bleibt unverändert mit der Folge, daß eine erarbeitete Freischichtanwartschaft (Zeitguthaben) erhalten bleibt.

2. Gleitende Arbeitszeit

Möglicherweise für viele unbewußt, wird bei dem Arbeitszeitmodell „gleitende Arbeitszeit" das Zeitkonto-Instrument bereits angewandt. Denn der täglich unterschiedlich langen Arbeitszeit wird die IRWAZ gegenübergestellt. Aus dem erworbenen Zeitguthaben werden die Gleittage gespeist.

Die Einführung von gleitender Arbeitszeit ist in vielen Fällen nur im Angestelltenbereich erfolgt, was aufgrund des Monatsgehalts, das schon immer kontinuierlich und unabhängig vom tatsächlich pro Monat geleisteten Arbeitsvolumen gezahlt worden ist, keine Abrechnungsprobleme mit sich brachte. Erst im geringen Umfang wird nunmehr dieses Modell auch auf den gewerblichen Bereich ausgedehnt. Hinderlich waren neben arbeitsorganisatorischen Gründen vor allem die sich aus der Stundenlohnbezahlung ergebenden abrechnungstechnischen Probleme. Mit dem Instrument des Monatslohns dürfte nunmehr von dieser Seite her einer Ausweitung der gleitenden Arbeitszeit auch im gewerblichen Bereich nichts mehr im Wege stehen.

3. Teilzeit

Dieses gerade im Hinblick auf einen kapazitätsorientierten Einsatz des Humanfaktors effiziente Arbeitszeitmodell hat, wie die veröffentlichten Zahlen zeigen, noch nicht den Stellenwert eingeräumt erhalten, den es innerhalb des Gesamtkonzepts Arbeitszeitflexibilisierung haben müßte. Auch hier dürfte in vielen Fällen neben der Scheu, zu flexibel zu sein, das Problem der Zeit- und Entgeltabrechnung der Grund sein, daß nur eine sehr eingeschränkte Zahl von Teilzeitsystemen (tageweise Verkürzung) angeboten wird. Dieses Angebot reicht aber auf keinen Fall aus, um den Interessen des Betriebs und der Mitarbeiter gleichermaßen zu genügen.

Wie die Abbildung 8 als Beispiel für Teilzeit mit einer Woche Arbeit und einer Woche arbeitsfrei zeigt, bietet das Arbeitszeitkonto die Lösung, um die unterschiedlichsten Teilzeitmodelle zu fahren, nämlich Stunden pro Tag, Tage pro Woche, Wochen pro Monat und Monate pro Jahr oder auch in Mischform (Abb. 9, unten S. 141). Die Steuerung des Kontos erfolgt durch den Vergütungsprozentsatz, der sich aus dem Verhältnis von Soll-Arbeitszeit zur tariflichen Arbeitszeit ergibt.

Der Arbeitsvertrag für Vollzeitmitarbeiter bedarf nur einer Ergänzung mit der Vereinbarung des Vergütungsprozentsatzes und die Lage der Arbeitszeit. Ansonsten bedarf es keiner Änderung, da sich nicht die Tätigkeit und der Stundensatz, sondern nur das Arbeitszeitvolumen verändert (Arbeitszeitverkürzung). Diese fehlende Erkenntnis hat eine unnötige Vielzahl von Gerichtsentscheidungen zur Teilzeitarbeit hervorgerufen. Denn umgekehrt kommt bei einer Arbeitszeitverlängerung z. B. auf 40 Stunden auch niemand auf den Gedanken, außer Arbeitszeitvolumen und dem entsprechenden Vergütungsfaktor weitergehende vertragliche Änderungen an den bestehenden Rechten und Pflichten eines normalen Vollzeitmitarbeiters vornehmen zu wollen. Ergänzt wird bei Audi die einzelvertragliche Ergänzung des Arbeitsvertrags in Teilzeit durch eine Betriebsvereinbarung, in der dieser Grundgedanke ausführlich geregelt ist.

4. Beschäftigungssicherung/kollektive Arbeitszeitverkürzung

Erstmalig ist 1994 durch den Tarifvertrag „Beschäftigungssicherung" in der Metallindustrie die kollektive Arbeitszeitverkürzung ermöglicht worden. Audi hat vom 1. April 1994 bis zum 31. März 1995 davon Gebrauch gemacht und für alle Belegschaftsmitglieder Arbeitszeit und Entgelt um 10 % gekürzt.

Die Entscheidungen fielen jeweils kurzfristig und flexibel, d. h. ca. zwei Wochen vor Einsetzen und Aufhebung der Regelung. Diese hohe Flexibilität war nur mit Hilfe des Arbeitszeitkontos möglich, weil die jeweilige

IRWAZ nur um 10 %, z. B. von 7,2 Stunden bei einer damals gültigen 36-Stunden-Woche auf 6,48 Stunden pro Tag, gekürzt und wieder auf 7,2 Stunden angehoben werden mußte.

Bei unveränderter betrieblicher Arbeitszeit erhöhten sich automatisch die Zeitguthaben und damit die Anzahl der Freischichten oder Gleittage, um die personalpolitisch gewünschte Verringerung der Arbeitsleistung bei unverändertem Personalstand zu erreichen; im Falle von Audi mehr als 3 000 Mannjahre. Dadurch wurden zum einen die mit einem langwierigen und schwierigen Personalabbau verbundenen hohen Kosten und Probleme wie Sozialauswahl vermieden; zum anderen war bei Rückkehr zur Vollzeit die hoch qualifizierte Personalkapazität ohne Beschaffungskosten, Einarbeitung etc. von einem Tag zum anderen wieder voll verfügbar.

5. Altersteilzeit

Mit Hilfe des Arbeitszeitkontos wird auch die Einführung der Altersteilzeit unproblematisch sein: Sie läßt sich nach den Regeln der Teilzeit abwickeln, nur daß sich der Ausgleichszeitraum von zwölf Monaten auf beispielsweise zwei bis fünf Jahre erweitert. Diskussionen über eine Verzinsung werden unnötig, da die Freistellung, das Abfeiern der Zeitguthaben bei einem um die jeweiligen Tarifsteigerungen erhöhten Entgelt erfolgt. Jetzt schon diskutierte Fragen, wie Krankheit, Urlaub, Sonderzahlungen etc. in Zeiten der Vollbeschäftigung und Freistellung zu regeln sind, lassen sich mit der Systematik des Arbeitszeitkontos logisch, zweifelsfrei und gerecht beantworten.

Insofern ist der Referentenentwurf des Gesetzes zur sozialrechtlichen Absicherung flexibler Arbeitszeitregelungen („Flexi-Gesetz")[12] ein gutes Beispiel für die Notwendigkeit, das Arbeitsrecht an die moderne Unternehmensführung anzupassen. Sonst besteht die Gefahr, daß zur Erhaltung der Wettbewerbsfähigkeit und damit zur Sicherung der Arbeitsplätze, mit denen die Einnahmen der Sozialversicherungsträger sichergestellt und Ausgaben mit weiteren Löchern vermieden werden, in den Unternehmen Regelungen vereinbart werden, die bei Nichtakzeptanz durch einzelne Belegschaftsmitglieder die Belastung der Arbeitsgerichte weiter erhöhen wird.

Die Flexibilität, die in den Unternehmen zum Erhalt und Ausbau des Standorts Deutschland notwendig ist, muß auch bei dem Gesetzgeber, den Sozialversicherungsträgern und Gewerkschaften gegeben sein.

---

[12] Regierungsentwurf eines Gesetzes zur sozialrechtlichen Absicherung flexibler Arbeitszeitregelungen, BR-Drucks. 1000/97 vom 29. 12. 1997.

Arbeitszeitkonto

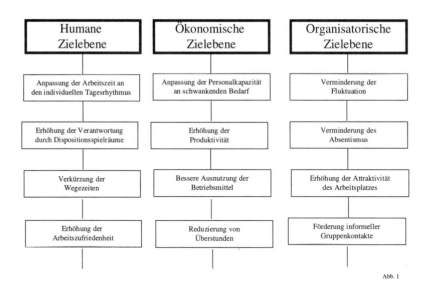

Abb. 1

	1970 bis 1980	1980 bis 1990	Jahresdurchschnitte			1997						
			1994	1995	1996	Jan.	Febr.	März	April	Mai	Juni	Juli
Belgien	4,6	10,4	10,0	9,9	9,8	9,5	9,5	9,6	9,6			
Deutschland +)	2,5	5,7	8,4	8,2	9,0	9,6	9,6	9,7	9,6	9,6		
Dänemark	4,3	7,4	8,2	7,2	6,9	6,6	6,4	6,3	10,3			
Finnland	3,7	4,7	17,9	16,6	15,7	15,2	15,2	15,4	15,9			
Frankreich	4,1	9,0	12,3	11,7	12,4	12,5	12,5	12,5	12,5	12,5		
Griechenland	2,4	6,7	8,9	9,2	9,6	.	.	.	.			
Großbritannien	3,8	9,5	9,6	8,7	8,2	7,6	7,4	7,2	7,0	7,0		
Irland	7,0	15,2	14,3	12,3	11,8	11,2	11,0	11,1	10,9			
Italien	6,5	9,3	11,4	11,9	12,0	12,2	12,2	12,2	12,2	12,2		
Japan	1,7	2,5	2,9	3,1	3,4	3,3	3,3	3,2	3,3	3,3		
Kanada	6,7	9,2	10,4	9,5	9,7	9,7	9,7	9,3	9,6	9,6		
Luxemburg	0,3	2,5	3,2	2,9	3,3	3,6	3,6	3,6	3,7			
Niederlande	3,9	9,9	7,1	6,9	6,3	5,9	5,7	5,5	5,5			
Norwegen	1,1	3,0	5,4	4,9	4,8	4,8	4,8	4,7	4,7			
Österreich	1,8	4,2	3,9	4,4	4,4	4,4	4,4	4,4	4,4			
Portugal	5,0	7,1	7,0	7,3	7,3	7,2	7,3	7,2	7,3			
Schweden	2,1	2,4	9,8	9,2	10,0	10,4	10,9	10,9	10,8			
Schweiz	0,4	0,6	4,7	4,2	4,7	5,5	5,7	5,5	5,5			
Spanien	5,2	17,9	24,1	22,9	22,1	21,2	21,2	21,0	20,9	20,9		
USA	6,2	7,0	6,1	5,6	5,4	5,3	5,3	5,2	4,9	4,7		
Europ. Union *)	4,2	9,3	11,1	10,8	10,9	10,9	10,9	10,8	10,8			

Quellen: Eurostat, international Labour Office und OECD
+) ab 1994 Angaben für Gesamtdeutschland
*) ab Januar 1995   15 Mitgliedsstaaten
Die aktuellsten Zahlen sind teilweise vorläufige Werte (i4av1997)

Abb. 2

**Höhe und Struktur der Arbeitskosten international je Arbeiter-Stunde in der Metall und Elektroindustrie
1996
- in DM (Jahresdurchschnitt) -**

Rang-folge	Land	Brutto-stundenlohn in DM	Personal-zusatzkosten in DM	Arbeitskosten insgesamt in DM
1	**Deutschland - West**	**27,91**	**22,72**	**50,63**
2	Schweiz	31,63	17,55	49,18
3	Japan	35,00	7,10	42,10
4	Belgien	20,70	18,64	39,34
5	Norwegen	26,80	11,74	38,54
6	Dänemark	29,57	7,60	37,17
7	Schweden	21,41	15,07	36,48
8	Österreich	17,54	18,00	35,54
9	Finnland	20,64	14,68	35,32
10	**Deutschland - Ost**	**19,15**	**14,96**	**34,11**
11	Spanien	20,71	13,19	33,90
12	Niederlande	18,42	13,82	32,24
13	USA	20,84	9,52	30,36
14	Italien	12,72	16,96	29,68
15	Frankreich	14,46	11,65	26,11
16	Großbritannien	17,28	6,93	24,21
17	Irland	15,85	7,99	23,84
18	Portugal	6,94	6,29	13,23
19	Türkei	1,99	2,24	4,23

Quelle: W.E.M.-Statistischer Austausch, US-Department of Labor, MONTHLY STATISTICS OF JAPAN
sowie eigene Berechnungen
(i4int-k7)

Abb. 3

Arbeitszeitkonto

THEORETISCHE SOLLARBEITSZEIT AUF JAHRESBASIS *)
1995 - 1997   revidiert (Kalenderjahr)

Land	1995 (260 oder 312 Arbeitstage) (53 Sonntage)			
	Feiertage	/ Urlaubstage	Stunden pro Tag	Soll-Jahres-arbeitszeit
D [1)] a)	10	30	7,15 [2)]	1573 [3)]
b)	10	29 [4)]	7,8 [5)]	1724 [3)]
B	10	20	7,4 [1)]	1702
DK	9	25	7,4 [1)]	1672
FIN	8	25 [1)]	8	1716 [2)]
F	9	25-28	7,7 [1)]	1740-1717
GB	8	25	7,8-7,4	1771-1680
I	10	24 [1)]	8	1736 [2)]
NL	7	25-38	8	1720-1616 [1)]
N	9	21-26	7,5 [1)]	1725-1687
A	12	25-30	7,7 [1)]	1717-1679
S	9	25	8	1803 [1)]
CH	8	22-30	8	1840-1776
E [1)]	13	22+2 [2)]	8	1784
TR [1)]	11,5	18-26 [1)]	7,5 [2)]	2119-2059

Land	1996 (262 oder 314 Arbeitstage) (Schaltjahr)			
	Feiertage	/ Urlaubstage	Stunden pro Tag	Soll-Jahres-arbeitszeit
D [1)] a)	12,4	30	7 [6)]	1537 [3)]
b)	12,4	30 [4)]	7,75 [7)]	1702 [3)]
B	10	20	7,4	1717
DK	11	25	7,4	1672
FIN	9	25	8	1724 [2)]
F	10	25-28	7,7	1747-1725
GB	8	25	7,8-7,4	1786-1695
I	8	24	8	1768 [2)]
NL	7	25-38	8	1736-1632 [1)]
N	10	21-26	7,5	1733-1695
A	10,5	25-30	7,7	1744-1706
S	11	25	8	1794 [2)]
CH	9	22-30	8	1848-1784
E [1)]	13	22+2 [2)]	8	1800
TR [1)]	12,5	18-26 [1)]	7,5 [2)]	2126-2066

Land	1997 (261 oder 314 Arbeitstage) (52 Sonntage)			
	Feiertage /	Urlaubstage	Stunden pro Tag	Soll-Jahres-arbeitszeit
D [1)] a)	11,4	30	7	1537 [3)]
b)	11,4	30	7,6 [8)]	1669 [3)]
B	10	20	7,4	1709
DK	11	25	7,4	1665
FIN	9	25	8	1716 [2)]
F	10	25-28	7,7	1740-1717
GB	8	25	7,8-7,4	1778-1687
I	9	24	8	1752 [2)]
NL	7	25-38	8	1728-1624 [1)]
N	9	21-26	7,5	1733-1695
A	11,5	25-30	7,7	1729-1690
S	12	25	8	1774 [3)]
CH	9	22-30	8	1840-1776
E [1)]	13	22+2 [2)]	8	1792
TR [1)]	12,5	18-26 [1)]	7,5 [2)]	2119-2059

Erläuterungen siehe nächste Seite

März 1997
Abb. 4

Erläuterungen zur Tabelle "Sollarbeitszeit auf Jahresbasis, 1995 - 1997"

Entweder so wie im Tarifvertrag vorgesehen oder berechnet auf der Grundlage der Standardarbeitszeit pro Woche abzüglich Feiertage, die die Arbeitswoche verkürzen, und Jahresurlaub.

D	1)	a) Tarifvertrag für die alten (westlichen) Bundesländer. b) Tarifvertrag für die neuen (östlichen) Bundesländer.
	2)	36-Stunden-Woche = 7,2 Stunden/Tag für den Zeitraum Januar bis September 1995 und 35-Stunden/Woche = 7,0 Stunden/Tag ab Oktober 1995; dies bedeutet für 1995 einen kalkulierten Durchschnitt von 35,75 Stunden/Woche oder 7,15 Stunden/Tag.
	3)	Möglichkeit, mit einer bestimmten Zahl von Arbeitnehmern einzelvertraglich eine Standard-Arbeitszeit bis zu 40 Stunden pro Woche zu vereinbaren (für 13 % oder 18 % der Arbeitnehmer entsprechend den unterschiedlichen Regionalabkommen) wodurch die Jahresarbeitszeit für diese Arbeitnehmer länger ist als in der Tabelle ausgewiesen (1995: a) bis zu 1.760 Stunden, b) bis zu 1.768 Stunden; 1996 und 1997: a) + b) bis zu 1.757 Stunden).
	4)	Bis 1995 abweichende Dauer des Jahresurlaubs im Vergleich zu den westlichen Bundesländern; seit 1996 gleich Regelungen in ganz Deutschland
	5)	Von den westlichen Bundesländern abweichende Wochenarbeitszeit; 39 Stunden/Woche = 7,8 Stunden/Tag
	6)	35 Stunden/Woche = 7 Stunden/Tag
	7)	Arbeitszeitverkürzung von 39 auf 38 Stunden/Woche seit Oktober 1996. Dies bedeutet für 1996 einen kalkulierten Durchschnitt von 38,75 Stunden/Woche oder 7,75 Stunden/Tag (Januar bis September 1996: 39 Stunden/Woche oder 7,8 Stunden/Tag; seit Oktober 1996: 38 Stunden/Woche oder 7,6 Stunden/Tag).
	8)	38 Stunden/Woche = 7,6 Stunden/Tag.
B	1)	Regional- oder Firmenabkommen über Arbeitszeitverkürzungen; die meisten sehen eine 37-Stunden-Woche vor = 7,4 Stunden/Tag
DK	1)	37-Stunde-Woche = 7,4 Stunden/Tag
FIN	1)	Nach 1 Jahr
	2)	40-Stunden-Woche, aber Arbeitszeitverkürzung in Form von "Freizeit" um 100 Stunden/Jahr seit 1990.
F	1)	38,5-Stunden-Woche = 7,7 Stunden/Tag
GB	1	Entsprechend dem nationalen Tarifvertrag von 1979: 39 Stunden/Woche = 7,8 Stunden/Tag. Seit der Aufgabe von Tarifverhandlungen auf nationaler Ebene im November 1989 können alle wesentlichen Vorschriften einschließlich der Arbeitszeitregelung auf Unternehmensebene verhandelt werden. Die bisherigen Abkommen verkürzten die Wochenarbeitszeit um zwischen 0,5 Stunden (auf 38,5

		Stunde/Woche = 7,7 Stunden/Tag und 2 Stunden (auf 37 Stunden/Woche = 7,4 Stunden/Tag).
I	1)	Bestimmungen für Arbeiter (Angestellte: 24 - 30 Tage).
	2)	40 Stunden/Woche, aber Arbeitszeitverkürzung in Form von "Freizeit" um 72 Stunden/Jahr.
NL	1)	40 Stunden/Woche, aber Arbeitszeitverkürzung in Form von "Freizeit" um 104 Stunden/Jahr.
N	1)	37,5 Stunden/Woche = 7,5 Stunden/Tag.
A	1)	38,5 Stunden/Woche = 7,7 Stunden/Tag
S	1)	Seit 01.06.95 Arbeitszeitverkürzung für nicht-schichtarbeitende Arbeiter um 12 Minuten "Freizeit" pro geleistete Arbeitswoche = 9 Stunden/Jahr (basierend auf einem Durchschnitt von 45 Arbeitswochen ohne Feiertage und Urlaubstage). Kalkulierbarer Effekt 1995: Arbeitszeitverkürzung um 5 Stunden/Jahr.
	2)	Seit 01.06.96 weitere Arbeitszeitverkürzung um 12 Minuten pro geleistete Arbeitswoche. Kalkulierter Effekt 1996: Arbeitszeitverkürzung um 14 Stunden/Jahr
	3)	Ab 1997: insgesamt 18 Stunden "Freizeit" pro Jahr.
E	1)	Samstag zählt nicht mehr als regulärer Arbeitstag 40 Stunden/Woche als Jahresdurchschnitt = 8 Stunden/Tag.
	2)	Zwei zusätzliche Tage beziehen sich auf "Brückentage" (zwischen einem Feiertag und dem Wochenende), an denen nicht gearbeitet wird. Diese Regelung wird im Durchschnitt schätzungsweise zweimal im Jahr durchgeführt (nicht alle Unternehmen handhaben dies so.).
TR	1)	Der Samstag zählt noch als regulärer Arbeitstag, Ausgangspunkt sind daher 313 Tage/Jahr (bzw. 312 oder 314 Tage/Jahr je nach Kalender) und 6 Tage/Woche.
	2)	Die wöchentliche Arbeitszeit beträgt in den Mitgliedsfirmen des türkischen Metallarbeitgeberverbandes MESS in den meisten Fällen 45 Stunden oder weniger: 45 Stunden/Woche = 7,5 Stunden/Tag (einschließlich Samstag)

Quelle: W.E.M.-Statistik, März 1997 (I3-Arze7)

Arbeitszeitkonto

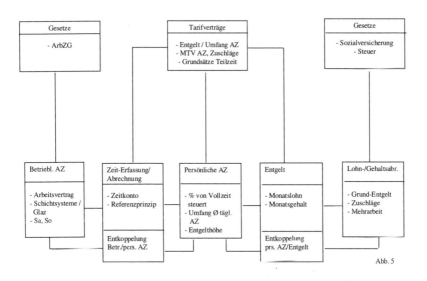

Abb. 5

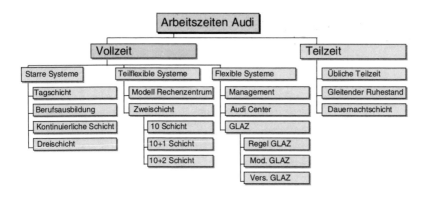

Abb. 6

Rechenzentrum

						Woche 1
M	F	8,2	7,5	7,5	+F	10
D	F	8,2	7,5	7,5		8,2
M	F	8,2	7,5	7,5	TU	8,2
D	F	8,2	7,5	7,5	Feiertag	7,5
F	F	8,2	7,5	7,5	TU	
S	-	-	-	-		-
Σ	42,8		37,5			41,4

					Woche 2
M	N	8,2	7,5	8,2	
D	N	8,2	7,5	8,2	
M	N	8,2	7,5	8,2	
D	N	8,2	7,5	8,2	
F	N	8,2	7,5	8,2	
S	-	-	-	-	
Σ	41		37,5	41	

					Woche 3
M	S	8,2	7,5	8,2	
D	S	8,2	7,5	8,2	
M	S	8,2	7,5	8,2	
D	S	8,2	7,5	8,2	
F	S	8,2	7,5	8,2	
S	-	-	-	-	
Σ	41	37,5		41	

					Woche 4
M			7,5	7,5	
D			7,5	7,5	K
M	-,5	8,7	7,5	7,5	K
D	-,5	8,7	7,5	7,5	K
F	-,5	8,7	7,5	7,5	K
S	-	-	-	-	
Σ			37,5	37,5	

4	Σ	Wo 1	Saldo
	26,1	150,9	+0,9
	37,5	150,0	
	37,5	161,6	+11,6
	37,5	160,9	+10,9

						Woche 5
M	F	8,2	7,5	TU	7,5	-
D	F	8,2	7,5	TU	7,5	-
M	F	8,2	7,5	TU	7,5	-
D	F	8,2	7,5	TU	7,5	-
F	F	8,2	7,5	TU		-
S	-	-	-			-
Σ	41	37,5	37,5			

					Woche 6
M	N	8,2	7,5	8,2	-
D	N	8,2	7,5	8,2	-
M	N	8,2	7,5	8,2	-
D	N	8,2	7,5	K	8,2
F	N	8,2	7,5	K	8,2
S	-	-	-		-
Σ	41	37,5	39,6		

					Woche 7
M	S	8,2	7,5	K	7,5
D	S	8,2	7,5	K	7,5
M	S	8,2	7,5	K	7,5
D	S	8,2	7,5		8,2
F	S	8,2	7,5		8,2
S	-	-	-		-
Σ	41	37,5	38,9		

						Woche 8
M	+F	10	7,5	TU	7,5	TU
D	F	8,2	7,5	TU	7,5	TU
M	F	8,2	7,5	TU	7,5	TU
D	F	8,2	7,5	TU	7,5	o
F	F	8,2	7,5	TU	7,5	TU
S	-	-	-			
Σ	26,4	37,5	22,5			

4	Σ	Wo 5
	149,4	136,5
	150,0	153,5

Abb. 7

Arbeitszeitkonto

Teilzeit 1 Woche 5 x 8 Std.; 1 Woche arbeitsfrei (∅ pro Tag = 4 Std.)

		Mo	Di	Mi	Do	Fr	Σ	Mo	Di	Mi	Do	Fr	Σ	
A	Zeit	8	8	8	8	8	40	0 (FI)	0 (FI)	0 (FI)	0 (FI)	0 (FI)	40	
	Bez.	4	4	4	4	4	20	4	4	4	4	4	40	± 0
B	Zeit	4 (K)	4 (K)	4 (K)	4 (K)	4 (K)	20	4 (K)	4 (K)	4 (K)	4 (K)	4 (K)	40	
	Bez.	4	4	4	4	4	20	4	4	4	4	4	40	± 0
C	Zeit	4 (K)	4 (K)	4 (K)	4 (K)	4 (K)	20	0 (FI)	0 (FI)	0 (FI)	0 (FI)	0 (FI)	20	
	Bez.	4	4	4	4	4	20	4	4	4	4	4	40	- 20
D	Zeit	8	8	8	8	8	40	4 (K)	4 (K)	4 (K)	4 (K)	4 (K)	60	
	Bez.	4	4	4	4	4	20	4	4	4	4	4	40	+ 20
E	Zeit	8	8	8	8	8	40	0 (FI)	0 (FI)	0 (FI)	4 (GF)	0 (FI)	44	
	Bez.	4	4	4	4	4	20	4	4	4	4	4	40	+ 4

Abb. 8

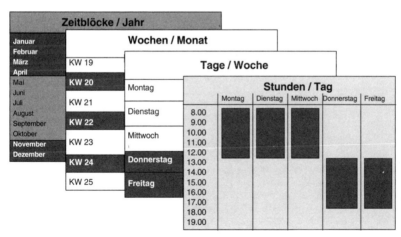

Abb. 9

Teilzeitbeschäftigung – Aktuelles zur Gleichbehandlung und zur Flexibilisierung der Arbeitszeitdauer

von

Prof. Dr. PETER SCHÜREN, Münster

Inhaltsübersicht

I. Einleitung

II. Der Anspruch der Teilzeitbeschäftigten auf Gleichbehandlung
   1. Gleichbehandlung bei der Grundvergütung
   2. Gleichbehandlung bei Zulagen und Lohnnebenleistungen
      a) Arbeitszeitdeputat als Differenzierungsgrund
      b) Problemfälle

III. Grenzen einer Flexibilisierung der Arbeitszeitdauer
   1. Rahmenbedingungen eines variablen Arbeitszeitdeputats
   2. Neue Entwicklungstendenzen in der Rechtsprechung?

IV. Zusammenfassung

I. Einleitung

Teilzeitarbeit ist abhängige Beschäftigung mit einer durchschnittlichen Wochenarbeitszeit, die unter derjenigen einer Vollzeitkraft liegt. Wochenarbeitszeiten unter 35 Stunden rechnen heute zur Teilzeitarbeit.

Die arbeitsrechtlichen Probleme mit der Teilzeitarbeit ergeben sich daraus, daß die Nachfrage nach Teilzeitarbeit erheblich größer ist als das Angebot. In einer Marktwirtschaft führt das unausweichlich dazu, daß den Teilzeitbeschäftigten gelegentlich schlechtere Arbeitsbedingungen aufgedrängt werden als vergleichbar tätigen Vollzeitbeschäftigten. Gleichbehandlung wird zum Problem.

Das hat auch Folgen für die Arbeitszeitflexibilisierung. Bei Teilzeitkräften wird nicht nur die Verteilung der Arbeitszeit bedarfsorientiert flexibilisiert. Vielmehr wird bei diesen Arbeitnehmern teilweise vereinbart, daß der Arbeitgeber den Umfang der Arbeitszeit nach Bedarf festlegen darf. Das ist überaus vorteilhaft für den Arbeitgeber. Er bezahlt nur die Stunden, die er tatsächlich braucht – ohne Zuschläge noch dazu.

Mit dem aktuellen Stand der Diskussion zu beiden Fragenkreisen beschäftigt sich mein Beitrag.

II. Der Anspruch der Teilzeitbeschäftigten auf Gleichbehandlung

Das Bundesarbeitsgericht hat in den letzten zwei Jahren[1] seine Rechtsprechung zur Vergütung von Teilzeitbeschäftigten erheblich verändert. Die Anwendung des Gleichbehandlungsgebots aus § 2 Abs. 1 BeschFG wurde deutlich „verschärft".

Zwei Bereiche sind dabei zu unterscheiden: der Arbeitslohn selbst und dann die Lohnnebenleistungen. Auf beiden Feldern haben Arbeitgeber bislang gegenüber Teilzeitkräften die Arbeitsmarktsituation ausgenutzt und kräftig gespart.

1. Gleichbehandlung bei der Grundvergütung

Stets setzt die zulässige Benachteiligung von Teilzeitkräften beim Stundenlohn einen sachlichen Grund voraus. Eine solche Rechtfertigung hatte das Bundesarbeitsgericht[2] bis vor wenigen Jahren bei *nebenberuflich* tätigen Teilzeitbeschäftigten in ständiger Rechtsprechung dann anerkannt, wenn sie anderweitig durch eine abhängige oder selbständige Haupttätigkeit sozial abgesichert waren. Solche Arbeitnehmer wären, so unterstellte das Bundesarbeitsgericht, nicht auf das volle Entgelt aus der Nebenbeschäftigung angewiesen, um ihren Lebensunterhalt zu bestreiten. Deshalb dürfe man sie schlechter als Vollzeitkräfte bezahlen. Das klang nach beamtenrechtlicher Alimentation.

Der Arbeitsvertrag ist ein gegenseitiger Vertrag. Die Vergütung bemißt sich zunächst am Wert der Gegenleistung, also am Wert der Arbeit.[3] Für den Wert der geleisteten Arbeit ist es ohne Bedeutung, ob das Einkom-

---

1) BAG, Urt. v. 1. 11. 1995 – 5 AZR 84/94, AP Nr. 45 zu § 2 BeschFG 1985 mit Anm. *Schüren* = ZIP 1996, 1142, dazu EWiR 1996, 725 *(Schüren)*, und BAG, Urt. v. 1. 11. 1995 – 5 AZR 880/94, AP Nr. 46 zu § 2 BeschFG 1985; BAG, Urt. v. 9. 10. 1996 – 5 AZR 338/95, AP Nr. 50 zu § 2 BeschFG 1985 = NZA 1997, 728 ff.

2) BAG, Urt. v. 22. 8. 1990 – 5 AZR 543/89, AP Nr. 8 zu § 2 BeschFG 1985; BAG, Urt. v. 11. 3. 1992 – 5 AZR 237/91, AP Nr. 19 zu § 1 BeschFG 1985 mit Anm. *Schüren*; BAG, Urt. v. 19. 8. 1992 – 5 AZR 95/92, EzA § 2 BeschFG 1985 Nr. 23; BAG, Urt. v. 9. 12. 1992 – 5 AZR 15/92, ZTR 1993, 210 f; BAG, Urt. v. 24. 3. 1993 – 10 AZR 97/92, ZTR 1993, 338 f; siehe auch LAG Frankfurt/M., Urt. v. 10. 3. 1995, 13 Sa 366/94, LAGE § 2 BeschFG 1985 Nr. 27; *Hanau*, Der Regierungsentwurf eines Beschäftigungsförderungsgesetzes 1985 oder: „Hier hat der Chef selbst gekocht", NZA 1984, 345, 347; vgl. auch BVerfG, Urt. v. 18. 2. 1993 – 1 BvR 1594/92, AP Nr. 25 zu § 2 BeschFG 1985; EuGH, Urt. v. 13. 12. 1994 – Rs C-297/93, AP Nr. 60 zu Art. 119 EWG-Vertrag.

3) Vgl. BAG AP Nr. 45 zu § 2 BeschFG 1985 = ZIP 1996, 1142, 1146, und BAG AP Nr. 46 zu § 2 BeschFG 1985.

men den Lebensunterhalt sichert oder ob es nur zusätzlichen Luxus ermöglicht. *"Die Nebenberuflichkeit",* so das Bundesarbeitsgericht inzwischen, *"ist insoweit ein sachfremdes Kriterium".*[4] Freilich kann auch ein sachfremder Differenzierungsgrund die unterschiedliche Bezahlung der gleichen Arbeit rechtfertigen. Denn die Vertragspartner haben hier erhebliche Spielräume. Man denke an die Beschäftigungsdauer, das Lebensalter, die Kinderzahl oder ähnliche Umstände, die ebenfalls in keinem inneren Zusammenhang zum Wert der geleisteten Arbeit stehen. Nur müssen die Vertragspartner – gemeint ist faktisch natürlich der Arbeitgeber – das Gleichbehandlungsgebot komplett beachten.[5]

Der Fünfte Senat hat zwar auch jetzt noch nicht herausgearbeitet, was ein tragfähiger sachlicher Grund ist. Er hat aber geklärt, wann ein – anerkannter – sachlicher Rechtfertigungsgrund die Benachteiligung trägt. Die Grenze zwischen den Begünstigten und den Benachteiligten dürfe nicht willkürlich gezogen werden. Der Leistungszweck verbiete nach sach- oder funktionswidrigen Merkmalen zu differenzieren. Der Grenzverlauf muß sich, so der Senat,[6] *"aus dem Vergleich der begünstigten und der benachteiligten Gruppe ergeben".*

Es gibt aber beispielsweise keinen Erfahrungssatz, daß ausschließlich nebenberuflich tätige Teilzeitbeschäftigte anderweitig sozial abgesichert sind, während Vollzeitkräfte stets auf ihr Einkommen zur Sicherung des Lebensunterhalts angewiesen sind.

Manchmal wird die Haupttätigkeit einer nebenberuflichen Teilzeitkraft so schlecht bezahlt, daß sie erst mit der zusätzlichen Teilzeitbeschäftigung ihren Lebensunterhalt sichern kann. Die aus dem amerikanischen Arbeitsalltag bekannten „working poor" gibt es auch bei uns. Umgekehrt haben nicht wenige Vollzeitbeschäftigte andere regelmäßige Einkommen wie

---

4) BAG AP Nr. 45 zu § 2 BeschFG 1985 = ZIP 1996, 1142, 1146, und BAG AP Nr. 46 zu § 2 BeschFG 1985; BAG, Urt. v. 12. 6. 1996 – 5 AZR 960/94, AP Nr. 4 zu § 611 BGB Werkstudent = NZA 1997, 191, 193; vgl. BAG, Urt. v. 22. 11. 1994 – 3 AZR 349/94, AP Nr. 24 zu § 1 BetrAVG Gleichbehandlung = ZIP 1995, 668, 670 f, dazu EWiR 1995 531 *(Bormann)*; BAG, Urt. v. 20. 12. 1995 – 10 AZR 12/95, ZTR 1996, 226, 227; *Richardi,* Das Gleichbehandlungsgebot für Teilzeitarbeit und seine Auswirkung auf Entgeltregelungen, NZA 1992, 625, 628; *Wank,* Nebentätigkeit, 1995, Rz. 401 ff, 403.

5) Siehe auch *Fastrich/Erling,* Anm. zu BAG, Urt. v. 1. 11. 1995, SAE 1997, 219, 223, 224 f.

6) BAG AP Nr. 45 zu § 2 BeschFG 1985 = ZIP 1996, 1142, 1146, vgl. dazu *Schüren,* Ungleichbehandlungen im Arbeitsverhältnis – Versuch einer neueren Strukturierung der Rechtfertigungsvoraussetzungen, in: Festschrift Gnade, 1992, S. 161, 165 ff, 171; *ders.:* in: Münchener Handbuch zum Arbeitsrecht, Bd. 2, Individualarbeitsrecht II, 1993, § 157 Rz. 85 ff; *Beduhn,* Neues zur Gleichbehandlung von Teilzeitbeschäftigten, ArbuR 1996, 485; siehe auch *Sowka/Köster,* Teilzeitarbeit und geringfügige Beschäftigung, 1993, S. 26 f; *Wank* (Fußn. 4), Rz. 397.

z. B. Zinserträge oder Mieteinnahmen – die Erbengeneration läßt grüßen. Sie sind so wohlhabend, daß sie allein davon ihre Existenz fristen könnten.[7]

Sachlich gerechtfertigt kann eine Benachteiligung nur sein, wenn sie an den Umstand anknüpft, aufgrund dessen differenziert werden soll.[8] Das setzt auch bei einer abstrakt generellen Regelung voraus, daß der innere Zusammenhang zwischen *Gruppenbildung* und *Differenzierungsgrund* so eng als irgend möglich hergestellt wird.

Übertragen auf das konkrete Beispiel bedeutet das schlicht folgendes: Die „soziale Lage" ist ein sachlicher Differenzierungsgrund. Hätte man tatsächlich bei der Abgrenzung zwischen Begünstigten und Benachteiligten nach der sozialen Lage unterscheiden wollen, hätte dem nichts im Wege gestanden. Der Arbeitgeber hätte zu diesem Zweck einen Lohnabschlag für „Wohlhabende" einführen müssen. Das ist nichts Unbekanntes; die Steuerprogression soll ja bekanntlich auch diese Wirkung haben.

Bei der schlechteren Bezahlung von Teilzeitarbeit „im Nebenamt" fehlt der innere Zusammenhang zum Differenzierungsgrund. Die angegebene Rechtfertigung war mit einiger Sicherheit nur vorgeschützt. In Wirklichkeit wurde eine Marktchance genutzt. Die Teilzeitkräfte bekamen weniger, weil es möglich war, ihre Arbeitskraft zu diesem Preis „einzukaufen".

Hier ist übrigens auch der wunde Punkt der juristisch völlig korrekten Änderung der Rechtsprechung: Gleichbehandlung beim Entgelt ist schlicht eine künstliche, von außen aufgezwungene „Marktkorrektur". Deshalb ist sie auch so schwierig durchzusetzen.

Diese Marktkorrektur vorzunehmen, war eine politische Entscheidung des Gesetzgebers, die 1985 im Beschäftigungsförderungsgesetz (BeschFG) getroffen wurde. Sie hat wie jede externe Marktkorrektur ihren Preis. Die Arbeit der Teilzeitkräfte wird künstlich verteuert. Ob das die „Zweitklassigkeit" der Teilzeitarbeit abbaut, kann hier nicht vertieft werden. Eines scheint mir aber sicher: Wäre Teilzeitarbeit billiger, dann würde sie mehr nachgefragt.

---

7) *Schüren* (Fußn. 6), in: Festschrift Gnade, S. 161, 164; *Schüren* (Fußn. 6), MünchArbR, § 157 Rz. 86 f; *Colneric*, Anm. zu EuGH, Urt. v. 13. 12. 1994 – Rs C-297/93, EuroAS 1/1995, S. 14; *Sowka/Köster* (Fußn. 6), S. 26 f; *Lipke*, Individualrechtliche Probleme der Teilzeitarbeit, ArbuR 1991, 71, 79.

8) Das übersieht *Berger-Delhey*, Anm. zu BAG, Urt. v. 25. 1. 1989 – 5 AZR 161/88, AP Nr. 2 zu § 2 BeschFG 1985, der für die Feststellung eines unterschiedlichen sozialen Sicherungsbedürfnisses ebenfalls nur auf den Umfang der Arbeitszeit abstellt.

2. Gleichbehandlung bei Zulagen und Lohnnebenleistungen

Ebenso marktbedingt wie die Benachteiligung von Teilzeitkräften bei der Grundvergütung ist der Ausschluß dieser Beschäftigtengruppe von Zulagen und Lohnnebenleistungen. Zulagen und Lohnnebenleistungen sollen der Kernbelegschaft über die Grundvergütung hinaus Anreize zur Betriebstreue und zu hoher Dauerleistung bieten. Bei Teilzeitkräften gehen die Arbeitgeber vermutlich immer noch davon aus, daß diese Nebenleistungen entweder wirkungslos oder aber angesichts des guten Angebots an Teilzeitkräften nicht notwendig sind. Dann ist ihre Schlechterstellung folgerichtig und marktkonform.

a) Arbeitszeitdeputat als Differenzierungsgrund

Teilzeitbeschäftigte dürfen – so § 2 Abs. 1 BeschFG – nicht ohne sachliche Rechtfertigung von Lohnnebenleistungen ausgeschlossen werden. Wird bei den Anspruchsvoraussetzungen nach dem Umfang der Arbeitszeit differenziert, ist wie bei der Grundvergütung die Gruppenbildung am Gleichbehandlungsgrundsatz zu überprüfen.[9]

Deshalb ist bei *„Regelbeförderungen"* oder Lohnstufen eine geringere Berücksichtigung von *Beschäftigungszeiten* „in Teilzeit" nur dann zulässig, wenn das Leistungsziel der Regelung nicht in gleichem Umfang bei einer Teilzeitbeschäftigung erreicht werden kann.[10] Will der Arbeitgeber die Beschäftigungszeiten für den *„Bewährungsaufstieg"* entsprechend der verkürzten Arbeitszeit verlängern, muß er dies darlegen und beweisen. Er muß beweisen, daß das in Vollzeitarbeit erlangte Erfahrungswissen bezüglich der konkret ausgeübten Tätigkeit wesentlich größer ist als bei einem Teilzeitbeschäftigten nach derselben Anzahl von Jahren.[11]

Auch die geleistete *Betriebstreue*, die z. B. Voraussetzung für die tarifliche *Unkündbarkeit* oder die Gewährung von *Jubiläumszuwendungen* ist, hat nichts mit dem Umfang der Arbeitszeit zu tun.[12]

Möglich ist die Ungleichbehandlung nach der *Lage der Arbeitszeit*. Ausschließlich vormittags tätige Teilzeitkräfte haben am 24. und 31. Dezember keinen Anspruch auf eine *bezahlte Freistellung* an den Nachmittagen,

---

9) BAG, Urt. v. 15. 5. 1997 – 6 AZR 40/96, DB 1997, 2180 f.
10) BAG, Urt. v. 2. 12. 1992 – 4 AZR 152/92, AP Nr. 28 zu § 23a BAT; vgl. BAG, Urt. v. 9. 3. 1994 – 4 AZR 301/93, AP Nr. 31 zu § 23a BAT.
11) BAG AP Nr. 28 zu § 23a BAT.
12) BAG, Urt. v. 13. 3. 1997 – 2 AZR 175/96, AP Nr. 50 zu § 2 BeschFG 1985; BAG, Urt. v. 22. 5. 1996 – 10 AZR 618/95, AP Nr. 1 zu § 39 BAT = NZA 1996, 938 f.

auch wenn vergleichbare Vollzeitkräfte unter Fortzahlung des Entgelts frei haben.[13]

Problematisch ist nicht nur das „Ob" der Leistungsgewährung. Regelmäßig stellt sich auch die Frage nach der Höhe, der den Teilzeitbeschäftigten zu gewährenden Nebenleistungen.

Hier ist der innere Zusammenhang zwischen Leistungszweck und Umfang der Teilzeitarbeit entscheidend.[14] Ein „Abschlag" wegen der geringeren Arbeitszeitdauer ist nur dort gerechtfertigt, wo der Leistungszweck an den Arbeitszeitumfang anknüpft.

Der Leistungszweck einer Regelung erschließt sich primär aus dem in der Regelung selbst zum Ausdruck gekommenen Willen der Beteiligten.[15] Er wird von den fixierten Anspruchsvoraussetzungen, den Ausschließungs- und den Kürzungsregelungen indiziert. Dagegen sind die Motive, die zur Gewährung der Leistung geführt haben, dann unerheblich, wenn sie nicht in der Regelung selbst ihren Niederschlag finden.[16]

Bemißt sich Leistungshöhe bei allen Arbeitnehmern nach dem Einkommen, dann ist auch bei den Teilzeitkräften so zu verfahren.[17]

Andere Leistungen sind entgeltunabhängig. Erfüllen Teilzeitkräfte die Voraussetzungen, stehen sie auch ihnen grundsätzlich in voller Höhe zu.

Nebenleistungen mit Entgeltcharakter werden nach dem Grundgehalt bemessen. Diese Leistungen können bei Teilzeitkräften gemindert werden. Das gilt zum Beispiel für einkommensabhängige *Sonderzuwendungen*[18]

---

[13] BAG, Urt. v. 26. 5. 1993 – 5 AZR 184/92, AP Nr. 42 zu Art. 119 EWG-Vertrag. In diesem Zusammenhang ist auch der Anspruch auf einen Essensgeldzuschuß oder verbilligtes Kantinenessen zu sehen: Teilzeitkräfte mit einer Arbeitszeit von 10.00 bis 15.00 Uhr haben wie die Vollzeitbeschäftigten einen Anspruch auf eine verbilligte warme Kantinenmahlzeit, diejenigen, die von 8.00 bis 12.00 Uhr arbeiten, nicht. Dazu *Sowka/Köster* (Fußn. 6), S. 32; *Langmaak*, Teilzeitarbeit und Arbeitszeitflexibilisierung, 1996, Rz. 261.

[14] *Lipke*, ArbuR 1991, 76, 79; *Wank* (Fußn. 4), Rz. 411 f; *Beduhn*, ArbuR 1996, 485, 486 f.

[15] BAG, Urt. v. 25. 7. 1996 – 6 AZR 138/94, AP Nr. 6 zu § 35 BAT = NZA 1997, 774, 776; BAG, Urt. v. 20. 6. 1995 – 3 AZR 684/93, AP Nr. 11 zu § 1 TVG Tarifverträge: Chemie; BAG, Urt. v. 20. 6. 1995 – 3 AZR 539/93, AP Nr. 1 zu § 1 TVG Tarifverträge: Nährmittelindustrie.

[16] BAG, Urt. v. 11. 12. 1996 – 10 AZR 359/96, AP Nr. 19 zu §§ 22, 23 BAT Zulagen = NZA 1997, 661, 662; vgl. BAG, Urt. v. 11. 6. 1997 – 10 AZR 784/96, BB 1997, 2224

[17] BAG AP Nr. 19 zu §§ 22, 23 BAT Zulagen = NZA 1997, 661, 662; BAG, Urt. v. 17. 4. 1996 – 10 AZR 617/95, AP Nr. 18 zu §§ 22, 23 BAT Zulagen.

[18] BAG ZTR 1996, 226 f.

wie *Weihnachts-*[19] und *Urlaubsgeld*[20], die betriebliche *Altersversorgung*[21] oder für *Übergangsgeld*[22]. Vergütungsbestandteile, die mit Rücksicht auf die Besonderheit der Arbeit gezahlt werden *(Funktionszulagen)*, sind im Gegensatz zu Erschwerniszulagen auch entgeltabhängig.[23] Erfüllen Teilzeitkräfte die Voraussetzungen einer Nebenleistung ohne Entgeltcharakter, steht sie ihnen in voller Höhe zu. Das hat das Bundesarbeitsgericht jetzt zur *Jubiläumszulage* nach § 39 BAT entschieden.[24] Gleiches gilt für Erschwerniszulagen, die eine bestimmte Belastung pauschal abgelten sollen,[25] sowie für *Sonn-, Feiertags-, Nachtarbeits-*[26] und *Wechselschichtzulagen*[27].

Ob *Überstundenzuschläge* gezahlt werden müssen, wenn die individuelle oder die regelmäßige tarifliche Arbeitszeit überschritten wird, war heftig umstritten. Die Rechtsprechung sieht in den Zuschlägen auch heute noch den Ausgleich für die erhöhte, an eine bestimmte Arbeitszeitgrenze gebundene Belastung. Damit erhalten Teilzeitkräfte im Regelfall erst dann diesen Zuschlag, wenn nicht ihre vereinbarte Arbeitszeit, sondern die für Vollzeitkräfte geltende Zuschlagsgrenze überschritten wird.[28]

---

19) BAG, Urt. v. 6. 10. 1993 – 10 AZR 450/92, AP Nr. 107 zu § 242 BGB Gleichbehandlung; BAG, Urt. v. 6. 12. 1990 – 6 AZR 159/89, AP Nr. 12 zu § 2 BeschFG 1985.
20) BAG, Urt. v. 23. 7. 1976 – 5 AZR 492/75, AP Nr. 1 zu § 11 BUrlG Urlaubsgeld; BAG, Urt. v. 15. 11. 1990 – 8 AZR 283/89, AP Nr. 11 zu § 2 BeschFG 1985.
21) BAG, Urt. v. 25. 10. 1994 – 3 AZR 149/94, AP Nr. 40 zu § 2 BeschFG 1985, dazu EWiR 1995, 421 *(Blomeyer)*; BAG, Urt. v. 23. 10. 1996 – 3 AZR 540/95 (unveröff.); LAG Düsseldorf, Urt. v. 1. 6. 1995 – 5 Sa 255/94, LAGE § 1 BetrAVG Gleichberechtigung Nr. 1.
22) BAG, Urt. v. 10. 11. 1994 – 6 AZR 486/94, AP Nr. 11 zu § 63 BAT; BAG, Urt. v. 30. 3. 1995 – 6 AZR 674/94, ZTR, 1996, 72; *Langmaak* (Fußn. 13), Rz. 258.
23) BAG AP Nr. 18 zu §§ 22, 23 BAT Zulagen; BAG BB 1997, 2224; LAG Hamm, Urt. v. 16. 12. 1994 – 5 Sa 1057/94, ZTR 1995, 459; vgl. BAG AP Nr. 19 zu §§ 22, 23 BAT Zulagen = NZA 1997, 661, 662; *Jeske*, Zur Höhe der Funktionszulage für Teilzeitbeschäftigte im Schreibdienst bei Bund und Ländern, ZTR 1995, 3 ff.
24) BAG AP Nr. 1 zu § 39 BAT.
25) BAG BB 1997, 2224; vgl. BAG AP Nr. 18 zu §§ 22, 23 BAT Zulagen.
26) ArbG Marburg, Urt. v. 2. 9. 1994 – 2 Ca 914/93, ARSt 1995, 193 f; *Schaub*, Arbeitsrechts-Handbuch, 8. Aufl., 1996, § 44 III 6 c (S. 285).
27) BAG, Urt. v. 23. 6. 1993 – 10 AZR 127/92, AP Nr. 1 zu § 34 BAT.
28) Nachweise bei *Schüren* (Fußn. 6), MünchArbR, § 158 Rz. 105 ff Fußn. 38; siehe auch DAG AP Nr. 1 zu § 1 TVG Tarifverträge: Nährmittelindustrie mit krit. Anm. *Schüren*; BAG AP Nr. 11 zu § 1 TVG Tarifverträge: Chemie; BAG, Urt. v. 21. 11. 1991 – 6 AZR 551/89, AP Nr. 2 zu § 34 BAT; BAG AP Nr. 6 zu § 35 BAT. Der Europäische Gerichtshof und ihm folgend das Bundesarbeitsgericht verneint bei der Prüfung einer mittelbaren Frauendiskriminierung bereits eine Ungleichbehandlung, EuGH, Urt. v. 15. 12. 1994 – Rs C-399/92, AP Nr. 7 zu § 611 BGB Teilzeit.

Es liegt auf der Hand, daß diese Rechtsprechung die Überstunden der Teilzeitkräfte zu einem sehr preiswerten Instrument flexibler Arbeitszeitgestaltung macht.

b) Problemfälle

Erhalten Vollzeitkräfte einkommensunabhängig bestimmte Pauschalen, spricht das gegen den Entgeltcharakter dieser Zahlungen. Wird z. B. jeder Vollzeitkraft ein einheitliches *Urlaubsgeld* von 500 DM gewährt, so läßt sich gut begründen, daß dieser Betrag in voller Höhe auch Teilzeitkräften zusteht.[29]

Ich kann hier beim besten Willen keinen inneren Zusammenhang zwischen Urlaubsgeld und Wochenarbeitszeit erkennen. Denn vermutlich arbeitet auch die Managerin erheblich länger als Vollzeitkräfte in unteren Lohngruppen. Wenn man aber mit 35 Wochenstunden ebensoviel bekommt wie mit 45 Wochenstunden, dann ist nicht plausibel, warum Halbtagskräfte mit 19 Stunden pro Woche nur die Hälfte erhalten sollen. Die endgültige Klärung durch die Rechtsprechung steht noch aus.

Für die *betriebliche Altersversorgung* in Form einer monatlichen Pauschalrente hat das Bundesarbeitsgericht bislang freilich eine Kürzung entsprechend der reduzierten Arbeitszeit aufrechterhalten.[30]

Akzeptiert wird auch noch immer eine anteilige Gewährung zinsgünstiger *Arbeitgeberdarlehen* an Teilzeitkräfte.[31] Ob diese Differenzierung aber auch weiterhin zulässig ist, muß bezweifelt werden, insbesondere wenn auch bei den Vollzeitkräften die Höhe der Leistung an die Dauer der Betriebszugehörigkeit, die Eigenfinanzierung und andere, ebenfalls von der Vergütungshöhe unabhängige Faktoren geknüpft wird.

Das Bundesarbeitsgericht hat nunmehr sogar für den *Beihilfeanspruch* im öffentlichen Dienst eine Kürzung für Teilzeitkräfte abgelehnt. Diese Leistungen orientieren sich am Bedarf und nicht am Wert der Arbeitsleistung. Folglich stehen sie auch Teilzeitkräften in vollem Umfang zu.[32]

---

29) *Schüren* (Fußn. 6), MünchArbR, § 158 Rz. 86 f; *Beduhn*, ArbuR 1996, 485, 486; *Sibben*, Das Urlaubsgeld, DB 1997, 1778, 1780; a. A. *Sowka/Köster* (Fußn. 6), S. 59 f; *Langmaak* (Fußn. 13), Rz. 240; unklar BAG AP Nr. 1 zu § 11 BUrlG Urlaubsgeld; BAG AP Nr. 11 zu § 2 BeschFG 1985; *Schaub* (Fußn. 26), § 44 III 7 d (S. 286).

30) A. A. BAG AP Nr. 24 zu § 1 BetrAVG Gleichbehandlung; BAG, Urt. v. 23. 10. 1996 – 3 AZR 540/95 (unveröff.).

31) BAG, Urt. v. 27. 7. 1994 – 10 AZR 538/93, AP Nr. 37 zu § 2 BeschFG 1985.

32) BAG, Urt. v. 25. 9. 1997 – 6 AZR 65/96, DB 1997, 2078; *Schüren/Beduhn*, Anm. zu BAG, Urt. v. 17. 6. 1993 – 6 AZR 620/92, AP Nr. 32 zu § 2 BeschFG 1985; *Beduhn*, ArbuR 1996, 485, 487; *Langmaak* (Fußn. 13), Rz. 256.

Angesichts dieser Rechtsprechung ist sehr zweifelhaft, ob für Sozialleistungen wie *Werkswohnungen* oder *Kindergartenplätze* bloße Kapazitätserwägungen ausreichen, um sie Teilzeitbeschäftigten vorzuenthalten.[33] Der Bedarf wird bei Teilzeitkräften nicht geringer sein als bei Vollzeitbeschäftigten. Und der wirtschaftliche Wert der Arbeitsleistung hat mit der Verteilung der wenigen Plätze unmittelbar nichts zu tun.[34]

Der Ausschluß der sogenannten *geringfügig Beschäftigten* insbesondere von Betriebsrentensystemen ist durch die Rechtsprechung akzeptiert worden, nachdem der Europäische Gerichtshof die sozialversicherungsrechtliche Sonderstellung dieser Gruppe gebilligt hat.[35]

Vermutlich ist es schlicht die Geringfügigkeit der Arbeitsleistung, die es verbietet, erhebliche Nebenleistungen mit ihr zu verbinden. Faktisch bilden die „Geringfügigen" eine Leichtlohngruppe eigener Art.

III. Grenzen einer Flexibilisierung der Arbeitszeitdauer

Auch bei einem Teilzeitbeschäftigungsverhältnis legen die Arbeitsvertragsparteien die Arbeitszeitdauer – das sogenannte Arbeitsdeputat – regelmäßig verbindlich fest. Flexibel gestaltet wird nur die Verteilung der Arbeitszeit auf die Woche, den Monat oder das Jahr.

Für den Arbeitgeber kann ein erhebliches Interesse bestehen, die Arbeitszeit nicht nur hinsichtlich ihrer Verteilung, sondern auch hinsichtlich ihrer Dauer zu flexibilisieren. Vereinbart er die Befugnis, die Arbeitszeit durch einseitige Anordnung heraufzusetzen oder gegebenenfalls abzusenken, dann erreicht er zusammen mit der flexiblen Verteilung eine optimale Bedarfsanpassung. Optimal ist diese Bedarfsanpassung, weil sie nur einen sehr geringen Planungsaufwand erfordert. Der Arbeitgeber muß die gewünschte Arbeitszeit erst dann tatsächlich „einkaufen", wenn er sie wirklich braucht.

---

33) So aber *Sowka/Köster* (Fußn. 6), S. 31 f, 33; *Lipke*, ArbuR 1991, 76, 79 f.
34) *Beduhn*, ArbuR 1996, 485, 487.
35) EuGH, Urt. v. 14. 12. 1995 – Rs C-444/93, NZA 1996, 131 ff = ZIP 1996, 38 ff, und EuGH, Urt. v. 14. 12. 1995 – Rs C-317/93, AP Nr. 1 zu EWG-Richtlinie Nr. 79/7 = ZIP 1996, 40 f, dazu EWiR 1996, 137 *(Hirte)*; siehe auch *Siemes*, Die Sozialversicherungsfreiheit geringfügig Beschäftigter als mittelbare Frauendiskriminierung?, ZTR 1996, 349 ff; a. A. SG Hannover, Urt. v. 28. 11. 1995 – S 31 Ar 855/94, Streit 1996, 87, 91 f; *Colneric*, Der Ausschluß geringfügig Beschäftigter aus der Sozialversicherung als Verstoß gegen die Richtlinie 79/7/EWG, ArbuR 1994, 393 ff; zur betrieblichen Altersversorgung: BAG, Urt. v. 12. 3. 1996 – 3 AZR 993/94, AP Nr. 1 zu § 24 TVArb Bundespost; BAG, Urt. v. 27. 2. 1996 – 3 AZR 886/94, AP Nr. 28 zu § 1 BetrAVG Gleichbehandlung.

1. Rahmenbedingungen eines variablen Arbeitszeitdeputats

Die einseitige Bestimmung der Hauptleistungspflicht durch den Gläubiger kann grundsätzlich vertraglich vereinbart werden. Dies setzt § 315 BGB voraus, der den Gläubiger zu einer billigen Ausübung des Leistungsbestimmungsrechts verpflichtet.

Bei den Vorarbeiten zum Beschäftigungsförderungsgesetz war für die Arbeit auf Abruf auch die Möglichkeit der Vereinbarung einer variablen Arbeitszeitdauer in den Gesetzentwurf der Bundesregierung aufgenommen worden.[36]

Für die Diskussion der Zulässigkeit einer zur Disposition des Arbeitgebers stehenden, flexiblen Arbeitszeitdauer nach geltendem Recht ist es von herausragender Bedeutung, daß der Gesetzgeber in § 4 BeschFG aber dann doch genau darauf verzichtet hat. Er hat die Abrufarbeit auf eine flexible Verteilung beschränkt.

Mit dieser Begrenzung der Flexibilisierung ist er dem Urteil des Bundesarbeitsgerichts vom 12. Dezember 1984[37] gefolgt. Das Arbeitszeitdeputat kann nach dieser Entscheidung nicht dem Direktionsrecht des Arbeitgebers überlassen bleiben. Der Umfang der Arbeitszeit ist bestimmendes Merkmal der Hauptleistungspflicht auf Arbeitnehmerseite. Die Arbeitszeitdauer gehört, so das Bundesarbeitsgericht im Jahre 1984,[38] zum Kernbereich des Arbeitsverhältnisses.[39] Das Bundesarbeitsgericht ist davon ausgegangen, daß eine vom Arbeitgeber gelenkte variable Arbeitszeitdauer mit Grundsätzen des Kündigungsschutzrechtes unvereinbar ist. Dem Arbeitgeber bleibt nur die Möglichkeit, eine Abänderung der Hauptleistungs-

---

36) Begründung RegE BeschFG, BT-Drucks. 10/2102, S. 5; ausführlich dazu *Lipke*, in: Gemeinschaftskommentar zum Teilzeitarbeitsrecht (GK-TzA), 1987, Einl. Rz. 109 ff; *Schüren*, Neue rechtliche Rahmenbedingungen der Arbeitszeitflexibilisierung, RdA 1985, 22, 25.

37) BAG, Urt. v. 12. 12. 1984 – 7 AZR 509/83, AP Nr. 6 zu § 2 KSchG 1969 = NZA 1985, 321 ff = SAE 1985, 357 m. Anm. *Schüren*; vgl. GK-TzA/*Mikosch* (Fußn. 36), § 4 Rz. 3 m. w. N.

38) BAG AP Nr. 6 zu § 2 KSchG 1969; LAG Brandenburg, Urt. v. 24. 10. 1996 – 3 Sa 393/96, NZA-RR 1997, 129 f; *Schüren*, Abrufarbeit mit variabler Arbeitszeitdauer oder: Was steht eigentlich in § 4 I BeschFG?, NZA 1996, 1306, 1307; ausführlich *Richardi*, Probleme des Arbeitsentgelts bei flexibler Arbeitszeit, in: Festschrift Ahrend, 1992, S. 263, 268 f; a. A. *Zöllner*, Vorsorgende Flexibilisierung durch Vertragsklauseln, NZA 1997, 121, 124 f m. w. N. Für die Zulässigkeit einer tariflich geregelten variablen Arbeitszeitdauer: BAG, Urt. 12. 3. 1992 – 6 AZR 311/90, AP Nr. 1 zu § 4 BeschFG 1985 = DB 1992, 1785 m. abl. Anm. *Schüren*; *Hromadka*, Tarifdispositives Recht und Tarifautonomie, „KAPOVAZ" per Tarifvertrag?, in: Festschrift Kissel, 1994, S. 417, 425 ff; zur Zulässigkeit der einseitigen Arbeitszeitverlängerung bei Rettungssanitätern in einer Tarifvorschrift zuletzt BAG, Urt. v. 30. 1. 1996 – 3 AZR 1030/94, AP Nr. 5 zu § 1 TVG Tarifverträge: DRK = NZA 1996, 1164 ff. Nach a. A. (KR-*Rost*, 4. Aufl., 1996, § 2 KSchG Rz. 48, 51, 52) ist die Arbeitszeit weder nach den Grundsätzen des Widerrufsvorbehalts noch nach denen der Teilkündigung einseitig bestimmbar.

39) Kritisch dazu *Zöllner*, NZA 1997, 121, 125.

pflicht mit dem Mittel der Änderungskündigung zu erzwingen, wenn der Arbeitnehmer nicht freiwillig zu einer Anpassung bereit ist.

In der Literatur ist diese Entscheidung insbesondere von *Hromadka* und *Zöllner* kritisiert worden.[40] Beide vertreten, daß das Argument über § 2 KSchG nicht tragfähig sei, denn der Bestandsschutz des Arbeitsverhältnisses könne nur erfassen, was die Parteien vereinbart haben. Wo ein flexibles Deputat Inhalt des Arbeitsverhältnisses sei, könne die Ausübung der entsprechenden Befugnis durch den Arbeitgeber nicht in das Arbeitsverhältnis eingreifen. Für dessen Leistungsbestimmungsrecht soll es bei der Billigkeitskontrolle des § 315 BGB bewenden.

Das ist ein einfaches und gelungenes, aber nicht durchschlagendes Argument. Denn das Bundesarbeitsgericht begründete sein Ergebnis auch damit, daß ein flexibles Deputat zu sehr in die Dispositionsbefugnis des Arbeitnehmers über seine freie, nicht an den Arbeitgeber „verkaufte" Zeit eingreift. Der Gesetzgeber ist 1985 den Argumenten des Bundesarbeitsgerichts ohne Einschränkung gefolgt. Deshalb ist die dem § 4 BeschFG zugrundeliegende Wertung durchaus beachtlich.

2. Neue Entwicklungstendenzen in der Rechtsprechung?

Neuerdings hat das Bundesarbeitsgericht mehrfach Arbeitszeitgestaltungen durchgehen lassen, bei denen es den Arbeitnehmern überlassen blieb, den Umfang der Arbeitszeit selbst zu bestimmen.[41] Dies widerspricht nicht § 4 BeschFG. Denn hier wird der Arbeitnehmerschutz nicht tangiert.

Aber auch bei der sog. Zeitsouveränität des Arbeitnehmers muß zwischen zwei Formen der flexiblen Arbeitszeitdauer unterschieden werden.

Zum einen gibt es Arbeitszeitmodelle, bei denen es dem Arbeitnehmer in weitem Umfang freisteht, mit wieviel Zeit er eine betriebliche Aufgabe verwirklicht. Solche Arbeitsverträge werden in neuerer Zeit mit Führungskräften abgeschlossen, die keiner Zeiterfassung mehr unterliegen. Bei diesen Personen bleibt das Arbeitsentgelt gleich, auch wenn der Arbeitseinsatz des Arbeitnehmers gemessen in Arbeitszeit unterschiedlich ausfällt.

Daß solche Arbeitszeitformen weitergehende Fragen an das Arbeitsrecht stellen, liegt auf der Hand. Wenn der Arbeitnehmer eine bestimmte Auf-

---

40) *Hromadka* (Fußn. 38), S. 417, 427; *Zöllner*, NZA 1997, 121, 124.
41) BAG, Urt. v. 19. 1. 1993 – 9 AZR 53/92, AP Nr. 20 zu § 1 BUrlG; BAG, Urt. v. 10. 8. 1994 – 7 AZR 695/93, AP Nr. 162 zu § 620 BGB Befristeter Arbeitsvertrag; vgl. BAG AP Nr. 4 zu § 611 BGB Werkstudent.

gabe zu erfüllen hat und nur für die Erfüllung dieser Aufgabe bezahlt wird, dann grenzt seine Tätigkeit an ein werkvertragliches Beschäftigungsverhältnis. Denn er muß so lange tätig bleiben, bis er die vereinbarte Aufgabe erfüllt hat. Das ist nicht mehr sehr weit von einer Pflicht zur unentgeltlichen Nachbesserung entfernt.

Arbeitszeitgestaltungen, bei denen der Arbeitnehmer seine Arbeitszeit selbst entsprechend dem Bedarf festlegt und nach Zeit bezahlt wird, sind möglich. Auf den ersten Blick mag eine solche Gestaltung aus Arbeitgeberperspektive bedrohlich erscheinen, denn der Arbeitnehmer hat es nun in der Hand, mit dem Umfang seiner Arbeitszeit auch sein Entgelt zu bestimmen. Freilich unterliegt nun er der Bindung des § 315 BGB. Das bedeutet, daß der Arbeitnehmer seine Arbeit nur einsetzen darf, wenn ein entsprechender betrieblicher Bedarf vorhanden ist. Damit bekommt der Arbeitgeber nicht sehr viel weniger als er bekäme, wenn ihm selbst die Befugnis zur Steuerung zustehen würde.

In neuerer Zeit scheint die Rechtsprechung aber auch Arbeitsverhältnisse zu akzeptieren, bei denen sich der Arbeitgeber gegenüber Teilzeitkräften eine nahezu unbeschränkte Befugnis zur Anordnung von Mehrarbeit hatte einräumen lassen. Das Bundesarbeitsgericht[42] ließ eine Arbeitszeitgestaltung durchgehen, in der ein Jahresarbeitszeitdeputat von 1 044 Stunden vereinbart war und darüber hinaus bei Bedarf weitere als „Mehrstunden" bezeichnete Arbeitszeit abgerufen werden konnte. Diese Mehrstunden durften mit der Ankündigungsfrist des § 4 Abs. 2 BeschFG angeordnet werden.

Echte Mehrarbeit ist von der in § 4 Abs. 2 BeschFG genannten Ankündigungsfrist unabhängig. Daher deutet die Vereinbarung eher auf ein verbotenerweise nach oben offenes Arbeitszeitdeputat. Der Arbeitgeber hatte den Arbeitnehmer auch wirklich regelmäßig in einem Umfang herangezogen, der hochgerechnet auf eine Vollzeitkraft mit 38 Wochenstunden einer regelmäßigen Arbeitszeit von 47 Wochenstunden entspräche.

Zwar wird dem Arbeitnehmer bei dieser Fallgestaltung ein gewisses Mindestentgelt auf der Basis der festgelegten Mindeststundenzahl garantiert.[43] Trotzdem ist seine Dispositionsfreiheit über die eigene, sonst auch durch ein weiteres Arbeitsverhältnis verwertbare Freizeit beeinträchtigt.

Hier hat die Befugnis, Mehrarbeit anzuordnen, eine völlig andere Qualität als bei Vollzeitkräften. Bei Vollzeitkräften ist Mehrarbeit regelmäßig mit einem Mehrarbeitszuschlag verknüpft, der dem Arbeitnehmer die erhöhte

---

42) Siehe BAG AP Nr. 1 zu § 1 TVG Tarifverträge: Nährmittelindustrie mit Anm. *Schüren*.
43) So argumentiert *Andritzky*, Nochmals: Abrufarbeit mit variabler Arbeitszeit, NZA 1997, 643.

Belastung ausgleicht. Zugleich hat der Mehrarbeitszuschlag traditionell die Funktion, den Arbeitgeber bei der Anordnung von Mehrarbeit zu „bremsen".[44]

Nach der Rechtsprechung des Europäischen Gerichtshofs[45] und des Bundesarbeitsgerichts[46] steht den Teilzeitkräften aber ein Mehrarbeitszuschlag erst dann zu, wenn sie die Zeitgrenzen überschreiten, ab denen Vollzeitkräfte einen solchen Zuschlag bekommen. Demzufolge ist die Mehrarbeit von Teilzeitkräften zuschlagsfrei, wenn sie unterhalb von beispielsweise 38,5 Wochenstunden liegt.

Solange § 4 BeschFG es verbietet, Abrufarbeit mit variablem Arbeitsdeputat zu vereinbaren, kann es aber nicht zulässig sein, bei Teilzeitbeschäftigungsverhältnissen dem Arbeitgeber eine einseitige Anordnungsbefugnis für Mehrarbeit in einem Umfang zuzugestehen, die das erheblich überschreitet, was auch bei Vollzeitkräften üblich ist. Ich habe das unter Hinweis auf die frühere Rechtsprechung und die gesetzliche Regelung der Abrufarbeit an anderer Stelle ausführlich dargelegt.[47] Entgegen der Behauptung von *Andritzky*[48] billigte das Bundesarbeitsgericht in der Grundsatzentscheidung vom 12. Dezember 1984 weder eine Vertragsgestaltung mit festen Mindestarbeitszeiten noch ein Bandbreitenmodell mit erheblichen Abweichungen nach oben oder unten. Vielmehr erfordere, so das Bundesarbeitsgericht, gerade das Recht von Teilzeitbeschäftigten, weiteren Erwerbstätigkeiten nachzugehen, einen festen Arbeitszeitumfang.[49] Dieser Limitierung kann man auch nicht entgehen, wenn man das Mehr an benötigtem Arbeitsdeputat kurzerhand als „Mehrarbeit" bezeichnet. Das ist ein Spiel mit Worten. Mehrarbeit setzt ein festes, regelmäßiges Deputat voraus und befriedigt einen unvorhergesehenen, zusätzlichen Arbeitsbedarf. Ein flexibles Deputat hingegen ist variabel und soll es sein.[50]

Auch hier stellt sich natürlich die wirtschaftspolitische Grundfrage, ob die Schutzbestimmung nicht den Einsatz und damit die Arbeitsmarktchancen von Teilzeitkräften behindert. Ich meine, daß der Gesetzgeber die Ent-

---

44) „*Zugleich soll der Arbeitgeber veranlaßt werden, im eigenen Interesse von Mehrarbeit möglichst abzusehen und nur in wirklich dringenden Fällen von ihr Gebrauch zu machen.*", *Hueck/Nipperdey*, Lehrbuch des Arbeitsrechts, Bd. 1, 7. Aufl., 1963, S. 276.
45) EuGH AP Nr. 7 zu § 611 BGB Teilzeit.
46) BAG AP Nr. 6 zu § 35 BAT; BAG AP Nr. 1 zu § 1 TVG Tarifverträge: Nährmittelindustrie; BAG AP Nr. 11 zu § 1 TVG Tarifverträge: Chemie; BAG AP Nr. 2 zu § 34 BAT.
47) *Schüren*, NZA 1996, 1306 f.
48) *Andritzky*, NZA 1997, 643, 644.
49) BAG AP Nr. 6 zu § 2 KSchG 1969; *Schüren*, NZA 1996, 1306, 1307; *Rauschenberg*, Flexibilisierung und Neugestaltung der Arbeitszeit, 1993, Diss. Kassel, 1991, S. 39 f.
50) *Schüren*, NZA 1996, 1306, 1307; das übersieht *Andritzky*, NZA 1997, 643, 644.

scheidung bereits 1985 in § 4 BeschFG getroffen hat. Sie zu berichtigen ist nicht Sache der Arbeitsgerichtsbarkeit. Der Gesetzgeber könnte z. B. maßvolle „Arbeitszeitkorridore" zulassen. Viel Sinn sehe ich in einer solchen Änderung des § 4 BeschFG aber nicht. Die Praxis kann durch Flexibilität auf Konsensbasis auch jetzt schon alle möglichen Bedarfsschwankungen auffangen.

IV. Zusammenfassung

Gleichbehandlung: Der Anspruch von Teilzeitkräften auf Gleichbehandlung beim Entgelt bezieht sich auf die Vergütung einschließlich aller Lohnnebenleistungen und der sog. Sozialleistungen. Eine Benachteiligung ist nur zulässig, wenn der sachliche Differenzierungsgrund in einem nachweislichen Zusammenhang zur Arbeitszeitdauer steht.

Flexibles Arbeitszeitdeputat: Arbeitsverträge, die dem Arbeitnehmer die Möglichkeit einräumen, den Umfang seiner Arbeitszeit festzulegen, sind zulässig (hochflexible Gleitzeit). Eine Befugnis des Arbeitgebers, das Arbeitszeitdeputat des Arbeitnehmers bedarfsorientiert festzulegen, verstößt gegen § 4 BeschFG.

Gleichbehandlungsgebot und Beschränkungen der Arbeitszeitflexibilisierung verschlechtern vermutlich die Arbeitsmarktchancen der Teilzeitkräfte. Sie stellen gesetzgeberische Eingriffe in den Arbeitsmarkt dar. Solange sie bestehen, müssen sie beachtet werden.

Bericht über die Diskussion

von

HEINKE HOCHWELLER, Köln

Die Diskussion im Anschluß an die Vorträge von Rechtsanwalt Dr. *Gerhard Hentsch* von der Audi AG und Professor Dr. *Peter Schüren* zum Thema „Flexibilisierung der Arbeitszeit" eröffnete Professor Dr. Dr. h. c. mult. *Peter Hanau* mit der Aufforderung an *Hentsch*, zu den Ausführungen von *Schüren* Stellung zu nehmen. *Hentsch* sprach sich gegen das von *Schüren* vorgestellte Modell eines flexiblen Arbeitszeitdeputats der Arbeitnehmer aus. Wenn es Änderungen der Arbeitszeit gäbe, dann müßten diese mit einer Änderung des Arbeitsvertrags einhergehen. Effektiver sei eine Verknüpfung von Arbeitsentgelt und der benötigten Arbeitszeit, wobei sich der Arbeitslohn aus einer aus einem bestimmten Fixlohn sowie einer variablen, von dem einzelnen Mitarbeiter individuell beeinflußbaren Entgeltkomponente zusammensetze. In bezug auf die von *Schüren* behandelte Problematik der Gleichbehandlung von Teilzeitkräften bekräftigte *Hentsch*, daß die Teilzeitarbeiter bei der Audi AG einen ganz normalen Vollzeit-Arbeitsvertrag erhielten, in den lediglich eine Vertragsergänzung mit dem persönlichen Vergütungsprozentsatz aufgenommen werde. Es gäbe keine Veranlassung, die Teilzeitkräfte anders als die Vollzeitarbeitnehmer zu behandeln, da beide Gruppen die gleiche Tätigkeit ausübten und lediglich ein Unterschied in der Länge der Arbeitszeit bestünde.

Im Anschluß an diesen Kommentar erteilte *Hanau* den Tagungsteilnehmern das Wort. Unklar geblieben waren einige Aspekte des von *Hentsch* vorgestellten Arbeitszeitkontos. Dr. *Ursula Schlochauer* erkundigte sich bei *Hentsch* nach der Anwendbarkeit des Referenzprinzips auf Schichtarbeit und den dafür gezahlten Zuschlägen im Falle von krankheitsbedingtem Arbeitsausfall. *Hentsch* antwortete, daß Schichtzuschläge nur für tatsächlich geleistete Arbeit gezahlt werden könnten. Werde ein Arbeitnehmer krank, würde er Schichtzuschläge in Höhe der für die letzten drei Monate durchschnittlich gezahlten Zuschläge erhalten. *Schüren* machte an dieser Stelle darauf aufmerksam, daß das Funktionieren des Referenzmodells insbesondere bei Schichtarbeit von der Kooperation der Mitarbeiter abhängig sei. Nur wenn sie ihre Urlaubstage und Krankmeldungen unabhängig davon eintrügen, ob sie an den betreffenden Tagen tatsächlich zu arbeiten hätten, würden die Arbeitszeitkonten zu einem Ausgleich gelangen.

Peter Berg von der Gewerkschaft Holz und Kunststoff stellte die Frage, ob es eine zeitliche oder umfangmäßige Beschränkung der Arbeitszeitkonten gäbe. Eine solche Deckelung der Konten sei besonders im Rahmen der Insolvenzsicherung von Bedeutung. *Hentsch* erklärte, die Arbeitszeitkonten liefen ohne Begrenzung weiter. Dies sei schon deshalb erforderlich, weil man nicht nachvollziehen könne, wann die Mehrarbeit oder die Fehlstunden entstanden seien. Allerdings werde zur Information der Mitarbeiter alle zwölf Monate unabhängig vom Kalenderjahr Bilanz gezogen und der aktuelle Stand des persönlichen Kontos mitgeteilt. *Berg* interessierte sich ebenfalls für die Behandlung von Zuschlägen für Samstags- und Sonntagsarbeit, die nach dem Gesetz als nicht bezahlte Vorarbeit behandelt werden. *Hentsch* erläuterte, diese Zuschläge würden nicht etwa in Arbeitszeit umgewandelt und Bestandteil des Arbeitszeitkontos, sondern separat an die Mitarbeiter ausgezahlt.

Anschließend kamen die Forumteilnehmer auf das bereits von *Hentsch* angesprochene Thema der Arbeitszeitautonomie zurück. Rechtsanwalt *Andreas Haffner* von der Porsche AG widersprach der von *Schüren* aufgestellten These, daß die Unternehmen das Thema der Selbstbestimmung der Arbeitszeit durch die Mitarbeiter sehr restriktiv handhaben würden. Porsche arbeite in zwei Tochterfirmen mit dem Modell der Arbeitszeitautonomie und habe bereits die Arbeitsverträge sämtlicher Führungskräfte nach diesem Prinzip gestaltet. Er äußerte sich grundsätzlich positiv über die Gleitzeit. Allerdings wies er auch auf ein bisher ungelöstes Problem im Zusammenhang mit gleitenden Arbeitszeiten hin: Infolge des Konjunkturaufschwungs in der Automobilbranche sammelten viele Mitarbeiter bei der Firma Porsche mehr Arbeitszeit an, als sie abbauen könnten. Die Bestimmungen gestatteten zwar ein Abweichen von monatlich bis zu 30 Stunden von der durchschnittlichen Arbeitszeit, jedoch würden lediglich bis zu 20 Überstunden vergütet. Habe ein Mitarbeiter ein Kontingent von zwanzig Überstunden überschritten, so würden diese unbezahlt gestrichen. Ablehnend äußerte sich *Haffner* zu der Rechtsprechung der Landesarbeitsgerichte, die diese unbezahlten Überstunden zu mitbestimmungspflichtiger Mehrarbeit erklärt hätten, für die auch Mehrarbeitszuschläge bezahlt werden müßten. Er kritisierte diese Rechtsprechung als unflexibel.

Schüren kommentierte die Streichung der über dem Kontingent liegenden Überstunden als zu drastisch und wies auf die weniger einschneidende Möglichkeit des sogenannten Ampelkontos hin. Bei einem Ampelkonto erfolge eine regelmäßige Kontrolle der Arbeitszeitkonten. Überschreite ein Mitarbeiter eine bestimmte Stundenzahl und gelange damit in den „roten Bereich", werde er von einem Vorgesetzten darauf aufmerksam gemacht und müsse mit diesem über die Abarbeitung der Überstunden sprechen. *Schüren* wies ferner auf die Möglichkeit einer Erhöhung der Arbeitszeit hin, was ebenfalls die Bezahlung sämtlicher Überstunden sicherstellen würde. Er merkte an, daß das Erfordernis der ständigen Kontrolle der

Bericht über die Diskussion

Überstunden ein genereller Nachteil der gleitenden Arbeitszeiten sei. Die Gleitzeit müsse gepflegt werden „wie ein englischer Rasen".

Jürgen Oehlmann, Personalleiter bei Hapag-Lloyd, äußerte sich ebenfalls ablehnend zu *Schürens* Äußerungen bezüglich der Arbeitszeitautonomie. In seinem Unternehmen arbeite man nach einem System, das sowohl flexible Arbeitszeitgestaltung unter Zuhilfenahme des Ampelkontos ermögliche als auch darauf angelegt sei, die Motivation der Mitarbeiter zu fördern. Dem zugrunde liege der Gedanke, sich nicht auf die Arbeitszeit, sondern primär auf den Arbeitsinhalt zu konzentrieren. Habe der Arbeitnehmer ein ihm zugeteiltes Arbeitspensum schneller als in einer festgelegten Zeit erledigt, bekomme er die restliche Zeit geschenkt. Dabei hätten die Arbeitnehmer die Möglichkeit, ihre Arbeitszeit selbst zu bestimmen, solange sich ihre Konten im gelben oder grünen Bereich der Ampel befänden. Erst bei rotem Licht sei diese Selbstbestimmung nicht mehr möglich. *Oehlmann* betonte, daß sich dieses Konzept trotz anfänglicher Skepsis mittlerweile sehr gut bewährt habe.

Anschließend lenkte *Hanau* die Diskussion noch einmal auf die Teilzeitarbeit und forderte die Referenten auf, zu diesem in der Öffentlichkeit stark diskutierten Thema Stellung zu nehmen. Angesichts der großen Arbeitslosigkeit erscheine Teilzeitarbeit als eine Möglichkeit, die Beschäftigungszahlen zu erhöhen. Welche Hindernisse und Schwierigkeiten stünden der Einführung von Teilzeitarbeitsplätzen in einem Unternehmen entgegen? *Hentsch* sah das Problem vor allem in der fehlenden Akzeptanz der Teilzeitarbeit. Einige männliche Mitarbeiter bei der Audi AG hätten die Arbeit als Teilzeitkraft mit dem Kommentar abgelehnt, „sie seien doch keine Hausfrauenschicht". *Hentsch* war der Ansicht, daß eine Flexibilisierung der Arbeitszeiten dazu beitrage, die Akzeptanz von Teilzeitarbeit zu erhöhen. Er unterstrich, wie wichtig es sei, bei der Entwicklung neuer Arbeitszeitmodelle die Ideen der Arbeitnehmer mit einzubeziehen. Es sei mehr Kreativität gefordert, um eine Flexibilisierung der Arbeitszeiten zu erreichen. *Schüren* stellte fest, daß Teilzeit so lange ein Problem sei, wie sie infolge der Gleichbehandlungsdiskussion überteuert und noch kein fester Bestandteil des Arbeitszeitsystems sei. Werde dieses Ziel erreicht, gäbe es auch keinen Anreiz mehr für eine Ungleichbehandlung der Teilzeitarbeitnehmer. Erst dann bestünde eine reale Chance, Teilzeitarbeitnehmern den Markteinstieg zum vollen Preis zu ermöglichen.

Zum Abschluß der Diskussion griff *Hanau* das Stichwort „Job-Sharing" auf. Es sei zwar infolge des § 5 BeschFG erschwert, jedoch nach wie vor möglich, die Arbeitszeit an einem Arbeitsplatz auf mehrere Mitarbeiter aufzuteilen. Trotzdem scheine das Job-Sharing in Deutschland nicht sehr beliebt zu sein. Für diese Beobachtung hatten beide Referenten eine übereinstimmende Erklärung. Unter Beipflichtung von *Schüren* erläuterte *Hentsch*, daß das Job-Sharing überholt sei. Als moderne Form der Arbeitsplatzteilung habe sich mittlerweile die Gruppenarbeit durchgesetzt.

Leistungsentgelte

von

Rechtsanwalt Dr. JOBST-HUBERTUS BAUER, Stuttgart

Inhaltsübersicht

I. Arbeitsvergütungen
   1. Arbeitsvergütung im engeren Sinne
      a) Geldvergütung
      b) Naturalvergütung
      c) Sonstige Sachzuwendungen – fringe benefits (Lohnnebenleistungen)
   2. Zulagen und Zuschläge
      a) Persönliche Zulagen
      b) Allgemeine Zulagen, übertarifliche Zulagen
      c) Außertarifliche Zulagen
   3. Sonderformen der Vergütung
      a) 13. Monatseinkommen
      b) Prämien
         aa) Anwesenheitsprämien
         bb) Treueprämien
      c) Gratifikationen
         aa) Anlässe für Gratifikationen
         bb) Rechtsgrundlagen
         cc) Nähere Regelungen
      d) Gewinnbeteiligungen, Tantiemen
         aa) Allgemeines
         bb) Sonstige Beteiligungen
      e) Provision

II. Gleichbehandlung

III. Individualrechtliche Änderung der Vergütungsregelungen
   1. Einvernehmliche Änderung
      a) Grundsatz
      b) Kollektivrechtliche Schranken
         aa) Schranke des § 4 Abs. 3 TVG
         bb) Schranke des § 77 Abs. 4 BetrVG

  c) Schriftformklauseln
   aa) Allgemeines
   bb) Arbeitsvertragliche Klausel
   cc) Abweichen vom Schriftformerfordernis
  d) Inhaltskontrolle
   aa) Allgemeines
    (1) Allgemeine Arbeitsbedingungen
    (2) Einzelarbeitsverträge
    (3) Rechtsfolge bei Verstößen
   bb) Änderungsvereinbarungen
   cc) Befristung einzelner Arbeitsbedingungen
 2. Änderungskündigung
 3. Freiwillige Leistungen ohne Rechtsanspruch, Widerrufsvorbehalt
  a) Rechtsprechung des Bundesarbeitsgerichts
  b) Umgehung des Kündigungsschutzes?
IV. Beteiligungsrechte des Betriebsrats
 1. Allgemeines
 2. Ablösung einzelvertraglicher Ansprüche durch Betriebsvereinbarung
 3. Ablösung allgemeiner Arbeitsbedingungen, Gesamtzusagen und arbeitsvertraglicher Einheitsregelungen durch Betriebsvereinbarung
 4. Ablösung einer Betriebsvereinbarung durch nachfolgende Betriebsvereinbarung
 5. Kündigung von Betriebsvereinbarungen und Nachwirkung (§ 77 Abs. 5 und 6 BetrVG)
  a) Erzwingbare Betriebsvereinbarungen
  b) Freiwillige Betriebsvereinbarungen
  c) Teilmitbestimmte Betriebsvereinbarungen
 6. Regelungsabrede
 7. Mitbestimmungsrechte des Betriebsrats nach § 87 Abs. 1 Nr. 10 BetrVG
  a) Allgemeines
  b) Mitbestimmung bei Zulagen
  c) Mitbestimmung bei der Anrechnung und dem Widerruf freiwilliger Leistungen

I. Arbeitsvergütungen

Im Mittelpunkt des Arbeitsverhältnisses steht einerseits die Arbeitsleistung und andererseits die ebenfalls aus dem Arbeitsvertrag folgende Verpflichtung des Arbeitgebers zur „Gewährung der vertraglichen Vergütung" (§ 611 Abs. 1 BGB).

Da unter Arbeitsvergütung jeder als *Gegenleistung* (Synallagma) für die Arbeitsleistung bestimmte geldwerte Vorteil zu verstehen ist, fallen unter diesen Begriff neben dem eigentlichen Lohn oder dem Gehalt (Arbeitsvergütung im engeren Sinne) auch sonstige Vergütungen wie z. B. Zulagen, Zuschläge, Gratifikationen, Prämien, Tantiemen, Boni, Provisionen (Arbeitsvergütung im weiteren Sinne).

Nach ständiger Rechtsprechung des Bundesarbeitsgerichts trägt das *betriebliche Ruhegeld* sowohl Entgelt- als auch Versorgungscharakter.[1] Es wird von der Doppelnatur oder dem Doppelcharakter des Ruhegeldes gesprochen. Der Hinweis auf den Entgeltcharakter soll klarstellen, daß das Ruhegeld Gegenleistung für eine vom Arbeitnehmer erbrachte Leistung ist. Der Begriff der Versorgungscharakters soll demgegenüber den mit der Ruhegeldleistung verfolgten Zweck der Versorgung des Arbeitnehmers und seiner Hinterbliebenen im Ruhestand des Arbeitnehmers bezeichnen.[2]

Diskutiert werden in letzter Zeit auch wieder vermehrt *Mitarbeiterbeteiligungsmodelle*. Die Einführung, Ausgestaltung, Änderung und Abschaffung solcher Modelle werfen zahlreiche arbeitsrechtliche Fragen auf.

Das vierte Thema der Veranstaltung lautet: „Nur Leistung darf sich lohnen – auch im Arbeitsrecht?". Diese Frage sollte eigentlich grundsätzlich mit einem klaren „Ja" beantwortet werden. Allerdings erweist sich unser Arbeitsrecht insoweit gelegentlich als *Störfaktor*.

Die monetären *Bezüge* sind eindeutig der *Anreizfaktor Nr. 1* für Arbeitnehmer, insbesondere auch Führungskräfte. Sie dienen nicht allein zur Sicherung existentieller Grundbedürfnisse, sondern sind vielmehr für die Mitarbeiter zugleich wesentliches Ausdrucksmittel der Leistungsanerkennung und Selbstbestätigung und besitzen von daher eine herausragende

---

1) Vgl. BAG, Urt. v. 12. 2. 1971 – 3 AZR 83/70, AP Nr. 3 zu § 242 BGB Ruhegehalt-Unterstützungskassen; BAG, Urt. v. 10. 3. 1972 – 3 AZR 278/71, AP Nr. 156 zu § 242 BGB Ruhegehalt; DAG, Urt. v. 16. 12. 1976 – 3 AZR 761/75, AP Nr. 3 zu § 16 BetrAVG; BAG, Urt. v. 5. 6. 1984 – 3 AZR 33/84, AP Nr. 3 zu § 1 BetrAVG Unterstützungskassen = ZIP 1985, 50, dazu EWiR 1985, 35 *(Timm)*.

2) Vgl. etwa BAG, Urt. v. 5. 7. 1979 – 3 AZR 197/78, AP Nr. 9 zu § 242 BGB Ruhegehalt-Unterstützungskassen; BAG, Urt. v. 17. 1. 1980 – 3 AZR 614/78, AP Nr. 7 zu § 16 BetrAVG; BAG, Urt. v. 17. 1. 1980 – 3 AZR 1107/78, AP Nr. 8 zu § 16 BetrAVG = ZIP 1980, 195.

verhaltenssteuernde und leistungssteigernde Bedeutung. Voraussetzung dafür ist allerdings, daß sie in ihrer Höhe funktions- und marktgerecht gestaltet sind, und daß die Mitarbeiter in stärkerem Maße als bisher durch eine entsprechend leistungsbezogene *variable Vergütungskomponente* an den Früchten ihrer Arbeit partizipieren.

1. Arbeitsvergütung im engeren Sinne

a) Geldvergütung

Die eigentliche Arbeitsvergütung ist im Regelfall eine *Geldvergütung*, also eine Barvergütung. Soweit ein Tarifvertrag gilt, ergibt sich ihre Höhe aus den einschlägigen tariflichen Bestimmungen. Die darin festgelegten Löhne und Gehälter sind Mindestsätze, die nicht unterschritten werden dürfen. Greift kein Tarifvertrag ein, können Arbeitnehmer und Arbeitgeber die Vergütung grundsätzlich frei vereinbaren. Das gleiche trifft für außertarifliche Angestellte (sog. Angestellte). Das sind Arbeitnehmer, die kraft ihrer Tätigkeit nicht mehr unter den persönlichen Geltungsbereich des Tarifvertrags fallen.[3]

Im Rahmen der Vertragsfreiheit kann als Gegenleistung für das Arbeitsentgelt eine bestimmte *Quantität* nicht nur des Arbeitseinsatzes, sondern auch des Arbeitsergebnisses vereinbart werden. Dies ist für *Akkordlöhne* und *Mengenleistungsprämien* typisch.[4] Allerdings darf dem Arbeitnehmer nicht wie einem Werkunternehmer das Betriebsrisiko auferlegt werden. Deshalb kommt eine Minderung des Entgeltanspruchs wegen geminderten Arbeitsergebnissen nicht in Betracht, wenn dieses seine Ursache in der Sphäre des Arbeitgebers hat und wenn der Arbeitnehmer auch bei gehöriger Anstrengung aus dem von ihm nicht zu vertretenden Gründen kein angemessenes Entgelt erzielen konnte.

Im Rahmen der Vertragsfreiheit ist es ferner möglich, daß Entgelt nicht nur nach der Quantität, sondern auch nach der *Qualität* des Arbeitseinsatzes und des Arbeitsergebnisses zu bemessen. Die hergebrachte Rechtsprechung nimmt allerdings an, daß – sofern nichts Abweichendes vereinbart ist – im *Zeitlohn* eine vertragswidrige *Schlechtleistung* den Arbeitgeber nicht zur Kürzung des Arbeitsverdienstes berechtige, weil es an entsprechenden Vorschriften fehle, wie sie das Gesetz in anderen Fällen bei Mängeln der Gegenleistung (z. B. bei Kauf, Miete, Werkvertrag) vorsieht. Deshalb schuldet nach herrschender Meinung auch bei einer vom Arbeit-

---

[3] BAG, Beschl. v. 18. 9. 1973 – 1 ABR 7/73, DB 1974, 143.

[4] *Hanau*, in: Münchener Handbuch zum Arbeitsrecht, Bd. 1, Individualarbeitsrecht I, 1992, § 60 Rz. 16, und vor allem *Kreßel*, ebenda, § 64.

nehmer verschuldeten Schlechtleistung der Arbeitgeber die vereinbarte oder tariflich vorgesehene Arbeitsvergütung. Allerdings ist er berechtigt, unter bestimmten Voraussetzungen einen ihm entstandenen Schaden als *Schadensersatzanspruch* geltend zu machen.[5]

Abweichende Vereinbarungen, wie sie das Bundesarbeitsgericht zuläßt, finden sich vor allem beim *Akkord-* und *Prämienlohn.* Ansatzpunkt ist dort das qualitativ unzureichende Arbeitsergebnis, ohne daß nach dem Verschulden des Arbeitnehmers gefragt wird; allerdings darf das Entgelt nicht gemindert werden, wenn die Qualitätsverschlechterung auf Gründen in der Sphäre des Arbeitgebers beruht.[6]

In der Literatur wird zu Recht angenommen, daß eine Schlechtleistung auch ohne ausdrückliche Vereinbarung aufgrund des §§ 320, 323 BGB zu einer *proportionalen Entgeltminderung* führen müsse, wenn der Arbeitnehmer grob fahrlässig gehandelt habe.[7] *Hanau*[8] meint dazu, daß ohne ausdrückliche Vereinbarung eines Leistungsentgelts eine mangelhafte Arbeitsleistung nicht schon aus mangelhaften Arbeitsergebnissen abgeleitet werden könne, daß der Arbeitnehmer grundsätzlich nur Dienste und nicht Erfolge verspricht. Nach seiner Auffassung kommt deshalb eine Entgeltminderung nur in Betracht für Zeiten, in denen der Arbeitnehmer nachweislich schuldhaft schlecht gearbeitet hat; dabei sollen bei der Beurteilung des Verschuldens die arbeitsrechtlichen Haftungsgrundsätze zu berücksichtigen sein.

b) Naturalvergütung

Naturalvergütung kommt als Vergütungsform nur ausnahmsweise vor, und zwar stets dergestalt, daß lediglich ein Teil der Vergütung in „Naturalien" erfolgt. Am bekanntesten ist die Naturalvergütung als Gewährung einer sog. freien Station (z. B. Aufnahme in die häusliche Gemeinschaft) oder von *Anwesenheitskost.* Hierbei handelt es sich um Sachbezüge, die auch nach § 14 SGB IV zum Arbeitsentgelt gehören. Ihr Wert richtet sich nach der jährlichen Sachbezugsverordnung.

---

5) Vgl. statt vieler *Hanau* (Fußn. 4), § 60 Rz. 17.
6) BAG, Urt. v. 15. 6. 1960, AP Nr. 13 zu § 611 BGB Akkordlohn; LAG Bremen, Urt. v. 15. 8. 1969 – 2 Sa 53/69, AP Nr. 21 zu § 611 BGB Akkordlohn; *Wunsch,* AiB 1991, 53.
7) *Beuthin,* ZfA 1972, 73; *Leßmann,* in: Festschrift Wolf, 1985, S. 385; *Motzer,* Die positive Vertragsverletzung des Arbeitnehmers, 1985, S. 164; dagegen aber *Blomeyer,* in: Münchener Handbuch zum Arbeitsrecht, Bd. 1??, Individualarbeitsrecht I, 1992, § 56 Rz. 12 ff.
8) *Hanau* (Fußn. 4), § 60 Rz. 19.

c) Sonstige Sachzuwendungen – fringe benefits (Lohnnebenleistungen)

Sachleistungen des Arbeitgebers sind auch die sog. *Deputate*, unter denen man regelmäßige Leistungen in Naturalien als Teil der Arbeitsvergütung versteht (z. B. der sog. Haustrunk der Brauerei-Arbeiter, die sog. „freien Zigaretten" in der Zigarettenindustrie). Üblicherweise werden Deputate tarifvertraglich geregelt.

Räumt der Arbeitgeber seinen Arbeitnehmern im Rahmen des Arbeitsverhältnisses verbilligte Einkaufs- oder Bezugsmöglichkeiten ein, handelt es sich um *sog. verdeckte Sachleistungen*. Rabattgewährung an Betriebsangehörige stellt eine zusätzliche vermögenswerte Leistung dar; es handelt sich damit um eine Vergütung im weiteren Sinne (z. B. Jahreswagen mit Preisnachlaß in der Autoindustrie).

Auch die Privatnutzung von *Dienstwagen* stellt eine als Arbeitsvergütung anzusehende und damit der Lohnsteuer zu unterwerfende Sachleistung des Arbeitgebers dar. Grundlage ist in aller Regel eine ausdrückliche Vereinbarung der Arbeitsvertragsparteien; gelegentlich findet man auch entsprechende Regelungen in Betriebsvereinbarungen.

2. Zulagen und Zuschläge

Außer der sog. Grundvergütung (Lohn und Gehalt) werden Arbeitnehmern oft zusätzliche geldliche Leistungen gewährt. Insoweit ist zu unterscheiden zwischen *Zulagen* und *Zuschlägen*, durch die die Arbeitsvergütung erhöht wird, und *Zuwendungen*, die zur eigentlichen Arbeitsvergütung gesondert hinzu treten (z. B. Gratifikationen).

Die *Begriffe* Zulagen und Zuschläge sind inhaltlich gleichbedeutend, weshalb die Praxis sie nebeneinander verwendet, bisweilen jedoch in bestimmter Kombination (z. B. Leistungszulage – Mehrarbeitszuschlag).

Die *Zweckbestimmung* der Zulagen und Zuschläge ist sehr verschiedenartig. So kann es Ziel des Arbeitgebers sein, besondere Leistungen zu vergüten, erhebliche Erschwernisse auszugleichen, stärkere soziale Belastungen zu mildern, Arbeit zu ungünstigen Zeiten besonders zu entschädigen, ein höheres Dienstalter zu honorieren usw. Üblicherweise wird der Zweck genau festgelegt oder jedenfalls bezeichnet. Fehlt es hieran, ist er durch Auslegung zu ermitteln.

Im *Arbeitsleben* kommen im wesentlichen folgende Zulagen/Zuschläge vor: Mehrarbeitszuschlag, Erschwerniszulagen, Zuschläge für besonders ungünstige Arbeitszeiten, Sonn- und Feiertagszuschläge, Funktionszulagen, Sozialzulagen, Leistungszulagen.

Leistungsentgelte

Mit einer *Leistungszulage* will der Arbeitgeber besondere Leistungen eines Arbeitnehmers anerkennen und zusätzlich vergüten. Die besondere Leistung kann etwa darin bestehen, daß der Arbeitnehmer wesentlich schneller, rationeller oder erfolgreicher als vergleichbare Arbeitskollegen arbeitet, die Güte seines Arbeitsergebnisses besser ist, er sich auch stärkeren Arbeitsbelastungen gewachsen zeigt. Leistungszulagen können nicht nur einzelnen Arbeitnehmern gezahlt werden, sondern auch Gruppen von Arbeitnehmern, die gemeinsam überdurchschnittliche Leistungen erbringen.

Rechtsgrundlage für Leistungszulagen sind hauptsächlich kollektivrechtliche Regelungen, vor allem Betriebsvereinbarungen, können jedoch auch Einzelarbeitsverträge sein. Sie enthalten nicht nur die Voraussetzungen für die Gewährung einer Leistungszulage, sondern auch deren Höhe, wobei ein bestimmtes Bewertungsschema in Betracht kommt.

a) Persönliche Zulagen

Persönliche Zulagen werden vom Arbeitgeber gelegentlich gezahlt, um *bestimmte Verhaltensweisen* eines Arbeitnehmers im Betrieb (z. B. Vorbildlichkeit, Vertretungsbereitschaft) oder seine charakterliche Einstellung zur Arbeit oder zum Betrieb (z. B. Verantwortungsbewußtsein, Zuverlässigkeit) besonders zu vergüten.

Da eine solche Zulage keinen unmittelbaren Bezug zur konkreten Arbeitsleistung hat, erscheinen sie manchem Arbeitsrechtler als bedenklich; es wird befürchtet der Arbeitgeber könne damit nach Gutdünken ihm sympathische oder willfährige Arbeitnehmer „belohnen" und andere durch Vorenthaltung der Zulage „bestrafen". Auch bei solchen persönlichen Zulagen wird man nach der neueren Rechtsprechung des Bundesarbeitsgerichts von einem *Mitbestimmungsrecht* nach § 87 Abs. 1 Nr. 10 BetrVG des Betriebsrats ausgehen müssen; dieser könnte versucht sein, ein solches „System" zu verhindern.

b) Allgemeine Zulagen, übertarifliche Zulagen

Als allgemeine Zulage wird eine *Zulage zum Tariflohn/-gehalt* bezeichnet. Die Zulage kann in Form eines festen Betrages (z. B. Tariflohn zuzüglich 1 DM oder Tarifgehalt zuzüglich 150 DM) oder eines prozentualen Aufschlags auf den Tariflohn oder das Tarifgehalt (z. B. zuzüglich 5 %) gewährt werden.

Es handelt sich also um eine sog. *übertarifliche Zulage*. Ihre Gewährung erfolgt freiwillig, so daß es einer besonderen Anspruchsgrundlage bedarf. Diese kann sich aus dem Arbeitsvertrag, aber auch aus einer Gesamtzusage oder betrieblichen Übung und auch einer Betriebsvereinbarung (seltener Tarifvertrag) ergeben.

Die allgemeine Zulage dient der Anhebung der tariflichen Arbeitsvergütung auf ein höheres Niveau. *Anlaß* hierfür kann insbesondere sein, daß der Arbeitgeber die tariflichen Entgelte als zu niedrig ansieht oder daß es ihm nicht gelingt, Arbeitnehmer zum Tariflohn/-gehalt für seinen Betrieb zu gewinnen.

Regelmäßig werden derartige Zulagen, die zu einem über dem Tarifentgelt liegenden *Effektivverdienst* führen, an sämtliche Arbeitnehmer gezahlt. Das muß jedoch nicht so sein. Der Arbeitgeber kann sich beispielsweise darauf beschränken, nur den Arbeitnehmern eine Zulage zu gewähren, die unteren Vergütungsgruppen angehören, oder die Höhe der Zulage nach einzelnen Vergütungsgruppen staffeln. Er darf jedoch nicht ohne sachlichen Rechtfertigungsgrund einzelne Arbeitnehmer oder Arbeitnehmergruppen von der Zulage ausnehmen oder diesen eine niedrigere Zulage zahlen, weil dann ein Verstoß gegen den arbeitsrechtlichen *Gleichbehandlungsgrundsatz* vorliegen würde.

Der Arbeitgeber hat bei der Einführung einer allgemeinen Zulage unterschiedliche *Gestaltungsmöglichkeiten*. So kann er

– eine Gesamtvergütung vereinbaren oder zusagen, ohne zwischen tariflicher Vergütung und übertariflichen Vergütungsbestandteilen zu trennen,

– eine feste unveränderliche Zulage zur jeweiligen Tarifvergütung vereinbaren oder zusagen und

– eine Zulage als Vergütungsbestandteil ohne Zusage ihrer unveränderten Beibehaltung vereinbaren oder zusagen.[9]

Es muß im Einzelfall geprüft werden, welche Art von Vereinbarung vorliegt und welche rechtliche Bedeutung dieser insbesondere im Hinblick auf eine Anrechnung zukommt.

c) Außertarifliche Zulagen

Darunter versteht die Praxis eine Zulage, die im Tarifvertrag nicht vorgesehen ist. Kennt der Tarifvertrag keine Leistungszulage, wird eine solche jedoch gewährt, ist diese also eine außertarifliche Zulage. Entsprechendes gilt, wenn der Arbeitgeber ohne jede tarifliche Verpflichtung etwa einen besonderen Zuschlag für Sonn- oder Feiertagsarbeit oder einen zusätzlichen Geldbetrag für jeden Urlaubstag zahlt.

---

9) Vgl. dazu *Oetker*, RdA 1991, 16; *Meisel*, BB 1991, 406; *Schüren*, RdA 1991, 139.

Leistungsentgelte

3. Sonderformen der Vergütung

Neben der eigentlichen Arbeitsvergütung und den Zulagen/Zuschlägen leistet der Arbeitgeber aufgrund des Arbeitsverhältnisses oft weitere Zahlungen, die Sonderformen der Vergütung darstellen. Hauptsächlich handelt es sich um folgende Leistungen.

a) 13. Monatseinkommen

Das 13. Monatseinkommen ist eine *zusätzliche Vergütung* für die im betreffenden Jahr (Bezugszeitraum) erbrachte Arbeitsleistung. Seine Besonderheit besteht darin, daß es anstelle der monatlichen Auszahlung nur einmal im Jahr gezahlt wird.

Der Anspruch setzt eine entsprechende *Rechtsgrundlage* voraus, die sich vielfach aus dem Tarifvertrag ergibt. Soweit ein solcher nicht anwendbar ist oder eine derartige Regelung nicht enthält, bedarf es einer einzelvertraglichen Vereinbarung der Arbeitsvertragsparteien. Auch Betriebsvereinbarungen sind denkbar. Tarif- oder Arbeitsverträge regeln üblicherweise auch, in welchem Umfang ein Anspruch auf das 13. Monatseinkommen besteht, wenn das Arbeitsverhältnis im Laufe des Kalenderjahres beginnt oder endet. Üblicherweise wird es wegen der Bindung an die Arbeitsleistung entsprechend der Zahl der Monate gequotelt. Das 13. Monatseinkommen ist streng *von Gratifikationen* oder Zuwendungen *zu unterscheiden*, die der Arbeitgeber aus bestimmtem Anlaß (z. B. Weihnachten, Dienstjubiläum, Urlaub) gewährt. Entscheidend ist im Streitfall nicht die Bezeichnung der geldlichen Leistung, sondern der Inhalt. Ist die Zahlung ohne weitere *Zweckbestimmung* und ohne Voraussetzungen vorgesehen oder zugesagt, ist von einem 13. Monatseinkommen auszugehen. Scheidet der Arbeitnehmer dann im Laufe des Jahres aus, hat er einen ratierlichen Anspruch.

b) Prämien

Gewährt der Arbeitgeber Arbeitnehmern eine Prämie, dann handelt es sich nicht um Prämienlohn im Rahmen einer Leistungsentlohnung, sondern um eine *Sondervergütung.*

Prämien sind eine von der eigentlichen Arbeitsleistung *unabhängige Zusatzvergütung* und dazu bestimmt, die über das gewöhnliche Maß hinausgehende, besonders anerkennenswerte Erfüllung von Pflichten des Arbeitnehmers zu honorieren. Eine Prämie kann aber nicht nur als Belohnung, sondern auch als Anreiz zur Förderung eines bestimmten positiven Verhaltens bei der Arbeit und im Betrieb gedacht sein. So kann der Arbeitgeber etwa eine besonders gute Arbeitsleistung ebenso „prämieren" wie eine lange Betriebstreue.

In der Praxis gibt es die *verschiedensten Prämien*, so für besondere Zuverlässigkeit (Zuverlässigkeitsprämie), für die erfolgreiche Verhinderung von Arbeitsunfällen (Unfallverhütungs- oder Sicherheitsprämie), für unfallfreies Fahren („Nichtunfallprämie"), für unverzügliche Anzeige einer Arbeitsverhinderung („Abmeldeprämie") oder für wenige Fehltage („Anwesenheitsprämie").

aa) Anwesenheitsprämien

Die Anwesenheitsprämie spielt im Arbeitsleben wieder eine größere Rolle. Sie wird dem Arbeitnehmer im Prinzip für die regelmäßige Erbringung seiner Arbeitsleistung gewährt. Sie dient also der *Vermeidung* von *Fehlzeiten.*

Schon nach bisheriger Rechtslage ließ das Bundesarbeitsgericht Vereinbarungen zu, die Abzüge von Sonderzuwendungen oder Anwesenheitsprämien für Fehlzeiten festlegten.[10] Dem entspricht die Neuregelung in § 4b EFZG dem Grunde nach. Eine *Kürzung* kann nunmehr für *jede Geldleistung* vereinbart werden, die nicht dem laufenden Arbeitsentgelt zuzurechnen ist. Dies gilt jetzt auch für Kleingratifikationen.[11] Umstritten war in der Vergangenheit, in welcher *Höhe* solche Kürzungen zulässig sind. Nach der Neuregelung des Entgeltfortzahlungsgesetzes mit Wirkung ab 1. Oktober 1996 darf für jeden Tag der Arbeitsunfähigkeit bis zu einem Viertel des Arbeitsentgelts, das im Jahresdurchschnitt auf einen Arbeitstag entfällt, gekürzt werden.

Voraussetzung ist allerdings eine *Vereinbarung* über die Kürzung. Unter Vereinbarungen sind Kollektiv-, aber auch Individualvereinbarungen zu verstehen.

Einzubeziehen sind *alle* krankheitsbedingten Fehlzeiten, gleich ob ein Anspruch auf Entgeltfortzahlung besteht oder nicht. Offen ist allerdings, ob auch Mutterschutzfristen eine entsprechende Kürzung erlauben.[12]

Anerkannt ist, daß während der Zeit des *Erziehungsurlaubs* die Sonderzahlung vollständig ausgesetzt werden kann. Hier geht es also nicht um

---

10) BAG, Urt. v. 15. 2. 1990 – 6 AZR 381/88, NZA 1990, 601; BAG, Urt. v. 19. 4. 1995 – 10 AZR 136/94, NZA 1996, 133; BAG, Urt. v. 6. 12. 1995 – 10 AZR 123/95, NZA 1996, 531 = ZIP 1996, 928, dazu EWiR 1996, 587 *(Künzl).*
11) Anders noch BAG NZA 1990, 601, 605.
12) Wohl ablehnend BAG, Urt. v. 12. 5. 1993 – 10 AZR 528/91, NZA 1993, 1002.

eine Kürzung wegen krankheitsbedingter Fehlzeiten, sondern um eine zulässige Aussetzung der Vergütung insgesamt.[13]

Fraglich ist, ob § 4b EFZG auch *Aufbauprämien* erfaßt, also Prämien, die den Mitarbeitern für jeden Tag der Anwesenheit gezahlt werden. § 4b EFZG spricht nur von der „Kürzung" von Leistungen. Bei Aufbauprämien wird jedoch nicht ein Anspruch gekürzt, sondern der Anspruch entsteht erst, wenn der Mitarbeiter anwesend ist. Auch eine analoge Anwendung scheidet aus: Derartige Aufbauregelungen sind seit langem bekannt. Wenn der Gesetzgeber gleichwohl nur die „Kürzung von Leistungen" beschränkt hat, gilt im Umkehrschluß die Beschränkung für Aufbauregelungen gerade nicht. Das Problem wird in der Praxis dadurch entschärft, daß kaum pro Tag Anwesenheit zusätzlich ein Viertel oder mehr der Vergütung bezahlt wird. Es stellt sich jedoch, wenn Aufbauprämien und die Kürzung von Sondervergütungen zusammentreffen und die Grenze des § 4b EFZG überschreiben. Auch dann ist die Aufbauprämie nicht in die Berechnung einzubeziehen. Dasselbe gilt auch für Aufbauregelungen durch gruppenbezogene Prämien, die nur ausgeschüttet werden, wenn bestimmte Fehlzeitenquoten in der jeweiligen Gruppe (z. B. in der Abteilung oder auch im ganzen Betrieb) nicht erreicht werden. Auch hier entsteht der Anspruch erst, wenn die Fehlzeiten zum Stichtag nicht erreicht sind. Da es sich wiederum nicht um eine „Kürzung" handelt, gilt auch hier die Grenze des § 4b EFZG nicht.[14]

bb) Treueprämie

Mit einer Treueprämie verfolgt der Arbeitgeber die Absicht, seine Arbeitnehmer möglichst lange oder jedenfalls für eine bestimmte Zeit an sich zu binden. So könnte etwa festgelegt werden, daß Arbeitnehmer, die schon 10, 15 oder 20 Jahre dem Betrieb angehören, einen bestimmten Geldbetrag bekommen. Bei der Treueprämie handelt es sich also um *eine Anerkennung und Belohnung der Betriebstreue*.

Im Gegensatz zur Anwesenheitsprämie ist die Treueprämie jedoch nicht nur vergangenheitsbezogen. Vielmehr will der Arbeitgeber mit ihrer Zahlung den Arbeitnehmer bewegen, auch in der *Zukunft* bei ihm zu bleiben. Das führt zu der Frage, ob der Arbeitgeber die Treueprämie nicht wenigstens teilweise zurückfordern kann, wenn der Arbeitnehmer sie z. B. 1997 erhält und etwa mit Ablauf des 31. März 1998 aufgrund eigener Kündigung ausscheidet. Dazu kann auf die unten (I 3 c cc) dargestellten Grundsätze verwiesen werden.

---

13) Vgl. BAG, Urt. v. 5. 8. 1992 – 10 AZR 88/90, NZA 1993, 130; BAG NZA 1993, 1002.
14) Vgl. *Bauer/Lingemann*, BB 1996, Beilage 17, S. 8.

c) Gratifikationen

Gratifikationen sind Sonderzuwendungen, die der Arbeitgeber neben der für die Arbeitsleistung gezahlten Arbeitsvergütung erbringt und die ihre Grundlage im Arbeitsverhältnis haben. Sie gehören zum Arbeitsentgelt, gleichgültig ob sie mit Rücksicht auf die bereits geleisteten oder im Hinblick auf zukünftige Dienste gezahlt werden. Sie können also vergangenheits- oder zukunftsbezogen, aber auch beides sein. Derartige Sonderzuwendungen haben oft einen sog. *Mischcharakter*. Dies ist etwa der Fall, wenn einerseits das Bestehen des Arbeitsverhältnisses am Stichtag (z. B. 1. 12.) und damit eine Betriebstreue im Bezugszeitraum bis zu diesem Zeitpunkt und andererseits eine ununterbrochene Mindestbetriebszugehörigkeit (z. B. wenigsten zwölf Monate) und damit eine entsprechende Arbeitsleistung verlangt wird.

aa) Anlässe für Gratifikationen

Gratifikationen werden aus *bestimmten Anlässen* gewährt. Die älteste und zugleich bekannteste Gratifikation ist die *Weihnachtsgratifikation*. Sie hat sich aus der ursprünglichen Weihnachtsgabe und dem späteren Weihnachtsgeld des Arbeitgebers anläßlich des bedeutsamsten Feiertages entwickelt. Trotz der weiten Verbreitung der Weihnachtsgratifikation ist ein allgemeiner Rechtsanspruch hierauf nicht gegeben, so daß es einer besonderen Rechtsgrundlage bedarf.

Nach dem Gesetz besteht der Anspruch auf Erholungsurlaub darin, daß der Arbeitgeber dem Arbeitnehmer für die Urlaubsdauer das in § 11 Abs. 1 BUrlG näher geregelte Urlaubsentgelt vor Urlaubsantritt zu zahlen hat. Eine über dieses Urlaubsentgelt hinausgehende zusätzliche Zahlung (sog. *Urlaubsgeld*) kennt das Bundesurlaubsgesetz nicht, ist jedoch schon seit vielen Jahren in zahlreichen Tarifverträgen verankert. Das tarifliche Urlaubsgeld ist meist in Form eines prozentualen Zuschlags zum Urlaubsentgelt (z. B. 30 oder 50 %) für die bewilligten Urlaubstage zu gewähren, bisweilen als fester Betrag für jeden genommenen Urlaubstag (z. B. 20 oder 35 DM). Es gibt auch tarifliche Regelungen des Inhalts, daß als Urlaubsgeld eine jährliche Einmalzahlung zu leisten ist, in der Regel zu einem bestimmten Termin in der Haupturlaubszeit (z. B. am 1. 7.). Insbesondere diese Art der Zahlung wird oft als Urlaubsgratifikation bezeichnet.

Es ist zwischen Dienst- und Geschäftsjubiläen zu unterscheiden. Die größere Bedeutung kommt dem *Dienstjubiläum* des Arbeitnehmers (auch Arbeitsjubiläum genannt) zu. Während früher häufig schon eine nur zehnjährige Dienstzeit Anlaß für eine besondere Zuwendung durch den Arbeitgeber war, werden heutzutage vielfach bloß noch die Arbeitnehmer bedacht, die eine Dienstzeit von 25, 40 oder 50 Jahren in demselben Betrieb oder Unternehmen vollendet haben. Eine Jubliläumszuwendung (gelegentlich auch Treuegeld genannt) stellt in erster Linie eine *Anerkennung* für die in der *Vergangenheit* geleisteten Dienste dar; bisweilen (so beim 25. Jubiläum) soll der Arbeitnehmer jedoch zugleich motiviert werden, weitere Dienstleistungen für den Arbeitgeber zu erbringen.

Zuwendungen an die Belegschaft aus Anlaß eines *Geschäftsjubiläums* (Firmenjubiläum) kommen in der Praxis weniger oft vor. Sie sind ebenfalls in bestimmten Grenzen steuerfrei, wenn es sich um ein besonderes Jubiläum (z. B. 25, 50, 75 Jahre usw.) handelt. Ob der Arbeitgeber ein solches Ereignis zum Anlaß nimmt, der Belegschaft eine Sonderzahlung (unter Umständen nach Dauer der Betriebszugehörigkeit gestaffelt) zukommen zu lassen, ist allein seine Entscheidung. Allerdings hat er hierbei wiederum darauf zu achten, daß nicht gegen den *Gleichbehandlungsgrundsatz* verstoßen wird. Schließt der Arbeitgeber von der Gewährung einer Gratifikation Arbeitnehmer unter Verletzung des *Gleichbehandlungsgrundsatzes* aus, können sie aus diesem rechtlichen Gesichtspunkt einen Anspruch auf die Sonderzuwendung haben.[15] Der Gleichbehandlungsgrundsatz gebietet dem Arbeitgeber nämlich, seine Arbeitnehmer oder Gruppen seiner Arbeitnehmer, die sich in vergleichbarer Lage befinden, gleich zu behandeln. Er verbietet nicht nur die willkürliche Schlechterstellung einzelner Arbeitnehmer innerhalb einer Gruppe, sondern auch eine sachfremde Gruppenbildung.[16]

bb) Rechtsgrundlagen

Rechtsgrundlage für eine Gratifikation können ein Tarifvertrag, eine Betriebsvereinbarung, eine sog. Gesamtzusage (Erklärung des Arbeitgebers gegenüber allen oder einer Gruppe von Arbeitnehmern, eine Sonderzuwendung bei Erfüllung bestimmter Voraussetzungen zu gewähren), eine sog. arbeitsvertragliche Einheitsregelung (planmäßiger Abschluß von gleichlautenden Arbeitsverträgen mit allen oder einer Gruppe von Arbeitnehmern), eine betriebliche Übung oder eine einzelvertragliche Zusage sein.

---

15) Vgl. dazu *Simon/Hinderlich*, NZA 1987, 623 ff.
16) Vgl. z. B. BAG, Urt. v. 19. 5. 1992 – 1 AZR 418/91, AP Nr. 1 zu Art. 70 Verfassung Ba-Wü = EzA § 315 BGB Nr. 39 = BB 1992, 1860 (Ls) = NZA 1992, 979, m. w. N.

cc) Nähere Regelungen

In der Praxis hat es sich durchgesetzt, die Gratifikation unter dem *Vorbehalt* „freiwillig und ohne Anerkennung einer Rechtspflicht" zu bezahlen. Der Rechtsanspruch wird dadurch für die Zukunft ausgeschlossen. Hat der Arbeitgeber für ein bestimmtes Jahr die Zahlung der Gratifikation in Aussicht gestellt, so besteht der Anspruch auch nur für dieses Jahr; für die Zeit danach kann er beseitigt werden.

Der Anspruch auf die Gratifikation besteht grundsätzlich auch bei längerer *Krankheit* des Arbeitnehmers, weil das Arbeitsverhältnis in diesem Fall nicht ruht. Eine automatische anteilige Kürzung oder der Wegfall der Gratifikation ist deshalb nach Auffassung des Bundesarbeitsgerichts nicht gerechtfertigt.[17]

Scheidet ein Arbeitnehmer *vor der Fälligkeit* der Gratifikation aus, kommt es darauf an, ob der Anspruch davon abhängt, daß das Arbeitsverhältnis während des gesamten Bezugszeitraums oder eines Teils davon, für den Gratifikation bezahlt wird, besteht. Ist die Gratifikationszusage in dieser Weise ausgestaltet, entfällt der Anspruch, wenn der Arbeitnehmer vor dem *Stichtag* oder der Fälligkeit der Gratifikation ausscheidet oder an dem Stichtag sich in einem gekündigten Arbeitsverhältnis befindet.[18] Eine solche Klausel ist auch für den Fall der betriebsbedingten Kündigung möglich;[19] entsprechende Regelungen in Betriebsvereinbarungen und Individualverträgen unterliegen richterlicher Inhalts- und Billigkeitskontrolle, wobei allerdings nur in Ausnahmefällen von einer unbilligen Regelung auszugehen ist.[20] Ist die Zusage an keine weitere Voraussetzung geknüpft, so ist im Zweifel lediglich eine zusätzliche Vergütung für die geleistete Arbeit innerhalb des Bezugszeitraums gewollt. Scheidet in solchen Fällen ein Arbeitnehmer vor dem Ende des Bezugszeitraums aus, behält er einen Anspruch auf denjenigen Teil der vollen Jahresleistung, der dem Verhältnis der tatsächlichen Arbeitsleistung zur Gesamtdauer entspricht.[21] Der Teilanspruch ist, soweit nicht anderes vereinbart ist, erst zum Ende des Bezugszeitraums fällig. Der *Zweck* einer Sonderzahlung ergibt sich im übri-

---

17) BAG NZA 1993, 130; BAG, Urt. v. 16. 3. 1994 – 10 AZR 669/92, NZA 1994, 747, dazu EWiR 1994, 753 *(Ackmann)*.
18) BAG, Urt. v. 10. 1. 1991 – 6 AZR 205/89, NZA 1991, 689; vgl. aber auch BAG, Urt. v. 7. 10. 1992 – 10 AZR 186/91, NZA 1993, 948, und BAG, Urt. v. 14. 12. 1993 – 10 AZR 661/92, DB 1994, 1625, wonach der bloße *Aufhebungsvertrag* oder eine *Befristung* den Anspruch nicht ausschließt, wenn nur bestimmt ist, daß das Arbeitsverhältnis am Stichtag "ungekündigt" bestehen muß.
19) BAG, Urt. v. 4. 9. 1985 – 5 AZR 655/84, DB 1986, 382 zum Tarifvertrag.
20) BAG, Urt. v. 19. 11. 1992 – 10 AZR 264/91, NZA 1993, 353.
21) BAG, Urt. v. 21. 12. 1994 – 10 AZR 832/93, EzA § 611 BGB Gratifikation, Prämie Nr. 119.

gen allein aus ihren Voraussetzungen, Ausschluß- und Kürzungstatbeständen.[22)]

Ein Anspruch auf Gratifikation kann sich auch aufgrund *betrieblicher Übung* ergeben. Dabei entsteht keine betriebliche Übung, wenn die Zuwendungen nach Gutdünken des Arbeitgebers dreimalig in unterschiedlicher Höhe gezahlt wird.[23)]

Eine Gratifikationszusage kann auch einen *Freiwilligkeitsvorbehalt* enthalten, der dahin geht, daß Ansprüche für die Zukunft auch aus wiederholten Zahlungen nicht hergeleitet werden können. Damit werden nicht nur Ansprüche für die Zukunft, sondern auch für den *laufenden Bezugszeitraum* ausgeschlossen.[24)] Der Arbeitgeber ist aufgrund eines solchen Vorbehalts jederzeit frei, erneut zu bestimmen, ob und unter welchen Voraussetzungen er eine Gratifikation gewähren will.

Entgegen weit verbreiteter, aber falscher Auffassung kann die Gratifikation nicht allein aufgrund eines Freiwilligkeitsvorbehalts bei späterem Ausscheiden des Arbeitnehmers zurückverlangt werden. Nötig ist dazu ein *unmißverständlicher Rückzahlungsvorbehalt*,[25)] der dem Arbeitnehmer spätestens bei der Auszahlung erklärt werden muß.

Dabei gelten für die Bindungsdauer folgende Grundsätze:

(1) Wenn die Gratifikation 200 DM brutto oder weniger beträgt (sog. Kleinstgratifikation), ist ein Rückzahlungsvorbehalt unzulässig.[26)]

(2) Bei Gratifikationen von über 200 DM brutto bis unter einem Brutto-Monatsverdienst ist eine Bindung zum 31. März des folgenden Jahres möglich. Das bedeutet, daß ein Angestellter, der zum 31. März kündigt und deshalb erst am 1. April ausscheidet, die Gratifikation nicht zurückzuzahlen hat.[27)]

(3) Wenn die Gratifikation ein Brutto-Monatsverdienst und mehr beträgt, kann ein Arbeitnehmer bis zum 30. Juni gebunden werden. Er hat die Gratifikation dann zurückzuzahlen, wenn er zum 31. März kündigt, aber nicht, wenn er zum 30. Juni kündigt.

---

22) BAG, Urt. v. 24. 3. 1993 – 10 AZR 160/92, NZA 1993, 1043.
23) BAG, Urt. v. 28. 2. 1996 – 10 AZR 516/95, NZA 1996, 758 = ZIP 1996, 1099, dazu EWiR 1996, 689 *(Schaub)*.
24) BAG, Urt. v. 5. 6. 1996 – 10 AZR 888/95, NZA 1996, 1028.
25) BAG, Urt. v. 14. 6. 1995 – 10 AZR 25/94, DB 1995, 2273.
26) BAG, Urt. v. 17. 3. 1982 – 5 AZR 1250/79, NJW 1983, 67.
27) BAG, Urt. v. 9. 6. 1993 – 10 AZR 529/92, NZA 1993, 935, dazu EWiR 1993, 1067 *(Reichold)*.

(4) Bei Gratifikationen, die einen zweifachen Monatsverdienst nicht erreichen, ist eine Bindung über den 30. Juni jedenfalls dann unzulässig, wenn der Arbeitnehmer mehrere Kündigungsmöglichkeiten hatte.[28]

(5) Wenn die Gratifikation ein Brutto-Monatsverdienst „erheblich" und „eindrucksvoll" übersteigt (wohl zwei Brutto-Monatsgehälter und mehr), läßt das Bundesarbeitsgericht[29] eine erweiterte Bindungsdauer bei folgender gestaffelter Rückzahlungsverpflichtung zu: Der Arbeitgeber gewährt den Arbeitnehmern eine Gratifikation von zwei Monatsgehältern und vereinbart, daß bei Ausscheiden bis zum 31. März des folgenden Jahres 1 ½ Monatsgehälter, bei Ausscheiden bis zum 30. Juni ein Monatsgehalt und bei Ausscheiden bis zum 30. September ein halbes Monatsgehalt zurückzuzahlen sind.

(6) Die zulässige Bindungsdauer bei Zahlung einer Gratifikation bestimmt sich nach der Höhe des Arbeitsentgelts im Auszahlungsmonat der Gratifikation.[30] Werden Bindungsfristen vereinbart, die nicht diesen Richtlinien entsprechen, ist die Rückzahlungsklausel unwirksam, allerdings mit der Maßgabe, daß sie mit den zulässigen Fristen aufrechtzuerhalten ist.

d) Gewinnbeteiligungen, Tantiemen

aa) Allgemeines

Gesetzliche Regelungen für Gewinnbeteiligungen gibt es nur für *Vertretungs- und Aufsichtsratsmitglieder juristischer Personen* (vgl. §§ 86, 113 AktG), ohne daß ihnen allerdings ein gesetzlicher Anspruch eingeräumt wird. Sie kommen jedoch auch bei Arbeitnehmern vor.

Eine Gewinnbeteiligung wird Mitarbeitern gewährt, deren Tätigkeit für den wirtschaftlichen *Erfolg des Unternehmens* von besonderer Bedeutung ist. Dies sind vor allem leitende Angestellte, deren Gewinnbeteiligung häufig als Tantieme bezeichnet wird. Es können jedoch auch sonstige Arbeitnehmer sein, die unmittelbar oder mittelbar an der Erzielung des Gewinns mitwirken und entsprechend motiviert werden sollen.

Bei der Auswahl der Betriebsangehörigen, die am Gewinn beteiligt werden sollen, ist der Arbeitgeber grundsätzlich frei. Er muß indes auch hier den *Gleichbehandlungsgrundsatz* beachten. Die Gewinnbeteiligung stellt eine *zusätzliche Arbeitsvergütung* dar. Ihre Besonderheit besteht in ihrer Erfolgsabhängigkeit. Ihrer Natur nach handelt es sich um eine Sonderlei-

---

28) BAG, Urt. v. 27. 10. 1978 – 5 AZR 754/77, DB 1979, 898.
29) BAG, Urt. v. 13. 11. 1969 – 5 AZR 232/69, NJW 1970, 582.
30) BAG, Urt. v. 20. 3. 1974 – 5 AZR 327/73, NJW 1974, 1671.

stung mit Gratifikationscharakter. *Bemessungsgrundlage* für die Gewinnbeteiligung ist üblicherweise der Reingewinn, der sich aus der nach kaufmännischen Grundsätzen nach Abschluß des Geschäftsjahres aufgestellten Handelsbilanz (nicht: Steuerbilanz) ergibt, seltener der Rohgewinn.[31]

Die Gewinnbeteiligung bezieht sich regelmäßig auf das gesamte Unternehmen, kann jedoch auch auf Unternehmensteile (z. B. Betrieb, Niederlassung Filiale) beschränkt werden. Sie wird *meist prozentual* festgelegt. Ihre Festsetzung kann indes dem Arbeitgeber überlassen bleiben, der dann die Bestimmung der Leistung nach *billigem Ermessen* zu treffen hat (§ 315 BGB). Ist eine sog. Mindestgewinnbeteiligung zugesagt, ist der hierbei genannte Betrag auch dann zu zahlen, wenn kein oder kein ausreichender Gewinn erzielt worden ist.

Rechtsgrundlage der *stets freiwilligen* Gewinnbeteiligung ist zumeist eine Einzelvereinbarung mit den begünstigten Arbeitnehmern. Allerdings kann sie sich auch aus betrieblicher Übung ergeben. Vereinzelt gibt es auch Betriebsvereinbarungen. Dagegen sind tarifvertraglich geregelte Gewinnbeteiligungen kaum bekannt.

bb) Sonstige Beteiligungen

Neben der Gewinnbeteiligung gibt es in der Praxis eine Reihe weiterer Beteiligungsformen, deren Abgrenzung nicht immer einheitlich ist.[32] In allen Fällen handelt es sich jedoch ebenfalls um *freiwillige Leistungen* des Arbeitgebers, so daß ein Anspruch des Arbeitnehmers eine entsprechende Grundlage (Arbeitsvertrag, Gesamtzusage, betriebliche Übung, Betriebsvereinbarung) voraussetzt.

Unter einer *Überschußvergütung* wird ein Anteil am Überschuß eines Betriebs oder Betriebsteils verstanden, den der Arbeitgeber an Arbeitnehmer auszahlt. Die Überschußvergütung ist eine Art Gewinnbeteiligung.

Jahresabschlußvergütungen werden oft an die gesamte Belegschaft gezahlt. Sie haben keinen Bezug zur Höhe des im Unternehmen erzielten Gewinns und stellen somit keine Gewinnbeteiligung dar.

Das gleiche gilt für die *Erfolgs- oder Ergebnisbeteiligung.* Diese besteht darin, daß der Arbeitgeber aus sozialen Gründen allen Arbeitnehmern ohne Rücksicht auf ihren Anteil am Erfolg oder Ergebnis des Unternehmens

---

31) Vgl. BAG, Urt. v. 7. 7. 1960 – 5 AZR 61/59, AP Nr. 2 zu § 242 BGB Auskunftspflicht = BB 1960, 984 = DB 1960, 1043; BAG, Urt. v. 13. 4. 1978 – 3 AZR 844/76, AP Nr. 1 zu § 611 BGB Tantieme = EzA § 611 BGB Tantieme Nr. 1 = BB 1979, 45 = DB 1978, 2228.

32) Vgl. dazu etwa *Nebendahl*, in: Arbeitsrechtslexikon, Bd. I, 1993, Stichwort: Gewinnbeteiligung/Tantieme.

jährlich eine Zuwendung zukommen läßt. Es handelt sich also um eine Sonderform der Gratifikation.

Bei einer *Umsatzbeteiligung* gewährt der Arbeitgeber Arbeitnehmern eine Zuwendung, die an den im Betrieb oder einem Betriebsteil getätigten Umsatz anknüpft und den persönlichen Anteil der Mitarbeiter berücksichtigt. Die Umsatzbeteiligung ist folglich eine Art Provision.

e) Provision

Die Provision zählt nicht zu den „*klassischen*" Sonderzuwendungen; sie ist vielmehr eine besonders berechnete und im Außendienst verbreitete Vergütungsform, und zwar meist eine in Prozenten ausgedrückte Beteiligung der Arbeitnehmer oder Handelsvertreter am Wert der einzelnen von ihnen vermittelten oder abgeschlossenen Geschäfte.

Da die Provision in der Regel nicht für die Vermittlungstätigkeit allein, sondern für den *Abschluß* und die *Ausführung* des *Geschäfts* zwischen dem Unternehmer und dessen Vertragspartner gezahlt wird, handelt es sich meist um einen erfolgsabhängigen Anspruch. Die Provision ist Vergütung für die vom Arbeitnehmer geleistete Arbeit unabhängig davon, ob sie zu einem festen Grundgehalt hinzukommt oder nicht. Das Gesetz regelt sie zunächst als typische Vergütungsform für den Handelsvertreter (§ 84 ff HGB). Soweit Arbeitnehmer Provisionen erhalten, finden die Vorschriften des § 87 Abs. 1 und 3 HGB sowie der §§ 87a–87c HGB Anwendung (§ 65 HGB). Daraus ergibt sich, daß Arbeitnehmer keinen gesetzlichen Anspruch auf Bezirksprovision (§ 87 Abs. 2 HGB) haben. Ein solcher Anspruch kann aber vereinbart werden.[33] Auch Ansprüche auf Inkassoprovisionen (§ 87 Abs. 4 HGB) stehen dem Arbeitnehmer nicht zu.

Mit Provision entlohnte Arbeitnehmer haben bei der Beendigung ihrer Arbeitsverhältnisse *keine Ausgleichsansprüche* nach § 89b HGB.[34] Der Grund dafür liegt in der rechtlichen und wirtschaftlichen Stellung des Handelsvertreters, der im Unterschied zum Arbeitnehmer durch seine Selbständigkeit mit einem eigenen Unternehmerrisiko belastet ist. Der Arbeitnehmer genießt dagegen weitgehende soziale Sicherung; nicht zuletzt kommen ihm die Vorschriften des *Kündigungsschutzrechtes* zugute. Es wäre deshalb unbillig, ihm auch noch den Anspruch nach § 89b HGB zu gewähren.

Bei der *Beendigung* seines Vertragsverhältnisses muß der Arbeitnehmer berücksichtigen, daß er grundsätzlich noch Anspruch auf Provision für die

---

33) BAG, Urt. v. 13. 12. 1965 – 3 AZR 446/64, BB 1966, 208.
34) BAG, Urt. v. 3. 6. 1958 – 2 AZR 638/57, BB 1958, 775.

Geschäfte hat, die er vor seinem Ausscheiden aus dem Arbeitsverhältnis abgeschlossen oder vermittelt hat, es sei denn, ein solcher Anspruch sei vertraglich ausgeschlossen oder anders geregelt. Der Arbeitnehmer hat auch Anspruch auf Provision für Geschäfte, die innerhalb angemessener Frist nach der Beendigung des Vertragsverhältnisses zustande kommen, wenn er das betreffende Geschäft vermittelt oder doch so eingeleitet oder vorbereitet hat, daß der Abschluß des Geschäfts überwiegend auf seine Tätigkeit zurückzuführen ist (§ 87 Abs. 3 HGB). Auch hier kann aber der Anstellungsvertrag eine vom HGB abweichende Regelung enthalten. Welche Frist „angemessen" ist, hängt von Art und Umfang des vermittelten oder abgeschlossenen Geschäfts ab.

Hat ein angestellter Außendienstmitarbeiter neben seinem Fixum Anspruch auf Provisionen, so hängen diese gelegentlich vom Erreichen einer *Jahres-Soll-Vorgabe* ab. Fehlt hier eine Regelung für den Fall des Ausscheidens des Arbeitnehmers während des laufenden Jahres, so ist die arbeitsvertragliche Vereinbarung durch Vertragsauslegung zu ergänzen.[35] Dabei ist insbesondere § 622 Abs. 6 BGB zu berücksichtigen. Nach dieser Vorschrift darf für die Kündigung des Arbeitsverhältnisses durch den Arbeitnehmer einzelvertraglich keine längere Frist vereinbart werden, als für die Kündigung durch den Arbeitgeber. Ein Verstoß gegen diese Bestimmung ist nach ihrem Sinn und Zweck aber auch dann anzunehmen, wenn die Kündigung des Arbeitnehmers gegenüber der des Arbeitgebers erschwert ist. Daher sind Kündigungsbeschränkungen zu Lasten des Arbeitnehmers als unzulässig anzusehen. Das gilt auch für eine Mindestumsatzgrenze bei einer Provisionszusage.[36]

II. Gleichbehandlung

Die Geltung des sog. „arbeitsrechtlichen Gleichbehandlungsgrundsatzes" ist seit Jahrzehnten praktisch unbestritten. Nach diesem Grundsatz darf der Arbeitgeber bei der Vergütung seiner Mitarbeiter vergleichbare Mitarbeiter nicht ungleich behandeln. Das Gleichbehandlungsgebot gilt nicht nur hinsichtlich der Grundvergütung, sondern auch für Sozialleistungen. Es ist dem Arbeitgeber deshalb grundsätzlich nicht gestattet, willkürlich einzelne Mitarbeiter oder Mitarbeitergruppen von einer bestimmten Sozialleistung auszuschließen. Das Gleichbehandlungsgebot verbietet dagegen nicht *sachgerechte Differenzierungen*.

---

35) BAG, Urt. v. 20. 8. 1996 – 9 AZR 471/95, ZIP 1996, 1912 = DB 1996, 2292, dazu EWiR 1996, 1017 *(v. Hoyningen-Huene)*.
36) BAG ZIP 1996, 1912.

In der Rechtsprechung wird aber auch darauf hingewiesen, daß der arbeitsrechtliche Gleichbehandlungsgrundsatz hinsichtlich des Entgelts *dispositiv* sei, weil insoweit der Vorrang der Vertragsfreiheit bestehe.[37] Damit ist aber nur gesagt, daß der Arbeitgeber bei der Festsetzung der Entgelte einen besonders *weiten Ermessensspielraum* hat. Insbesondere ist der Arbeitgeber berechtigt, die Entgelte so weit zu differenzieren, wie es zur Gewinnung und Erhaltung benötigter Arbeitnehmer erforderlich ist.

Selbstverständlich kann bei der Vergütung nach Ausbildung und Verantwortung, Leistung, Belastung und Betriebszugehörigkeit differenziert werden.[38]

Die *Darlegungs- und Beweislast* für eine gleichheitswidrige Entgeltregelung ist verschieden. Bei Teilzeitarbeitnehmern ergibt sich aus § 2 BeschFG, daß der Beweis sachlicher Gründe für eine unterproportionale Bezahlung Sache des Arbeitgebers ist. § 612 Abs. 3 Satz 2 BGB verweist zu dem Verbot der Entgeltdifferenzierung nach dem Geschlecht auf § 611a Abs. 1 Satz 3 BGB. Daraus ergibt sich, daß der Arbeitnehmer im Streitfall Tatsachen glaubhaft machen muß, die eine Benachteiligung wegen des Geschlechts vermuten lassen; dann trägt der Arbeitgeber die Beweislast dafür, daß nicht auf das Geschlecht bezogene, sachliche Gründe eine unterschiedliche Behandlung rechtfertigen. Im übrigen ist der Gleichbehandlungsgrundsatz eine Ausnahme von der Vertragsfreiheit bei der Entgeltregelung, so daß seine Voraussetzungen vom *Arbeitnehmer* darzulegen und zu beweisen sind.[39]

Ist eine Entgeltvereinbarung wegen Gleichheitswidrigkeit unwirksam, so ist die dem Gleichheitsprinzip entsprechende Vergütung zu gewähren, soweit die Entgeltregelung dadurch nicht ihre gesamte Geschäftsgrundlage verliert und deshalb vom Arbeitgeber anderweitig angepaßt werden kann.

III. Individualrechtliche Änderung der Vergütungsregelungen

Nach dem in Teil I gegebenen Überblick über die im Arbeitsleben gebräuchlichen finanziellen Arbeitsbedingungen geht es hier darum, in welcher rechtstechnischen Form eine Änderung der Konditionen möglich ist.

---

[37] BAG, Urt. v. 4. 5. 1962, AP Nr. 32 zu § 242 BGB Gleichbehandlung; BAG, Urt. v. 10. 4. 1973, AP Nr. 38 zu § 242 BGB Gleichbehandlung; BAG, Urt. v. 30. 5. 1984, AP Nr. 2 zu § 21 MTL II; BAG, Urt. v. 27. 5. 1987 – 4 AZR 613/86, AP Nr. 6 zu § 74 BAT.
[38] *Hanau* (Fußn. 4), § 60 Rz. 88.
[39] *Hanau* (Fußn. 4), § 60 Rz. 88.

Leistungsentgelte

1. Einvernehmliche Änderung

a) Grundsatz

Zum Inhalt des Arbeitsverhältnisses gehörende Arbeitsbedingungen könnten an sich durch Vereinbarung (Änderungsvertrag) jederzeit geändert werden, etwa dahin, daß ein bestimmter Anspruch des Arbeitnehmers (z. B. Weihnachtsgratifikation) künftig entfällt oder nicht mehr im bisherigen Umfang (z. B. nur noch in halber Höhe) besteht. Dies folgt aus dem auch das Arbeitsrecht beherrschenden *Grundsatz der Vertragsfreiheit*, der nicht nur den Abschluß und die Aufhebung von Arbeitsverträgen betrifft, sondern auch deren Änderung.

Ob es zu einer Änderungsvereinbarung kommt, hängt in erster Linie von dem Arbeitnehmer ab. Da vor allem die Initiative zum Sozialabbau vom Arbeitgeber ausgeht und Sozialabbau naturgemäß eine Verschlechterung von Arbeitsbedingungen bedeutet, wird der Arbeitnehmer vielfach nicht bereit sein, ein entsprechendes Änderungsangebot des Arbeitgebers anzunehmen.

b) Kollektivrechtliche Schranken

Die Möglichkeit zur Änderung von Arbeitsbedingungen kann kollektivrechtlich eingeschränkt sein.

aa) Schranke des § 4 Abs. 3 TVG

Die *Rechtsnormen des Tarifvertrages*, die (neben dem Abschluß und der Beendigung) auch den Inhalt von Arbeitsverhältnissen ordnen, *gelten unmittelbar* und *zwingend* zwischen beiderseits Tarifgebundenen, die unter den Geltungsbereich des Tarifvertrages fallen (§ 4 Abs. 1 Satz 1 TVG). *Tarifgebunden* sind die Mitglieder der Tarifvertragsparteien (§ 3 Abs. 1 TVG) und mit der Allgemeinverbindlicherklärung eines Tarifvertrages auch die bisher nicht tarifgebundenen Arbeitgeber und Arbeitnehmer (§ 5 Abs. 4 TVG).

Angesichts der zwingenden Natur der tariflichen Rechtsnormen sind abweichende Abmachungen über tarifliche Ansprüche nur ausnahmsweise zulässig, nämlich dann, wenn sie durch Tarifvertrag gestattet sind oder eine Änderung der Regelungen zugunsten des Arbeitnehmers enthalten (§ 4 Abs. 3 TVG). Sog. *tarifliche Öffnungsklauseln* im Sinne dieser Vorschrift sind in der Tarifpraxis verhältnismäßig selten, so daß sie im Falle eines Sozialabbaus in allgemeinen fehlen werden und dem Arbeitgeber Änderungsvereinbarungen über tarifliche Ansprüche verwehrt sind.

Die andere Ausnahme (sog. *Günstigkeitsprinzip*) scheidet beim Sozialabbau von vornherein aus. Denn es geht dem Arbeitgeber hierbei ja gerade darum, mit dem Arbeitnehmer ungünstigere Arbeitsbedingungen als die tariflichen (z. B. Streichung oder Kürzung solcher Ansprüche) zu vereinbaren.

bb) Schranke des § 77 Abs. 4 BetrVG

Sollen einzelvertragliche Arbeitsbedingungen geändert werden, die ihre Grundlage in einer *Betriebsvereinbarung* haben, so ist § 77 Abs. 4 Satz 1 BetrVG zu beachten. Nach dieser Vorschrift gelten die Normen der Betriebsvereinbarung ebenfalls unmittelbar und zwingend.

Obwohl es an einer ausdrücklichen gesetzlichen Regelung fehlt, gilt auch im Verhältnis zwischen Betriebsvereinbarung und einzelvertraglicher Vereinbarung das *Günstigkeitsprinzip*.[40] Zwar können somit auch nach Abschluß einer Betriebsvereinbarung jederzeit günstigere Bedingungen in Einzelverträgen vereinbart werden.[41] Es ist aber grundsätzlich nicht möglich, Normen der Betriebsvereinbarung durch *Einzelabmachungen zuungunsten der Arbeitnehmer* zu ändern.[42] Die generelle Unabdingbarkeit ergibt sich übrigens auch daraus, daß ein Verzicht auf den Arbeitnehmern durch die Betriebsvereinbarung eingeräumten Rechten nur mit Zustimmung des Betriebsrats zulässig ist (§ 77 Abs. 4 Satz 2 BetrVG).

c) Schriftformklauseln

aa) Allgemeines

Der Grundsatz der Privatautonomie gestattet den Vertragsparteien, durch Rechtsgeschäft (z. B. im Vertrag) die Einhaltung einer besonderen Form zu vereinbaren. Dies ist üblicherweise die Schriftform. Ist eine Schriftformabrede nach § 127 BGB getroffen, so muß allerdings geprüft werden, ob die sog. Schriftformklausel *konstitutiven Charakter* hat, also Wirksamkeitsvoraussetzung ist, oder ihr nur *deklaratorische*, d. h. bestätigende *Bedeutung* zukommt. Insoweit kommt es auf den erklärten Willen der Vertragsparteien an. Haben die Parteien etwa im Vertrag festgelegt, daß Änderungen zu ihrer Wirksamkeit der Schriftform bedürfen, so liegt ein

---

40) Vgl. BAG, Beschl. v. 7. 11. 1989 – GS 3/85, AP Nr. 46 zu § 77 BetrVG 1972 = EzA § 77 BetrVG 1972 Nr. 34 = NZA 1990, 816 = ZIP 1990, 1152 = BB 1990, 1840 = DB 1990, 1724, dazu EWiR 1990, 853 *(Däubler)*.

41) Vgl. BAG, Beschl. v. 16. 9. 1986 – GS 1/82, AP Nr. 17 zu § 77 BetrVG 1972 = EzA § 77 BetrVG 1972 Nr. 17 = NZA 1987, 168 = ZIP 1987, 251 = NJW 1987, 1967 (Ls) = BB 1987, 265 = DB 1987, 383, dazu EWiR 1987, 539 *(Däubler)*.

42) Vgl. z. B. *Fitting/Kaiser/Heither/Engels*, BetrVG, 18. Aufl., 1996, § 77 Rz. 19.

konstitutives Schriftformerfordernis vor. Ist unklar, welche rechtliche Folge bei Nichtbeachtung der Schriftform eintreten soll, gilt § 125 Satz 2 BGB. Danach hat der Mangel der durch Rechtsgeschäft bestimmten Form im Zweifel *Nichtigkeit* zur Folge.

bb) Arbeitsvertragliche Klausel

Arbeitsvertragliche Schriftformklauseln (z. B. Vertragsänderungen sind nur schriftlich verbindlich) bezwecken die Verhinderung von Veränderungen des Arbeitsvertrages durch mündliche Vereinbarungen. Eine solche Klausel kann indes auf bestimmte Punkte, z. B. auf Nebenabreden beschränkt werden. Bezieht sich die Klausel lediglich auf Nebenabreden, so würde sie etwa für Fahrtkostenzuschüsse, Essenszuschüsse, Schmutz- und Erschwerniszuschläge und Trennungsentschädigungen gelten.[43]

In der Regel gilt die Schriftformklausel jedoch für jede Änderung und darüber hinaus auch für Ergänzungen des Arbeitsvertrages.[44]

cc) Abweichen vom Schriftformerfordernis

Es ist höchstrichterlich anerkannt, daß die Parteien von einer (konstitutiven) Schriftformabrede für Vertragsänderungen oder -ergänzungen auch im Wege einer *formlosen Vereinbarung* wieder abgehen können.[45] Daran hat das Bundesarbeitsgericht auch später festgehalten. So hat es im Anschluß an den Bundesgerichtshof[46] mit Urteil vom 10. Januar 1989[47] entschieden: „Unterliegen vertragliche Änderungen einem vereinbarten Schriftformzwang (§ 125 BGB), so sind mündlich vereinbarte Änderungen wirksam, wenn die Parteien die Maßgeblichkeit der mündlichen Vereinbarung übereinstimmend gewollt haben."

Wenn es aber rechtlich möglich ist, von vertraglichen Schriftformklauseln sogar stillschweigend (konkludent) abzuweichen, so stellt die konstitutive Schriftformabrede auch kein Hindernis für bloß mündlich getroffene Änderungsvereinbarungen der Arbeitsvertragsparteien dar.

---

43) Vgl. BAG, Urt. v. 8. 2. 1972, AP Nr. 1 zu § 4 BAT; BAG, Urt. v. 1. 3. 1972, AP Nr. 1 zu § 29 MTB II; BAG, Urt. v. 9. 12. 1981 – 4 AZR 312/79, AP Nr. 8 zu § 4 BAT; und BAG, Urt. v. 7. 9. 1982 – 3 AZR 5/80, AP Nr. 9 zu § 4 BAT.
44) Vgl. Preis, Grundlagen der Vertragsgestaltung im Arbeitsrecht, 1993, § 14 V 1.
45) BAG, Urt. v. 4. 6. 1963 – 5 AZR 16/63, AP Nr. 1 zu § 127 BGB; vgl. auch BAG, Urt. v. 27. 3. 1987 – 7 AZR 527/85, BB 1987, 1885.
46) BGH, Urt. v. 2. 7. 1975 – VIII ZR 223/73, NJW 1975, 1653.
47) BAG, Urt. v. 10. 1. 1989 – 3 AZR 460/87, NZA 1989, 797 = ZIP 1989, 724, dazu EWiR 1989, 691 *(Grunsky)*.

d) Inhaltskontrolle

aa) Allgemeines

Obwohl zum Grundsatz der Vertragsfreiheit an sich auch die freie Bestimmung der Vertragspartner über den Inhalt ihres Arbeitsvertrages gehört, besteht diese Freiheit nicht uneingeschränkt. Dies folgt nicht nur aus den besonderen kollektivrechtlichen Schranken (§ 4 Abs. 3 TVG, § 77 Abs. 4 BetrVG) und den allgemeinen gesetzlichen Schranken (§ 134 BGB: Verstoß gegen gesetzliches Verbot; § 138 BGB: Verstoß gegen die guten Sitten; § 242 BGB: Verstoß gegen Treu und Glauben), sondern auch daraus, daß die Freiheit hinsichtlich des Vertragsinhalts wegen der *fehlenden Gleichgewichtslage der Arbeitsvertragsparteien* zugunsten des Arbeitnehmers eingeschränkt ist.

Insoweit wird oft auf die rechtliche und wirtschaftliche Überlegenheit des Arbeitgebers und die entsprechende Abhängigkeit des Arbeitnehmers, der das Arbeitsverhältnis als Lebensgrundlage benötigt, hingewiesen. Diese Beschränkungen beim Vertragsinhalt führen dazu, daß die Arbeitsverträge zum Schutz der Arbeitnehmer einer *gerichtlichen Inhaltskontrolle* unterliegen. Diese Inhaltskontrolle ist eine Rechtskontrolle des von Arbeitgeber und Arbeitnehmer vertraglich Vereinbarten, also eine Wirksamkeitskontrolle.

Die Bezeichnung der Inhaltskontrolle ist in Judikatur und Literatur nicht einheitlich. Es wird insoweit auch von *Angemessenheits-, Vertrags- oder Vertragsinhaltskontrolle* gesprochen. Das Bundesarbeitsgericht hat zunächst nur den Begriff „richterliche Billigkeitskontrolle" verwendet. In späteren Entscheidungen ist dagegen von einer „richterlichen Inhalts- und Billigkeitskontrolle" die Rede.[48] Darunter versteht das Bundesarbeitsgericht jedoch *keine doppelte Kontrolle*, sondern eine *inhaltliche Kontrolle nach Billigkeitsgesichtspunkten*.

Während die Zivilgerichte und das Schrifttum die Inhaltskontrolle überwiegend aus dem in § 242 BGB verankerten Grundsatz von Treu und Glauben hergeleitet haben, hat das Bundesarbeitsgericht diese Kontrolle von Anfang an auf eine entsprechende Anwendung des § 315 BGB gestützt.[49]

Bei der Inhaltskontrolle wird zwischen Allgemeinen Arbeitsbedingungen und Einzelarbeitsverträgen unterschieden.

---

48) Vgl. z. B. BAG NZA 1993, 353.
49) BAG NZA 1993, 353 m. w. N.

(1) Allgemeine Arbeitsbedingungen

Allgemeine Arbeitsbedingungen sind in etwa mit *Allgemeinen Geschäftsbedingungen* vergleichbar. Nach der Legaldefinition in § 1 Abs. 1 AGBG sind Allgemeine Geschäftsbedingungen alle für eine Vielzahl von Verträgen vorformulierten Vertragsbedingungen, die eine Vertragspartei (der sog. Verwender) der anderen Vertragspartei bei Abschluß des Vertrages stellt. Dagegen liegen Allgemeine Geschäftsbedingungen nicht vor, soweit die Vertragsbedingungen zwischen den Vertragsparteien einzeln ausgehandelt sind (§ 1 Abs. 2 AGBG).

Allgemeine Arbeitsbedingungen sind im Arbeitsrecht in vertraglichen Einheitsregelungen, Formular- und Musterarbeitsverträgen, Gesamtzusagen und Betriebsübungen enthalten. Zwar hat der Gesetzgeber für Allgemeine Geschäftsbedingungen in § 9 Abs. 1 AGBG ausdrücklich angeordnet, daß darin enthaltene Bestimmungen unwirksam sind, wenn sie den Vertragspartner entgegen dem Gebot von Treu und Glauben unangemessen benachteiligen. Diese *Vorschrift gilt* jedoch *nicht* für *allgemeine Arbeitsbedingungen*, weil das AGB-Gesetz nach seinem § 23 Abs. 1 bei Verträgen auf dem Gebiet des Arbeitsrechts keine Anwendung findet.

Wegen dieser Ausnahmevorschrift hat das Bundesarbeitsgericht zumindest eine direkte oder analoge Anwendung einzelner Bestimmungen des AGB-Gesetzes auf das Arbeitsverhältnis ausdrücklich abgelehnt.[50] Später hat es dann festgestellt, daß überraschende Klauseln in Formulararbeitsverträgen und in allgemeinen Arbeitsbedingungen nicht Vertragsbestandteil werden.[51] Dabei hat es offengelassen, ob sich dieses Ergebnis aus einer analogen Anwendung von § 3 AGBG oder aus § 242 BGB i. V. m. einem allgemeinen Rechtsgedanken ergibt, der in § 3 AGBG seinen Ausdruck gefunden hat. Das Bundesarbeitsgericht[52] läßt damit eine vertragliche Ausschlußfrist nicht Vertragsinhalt werden, wenn sie der Verwender ohne besonderen Hinweis und ohne drucktechnische Hervorhebung unter falscher oder mißverständlicher Überschrift einordnet.

(2) Einzelarbeitsverträge

Ob auch echte Einzelarbeitsverträge, d. h. frei ausgehandelte individuelle Arbeitsverträge, einer Inhaltskontrolle unterliegen, ist unsicher.

---

50) BAG, Urt. v. 23. 5. 1984 – 4 AZR 129/82, BAGE 46, 50 = ZIP 1984, 1261.
51) BAG, Urt. v. 29. 11. 1995 – 5 AZR 447/94, ZIP 1996, 848 = BB 1996, 908, dazu EWiR 1996, 637 *(Heckelmann)*.
52) BAG ZIP 1996, 848.

In der Literatur wird dies weitgehend abgelehnt, wobei auf die in Art. 2 Abs. 1 GG garantierte Vertragsfreiheit und die Bindung der Rechtsprechung an das Gesetz (Art. 20 Abs. 3 GG) sowie auf einen ausreichenden Schutz des Arbeitnehmers durch die Vorschriften der §§ 134, 138, 242 BGB hingewiesen wird.[53]

An einer grundlegenden Stellungnahme des Bundesarbeitsgerichts zu diesem Problemkreis fehlt es bislang. Bisher sind nur vereinzelt Entscheidungen dazu ergangen. So hat das Bundesarbeitsgericht[54] darauf erkannt, eine mit einem Handelsvertreter rechtlich zulässige Vereinbarung, daß er in Abweichung von § 87 Abs. 1 HGB erarbeitete Provisionen, die erst nach Beendigung des Vertreterverhältnisses fällig werden, nicht erhält, könne mit einem auf Provisionsbasis tätigen Arbeitnehmer nicht ohne sachlichen Grund vereinbart werden. Ob ein sachlicher Grund vorliege oder nicht, unterliege der gerichtlichen Billigkeitskontrolle.

Ein solcher sachlicher Grund spielt auch in anderem Zusammenhang eine bedeutsame Rolle. Nach der ständigen Rechtsprechung des Bundesarbeitsgerichts seit dem Beschluß des Großen Senats vom 12. Oktober 1960[55] ist zwar die *Befristung* eines Arbeitsverhältnisses nach § 620 BGB grundsätzlich möglich. Wird jedoch dem Arbeitnehmer durch die Befristung der Schutz zwingender Kündigungsschutzbestimmungen entzogen, so bedarf die Befristung eines sie rechtfertigenden sachlichen Grundes. Fehlt es hieran, so liegt eine objektive funktionswidrige und deshalb mißbräuchliche Vertragsgestaltung vor mit der Folge, daß sich der Arbeitgeber auf die Befristung nicht berufen kann.[56]

Diese sog. Befristungskontrolle durch die Gerichte ist zwar auch eine Inhaltskontrolle des Arbeitsvertrages. Sie beruht jedoch nicht darauf, daß der Arbeitnehmer als der unterlegene Vertragspartner vor dem Arbeitgeber geschützt werden muß. Denn die *Befristungskontrolle* entfällt nicht etwa, wenn der Arbeitnehmer keinen wirtschaftlichen Zwängen ausgesetzt war und vom Angebot eines befristeten Arbeitsvertrages nicht überrascht wurde.[57]

Die Befristungskontrolle setzt also keine Paritätsstörung im Verhältnis zwischen Arbeitgeber und Arbeitnehmer voraus, sondern stellt vielmehr

---

53) Vgl. z. B. *Kreutz*, SAE 1974, 37; *Wolf*, SAE 1975, 134; *Wolf/Hammen*, SAE 1982, 303; *Corts*, Handbuch Betrieb und Personal, Fach 4 Rz. 301 m. w. N.
54) BAG, Urt. v. 4. 7. 1972 – 3 AZR 477/71, DB 1972, 2113.
55) BAG, Beschl. v. 12. 10. 1960 – GS 1/59, AP Nr. 16 zu § 620 BGB = EzA § 620 BGB Nr. 2.
56) Vgl. z. B. BAG, Urt. v. 4. 4. 1990 – 7 AZR 259/89, NZA 1991, 18, dazu EWiR 1990, 1073 *(Wank)*.
57) BAG, Urt. v. 11. 12. 1991 – 7 AZR 128/91, DB 1992, 2636 = EzA § 620 BGB Nr. 112 mit Anm. *Rieble*.

eine Ergänzung zum Kündigungsschutz mit dem Ziel dar, diesbezüglich eine Gesetzesumgehung zu verhindern. Dagegen ist die Paritätsstörung, die die grundsätzliche Richtigkeitsgewähr des Vertrages in Zweifel stellt und deshalb zu seiner inhaltlichen Unausgewogenheit führen kann,[58] ausschlaggebend dafür, daß die höchstrichterliche Rechtsprechung eine *Inhalts- und Billigkeitskontrolle* jedenfalls *für bestimmte Abreden der Arbeitsvertragsparteien* fordert.

Dies gilt etwa für eine dem Arbeitnehmer unter Widerrufsvorbehalt vertraglich gewährte *Leistungszulage*. Selbst wenn der Arbeitgeber sich ausdrücklich einen Widerruf nach freiem Ermessen vorbehalten hat, ist dies rechtlich nicht möglich, da der Widerruf von Vergütungsbestandteilen nur in den Grenzen billigen Ermessens möglich ist, was der gerichtlichen Nachprüfung unterliegt.[59]

(3) Rechtsfolge bei Verstößen

Ergibt die richterliche Inhaltskontrolle, daß eine allgemeine Arbeitsbedingung oder eine einzelvertragliche Abrede nicht den insoweit zu stellenden Anforderungen genügt, *hat* das Gericht eine Anpassung der rechtsunwirksamen Bedingung/Abrede vorzunehmen. Keineswegs ist der Arbeitsvertrag insgesamt unwirksam. Denn dann würde der mit der Inhaltskontrolle bezweckte Schutz des Arbeitnehmers in sein Gegenteil verkehrt.[60]

bb) Änderungsvereinbarungen

Kommt es zu einer Änderung von Arbeitsbedingungen in Form einer Änderungsvereinbarung, stellt sich deshalb auch insoweit die Frage, ob die Vereinbarung einer richterlichen Inhaltskontrolle unterworfen ist. Das hängt ebenfalls wiederum davon ab, in welcher Weise die Änderung erfolgt. Geschieht dies dadurch, daß der Arbeitgeber *Mustervereinbarungen* oder *Formularverträge* verwendet, handelt es sich um allgemeine Arbeitsbedingungen, die der Inhaltskontrolle unterliegen.

Eine Inhaltskontrolle durch das Gericht findet aber auch dann statt, wenn der Arbeitgeber seine vertragliche Einheitsregelung, auf die seine zu kürzende oder zu streichende Leistung zurückgeht, einheitlich ändert. Eine Inhaltskontrolle muß jedoch dann entfallen, wenn es sich um eine *frei*

---

58) Vgl. *Rieble*, Anm. zu BAG EzA § 620 BGB Nr.112.
59) BAG, Urt. v. 13. 5. 1987 – 5 AZR 125/86, NZA 1988, 95; vgl. auch *Leuchten*, NZA 1994, 721.
60) Ebenso: *Corts* (Fußn. 53), Fach 4 Rz. 202.

ausgehandelte, individuelle Änderungsvereinbarung handelt. Hier kann auch nicht auf eine angeblich gestörte Vertragsparität abgestellt werden.

cc) Befristung einzelner Arbeitsbedingungen

Es kommt vor, daß der Arbeitgeber einen Arbeitsvertrag, der Sozialleistungen oder sonstige Sonderzuwendungen vorsieht, nicht endgültig, d. h. auf unbestimmte Zeit, ändern will, sondern es für ausreichend ansieht, einzelne Arbeitsbedingungen des Vertrages nur für eine bestimmte Zeit, also befristet zu streichen oder zu kürzen.[61]

Mit der Befristung einzelner Arbeitsbedingungen hat sich das Bundesarbeitsgericht – soweit ersichtlich – bislang erst ein Mal befaßt. In dem betreffenden Fall ging es um einen im unbefristeten Arbeitsverhältnis stehenden Arbeitnehmer, dem durch eine Vereinbarung befristet eine höherwertige Tätigkeit übertragen werden sollte, also um eine Änderung zu seinen Gunsten. Das Bundesarbeitsgericht hat darauf erkannt, daß die *vereinbarte Befristung* eines *sachlichen Grundes* bedarf, wenn bei unbefristeter Änderung die neuen Arbeitsbedingungen dem Änderungsschutz des Kündigungsschutzgesetzes (§ 2 i. V. m § 1 Abs. 2 und 3, 4 Sätze 2, 7, 8) unterliegen würden.[62]

2. Änderungskündigung

Eine Änderungskündigung beinhaltet stets eine Beendigung des Arbeitsverhältnisses, verbunden mit dem Angebot, dieses mit geänderten Bedingungen fortzusetzen. Davon zu unterscheiden ist die sog. *Teilkündigung*, bei der nur ein begrenzter Vertragsbestandteil aus dem bestehenden Arbeitsvertrag „herausgekündigt" werden soll. Diese ist jedenfalls dann unzulässig, wenn der Arbeitsvertrag keine Teilkündigungsklausel enthält.[63] Haben die Parteien eine solche Teilkündigungsklausel vereinbart, handelt es sich regelmäßig nur um den Vorbehalt eines Widerrufs, der vom Arbeitgeber nur nach billigem Ermessen ausgeübt werden kann. Soll dadurch der Kündigungsschutz umgangen werden, so ist die Klausel unwirksam.[64]

Nach zweifelhafter Auffassung des Bundesarbeitsgerichts[65] darf der Arbeitgeber keine Änderungskündigung aussprechen, wenn er die beabsich-

---

61) Vgl. *Leuchten*, NZA 1994, 721.
62) BAG, Urt. v. 13. 6. 1986 – 7 AZR 650/84, NZA 1987, 241, dazu EWiR 1987, 389 *(Düttman)*.
63) BAG, Urt. v. 7. 10. 1982 – 2 AZR 455/80, ZIP 1983, 719 = BB 1983, 1791.
64) BAG ZIP 1983, 719.
65) BAG, Urt. v. 28. 4. 1982 – 7 AZR 1139/79, BB 1983, 1413.

tigte Änderung der Arbeitsbedingungen kraft Ausübung seines Direktionsrechts oder aufgrund eines Widerrufsvorbehaltes erreichen kann. Wegen der Unsicherheiten der Abgrenzung ist dem Arbeitgeber in diesem Falle aber trotzdem dringend der *vorsorgliche* Ausspruch einer Änderungskündigung anzuraten.

Der Arbeitnehmer hat grundsätzlich die *freie Wahl* zwischen Annahme und Ablehnung des Änderungsangebotes. Seine Reaktionsmöglichkeiten ergeben sich aus § 2 KSchG. Hauptproblem bei der Änderungskündigung ist die Frage, wann sie sozial ungerechtfertigt ist. § 2 KSchG sagt dazu nichts. Bei der Prüfung der Sozialwidrigkeit muß deshalb in vollem Umfang auf § 1 KSchG zurückgegriffen werden.

Die *Anforderungen* an die soziale Rechtfertigung einer betriebsbedingten Änderungskündigung sind äußerst *scharf*. So stellt das Bundesarbeitsgericht in seiner Entscheidung vom 20. März 1986[66] fest, daß eine ordentliche betriebsbedingte Änderungskündigung nur dann sozial gerechtfertigt ist, wenn bei Ausspruch der Kündigung eine akute Gefahr für die Arbeitsplätze oder gar eine Existenzgefährdung des Betriebs erkennbar ist. Mit Urteil vom 11. Oktober 1989[67] hat das Bundesarbeitsgericht bestätigt, daß allein die Unrentabilität des Betriebes eine Änderungskündigung zum Zwecke der Lohnsenkung nicht rechtfertige. Es muß danach hinzukommen, daß durch die mit der Änderungskündigung angestrebte Kostensenkung die Stillegung des Betriebs oder die Reduzierung der Belegschaft verhindert werden kann und soll, wobei es nicht auf die wirtschaftlichen Verhältnisse einer Betriebsabteilung, sondern auf die des Gesamtbetriebes ankommen soll.

3. Freiwillige Leistungen ohne Rechtsanspruch, Widerrufsvorbehalt

Nach allgemeiner Meinung können nicht auf zwingenden gesetzlichen oder kollektivvertraglichen Vorgaben beruhende Arbeitgeberleistungen nicht nur in der Entstehung, sondern auch in der Durchführung freiwillig sein, d. h. ohne Rechtsanspruch für die Zukunft eingeräumt werden.[68]

a) Rechtsprechung des Bundesarbeitsgerichts

Insbesondere im Zusammenhang mit dem freiwilligen Weihnachtsgeld und sonstigen freiwilligen Sonderzahlungen gibt es eine ganze Reihe

---

66) BAG, Urt. v. 20. 3. 1986 – 2 AZR 294/85, NZA 1986, 824.
67) BAG, Urt. v. 11. 10. 1989 – 2 AZR 61/89, EzA § 1 KSchG Betriebsbedingte Kündigung Nr. 64 = ZIP 1990, 944, dazu EWiR 1990, 1115 *(Löwisch)*.
68) BAG, Urt. v. 4. 10. 1956 – 2 AZR 213/54, AP Nr. 4 zu § 611 BGB Gratifikation.

neuerer Entscheidungen des Bundesarbeitsgerichts, vor allem des Zehnten Senats. An dieser Stelle sei auf folgende Entscheidungen seit 1995 hingewiesen:

BAG, Urt. v. 8. 3. 1995 – 10 AZR 208/94, BB 1996, 378 = NZA 1996, 418 = DB 1996, 1575

Amtliche Leitsätze:

1. Der Arbeitgeber kann bei der Gewährung einer freiwilligen Leistung Arbeitnehmern, die im Laufe des Bezugsjahres ausgeschieden sind, auch dann von der Leistung ausnehmen, wenn er den im Laufe des Bezugsjahres neu eingetretenen Arbeitnehmern die Leistung anteilig gewährt.

2. Der Senat läßt dahingestellt, ob der Arbeitgeber dem Arbeitnehmer die nicht ohne weiteres erkennbaren Gründe für eine Differenzierung alsbald mitteilen muß, wenn er sich auf diese berufen will (so aber BAG, Urteil vom 5. 3. 1980 – 5 AZR 881/78, BAGE 33, 57 = AP 44 zu § 242 BGB Gleichbehandlung; BAG, Urteil vom 20. 7. 1993 – 3 AZR 52/93, AP 11 zu § 1 BetrAVG Gleichbehandlung).

BAG, Urt. v. 19. 4. 1995 – 10 AZR 49/94, DB 1995, 2272 = NZA 1995, 1098

Amtlicher Leitsatz:

Ergibt die Auslegung einer arbeitsvertraglichen Vereinbarung über die Zahlung eines „13. Monatsgehalts", daß es sich um einen Teil der im Austauschverhältnis zur Arbeitsleistung stehenden Vergütung handelt, so entsteht kein anteiliger Anspruch auf das „13. Monatsgehalt" für Zeiten, in denen das Arbeitsverhältnis wegen Erziehungsurlaubs ruht.

BAG, Urt. v. 10. 5. 1995 – 10 AZR 648/94, NZA 1995, 1096

Amtliche Leitsätze:

1. Sieht ein Arbeitsvertrag vor, daß die Zahlung eines Weihnachtsgeldes unter dem Vorbehalt des jederzeitigen Widerrufs steht und ein Rechtsanspruch auf das Weihnachtsgeld nicht besteht, so handelt es sich bei dieser Sonderzahlung nicht um einen Teil der im Austauschverhältnis zur Arbeitsleistung stehenden Vergütung. Daher darf der Arbeitgeber eine anteilige Kürzung des Weihnachtsgeldes für Zeiten, in denen das Arbeitsverhältnis wegen Erziehungsurlaubs ruht, nur dann vornehmen, wenn dies ausdrücklich vereinbart wurde.

2. Ob die Inanspruchnahme von Erziehungsurlaub den Arbeitgeber zur Ausübung seines vorbehaltenen Widerrufsrechts berechtigt, bleibt unentschieden.

BAG, Urt. v. 24. 5. 1995 – 10 AZR 619/94, NZA 1996, 31

Amtliche Leitsätze:

1. Der Senat hält daran fest, daß das Arbeitsverhältnis während des Erziehungsurlaubs kraft Gesetzes ruht (im Anschluß an das Senatsurteil vom 10. 2. 1993 – 10 AZR 450/91, AP 7 zu § 15 BErzGG).

2. Eine tarifliche Regelung, die die Kürzung einer Sonderzahlung für Zeiten vorsieht, in denen das Arbeitsverhältnis kraft Gesetzes ruht, verstößt auch dann nicht gegen höherrangiges Recht, wenn sie Zeiten des Erziehungsurlaubs erfaßt (im Anschluß an das Senatsurteil vom 24. 11. 1993 – 10 AZR 704/92, AP 158 zu § 611 BGB Gratifikation; zuletzt Senatsurteil vom 28. 9. 1994 – 10 AZR 697/93, AP 165 zu § 611 BGB Gratifikation).

BAG, Urt. v. 14. 6. 1995 – 10 AZR 25/94, DB 1995, 2273

Amtliche Leitsätze:

1. Eine arbeitsvertragliche Rückzahlungsklausel hinsichtlich des Weihnachtsgeldes ist unwirksam, wenn sie weder Voraussetzungen für die Rückzahlungspflicht noch einen eindeutig bestimmten Zeitraum für die Bindung des Arbeitnehmers festlegt.

2. Sind keine entsprechenden Anhaltspunkte gegeben, kommt die ergänzende Auslegung einer solchen allgemeinen Rückzahlungsklausel dahin, daß die Rückforderung im Rahmen der von der Rechtsprechung entwickelten Grenzen erfolgen könne, nicht in Betracht.

BAG, Urt. v. 6. 12. 1995 – 10 AZR 123/95, NZA 1996, 531 = DB 1996, 2342

Amtlicher Leitsatz:

Differenziert eine tarifliche Regelung über die Zahlung eines 13. Monatseinkommens zwischen Arbeitern und Angestellten, indem sie nur für die Arbeiter eine Kürzung des 13. Monatseinkommens bei Fehltagen vorsieht, so verstößt eine Betriebsvereinbarung, die diese Unterscheidung aufnimmt, nicht gegen den arbeitsrechtlichen Gleichbehandlungsgrundsatz (Fortführung der Entscheidung des Senats vom 19. 4. 1995 – 10 AZR 136/94).

BAG, Urt. v. 6. 12. 1995 – 10 AZR 198/95, DB 1996, 1617 = NZA 1996, 1027

Amtlicher Leitsatz:

Wird in allgemeinen Arbeitsbedingungen unter dem ausdrücklichen Vorbehalt der Freiwilligkeit der Leistung eine Weihnachtsgratifikation für Arbeitnehmer in Aussicht gestellt, deren „Arbeitsverhältnis während des ganzen Jahres bestanden hat und im Auszahlungszeitpunkt nicht gekündigt ist", so hindert diese normierte Anspruchsvoraussetzung den Arbeitgeber nicht, künftig den Personenkreis auch anders zu bestimmen und etwa Arbeitnehmer, deren Arbeitsverhältnis ruht, von der Leistung auszunehmen.

BAG, Urt. v. 28. 2. 1996 – 10 AZR 516/95, NZA 1996, 758:

Amtlicher Leitsatz:

Es entsteht keine betriebliche Übung auf zukünftige Gewährung von Weihnachtsgeld, wenn – für den Arbeitnehmer erkennbar – die Zuwendung nach Gutdünken des Arbeitgebers dreimalig in unterschiedlicher Höhe gezahlt wird. Der Arbeitnehmer muß in einem solchen Fall davon ausgehen, daß der Arbeitgeber die Zuwendung nur für das jeweilige Jahr gewähren will.

BAG, Urt. v. 5. 6. 1996 – 10 AZR 883/95, DB 1996, 2032 = NZA 1996, 1028

Amtliche Leitsätze:

1. Enthält eine Gratifikationszusage einen Freiwilligkeitsvorbehalt des Inhalts, daß Ansprüche für die Zukunft auch aus wiederholten Zahlungen nicht hergeleitet werden können, dann schließt dieser Vorbehalt nicht nur Ansprüche für die Zukunft, sondern auch für den laufenden Bezugszeitraum aus (Aufgabe von BAG, Urteil vom 26. 6. 1975 – 5 AZR 412/74, AP 86 zu § 611 BGB Gratifikation).

2. Der Arbeitgeber ist aufgrund eines solchen Vorbehaltes jederzeit frei, erneut zu bestimmen, ob und unter welchen Voraussetzungen er eine Gratifikation gewähren will.

BAG, Urt. v. 14. 8. 1996 – 10 AZR 69/96, NJW 1997, 212

Amtlicher Leitsatz:

Teilt der Arbeitgeber den Arbeitnehmern durch Aushang mit, er könne aufgrund der wirtschaftlichen Lage des Betriebes in diesem Jahr kein Weihnachtsgeld zahlen, so liegt darin kein Angebot an die Arbeitnehmer, die bestehende betriebliche Übung zu ändern. In der – zunächst – widerspruchslosen Weiterarbeit der Arbeitnehmer kann daher auch keine Annahme eines Änderungsangebotes gesehen werden.

BAG, Urt. v. 26. 3. 1997 – 10 AZR 612/96, BB 1997, 2054

Amtlicher Leitsatz:

Gibt der Arbeitgeber über einen Zeitraum von drei Jahren zu erkennen, daß er eine betriebliche Übung anders zu handhaben gedenkt als bisher – hier: Gratifikationszahlung nur noch unter einem Freiwilligkeitsvorbehalt –, so wird die alte betriebliche Übung einvernehmlich entsprechend geändert, wenn die Arbeitnehmer der neuen Handhabung über diesen Zeitraum von drei Jahren hinweg nicht widersprechen.

b) Umgehung des Kündigungsschutzes?

Freiwillige geldwerte Vorteile können im übrigen auch bei der Überlassung eines *Firmenwagens* vereinbart werden. Viele Anstellungsverträge und/ oder Pkw-Überlassungsvereinbarungen sehen einen entsprechenden Freiwilligkeitsvorbehalt für den Fall der Kündigung und/oder der Freistellung des Arbeitnehmers vor.

Die Möglichkeit, Entgeltzusagen unter dem Vorbehalt der Freiwilligkeit oder mit freier Kündigungsmöglichkeit zu machen, findet allerdings Ihre Grenze in § 2 KSchG, der die einseitige Änderung vertraglich festgelegter Arbeitsbedingungen durch den Arbeitgeber im Anwendungsbereich des Kündigungsschutzgesetz nur bei sozialer Rechtfertigung zuläßt. Formal ist § 2 KSchG allerdings nicht anwendbar, wenn infolge des Vorbehalts der Freiwilligkeit gar kein Rechtsanspruch besteht, der durch Kündigung beseitigt werden müßte, oder wenn nur die gesetzliche Kündigungsmöglichkeit des § 77 Abs. 5 BetrVG wahrgenommen wird.

Der Kündigungsschutz würde allerdings ausgehöhlt, wenn sich der Arbeitgeber aller Pflichten aus dem Arbeitsverhältnis auf diesem Weg ohne Kündigung entledigen könnte; es bliebe ein inhaltloses Arbeitsverhältnis zurück, dessen Bestandsschutz leerliefe. Daraus ist jedoch nicht zu schließen, daß der Vorbehalt der Freiwilligkeit grundsätzlich unzulässig sei.[69] Insbesondere bei den Widerrufsvorbehalten ist deshalb anerkannt, daß sie zwar nicht zur Umgehung des unverzichtbaren Kündigungsschutzes führen dürfen, sie können sich aber zulässigerweise auf für das Arbeitsver-

---

69) *Hanau* (Fußn. 4), § 60 Rz. 100.

hältnis nicht wesentliche Zusatzbestimmungen beschränken. Nur der *Kernbestand* des Arbeitsverhältnisses darf nicht angetastet werden.[70] Anders als der Vorbehalt der Freiwilligkeit, der einen Rechtsanspruch auf zukünftige Leistung ganz ausschließt, steht der Vorbehalt des Widerrufs der Entstehung eines Rechtsanspruchs nicht entgegen, sondern läßt nur seine Beseitigung durch einseitigen Gestaltungsakt des Arbeitgebers zu. Auf diesen ist § 315 BGB anwendbar, nachdem die Bestimmung der Leistung durch einen der Vertragschließenden, hier also der Arbeitgeber, im Zweifel nach *billigem Ermessen* zu treffen ist.

IV. Beteiligungsrechte des Betriebsrats

1. Allgemeines

Nach § 77 Abs. 2 BetrVG sind *Betriebsvereinbarungen* von den Betriebspartnern gemeinsam zu beschließen und schriftlich niederzulegen. Die Schriftform wird auch gewahrt durch die Bezugnahme auf andere schriftlich vorliegende Regelungen, insbesondere Tarifverträge, auch wenn diese der Betriebsvereinbarung nicht im Wortlaut beigefügt werden.[71] Die Wahrung der Schriftform ist Wirksamkeitsvoraussetzung. Zulässig und wirksam können aber auch mündliche Abreden zwischen Arbeitgeber und Betriebsrat sein; dann liegt jedoch nur eine *Regelungsabrede* vor.

Der Arbeitgeber hat die schriftlich abgeschlossene *Betriebsvereinbarung* an geeigneter Stelle im Betrieb *auszulegen* (§ 77 Abs. 2 Satz 3 BetrVG). Geeignete Stelle ist regelmäßig das „Schwarze Brett". Die Wirksamkeit der Betriebsvereinbarung ist aber nicht von ihrer Auslegung oder Bekanntmachung abhängig. Der Arbeitgeber macht sich jedoch unter Umständen schadensersatzpflichtig, wenn Arbeitnehmern dadurch ein Schaden entsteht, daß sie von einer Betriebsvereinbarung keine Kenntnis hatten.

Der *persönliche Geltungsbereich* der Betriebsvereinbarung erstreckt sich auf alle Arbeitnehmer des Betriebs i. S. v. § 5 BetrVG. Nach § 77 Abs. 4 BetrVG gelten Betriebsvereinbarungen unmittelbar und zwingend. Das gilt nicht nur für die Inhaltsnormen, sondern auch für betriebliche und betriebsverfassungsrechtliche Normen.

---

70) *Hanau* (Fußn. 4), § 60 Rz. 101.
71) BAG, Urt. v. 8. 10. 1959 – 2 AZR 503/56, AP Nr. 14 zu § 56 BetrVG.

Abweichende individuelle Vereinbarungen zugunsten der Arbeitnehmer sind nach der herrschenden Meinung zulässig.[72] Es gilt das *Günstigkeitsprinzip*.[73]

Mit der Anerkennung der Geltung des Günstigkeitsprinzips auch im Verhältnis einer arbeitsvertraglichen Regelung zur Betriebsvereinbarung ist noch nicht die Frage entschieden, welche Regelungen in einer Betriebsvereinbarung und im Arbeitsvertrag überhaupt einem Günstigkeitsvergleich zugänglich sind. Häufiger noch als Tarifverträge enthalten nämlich Betriebsvereinbarungen Regelungen, die nicht unmittelbar das Verhältnis Arbeitnehmer/Arbeitgeber gestalten, sondern die *betriebliche Ordnung* zum Gegenstand haben. Eine solche Ordnung kann nur sinnvoll sein und Bestand haben, wenn sie – jedenfalls im Grundsatz – uneingeschränkt gilt und für alle Arbeitnehmer verbindlich ist.[74] Das gilt etwa für eine Regelung über Beginn und Ende der Arbeitszeit und die Lage der Pausen. Hier darauf abzustellen, welche Regelung für den einzelnen Arbeitnehmer günstiger ist (Betriebsvereinbarung oder eine früher vom Arbeitgeber einseitig gesetzte Arbeitszeitordnung), würde eine einheitliche Ordnung unmöglich machen.

Fraglich ist, ob das Günstigkeitsprinzip nur hinsichtlich *materieller* Arbeitsbedingungen gilt, nicht aber gegenüber *formellen Arbeitsbedingungen*. Eine solche Abgrenzung wird z. B. von *Matthes*[75] abgelehnt, weil sie zu unscharf sei, zumal auch formelle Arbeitsbedingungen Gegenstand eines Arbeitsvertrages sein könnten und sich für den Arbeitnehmer durchaus als „günstiger" oder „ungünstiger" erweisen könnten. Die Vereinbarung einer bestimmten, den persönlichen Bedürfnissen entsprechenden Arbeitszeit betrifft sicherlich eine formelle Arbeitsbedingung im Sinne der üblichen Unterscheidung, trotzdem muß eine solche Vereinbarung gegenüber einer betrieblichen Arbeitszeitordnung Bestand haben.

Einem Günstigkeitsvergleich sind nur *Inhaltsnormen* zugänglich, gleichgültig ob es sich insoweit um materielle oder formelle Arbeitsbedingungen handelt. Auch für das Verhältnis Tarifvertrag/Arbeitsvertrag ist anerkannt, daß der Günstigkeitsvergleich sich nur auf Inhaltsnormen erstreckt. Ob eine einzelvertragliche Regelung Ausfluß der Privatautonomie ist, ist eine Frage des Einzelfalles. Zur Feststellung kann auf die Formel zurückgegriffen werden, die das Bundesarbeitsgericht zur Abgrenzung kollektiver Re-

---

72) *Matthes*, in: Münchener Handbuch zum Arbeitsrecht, Bd. 3, Kollektives Arbeitsrecht, 1993, § 319 Rz. 27.
73) Vgl. auch BAG AP Nr. 17 zu § 77 BetrVG 1972 = ZIP 1987, 251.
74) Vgl. *Reuter*, RdA 1991, 193, 197 ff.
75) *Matthes* (Fußn. 72), § 318 Rz. 77.

gelungen zu mitbestimmungsfreien Einzelfallregelungen entwickelt hat.[76] Es sind dies Vereinbarungen, die die Gestaltung des konkreten Arbeitsverhältnisses zum Gegenstand haben und durch besondere, nur den einzelnen Arbeitnehmer betreffende Umstände veranlaßt sind und durch diese bestimmt werden. Durch solche Umstände kann auch eine individuelle Arbeitszeitvereinbarung, eine Vereinbarung über die Lage des Urlaubs, die Zahlung des Arbeitsentgelts oder die Arbeitskleidung bedingt sein und als dem Arbeitnehmer günstigere Regelung der betrieblichen Regelung vorgehen.[77]

2. Ablösung einzelvertraglicher Ansprüche durch Betriebsvereinbarung

Aus den obigen Ausführungen ergibt sich, daß eine Ablösung *einzelvertraglicher Ansprüche durch Betriebsvereinbarung* grundsätzlich *nicht möglich* ist, soweit die einzelvertragliche Regelung für den Arbeitnehmer günstiger ist.

Im übrigen besagt die zwingende Wirkung der Betriebsvereinbarung nicht, daß vor ihrem Inkrafttreten abgeschlossene ungünstigere vertragliche Regelungen nichtig werden. Sie werden vielmehr durch die Betriebsvereinbarung für die Dauer ihrer normativen Wirkung verdrängt.[78] Das gilt jedoch nicht für vertragliche Ansprüche auf Sozialleistungen, die auf einer *Gesamtzusage, betrieblichen Einheitsregelung* oder *betrieblichen Übung* beruhen. Hier kommt eine ablösende Betriebsvereinbarung unter bestimmten Voraussetzungen in Betracht.

Das Günstigkeitsprinzip gilt nicht gegenüber arbeitsvertraglichen Vereinbarungen, die von vornherein unter dem Vorbehalt einer Regelung durch Betriebsvereinbarung stehen. Ein solcher Vorbehalt kann ausdrücklich vereinbart sein, indem auf bestehende oder jeweilige Betriebsvereinbarungen verwiesen wird.[79]

Betriebsvereinbarungsoffen ist eine arbeitsvertragliche Regelung weiter, wenn sie unter *Widerrufsvorbehalt* abgeschlossen worden ist. Allerdings bewirkt dann schon der Widerruf den Wegfall der vertraglichen Anspruchsgrundlage, so daß sich für eine nachfolgende Betriebsvereinbarung auch mit ungünstigerem Inhalt die Frage nach einem Günstigkeitsvergleich nicht mehr stellt.

---

76) BAG, Beschl. v. 21. 12. 1982 – 1 ABR 14/81, AP Nr. 9 zu § 87 BetrVG 1972 Arbeitszeit.
77) Matthes (Fußn. 72), § 318 Rz. 80.
78) BAG, Urt. v. 21. 9. 1989 – 1 AZR 454/88, NZA 1990, 351.
79) Vgl. BAG, Urt. v. 20. 11. 1987 – 2 AZR 284/86, NZA 1988, 617, dazu EWiR 1988, 883 (v. Hoyningen-Huene).

3. Ablösung allgemeiner Arbeitsbedingungen, Gesamtzusagen und arbeitsvertraglicher Einheitsregelungen durch Betriebsvereinbarung

Eine Einschränkung des Günstigkeitsprinzips im Verhältnis zwischen Betriebsvereinbarung und Arbeitsvertrag nimmt die Rechtsprechung für den Fall und insoweit an, als der Inhalt des Arbeitsvertrags durch allgemeine Arbeitsbedingungen, Gesamtzusagen und arbeitsvertragliche Einheitsregelung bestimmt wird. Ansprüche der Arbeitnehmer auf Sozialleistungen, die auf einer solchen vom Arbeitgeber gesetzten Regelung beruhen, sind danach vertraglich begründete Ansprüche, die durch eine nachfolgende Betriebsvereinbarung beschränkt werden können, wenn diese insgesamt bei kollektiver Betrachtung nicht ungünstiger ist. Die Leitsätze des Beschlusses des Großen Senats des Bundesarbeitsgerichts[80] lauten:

„1. Vertraglich begründete Ansprüche der Arbeitnehmer auf Sozialleistungen, die auf eine vom Arbeitgeber gesetzte Einheitsregelung oder eine Gesamtzusage zurückgehen, können durch eine nachfolgende Betriebsvereinbarung in den Grenzen von Recht und Billigkeit beschränkt werden, wenn die Neuregelung insgesamt bei kollektiver Betrachtung nicht ungünstiger ist.

2. Ist dem gegenüber die nachfolgende Betriebsvereinbarung insgesamt ungünstiger, ist sie nur zulässig, soweit der Arbeitgeber wegen eines vorbehaltenen Widerrufs oder Wegfalls der Geschäftsgrundlage die Kürzung oder Streichung der Sozialleistungen verlangen kann.

3. Es kommt nicht darauf an, ob die in einer solchen Betriebsvereinbarung geregelten Angelegenheiten der erzwingbaren Mitbestimmung unterliegen (§ 87 Abs. 1 BetrVG) oder nur als freiwillige Betriebsvereinbarungen (§ 88 BetrVG) zustande kommen."

Ist die ablösende Betriebsvereinbarung aufgrund dieser kollektiven Betrachtungsweise nicht ungünstiger, so sind die durch sie bewirkten Verschlechterungen der Ansprüche einzelner Arbeitnehmer zulässig und von der Regelungsmacht der Betriebspartner gedeckt. Die Entscheidung des Großen Senats ist vielfach kritisiert worden.[81] Das Institut eines kollektiven Günstigkeitsvergleichs ist dem Arbeitsrecht nämlich fremd. Offen geblieben ist auch, wie der kollektive Günstigkeitsvergleich im einzelnen erfolgen soll. Kritisch hat sich nun auch *Matthes*[82] geäußert. Bei ihm heißt es:

---

80) BAG AP Nr. 17 zu § 77 BetrVG 1972 = ZIP 1987, 251.
81) Vgl. *Blomeyer*, DB 1987, 634; *Belling*, DB 1987, 1888; *Hromadka*, NZA 1987, Beilage 3; zust. dagegen *Richardi*, NZA 1987, 185; *Däubler*, ArbuR 1987, 349.
82) *Matthes* (Fußn. 72), § 318 Rz. 84.

„Die Entscheidung des Großen Senats vermag nicht zu überzeugen. Sie berücksichtigt nicht, daß allgemeine Arbeitsbedingungen, Gesamtzusagen und arbeitsvertragliche Einheitsregelungen gerade nicht Ausdruck der Privatautonomie des Arbeitnehmers sind, zu dessen Schutz das Günstigkeitsprinzip gilt. Sie sind vielmehr Akte der Normsetzung durch den Arbeitgeber. Die Entscheidung beantwortet auch nicht die Frage nach der Zulässigkeit der sog. ablösenden Betriebsvereinbarung. Es geht nicht nur darum, ob Ansprüche der Arbeitnehmer, die auf einer Gesamtzusage, auf arbeitsvertraglichen Einheitsregelungen oder allgemeinen Arbeitsbedingungen beruhen und damit nach dem Verständnis des Großen Senats vertraglich begründete Ansprüche sind, durch eine Betriebsvereinbarung verkürzt, verbösert werden können, sondern ob die vertragliche Anspruchsgrundlage ausgewechselt und durch die Anspruchsgrundlage ‚Betriebsvereinbarung' ersetzt werden kann mit der Folge, daß von da an im Verhältnis zu allen nachfolgenden Betriebsvereinbarungen nicht mehr das Günstigkeitsprinzip, sondern das Ordnungsprinzip gilt. Der Große Senat nimmt dies für die seiner Ansicht nach zulässige lediglich umstrukturierende Betriebsvereinbarung an, ohne eine Begründung dafür zu geben. Daß die umstrukturierende Betriebsvereinbarung bei kollektiver Betrachtung nicht ungünstiger ist als die vertragliche Regelung, rechtfertigt jedoch noch nicht einen Austausch der Anspruchsgrundlagen."

Weiter wird zutreffend darauf hingewiesen, daß eine umstrukturierende Betriebsvereinbarung auch nur dann zulässig sein soll, wenn der kollektive Bezug der so gewährten Sozialleistung für den Arbeitnehmer erkennbar war. Ist das aber der Fall, dann sind die allgemeinen Arbeitsbedingungen, die Gesamtzusage oder die arbeitsvertragliche Einheitsregelung letztlich betriebsvereinbarungsoffen. Es wäre deshalb konsequenter, die Regelungskompetenz der Betriebspartner in bezug auf Arbeitsbedingungen, die nur auf allgemeinen Arbeitsbedingungen, einer Gesamtzusage oder auf arbeitsvertraglichen Einheitsregelungen beruhen, nicht durch das Günstigkeitsprinzip zu beschränken mit der Folge, daß im Verhältnis zwischen diesen Anspruchsgrundlagen und einer nachfolgenden Betriebsvereinbarung das *Ordnungsprinzip* gilt. Dies hätte die weitere Folge, daß die frühere Regelung durch die nachfolgende Betriebsvereinbarung abgelöst wird, ohne daß es auf einen Günstigkeitsvergleich ankommt.[83]

4. Ablösung einer Betriebsvereinbarung durch nachfolgende Betriebsvereinbarung

Eine Betriebsvereinbarung kann jederzeit durch eine spätere Betriebsvereinbarung mit unmittelbarer Wirkung für die Arbeitnehmer aufgehoben und abgeändert werden. Dies gilt nicht nur zugunsten, sondern – in den Grenzen von Recht und Billigkeit – auch zu Lasten der Arbeitnehmer.[84] Die neue Regelung tritt nach dem Grundsatz lex posterior derogat lege

---

83) So auch *Matthes* (Fußn. 72), § 318 Rz. 86.
84) BAG, Urt. v. 24. 3. 1981 – 1 AZR 805/78, AP Nr. 12 zu § 112 BetrVG 1972 = ZIP 1981, 1125.

priori an die Stelle der bisherigen Regelung. Dieser als *Ordnungsprinzip* oder *Ablösungsprinzip* bezeichnete Grundsatz ist unbestritten.[85] Das Ordnungsprinzip gilt auch für eine später vom *Gesamtbetriebsrat* für den Betrieb abgeschlossene Gesamtbetriebsvereinbarung.

Eine Betriebsvereinbarung kann grundsätzlich nicht durch eine *Regelungsabrede* abgelöst werden, da dieser keine normative Wirkung zukommt.

Allerdings kann eine neue, nachfolgende Betriebsvereinbarung nicht schrankenlos in Besitzstände der Arbeitnehmer eingreifen.[86] So können fällige Ansprüche nicht beseitigt, erdiente Anwartschaften (etwa bei der Altersversorgung) nur in Ausnahmefällen gekürzt werden. Nur der nicht erdiente Teil eines Anspruchs ist weniger geschützt. Insoweit unterliegt die neue Betriebsvereinbarung einer *Billigkeitskontrolle*. Die ablösende Betriebsvereinbarung muß die Grundsätze der Verhältnismäßigkeit und des Vertrauensschutzes beachten. Dies kann aber nicht gelten, wenn es sich um eine *freiwillige Betriebsvereinbarung* nach § 88 BetrVG handelt, weil hier eine Kündigung ohne Nachwirkung in Betracht kommt.

5. Kündigung von Betriebsvereinbarungen und Nachwirkung (§ 77 Abs. 5 und 6 BetrVG)

a) Erzwingbare Betriebsvereinbarungen

Die Betriebsvereinbarung endet nach Ablauf der Zeit, für die sie ausdrücklich oder dem Zweck der geregelten Angelegenheit nach abgeschlossen ist. Sie endet weiter bei Stillegung des Betriebs (Ausnahmen: Sozialplan, Betriebsvereinbarung über Altersversorgung), endgültigem und dauerndem Fortfall des Betriebsrats. Sie endet weiter durch *Aufhebungsvertrag* zwischen den Betriebspartnern oder Vereinbarung einer ablösenden *neuen Betriebsvereinbarung* über dieselben Fragen. Die jüngere Betriebsvereinbarung verdrängt die ältere.

Der Hauptfall des Ablaufs der Betriebsvereinbarung ist die *Kündigung*. Enthält die Betriebsvereinbarung dazu keine nähere Regelung, so ist jede Betriebsvereinbarung mit einer *Frist von drei Monaten* kündbar (§ 77 Abs. 5 BetrVG).

Die Betriebsvereinbarung wirkt nach § 77 Abs. 6 BetrVG nach ihrem Ablauf weiter, soweit es sich um den Bereich der erzwingbaren Mitbestimmung handelt. Nachwirkung bedeutet die unmittelbare, aber nicht mehr

---

85) BAG, Urt. v. 22. 5. 1990 – 3 AZR 128/89, NZA 1990, 813 = ZIP 1990, 1147, dazu EWiR 1991, 335 *(Höfer/Küpper)*.
86) BAG AP Nr. 17 zu § 77 BetrVG 1972 = ZIP 1987, 251.

zwingende Weitergeltung der Norm. Voraussetzung der Nachwirkung ist einmal, daß es sich um eine Betriebsvereinbarung handelt, nicht um eine sonstige Vereinbarung der Betriebspartner, insbesondere eine Regelungsabrede, die mangels normativer Wirkung auch nicht nachwirken kann. Zum anderen muß es sich um Angelegenheiten handeln, in denen der Spruch der Einigungsstelle die Einigung zwischen den Betriebspartnern ersetzen kann. Es kommt auf die verbindliche Entscheidungsbefugnis der Einigungsstelle an. Die *Nachwirkung* kann allerdings ebenso wie beim Tarifvertrag schon in der Betriebsvereinbarung *ausgeschlossen* werden oder sich aus dem Sinn einer zeitlich begrenzten Regelung ergeben, z. B. Werkurlaub für ein bestimmtes Jahr. Allgemein wird davon ausgegangen, daß § 77 Abs. 6 BetrVG kein zwingendes Recht enthält.[87] Umgekehrt kann natürlich auch eine kraft Gesetzes nicht gegebene Nachwirkung besonders vereinbart werden.[88]

Endet die erzwingbare Betriebsvereinbarung durch Kündigung oder Fristablauf, ohne daß ein Fall der Zweckerreichung oder des Gegenstandsloswerdens vorliegt, so gelten die Normen weiter, bis sie durch eine andere „Abmachung" ersetzt werden. Die Nachwirkung erfaßt auch solche Arbeitnehmer, die erst im Nachwirkungszeitraum in den Betrieb eintreten, sofern zwischen den Betriebspartnern nicht etwas anderes ausdrücklich vereinbart wird.[89] Eine *andere Abmachung* ist nicht nur ein Tarifvertrag oder eine neue Betriebsvereinbarung, sondern auch ein echter Individualvertrag, insbesondere wenn im Betrieb kein Betriebsrat mehr besteht, der eine neue Betriebsvereinbarung abschließen könnte. In der Literatur wird allerdings darauf hingewiesen, daß das Mitbestimmungsrecht nicht durch den Abschluß gebündelter, gleichlautender Einzelverträge umgangen werden kann.[90]

b) Freiwillige Betriebsvereinbarungen

Freiwillige Betriebsvereinbarungen wirken nicht nach. Ansprüche neu eintretender Arbeitnehmer können deshalb ebenfalls nicht mehr entstehen, ebenso nicht weitere Ansprüche der schon im Geltungszeitraum der Be-

---

87) *Fitting/Kaiser/Heither/Engels* (Fußn. 42), § 77 Rz. 61.
88) LAG Düsseldorf, Beschl. v. 23. 2. 1988 – 16 TaBV 13/88, NZA 1988, 813.
89) *Fitting/Kaiser/Heither/Engels* (Fußn. 42), § 77 Rz. 62.
90) *Fitting/Kaiser/Heither/Engels* (Fußn. 42), § 77 Rz. 62.

triebsvereinbarung vorhandenen Arbeitnehmer.[91] Allerdings ist zu berücksichtigen, daß schon entstandene Ansprüche auch nach Wegfall der Betriebsvereinbarung nicht mehr weggenommen werden können. Besonderheiten gelten für Anwartschaften und Besitzstände der *betrieblichen Altersversorgung.*

c) Teilmitbestimmte Betriebsvereinbarungen

Die Betriebsvereinbarung soll insgesamt nachwirken, wenn in ihr Regelungsgegenstände nach §§ 87, 88 BetrVG untrennbar verbunden sind und der Arbeitgeber z. B. bei freiwilligen Sozialleistungen nur eine Umverteilung beabsichtigt, nicht eine ersatzlose Streichung.[92]

Will der Arbeitgeber die freiwillige Leistung nicht ganz abschaffen, sondern nur kürzen, so ist dies nach § 87 Abs. 1 Nr. 10 BetrVG nur mit Zustimmung des Betriebsrats möglich, wenn die Leistung – was regelmäßig der Fall sein dürfte – zumindest auch Entgeltcharakter hat. Bei der Kürzung sind nämlich *Fragen der Verteilungsgerechtigkeit* berührt. Das Mitbestimmungsrecht besteht auch dann, wenn der Arbeitgeber die Leistung in geänderter Höhe erbringen will, nachdem er sie zuvor mitbestimmungsfrei gestrichen hat. Die Mitbestimmung nach § 87 Abs. 1 Nr. 10 BetrVG darf im übrigen nicht mißverstanden werden: Das Volumen, also die Gesamthöhe der freiwilligen Sozialleistung kann der Unternehmer mitbestimmungsfrei für den gesamten Betrieb bestimmen; nur in diesem Rahmen kann sich also die Mitbestimmung des Betriebsrats bewegen.

Bestehen im Betrieb *mehrere freiwillige Sozialleistungen* aufgrund von Betriebsvereinbarungen, so kann sich der Unternehmer mitbestimmungsfrei dazu entschließen, die Leistungen A und B zu kündigen, die Leistungen C und D dagegen im bisherigen Umfang aufrechtzuerhalten. Eine Nachwirkung hinsichtlich der Leistungen A und B kann dann nicht in Betracht kommen. In diesem Beispielsfall würde auch § 87 Abs. 1 Nr. 10 BetrVG nicht eingreifen, da sich die Mitbestimmung immer nur auf die einzelne Sozialleistung beziehen kann und der Arbeitgeber im Beispielsfall die Leistungen A und B mitbestimmungsfrei gänzlich streichen kann.

---

91) Vgl. BAG, Urt. v. 9. 2. 1989 – 8 AZR 310/87, AP Nr. 40 zu § 77 BetrVG 1972 zum übertariflichen Urlaubsgeld; BAG, Urt. v. 18. 4. 1989, AP Nr. 2 zu § 1 BetrAVG zur Betriebsvereinbarung über Altersversorgung; BAG, Urt. v. 26. 4. 1990 – 6 AZR 278/88, AP Nr. 4 zu § 77 BetrVG 1972 Nachwirkung zum übertariflichen Weihnachtsgeld = ZIP 1990, 1148, dazu EWiR 1990, 855 *(Wank)*; BAG, Beschl. v. 21. 8. 1990 – 1 ABR 1973/89, AP Nr. 5 zu § 77 BetrVG 1972 Nachwirkung zur Jahressonderzahlung, dazu EWiR 1990, 1167 *(Schüren)*.

92) So *Fitting/Kaiser/Heither/Engels* (Fußn. 42), § 77 Rz. 63.

Besonderheiten gelten auf dem Gebiet der *betrieblichen Altersversorgung*. Auch hier kann eine zugrundeliegende Betriebsvereinbarung, soweit nichts anderes vereinbart ist, mit einer Frist von drei Monaten gekündigt werden. Eine Nachwirkung nach § 77 Abs. 6 BetrVG tritt an und für sich nicht ein. Die Kündigung hat für neu eintretende Arbeitnehmer zur Folge, daß sie nicht in den Genuß der betrieblichen Altersversorgung kommen können, weil für sie das Versorgungswerk geschlossen ist. Dagegen geht das Bundesarbeitsgericht[93] davon aus, daß erworbene Besitzstände der betroffenen Arbeitnehmer nach den Grundsätzen der Verhältnismäßigkeit und des Vertrauensschutzes geschützt werden.

6. Regelungsabrede

Eine Betriebsvereinbarung bedarf zwingend der Schriftform. Nur einseitig unterzeichnete Urkunden erfüllen diese Voraussetzungen nicht. In einem solchen Fall kann es sich aber um eine sog. Regelungsabrede handeln. Im *Unterschied zur Betriebsvereinbarung* hat diese keine normative Wirkung, d. h., sie gewährt dem einzelnen Arbeitnehmer nicht unmittelbar Ansprüche. Allerdings verpflichtet die Regelungsabrede den Arbeitgeber entsprechend ihrem Inhalt zu verfahren. Dies bedeutet konkret, daß der Arbeitgeber den Arbeitnehmern entsprechende Vertragsangebote machen müßte.

Ob aufgrund einer solchen Regelungsabrede oder einer Betriebsvereinbarung z. B. ein Weihnachtsgeld für 1997 zu bezahlen ist, hängt ganz wesentlich davon ab, ob es sich um eine verbindliche Zusage handelt oder nicht. Eine solche verbindlichen Zusage liegt wohl vor, wenn der Arbeitgeber dem Betriebsrat Anfang 1997 folgendes mitgeteilt (Regelungsabrede) oder mit ihm sogar vereinbart (Betriebsvereinbarung) hätte: „Die Beschäftigten erhalten mit dem Novembergehalt 1997 eine Weihnachtsgratifikation in Höhe eines 13. Monatsgehalts."

Eine solche Zusage könnte auch nicht durch eine Kündigung im Sommer 1997 rückgängig gemacht worden sein. Hier ist ein *Vertrauenstatbestand* geschaffen. Deshalb ist diese Zusage oder Betriebsvereinbarung so auszulegen, daß sie für das Jahr 1997 grundsätzlich unkündbar ist; sie ist für dieses Kalenderjahr befristet. Eine Nachwirkung für 1998 träte damit allerdings nicht ein.

---

93) BAG, Urt. v. 18. 4. 1989 – 3 AZR 688/87, ZIP 1990, 122 = BB 1990, 781, dazu EWiR 1989, 1057 *(Schüren)*.

Problematisch wäre im übrigen bei einer solchen Fallgestaltung auch, ob noch im Herbst eine ablösende (verbösernde) Betriebsvereinbarung abgeschlossen werden könnte.

7. Mitbestimmungsrechte des Betriebsrats nach § 87 Abs. 1 Nr. 10 BetrVG
a) Allgemeines

§ 87 Abs. 1 Nr. 10, Abs. 2 BetrVG bestimmt:

"(1) Der Betriebsrat hat, soweit eine gesetzliche oder tarifliche Regelung nicht besteht, in folgenden Angelegenheiten mitzubestimmen:

10. Fragen der betrieblichen Lohngestaltung, insbesondere die Aufstellung von Entlohnungsgrundsätzen und die Einführung und Anwendung von neuen Entlohnungsmethoden sowie deren Änderung;

(2) Kommt eine Einigung über eine Angelegenheit nach Absatz 1 nicht zustande, so entscheidet die Einigungsstelle. Der Spruch der Einigungsstelle ersetzt die Einigung zwischen Arbeitgeber und Betriebsrat."

Lohngestaltung ist gegenüber Entlohnungsgrundsatz und Entlohnungsmethode der weitergehende Begriff. Es muß sich um „allgemeine", abstrakt-generelle (*kollektive*) Regelungen handeln, die sich auf die gesamte Belegschaft, zumindest auf Gruppen, Abteilungen oder Schichten erstrecken. Es geht um die Strukturformen des Entgelts einschließlich ihrer näheren Vollziehungsformen.[94]

Dagegen greift das Mitbestimmungsrecht nicht ein, soweit es sich um die Lohngestaltung für einzelne Arbeitnehmer aufgrund von bei diesen vorliegenden besonderen Umstände handelt.

Das Mitbestimmungsrecht des § 87 Abs. 1 Nr. 10 BetrVG erfaßt nicht die Frage, welche Leistung der Arbeitgeber zu erbringen hat, also nicht die Höhe, sondern nur, nach welchen Grundsätzen und Verfahren das Entgelt im Betrieb bestimmt wird.

Zahlt der Arbeitgeber *übertarifliche Löhne*, sei es im Einzelfall, sei es für den gesamten Betrieb oder eine Betriebsabteilung, so beschränkt sich die „Ausgestaltung" darauf, in welcher Höhe und nach welchen Kriterien die Zulagen, sei es in Prozentsätzen, sei es in festen DM-Beträgen in dem vom Arbeitgeber vorgegebenen Rahmen (*Dotierungsrahmen*) an die einzelnen Arbeitnehmer gezahlt werden.

---

94) BAG, Beschl. v. 7. 9. 1988 – 4 ABR 32/88, BB 1988, 2391.

b) Mitbestimmung bei Zulagen

Das Bundesarbeitsgericht geht seit seiner Entscheidung vom 17. Dezember 1985[95)] davon aus, daß ein Mitbestimmungsrecht des Betriebsrats auch dann besteht, wenn der Arbeitgeber zum tariflich geregelten Entgelt allgemein eine betriebliche Zulage gewährt, deren Höhe von ihm aufgrund einer individuellen Entscheidung festgelegt wird. Das Mitbestimmungsrecht scheidet nicht aufgrund der Tarifsperre des § 87 Abs. 1 Eingangssatz BetrVG aus. Das Bundesarbeitsgericht meint, der Arbeitgeber sei gerade durch den Tarifvertrag nicht gebunden, nach welchen Kriterien er die übertariflichen Zulagen verteilen will.[96)]

Die *Freiwilligkeit* solcher über- oder außertariflichen Zulagen steht dem Mitbestimmungsrecht des Betriebsrats nach § 87 Abs. 1 Nr. 10 BetrVG nicht grundsätzlich entgegen. Sie führt jedoch zu einer *Einschränkung*. Der Betriebsrat kann vom Arbeitgeber weder verlangen noch über einen Spruch der Einigungsstelle erzwingen, eine solche Zulage zu zahlen. Der Arbeitgeber entscheidet vielmehr mitbestimmungsfrei, in welchem Umfang er finanzielle Mittel einsetzen will. Mitbestimmungsfrei sind deshalb die Entscheidungen über die Einführung und Abschaffung einer solchen Leistung, die Höhe und eventuelle Kürzung des Dotierungsrahmens,[97)] die Festlegung eines Anrechnungsvorbehalts und einer Zweckbestimmung[98)] und die abstrakte Abgrenzung des Empfängerkreises.[99)]

Diese Rechtsprechung hat zur Folge, daß der Arbeitgeber auch noch nach einem *Spruch der Einigungsstelle* über die nähere Ausgestaltung der Zulage von deren Zahlung ganz Abstand nehmen kann. Nur wenn und solange der Arbeitgeber die Leistung gewährt, ist er an den Spruch der Einigungsstelle gebunden.[100)]

Bei der Mitbestimmung nach § 87 Abs. 1 Nr. 10 BetrVG geht es immer um die sog. *Verteilungsgerechtigkeit*. Weil die Frage, ob eine freiwillige Leistung überhaupt eingeführt wird, mitbestimmungsfrei ist, andererseits aber die Mitbestimmung eingreift, wenn der Arbeitgeber sich dazu entschlossen hat, eine freiwillige Leistung einzuführen, wird in der Praxis von *teilmitbestimmten Betriebsvereinbarungen* gesprochen. Hier ist besondere

---

95) BAG, Beschl. v. 17. 12. 1985 – 1 ABR 6/84, BB 1986, 734.
96) BAG, Beschl. v. 3. 12. 1991 – GS 2/90, NZA 1992, 749 = ZIP 1992, 1095, dazu EWiR 1993, 645 *(Hanau)*.
97) BAG, Beschl. v. 13. 1. 1987 – 1 ABR 51/85, BB 1987, 1178; BAG NZA 1992, 749 = ZIP 1992, 1095.
98) BAG, Beschl. v. 10. 6. 1986 – 1 ABR 65/84, DB 1986, 2340.
99) BAG, Beschl. v. 8. 12. 1981 – 1 ABR 55/79, AP Nr. 1 zu § 87 BetrVG 1972 Prämie.
100) LAG Frankfurt, Beschl. v. 3. 10. 1989 – 4 Ta BV 86/89, DB 1990, 126.

Vorsicht geboten. Die Kündigung einer Betriebsvereinbarung über eine freiwillige Leistung unterliegt grundsätzlich keiner inhaltlichen Kontrolle.[101] Wird eine freiwillige Betriebsvereinbarung gekündigt, so gibt es keine Nachwirkung (§ 77 Abs. 6 BetrVG). Das bedeutet, daß auch die Regelungen einer teilmitbestimmten Betriebsvereinbarung über freiwillige Leistungen nach Ablauf der Kündigungsfrist nicht weitergelten, wenn der Arbeitgeber mit der Kündigung beabsichtigt, die freiwillige Leistung vollständig entfallen zu lassen.[102] Die teilmitbestimmte Betriebsvereinbarung über freiwillige Leistungen (z. B. übertarifliche Zulagen, zusätzliches Weihnachtsgeld) wirkt aber gemäß § 77 Abs. 6 BetrVG nach Auffassung des Bundesarbeitsgerichts dann nach, wenn der Arbeitgeber mit der Kündigung beabsichtigt, das zur Verfügung gestellte Volumen zu reduzieren und den Verteilungsschlüssel zu ändern.[103] In dem vom Bundesarbeitsgericht vom 26. Oktober 1993 entschiedenen Fall ging es um ein *freiwilliges Weihnachtsgeld*. Dazu lag eine Betriebsvereinbarung vor. Der Arbeitgeber hatte die Betriebsvereinbarung gekündigt. Über das neue und niedrigere Niveau des freiwilligen Weihnachtsgeldes wurde mit dem Betriebsrat verhandelt; die Verhandlungen führten aber zu keinem Ergebnis. Der Arbeitgeber hat dann mit Aushang vom 26. September 1991 die Neuregelung der Zahlung von Weihnachtsgeld für das Jahr 1991 mitgeteilt. Diese Regelung sah auch ein in der Höhe nach der Dauer der Betriebszugehörigkeit gestaffeltes Weihnachtsgeld vor, das aber geringer war als das in der gekündigten Betriebsvereinbarung festgelegte. Dagegen wehrten sich zwei betroffene Arbeitnehmer, die nach der alten Betriebsvereinbarung 125 % bzw. 100 % eines Monatseinkommens erhielten, nach der neuen individuellen Regelung aber nur noch 100 % bzw. 75 % einer Monatsvergütung.

Das Ergebnis war für den Arbeitgeber fatal. Er hatte den Fehler gemacht, *auch* den *Verteilungsplan zu ändern*. Hätte er bei allen Arbeitnehmern beispielsweise um 25 % gekürzt, wäre der Verteilungsplan unverändert geblieben. Wegen der Nachwirkung der teilmitbestimmten Betriebsvereinbarung hatte die Klage der Arbeitnehmer auf Zahlung von 125 % bzw. 100 % einer Monatsvergütung Erfolg. Dieses Ergebnis hätte der Arbeitgeber ohne weiteres dadurch vermeiden können, daß er nach dem Scheitern der Verhandlungen die Einigungsstelle angerufen hätte. Die Einigungsstelle wäre dann an den vorgegebenen geringeren Dotierungsrahmen gebunden gewesen.

---

101) BAG, Urt. v. 10. 3. 1992, AP Nr. 5 zu § 1 BetrVG "Betriebsvereinbarung"; BAG, Urt. v. 26. 10. 1993 – 1 AZR 46/93, BB 1994, 1072.
102) BAG AP Nr. 5 zu § 77 BetrVG 1972 "Nachwirkung".
103) BAG BB 1994, 1072.

c) Mitbestimmung bei der Anrechnung und dem Widerruf freiwilliger Leistungen

Das Mitbestimmungsrecht des Betriebsrats nach § 87 Abs. 1 Nr. 10 BetrVG kommt auch bei der Anrechnung und dem Widerruf freiwilliger Leistungen in Betracht. Eine Tariflohnerhöhung kann sich auf dreierlei Weise auswirken:

– Der Arbeitgeber kann die Effektivbezüge um den Erhöhungsprozentsatz aufstocken. Hierzu bedarf er nicht der Zustimmung des Betriebsrats.

– Er kann aber auch lediglich den Tarifentgeltanteil entsprechend erhöhen und den übertariflichen Bestandteil unverändert lassen. Auch bei dieser Entscheidung hat der Betriebsrat kein Mitbestimmungsrecht.

– Schließlich kann der Arbeitgeber die Tariflohnerhöhung ganz oder teilweise auf die übertariflichen Zulagen anrechnen.

Die Frage, ob und in welchem Umfang der Betriebsrat bei der dritten Variante mitzubestimmen hat, war lange umstritten. Nachdem der Große Senat des Bundesarbeitsgerichts in seiner Entscheidung vom 3. Dezember 1991[104] grundsätzlich zu dieser Frage Stellung bezogen hat, muß sich die betriebliche Praxis an folgenden Grundsätzen orientieren:

– Der Arbeitgeber ist frei in der Frage, ob und in welchem Umfang er insgesamt anrechnen will.

– Ebenso wie er frei darüber entscheiden kann, ob und in welchem Umfang er Mittel für übertarifliche Zulagen einsetzt (Zulagenvolumen oder Dotierungsrahmen), kann er auch mitbestimmungsfrei darüber entscheiden, ob und in welchem Umfang er diese Mittel anläßlich einer Tariflohnerhöhung kürzen will.

– Mitbestimmungspflichtig ist nur eine Änderung der Grundsätze für die Verteilung des durch die Anrechnung gekürzten Zulagenvolumens (Verteilungsgrundsätze), d. h. des Verhältnisses der Zulagen der einzelnen Arbeitnehmer zueinander, unter der Voraussetzung, daß für eine anderweitige Anrechnung ein Regelungsspielraum verbleibt.

Dabei spielt es keine Rolle, ob sich der Arbeitgeber die Anrechnung ausdrücklich vorbehalten hat oder die Anrechnung aufgrund der Feststellung einer Automatik erfolgt. Weiterhin spielt es keine Rolle, ob die Anrechnung aus Anlaß einer Tariflohnerhöhung oder aus Anlaß der Erhöhung anderer betrieblicher Leistungen erfolgt. Erst durch die Änderung der Verteilungsgrundsätze wird also das Mitbestimmungsrecht ausgelöst, während der

---

104) BAG NZA 1992, 749 = ZIP 1992, 1095.

Arbeitgeber nach wie vor *mitbestimmungsfrei* den *Dotierungsrahmen* kürzen kann.

Die Leitsätze des Beschlusses des Großen Senats vom 3. Dezember 1991[105)] lauten:

„1. Der Tarifvorbehalt des § 77 Abs. 3 BetrVG steht einem Mitbestimmungsrecht nach § 87 Abs. 1 Nr. 10 BetrVG bei der Festlegung von Kriterien für über-/außertarifliche Zulagen nicht entgegen. Dieses Mitbestimmungsrecht kann sowohl durch formlose Regelungsabrede als auch durch Abschluß einer Betriebsvereinbarung ausgeübt werden.

2. Die Mitbestimmung des Betriebsrats nach § 87 Abs. 1 wird durch den Tarifvorrang des § 87 Abs. 1 Eingangssatz BetrVG nur dann ausgeschlossen, wenn eine inhaltliche und abschließende tarifliche Regelung über den Mitbestimmungsgegenstand besteht. Das ist nicht der Fall, wenn das Mindestentgelt im Tarifvertrag geregelt ist, der Arbeitgeber darüber hinaus eine betriebliche über-/außertarifliche Zulage gewährt.

3. Die Anrechnung einer Tariflohnerhöhung auf über-/außertarifliche Zulagen und der Widerruf von über-/außertariflichen Zulagen aus Anlaß und bis zur Höhe einer Tariflohnerhöhung unterliegen dann nach § 87 Abs. 1 Nr. 10 BetrVG der Mitbestimmung des Betriebsrats, wenn sich dadurch die Verteilungsgrundsätze ändern und darüber hinaus für eine anderweitige Anrechnung bzw. Kürzung ein Regelungsspielraum verbleibt. Dies gilt unabhängig davon, ob die Anrechnung durch gestaltende Erklärung erfolgt oder sich automatisch vollzieht.

4. Anrechnung bzw. Widerruf sind mitbestimmungsfrei, wenn dadurch das Zulagenvolumen völlig aufgezehrt wird oder die Tariflohnerhöhung vollständig und gleichmäßig auf die über-/außertariflichen Zulagen angerechnet wird.

5. a) Bei mitbestimmungspflichtigen Anrechnungen kann der Arbeitgeber bis zur Einigung mit dem Betriebsrat das Zulagenvolumen und – unter Beibehaltung der bisherigen Verteilungsgrundsätze – auch entsprechend die einzelnen Zulagen kürzen.

b) Verletzt der Arbeitgeber das Mitbestimmungsrecht, sind Anrechnungen bzw. Widerruf gegenüber den einzelnen Arbeitnehmern rechtsunwirksam."

---

105) BAG NZA 1992, 749 = ZIP 1992, 1095

In einer Reihe von Entscheidungen hat dann das Bundesarbeitsgericht[106] die vom Großen Senat aufgestellten Grundsätze umgesetzt, wobei festzustellen ist, daß es nach dieser Rechtsprechung immer dann, wenn es um die (angebliche) „Verteilung" geht, kaum noch Raum für individuelle Tatbestände gibt. Was herkömmlich unter einem „individuellen Tatbestand" verstanden wird, nämlich die Zahlung einer übertariflichen Zulage aufgrund von *Leistungsgesichtspunkten*, ist erstaunlicherweise gerade kein individueller Tatbestand.

Auch wenn bisher keine Betriebsvereinbarung nach § 87 Abs. 1 Nr. 10 BetrVG vorliegt, aber den Arbeitnehmern übertarifliche Zulagen gezahlt werden, kann der *Betriebsrat* sein *Initiativrecht* hinsichtlich des Abschlusses einer Betriebsvereinbarung ausüben. Kommt es nicht zu einer Einigung mit dem Betriebsrat, so entscheidet die *Einigungsstelle*. Dabei ist sie wiederum an den vorgegebenen Dotierungsrahmen gebunden.

Probleme ergeben sich allerdings, wenn die Einigungsstelle, aufgrund welcher Erwägungen auch immer, einen veränderten Verteilungsmechanismus einführt. Dann ist eine *Sprengung des Dotierungsrahmens* durchaus denkbar.

Beispiel: Der Arbeitgeber gewährt ausschließlich nach Leistungsgesichtspunkten folgende Zulagen:

A: 500 DM
B: 300 DM
C: <u>100 DM</u>
900 DM   Gesamtvolumen

Die Einigungsstelle bewertet auch die Betriebszugehörigkeit als Kriterium für die Bemessung der Zulagen. Nach dem Verteilungsschlüssel kommt es deshalb zu folgenden Zulagen:

---

106) BAG, Urt. v. 11. 8. 1992 – 1 AZR 279/90, NZA 1993, 418; BAG, Urt. v. 22. 9. 1992 – 1 AZR 459/90, NZA 1993, 566; BAG, Urt. v. 22. 9. 1992 – 1 AZR 460/90, NZA 1993, 568; BAG, Urt. v. 22. 9. 1992 – 1 AZR 461/90, NZA 1993, 569; BAG, Urt. v. 22. 9. 1992 – 1 AZR 405/90, NZA 1993, 668, dazu EWiR 1993, 333 *(Hromadka)*; BAG, Beschl. v. 27. 10. 1992 – 1 ABR 17/92, NZA 1993, 561; BAG, Urt. v. 10. 11. 1992 – 1 AZR 293/90 (unveröff.); BAG, Urt. v. 23. 3. 1993 – 1 AZR 520/92, NZA 1993, 806; BAG, Urt. v. 23. 3. 1992 – 1 AZR 582/92, NZA 1993, 904; BAG, Beschl. v. 14. 12. 1993 – 1 ABR 31/93, NZA 1994, 809; BAG, Beschl. v. 14. 6. 1994 – 1 ABR 63/93, NZA 1994, 543; BAG, Urt. v. 28. 9. 1994 – 1 AZR 870/93, AP Nr. 68 zu § 87 BetrVG 1972 Lohngestaltung; BAG, Urt. v. 17. 1. 1995 – 1 AZR 19/94, AP Nr. 71 zu § 87 BetrVG 1972 Lohngestaltung; BAG, Beschl. v. 14. 2. 1995 – 1 ABR 41/94, AP Nr. 72 zu § 87 BetrVG 1972 Lohngestaltung; BAG, Urt. v. 14. 2. 1995 – 1 AZR 565/94, NZA 1996, 328.

Leistungsentgelte

A: 300 DM
B: 500 DM
C: <u>200 DM</u>
1 000 DM Gesamtvolumen

In diesem Beispielsfall hätte der Arbeitgeber (theoretisch) die Möglichkeit, die bisher gewährte Zulage von A um 200 DM bzw. 100 DM zu kürzen, um so das bisherige Dotierungsvolumen zu halten. Wird allerdings die Zulage in Höhe von 500 DM unwiderruflich, z. B. im Rahmen einer Gesamtgehaltszusage, gewährt, scheidet eine einseitige Kürzung aus mit der automatischen Folge, daß das Volumen auf 1 200 DM anwächst.

Die Rechtsprechung des Bundesarbeitsgerichts weist *offene Fragen* und *Ungereimtheiten* auf. Unrealistisch ist die Vorstellung, es komme bei dem Begriff „Änderung der Verteilungsgrundsätze" auf das Verhältnis der Zulagen zueinander an. Die Praxis schaut vielmehr allein auf die Effektivlöhne. Deshalb müßten diese der maßgebliche Bezugspunkt sein.[107] Zutreffend wird in der Literatur auch darauf hingewiesen, daß durch die Rechtsprechung des Bundesarbeitsgerichts das Verhältnis der übertariflichen Zulagen zueinander „zementiert" wird.[108] Damit werden vor allem diejenigen Arbeitnehmer geschützt, die eine - in absoluten Beträgen - geringere übertarifliche Zulage haben. Das führt zu dem unbefriedigenden Ergebnis, daß die Effektivlöhne, wenn die Zulagen bisher unterschiedlich hoch waren, mit identischem Tariflohn, gleicher Erhöhung des Tariflohns und gleichmäßiger Anrechnung um verschiedene Beträge anzuheben sind.

Aufgrund der *Betriebsautonomie* können sich Arbeitgeber und Betriebsrat dahin gehend verständigen, daß der Betriebsrat dem *Arbeitgeber ein sehr weitgehendes Entscheidungsrecht einräumt*.[109] Möglich wäre also, daß der Betriebsrat dem Arbeitgeber die Vergabe von übertariflichen Zulagen nach von ihm (dem Arbeitgeber) für richtig gehaltenen Kriterien erlaubt. Ob der Betriebsrat dazu allerdings bereit ist, muß im Einzelfall festgestellt werden.

Kommt es nicht zu einer Einigung mit dem Betriebsrat und handelt es sich um einen kollektiven Tatbestand im Sinne der Rechtsprechung des Bundesarbeitsgerichts, so führt kein Weg an der *Einigungsstelle* vorbei.

---

107) *Hromadka*, DB 1992, 1573.
108) *Schukai*, NZA 1992, 967.
109) Vgl. BAG, Beschl. v. 12. 1. 1988 – 1 ABR 54/86, DB 1988, 1272, dazu EWiR 1988, 859 *(Grunsky)* und BAG, Beschl. v. 10. 3. 1992 – 1 ABR 31/91, DB 1992, 1734 zur Mitbestimmung nach § 87 Abs. 1 Nr. 3 BetrVG.

Senkung des Krankenstandes - Ist das Arbeitsrecht für die Unternehmen Hilfe oder Belastung?

von

Rechtsanwalt Andreas Haffner, LL. M., Stuttgart

Inhaltsübersicht

I. Einleitung

II. Änderungen des Entgeltfortzahlungsgesetzes
 1. Das Arbeitsrechtliche Beschäftigungsförderungsgesetz
 2. Das Entgeltfortzahlungsgesetz
  a) Entstehen des Anspruchs (§ 3 EFZG)
  b) Reduzierung des Anspruchs (§ 4 EFZG)
  c) Anrechnung auf Erholungsurlaub (§ 4a EFZG)
  d) Kürzung von Sondervergütungen (§ 4b EFZG)
 3. Bewertung der Neufassung des Entgeltfortzahlungsgesetzes sowie der damit verbundenen Auswirkungen auf die Krankenstandsproblematik
  a) Allgemeiner Rückblick
  b) Auswirkungen der neuen Regelungen im Entgeltfortzahlungsgesetz

III. Auswirkungen auf die Tariflandschaft

IV. Senkung des Krankenstandes und die arbeitsgerichtliche Praxis

V. Fehlzeitenprogramme in der betrieblichen Praxis
 1. Krankenrückkehrgespräche
  a) Fürsorgegespräch
  b) Appellgespräch
  c) Folgegespräch
  d) Konsequenzgespräch
 2. Schulungen für Führungskräfte
 3. Mehr-Anwesenheits-Lotterie
 4. Allgemeines Gesundheitsprogramm

VI. Zusammenfassung

I. Einleitung

Obwohl die Entgeltfortzahlungsthematik inzwischen durch eine Reihe anderer gesellschaftspolitischer Themen aus dem aktuellen Tagesgeschehen verdrängt worden ist, räumt die unternehmerische Praxis dem Thema Krankenstand und den damit verbundenen Auswirkungen weiterhin einen großen Stellenwert ein.

Der Wettbewerb zwischen den internationalen Konzernen, aber auch zwischen verschiedenen Standorten innerhalb eines internationalen Konzerns wird in den nächsten Jahren noch dramatisch zunehmen, und man darf gespannt darauf sein, wie sich der Standort Deutschland im globalen Wettbewerb behaupten wird.

Die Personalnebenkosten, die nicht unwesentlich durch Fehlzeiten beeinflußt werden, sind für viele Unternehmen bei der Frage, ob der Produktionsstandort Deutschland langfristig gesehen überlebensfähig ist, ein nicht unerheblicher Faktor. Das Thema Senkung des Krankenstandes bietet eine Vielzahl von Ansatzpunkten und ist in seiner Gesamtheit von einer solchen Komplexität, daß eine erschöpfende Behandlung den hier vorgegebenen Rahmen bei weitem sprengen würde.

Die nachfolgenden Ausführungen werden sich daher im wesentlichen auf drei Punkte beschränken:

– Inwieweit ist es gelungen, durch die Änderung des Entgeltfortzahlungsgesetzes die erhofften Entlastungen für die Unternehmen umzusetzen?

– Welchen Einfluß hat das geänderte Entgeltfortzahlungsgesetz auf die tariflichen Regelungen zur Entgeltzahlung im Krankheitsfall genommen?

– Wie wird die Rechtsprechung der Arbeitsgerichte zur krankheitsbedingten Kündigung aus Sicht der Wirtschaft bewertet, und welche Konsequenzen oder Maßnahmen leiten sich für die Unternehmen daraus ab?

Auch wenn die Zahl der Arbeitsunfähigkeitstage der Pflichtversicherten bei den Betriebskrankenkassen (BKK) 1997 auf ein Rekordtief von durchschnittlich 20 Tagen sank,[1] so belaufen sich die Kosten für die Entgeltfortzahlung inklusive der damit verbundenen Nebenleistungen auf ca. 55–70 Mrd. DM.[2] Neben diesen direkten Kosten des Arbeitsausfalls ent-

---

1) Handelsblatt vom 21. 10. 1997.
2) Begründung zum Gesetzentwurf der Fraktionen der CDU/CSU und F.D.P. eines Arbeitsrechtlichen Gesetzes zur Förderung von Wachstum und Beschäftigung (ArbBeschFG), BT-Drucks. 13/4612, S. 10; Argumente zu Unternehmensfragen, IDW Nr. 2/1997.

stehen aber auch noch indirekte Belastungen: Fehlzeiten stören die Betriebsabläufe, schaffen Vertretungsprobleme und erfordern häufig Überstunden der präsenten Mitarbeiter. Auch die Größe des Betriebes spielt für die Fehlzeitenquote eine nicht unerhebliche Rolle. Tendenziell nimmt die Fehlzeitenquote mit der Betriebsgröße zu. Rund 85 % der gesamten Fehlzeiten sind auf Krankheiten zurückzuführen. Auf Kurzzeiterkrankungen entfielen dabei rund 11 % der krankheitsbedingten Abwesenheiten. Fast 5 % der Fehlzeiten entfallen auf Kuren, 4 % sind durch die Einhaltung von Mutterschutzfristen bedingt. Mit jeweils rund 3 % gehen Arbeitsunfälle sowie sonstige Fehlzeiten in die Statistik ein.[3]

II. Änderungen des Entgeltfortzahlungsgesetzes

1. Das Arbeitsrechtliche Beschäftigungsförderungsgesetz

Die Emotionen schlugen hoch, als am 1. Oktober 1996 das Arbeitsrechtliche Beschäftigungsförderungsgesetz[4] in Kraft trat. Das Gesetz, das konzipiert wurde, um mehr Wachstumsdynamik zu ermöglichen, bestehende Arbeitsplätze zu erhalten, zusätzliche und attraktive Arbeitsplätze zu erschaffen und die wirtschaftlichen Fundamente des Sozialstaates zu sichern, sollte gleichzeitig durch eine Lockerung des Kündigungsschutzes und der Entgeltfortzahlung im Krankheitsfall die Kostenbelastung für die Wirtschaft begrenzen.[5]

Neben einer Änderung und Ergänzung von Vorschriften des Entgeltfortzahlungsgesetzes und des Kündigungsschutzgesetzes sind auch das Beschäftigungsförderungsgesetz sowie das Bundesurlaubsgesetz geändert worden.

2. Das Entgeltfortzahlungsgesetz

Die einschneidendsten Änderungen enthält Art. 3 ArbBeschFG im Bereich der Entgeltfortzahlung im Krankheitsfall.

Durch die Beschränkung der Entgeltfortzahlung auf 80 % und die Einführung einer Wartezeit sollte der mißbräuchlichen Inanspruchnahme der Entgeltfortzahlung entgegengewirkt werden, was zugleich zu einer Senkung der Fehlzeiten führen sollte. Zunächst werden an dieser Stelle noch einmal in aller Kürze die für die Praxis maßgeblichen Änderungen des

---

3) Argumente zu Unternehmensfragen, IDW Nr. 2/1997.
4) Arbeitsrechtliches Gesetz zur Förderung von Wachstum und Beschäftigung (ArbBeschFG) vom 25. 9. 1996, BGBl I, 1476.
5) Ausschuß für Arbeit und Sozialordnung zu dem Entwurf ArbBeschFG, BT-Drucks. 13/5107, S. 1.

Entgeltfortzahlungsgesetzes dargelegt; im Anschluß daran erfolgt eine Einschätzung hinsichtlich ihrer tatsächlichen Relevanz.

a) Entstehen des Anspruchs (§ 3 EFZG)

Anders als bislang entsteht der Anspruch auf Entgeltfortzahlung nun gemäß § 3 Abs. 3 EFZG erst nach einer vierwöchigen ununterbrochenen Dauer des Arbeitsverhältnisses. Erkrankt der Arbeitnehmer vor Ablauf der 4-Wochen-Frist, hat er Anspruch auf Krankengeld (§ 44 Abs. 1 i. V. m. § 49 Abs. 1 Nr. 1 SGB V).

b) Reduzierung des Anspruchs (§ 4 EFZG)

Eine besondere Bedeutung aus Sicht des Gesetzgebers sollte der Änderung des § 4 EFZG zukommen. Nach § 4 Abs. 1 Satz 1 EFZG beträgt die Höhe der Entgeltfortzahlung im Krankheitsfall nur noch 80 % des dem Arbeitnehmer bei der für ihn maßgeblichen regelmäßigen Arbeitszeit zustehenden Arbeitsentgelts. Dies gilt auch für die Entgeltfortzahlung bei Maßnahmen der medizinischen Vorsorge und Rehabilitation (siehe Verweis in § 9 Abs. 1 EFZG). Die Reduzierung auf 80 % betrifft darüber hinaus Arbeitnehmerinnen, die während der Schwangerschaft erkranken. Beruht die Arbeitsunfähigkeit des Arbeitnehmers dagegen auf einem Arbeitsunfall oder einer Berufskrankheit, so bleibt es gemäß § 4 Abs. 1 Satz 2 EFZG bei der Zahlung des vollen Arbeitsentgelts. Die volle Entgeltzahlung bleibt auch für Schwangere erhalten, die wegen der Schwangerschaft nicht mehr beschäftigt werden dürfen, weil dies Leben oder Gesundheit von Mutter oder Kind gefährdet. Unberührt von der Neufassung des Entgeltfortzahlungsgesetzes bleibt darüber hinaus ein sich aus § 324 BGB ergebender Anspruch auf volle Entgeltzahlung, sofern der Arbeitgeber die Erkrankung des Arbeitnehmers verschuldet hat.

c) Anrechnung auf Erholungsurlaub (§ 4a EFZG)

Um keinen direkten finanziellen Verlust erleiden zu müssen, sieht § 4a EFZG vor, daß der Arbeitnehmer sich Krankheitstage auf den Urlaub anrechnen lassen kann. Dies ist ebenfalls möglich, sofern die Erkrankung weniger als fünf Tage dauert. Der Arbeitnehmer hat in diesem Fall die Möglichkeit, mehrere Kurzerkrankungen miteinander zu verbinden. Durch die Anrechnung darf der gesetzliche Mindestjahresurlaub nicht unterschritten werden.[6]

---

6) *Schmitt*, EFZG, 3. Aufl., 1997, Rz. 37 ff.

d) Kürzung von Sondervergütungen (§ 4b EFZG)

Eine letzte, insbesondere für die Durchführung von Krankenstandssenkungsprogrammen wesentliche Änderung wurde in das Entgeltfortzahlungsgesetz mit § 4b eingefügt. Diese Vorschrift regelt jetzt die Möglichkeit, Vereinbarungen über die Kürzung von Sondervergütungen (auch) für die Zeiten krankheitsbedingter Arbeitsunfähigkeit zu treffen. Die Kürzung darf für jeden Tag der Arbeitsunfähigkeit infolge Krankheit ein Viertel des Arbeitsentgelts, das im Jahresdurchschnitt auf einen Arbeitstag entfällt, nicht überschreiten.

Ziel des Gesetzgebers war es, mit der in § 4b EFZG normierten Regelung eine sichere Grundlage für Vereinbarungen über die Kürzung von Sondervergütungen wegen krankheitsbedingter Fehlzeiten zu schaffen und damit die in den letzten Jahren mehrfach geänderte Rechtsprechung des Bundesarbeitsgerichts ad acta zu legen.[7] Darüber hinaus soll die Neuregelung verhindern, daß bereits geringe krankheitsbedingte Fehlzeiten zu einer unangemessen hohen Kürzung oder sogar zum Wegfall der gesamten Sondervergütung führen. Anders als bei § 4 EFZG führt diese Regelung für den Arbeitnehmer im Vergleich zur bisherigen Rechtsprechung des Bundesarbeitsgerichts zu einer Besserstellung, denn diese sah die Möglichkeit der Kürzung um $1/30$ für jeden Kalendertag vor.

3. Bewertung der Neufassung des Entgeltfortzahlungsgesetzes sowie der damit verbundenen Auswirkungen auf die Krankenstandsproblematik

a) Allgemeiner Rückblick

Ob aus heutiger Sicht die soeben besprochenen Änderungen in bezug auf die Senkung des Krankenstandes den gewünschten Erfolg gebracht haben, ist nicht unumstritten. Auf seiten der Bundesregierung war man sicher, mit diesem Instrumentarium der Wirtschaft einen großen Gefallen getan zu haben. Insbesondere die Reduzierung der Lohnfortzahlung sollte sich zu einer massiven wirtschaftlichen Entlastung für die Unternehmen in zweifacher Hinsicht entwickeln:

- zum einen durch die Senkung der direkten Entgeltfortzahlungskosten (hier ging man von ca. 12 Mrd. DM aus),[8]
- zum zweiten als abschreckende Maßnahme gegenüber Scheinkranken, um damit eine deutliche Reduzierung der Fehlzeitenquote herbeizuführen.

---

7) Begründung zum Entwurf ArbBeschFG (Fußn. 2), S. 16.
8) Ausschuß für Arbeit und Sozialordnung zu dem Entwurf ArbBeschFG (Fußn. 4), S. 22; *Bontrup*, AuA 1996, 405, 406.

Wäre die vierwöchige Wartezeit für die Gewerkschaften noch akzeptabel gewesen – interessanterweise blieb diese Regelung auch in der politischen Diskussion weitestgehend unbeachtet –, so berührte die Reduzierung der Entgeltfortzahlung auf 80 % den DGB und seine Einzelgewerkschaften in ihrem Innersten. Wie wenig die Arbeitgeberseite auf die anstehenden Neuregelungen eingestellt war, zeigt die Tatsache, daß erst Mitte September 1996 eine eindeutige Empfehlung des Verbandes der Metallindustrie Nord Württtemberg/Nordbaden an die Mitgliedsunternehmen dahin gehend erging, zukünftig die Entgeltfortzahlung auf 80 % zu reduzieren, trotz einer scheinbar eindeutigen tariflichen Regelung, die eine Entgeltfortzahlung von 100 % vorsah. Als das Gesetz schließlich am 1. Oktober 1996 in Kraft trat, war die Reduzierung der Entgeltfortzahlung von 100 % auf 80 % in vielen Branchen auf der tariflichen Ebene schon nicht mehr durchsetzbar. Das Gesetz, das der Wirtschaft Einsparungen in Höhe von 12–15 Mrd. DM bringen sollte, hatte in weniger als 14 Tagen einen Großteil seiner Schlagkraft verloren. Hohe Auftragseingänge, Anläufe neuer Fahrzeugprodukte sowie unternehmenspolitische Erwägungen hatten zur Folge, daß im Unternehmerlager ein heilloses Durcheinander herrschte. Während ein Teil der Unternehmen erklärte, man werde sich an das neue Gesetz ohne Wenn und Aber halten, wollte ein Großteil der Unternehmen die Regelungen bis zu einer abschließenden Klärung der tariflichen Auslegung nur unter Vorbehalt zur Anwendung bringen. Ein Teil der Unternehmen kündigte unter Berufung auf die bestehenden tariflichen Vereinbarungen eine 100 %-Fortzahlung der Entgelte im Krankheitsfall an. Selbst der mächtigste deutsche Konzern und sein Vorstandsvorsitzender mußten erkennen, daß sich eine Reduzierung der Entgeltfortzahlung gegen den Willen der Gewerkschaften nicht durchsetzen lassen würde. Nachdem durch Warnstreiks und ausgefallene Mehrarbeit oder Sonderschichten immense finanzielle Einbußen hatten hingenommen werden müssen und darüber hinaus die öffentliche Meinung klar zugunsten der betroffenen Arbeitnehmer ausgeschlagen war, war der Widerstand endgültig gebrochen. Während die Koalition den Arbeitgebern kollektive Feigheit vor dem Feind vorwarf, wurde von seiten der Unternehmen der Vorwurf erhoben, es sei auf Regierungsseite versäumt worden, die tariflich geregelte Lohnfortzahlung zu erfassen. Nur wenige Monate nach der Tarifeinigung in der Metall- und Elektroindustrie in Niedersachsen im Dezember 1996 steht fest, daß die Reduzierung auf 80 % im Entgeltfortzahlungsgesetz die erhoffte Kostenentlastung und die Umsetzung in neue Arbeitsplätze nicht in dem erhofften Umfang zu leisten vermag. Vielmehr ist es den Gewerkschaften in der Zwischenzeit gelungen, in den Tarifverträgen der wichtigsten Industriezweige die 100 %-Entgeltfortzahlung festzuschreiben.

b) Auswirkungen der neuen Regelungen im Entgeltfortzahlungsgesetz

Auch inhaltlich weisen die durch das Arbeitsrechtliche Beschäftigungsförderungsgesetz eingefügten Neuregelungen im Entgeltfortzahlungsgesetz eine Reihe von punktuellen Schwächen auf.

§ 4 EFZG mit der darin enthaltenen Absenkung der Entgeltfortzahlung von 100 auf 80 % war als gewichtiges Instrument der Entlastung der Arbeit von Kosten gedacht. Schon in einem frühen Stadium des Gesetzgebungsverfahrens meldeten sich die Arbeitgeberverbände zu Wort und machten deutlich, daß sich die geschätzten Kosteneinsparungen von ca. 12 Mrd. DM durch die Absenkung auf 80 % nur dann verwirklichen ließen, wenn zugleich die Möglichkeit zur Änderung der Tarifverträge gewährleistet sei.[9] Der Gesetzgeber hat jedoch bewußt die Frage des Verhältnisses der Neuregelung zu den Tarifverträgen ungeklärt gelassen und eine Ausgestaltung als zweiseitig zwingendes Recht nicht vorgenommen, obwohl erkennbar war, daß sich die Arbeitgeberseite bei den anstehenden Tarifverhandlungen nicht werde durchsetzen können. Die vage Hoffnung, zumindest ein Teil der Tarifverträge werde aufgrund des lediglich deklaratorischen Charakters der tariflichen Regelungen zur Entgelt- oder Lohnfortzahlung die Reduzierung auf 80 % übernehmen können, erwies sich als Trugschluß. Trotz eines heftigen Schlagabtausches in Form von Gutachten der Tarifparteien[10] zur Frage, ob die tariflichen Regelungen nun konstitutiv oder deklaratorisch zu bewerten seien, wurde die Diskussion mit dem niedersächsischen Metallabschluß im Dezember 1996 beerdigt.

Auch der neu eingefügte § 4a EFZG vermag nicht zu überzeugen. Betriebsurlaub oder der gesetzlich garantierte Urlaubsanspruch nach dem Bundesurlaubsgesetz begrenzen die erwünschten Gestaltungsmöglichkeiten in einem hohen Maße.[11]

Auf völliges Unverständnis aus Sicht der Wirtschaft ist § 4b EFZG gestoßen. Diese Vorschrift, die eine Vereinbarung über die Absenkung von Sonderzahlungen zwischen Arbeitgeber und den jeweiligen Mitarbeitern voraussetzt, bedeutet gegenüber der bisherigen BAG-Rechtsprechung eine deutliche Verschlechterung.[12] Während nach der bisherigen Rechtsprechung eine Sondervergütung von einem Monatsentgelt bereits nach 30 nicht anwesenden Arbeitstagen vollständig entfiel, ist dies nach dem neuen § 4b EFZG erst nach 84 Fehltagen möglich, unterstellt man 21 Ar-

---

9) Ausschuß für Arbeit und Sozialordnung zu dem Entwurf ArbBeschFG (Fußn. 4), S. 26.
10) Für den Verband der Metallindustrie Baden-Württemberg Prof. Heinze; für die IG Metall Prof. Wedde.
11) Die Welt vom 29. 9. 1997.
12) So im Ergebnis auch *Schmitt* (Fußn. 5), § 4b Rz. 3; *Löwisch*, NZA 1996, 1009, 1014.

beitstage pro Monat.[13] § 4b EFZG, als Bonbon für die Gewerkschaften gedacht, um den Verlust der 100 %-Entgeltfortzahlung zu versüßen, kann für die Unternehmen, die über Incentive-Programme eine Reduzierung der Fehlzeiten erreichen wollen, zu einer bitteren Pille werden.

III. Auswirkungen auf die Tariflandschaft

Seit dem Abschluß in Niedersachsen im Dezember 1996 haben alle wichtigen Tarifbereiche mit Ausnahme des Baugewerbes die 100 %ige Entgelt- oder Lohnfortzahlung vereinbart. Auch wenn dies nicht zu verhindern war, so konnten zumindest zwei Verbesserungen für die Arbeitgeberseite erzielt werden.

In den meisten Tarifbereichen konnte eine Reduzierung der tariflichen Sonderzahlungen um ca. 5 % als Gegenleistung für eine Festschreibung der 100 %igen Entgelt-/Lohnfortzahlung erreicht werden. Darüber hinaus konnte zusätzlich durch die Nichtberücksichtigung der Mehrarbeitsvergütung/-zuschläge bei der Bemessung der Entgeltfortzahlung zumindest in den meisten Tarifverträgen die durch das Festhalten an der 100 %-Marke hervorgerufenen Kostenbelastungen insgesamt um ca. 30 % wieder reduziert werden.

IV. Senkung des Krankenstandes und die arbeitsgerichtliche Praxis

Ein dritter Komplex, der in diesem Zusammenhang angesprochen werden muß, ist der Umgang der arbeitsgerichtlichen Praxis mit der Thematik der krankheitsbedingten Fehlzeiten.

Das vom Bundesarbeitsgericht entwickelte Instrumentarium zur krankheitsbedingten Kündigung[14] wird allgemein als ausreichend und fair erachtet, um mit der Thematik befriedigend verfahren zu können. Auf der einen Seite erhält der betroffene Arbeitnehmer einen recht weitgehenden Schutz vor Benachteiligungen, wenn er aufgrund von unverschuldeter Arbeitsunfähigkeit seine vertraglich geschuldete Arbeitsleistung nicht erbringen kann. Der Arbeitgeber muß insbesondere in der zweiten und dritten Prüfungsstufe eine hohe Hürde überwinden, will er sich von einem Mitarbeiter aus gesundheitlichen Gründen trennen.[15]

Andererseits kann der Arbeitgeber selbst bei einer völlig unverschuldeten Krankheit des Mitarbeiters das Arbeitsverhältnis lösen, sofern es ihm ge-

---

13) Siehe auch *Griese*, in: Küttner, Personalbuch, 1997, S. 88 Rz. 13.
14) Eingehend BAG, Urt. v. 21. 5. 1992 - 2 AZR 399/91, DB 1993, 1292.
15) Siehe auch BAG, Urt. v. 16. 2. 1989 - 2 AZR 299/88, DB 1989, 2075, dazu EWiR 1989, 1225 *(Otto)*; BAG, Urt. v. 6. 9. 1989 - 2 AZR 224/89, DB 1990, 943.

lingt, die drei Stufen – negative Prognose, wirtschaftliche Beeinträchtigung und Unzumutbarkeit der Weiterbeschäftigung im Rahmen des Interessenausgleichs – überzeugend vorzubringen.

Das vom Bundesarbeitsgericht den Instanzgerichten vorgegebene Lastenheft wird jedoch in einer Vielzahl von Fällen bis zur Unkenntlichkeit verändert. Anhand von zwei Beispielen aus der jüngsten Vergangenheit läßt sich dieses eingehender verdeutlichen:

> Ein zu 50 % schwerbehinderter 45jähriger Mitarbeiter mit fünf unterhaltspflichtigen Kindern wies in den Jahren 1985–1995 etwa 50 krankheitsbedingte Fehltage pro Jahr auf, resultierend aus unterschiedlichen Erkrankungen. Während dieses Zeitraums mußten für die Lohnfortzahlung insgesamt Kosten in Höhe von über 100 000 DM aufgewandt werden. Der Mitarbeiter übte vielfach während seiner Abwesenheitszeiten anderweitige Tätigkeiten aus. Darüber hinaus traten mehrfach Krankheitsperioden in Verbindung mit Urlaub auf. Die zuständige Hauptfürsorgestelle erklärte ihre Zustimmung zur Kündigung.

Der Kündigungsschutzklage wurde in erster Instanz mit der Begründung stattgegeben, die beklagte Firma Porsche habe nicht hinreichend die erhebliche Beeinträchtigung der betrieblichen Interessen verdeutlichen können.[16] Insbesondere wurde der Beklagten vorgeworfen, in ihrem Vortrag die konkreten Umstände für die betriebliche und wirtschaftliche Unzumutbarkeit im einzelnen nicht in einem ausreichenden Maße konkretisiert zu haben. Auch in zweiter Instanz konnte keine für das Unternehmen befriedigende Entscheidung verzeichnet werden. Zwar war das Landesarbeitsgericht der Auffassung, der Firma Porsche als Berufungsklägerin sei das fortlaufende krankheitsbedingte Fehlen des Berufungsbeklagten aus betrieblichen und wirtschaftlichen Gründen nicht zumutbar gewesen. Die Berufung wurde jedoch mit der Begründung zurückgewiesen, die Anhörung des Betriebsrats sei entgegen den Ausführungen der erstinstanzlichen Entscheidung nicht ordnungsgemäß erfolgt, da der Betriebsrat nicht hinreichend für das jeweilige Kalenderjahr über die Dauer der einzelnen Erkrankung und über die Höhe der aufzuwendenden Lohnfortzahlungskosten informiert worden sei.[17]

Auch der zweite Fall, der eine Kündigung aus verhaltensbedingten Gründen im Zusammenhang mit krankheitsbedingten Fehlzeiten betraf, lief aus Sicht des Unternehmens wenig zufriedenstellend ab.[18]

---

16) ArbG Stuttgart, Urt. v. 7. 12. 1995 – 3 Ca 3072/95 (unveröff.).
17) LAG Baden-Württemberg, Urt. v. 20. 12. 1994 – 5 Sa 14/96 (unveröff.).
18) ArbG Stuttgart, Urt. v. 30. 6. 1996 - 3 Ca 2465/96 (unveröff.).

Ein Mitarbeiter mit häufig auftretenden Fehlzeiten war für einen Zeitraum von drei Wochen aufgrund einer Wirbelsäulenverletzung krank geschrieben. Während dieses Zeitraums wurde der Mitarbeiter, dessen Frau eine Pizzeria betreibt, mehrfach dabei beobachtet, wie er abends als Fahrer des eigenen Pizzaservices Porsche-Mitarbeiter im Unternehmen belieferte. Nachdem der Personalleiter die Pizzeria selbst aufgesucht hatte, wurde er dort von dem nichtsahnenden und eigentlich erkrankten Mitarbeiter freundlich bedient. Dabei war ersichtlich, daß der Mitarbeiter alle Tätigkeiten eines Kellners verrichtete.

Dem Mitarbeiter wurde daraufhin die außerordentliche, hilfsweise die ordentliche Kündigung ausgesprochen. Das Arbeitsgericht gab der Kündigungsschutzklage des Mitarbeiters statt und kam zu dem Ergebnis, daß weder die Tätigkeit als Pizzaservice-Fahrer noch seine Tätigkeit als Kellner im Restaurant hinreichende Verdachtsmomente dahin gehend ergäben, der Mitarbeiter täusche seine Arbeitsunfähigkeit lediglich vor. Darüber hinaus sah sich das Arbeitsgericht auch nicht in der Lage, in der Tätigkeit des Mitarbeiters eine Nebenbeschäftigung zu erkennen, die eine Verzögerung seines Heilungsprozesses zur Folge haben könnte.

Bei Richtern, die sich offen rühmen, eine Vergleichsquote von bis zu 95 % zu erzielen, kommt das Obsiegen in einem Kündigungsschutzprozeß für viele Großunternehmen einem Lottogewinn gleich.

Das derzeitige System ist zweifellos ausreichend praktikabel, um für einen Großteil der Anwendungsfälle zu einem ausgewogenen und akzeptablen Ergebnis gelangen zu können, und es sollte hier auch nicht für eine drastische Reduzierung des Kündigungsschutzes bei krankheitsbedingter Abwesenheit plädiert werden, etwa durch eine Änderung oder Verschärfung des Kündigungsschutzgesetzes.

Es muß jedoch in einem größeren Maße als bisher möglich sein, „schwarze, kranke Schafe" aus der Herde entfernen zu können, denn der erwünschte Effekt, dem Mitarbeiter seinen Arbeitsplatz zu erhalten, hat in den meisten Fällen eine fatale innerbetriebliche Signalwirkung.

V. Fehlzeitenprogramme in der betrieblichen Praxis

In diesem letzten Abschnitt soll noch einmal verdeutlicht werden, welche Anstrengungen die Unternehmen insbesondere in den beiden vergangenen Jahren unternommen haben, um die Krankenstandsproblematik und die damit zusammenhängenden wirtschaftlichen Belastungen zu entschärfen. Am 20. Oktober 1997 verkündete der BKK-Bundesverband, daß die Zahl der Arbeitsunfähigkeitstage der Pflichtversicherten bei den Betriebs-

Senkung des Krankenstandes

krankenkassen 1996 in den westlichen Bundesländern auf das Rekordtief von durchschnittlich 20 Tagen gesunken sei. Nach den bisher vorliegenden Zahlen für das 1. Halbjahr 1997 könne mit einer weiteren Fortsetzung dieses positiven Trends gerechnet werden. Während die seit Oktober 1996 geltende Regelung über die Kürzung der Entgeltfortzahlung im Krankheitsfall nur eine untergeordnete Rolle spiele, sei die Reduzierung der Fehltage in erster Linie auf die schlechte Arbeitsmarktlage sowie auf die innerbetrieblichen Fehlzeitenprogramme der Unternehmen zurückzuführen. Wie sehen diese Programme nun im einzelnen aus, mit denen es den Unternehmen in den letzten zwei bis drei Jahren gelungen ist, die Fehlzeitenquoten in den Betrieben teilweise zu halbieren?

Das derzeit bekannteste Fehlzeitenprogramm, das Anfang 1996 erstmals in Buchform erschienen ist, stammt von der Firma Opel.[19] Eine Reihe von großen Unternehmen hat dieses Konzept zum Teil unverändert übernommen oder lediglich in einigen Bereichen modifiziert.

Auch das geplante Programm der Firma Porsche zur Senkung der krankheitsbedingten Fehlzeiten lehnt sich, was die Systematik der Gesamtkonzeption anbelangt, eng an das Opel-Modell an. Der Porsche Mehr-Anwesenheits-Prozeß basiert im wesentlichen auf vier Säulen:

1. Krankenrückkehrgespräche

Wesentliches Ziel der Gespräche ist zum einen, daß der jeweilige Vorgesetzte jede Abwesenheit eines Mitarbeiters zur Kenntnis nimmt, und zum anderen, daß dem Mitarbeiter die Folgen seines Fehlens vor Augen geführt werden, um ihn für die damit zusammenhängenden Probleme zu sensibilisieren. Der gesamte Prozeß wurde dahin gehend systematisiert, daß alle Vorgesetzten mit den Mitarbeitern ein Rückkehrgespräch führen müssen, sobald diese wieder an ihren Arbeitsplatz zurückgekehrt sind, und zwar unabhängig von der Dauer der Fehlzeit oder den Gründen. Das Gespräch hat innerhalb der ersten 24 Stunden zu erfolgen, und die erfolgreiche Durchführung ist dem jeweils nächsthöheren Vorgesetzten anzuzeigen. Die Rückkehrgespräche sind inhaltlich unterschiedlich, je nachdem, wie oft der Mitarbeiter bereits gefehlt hat.

---

19) Unter dem Titel „Einer fehlt und jeder braucht ihn" wird der Anwesenheitsverbesserungsprozeß und seine Auswirkungen in der betrieblichen Praxis sehr detailliert beschrieben, *Spies/Beigel*, 2. Aufl., 1997.

a) Fürsorgegespräch

In einem ersten sogenannten Fürsorgegespräch, das als Motivationsgespräch vorgesehen ist, wird der Mitarbeiter wieder im Unternehmen willkommen geheißen. In diesem Gespräch erfolgt weder eine Belehrung noch die Androhung einer Sanktion.

b) Appellgespräch

Fehlt der Mitarbeiter innerhalb eines Zeitraums von neun Monaten erneut aus krankheitsbedingten Gründen, so findet ein sogenanntes Appellgespräch mit dem Mitarbeiter statt. In diesem Gespräch wird der Mitarbeiter darauf aufmerksam gemacht, daß seine vorangegangene Fehlzeit noch nicht allzulange zurückliegt und durch seine erneute Abwesenheit Mehrbelastungen für die Kollegen entstanden sind.

c) Folgegespräch

Das Folgegespräch bildet die dritte Stufe des Mehr-Anwesenheits-Prozesses. In diesem Gespräch wird der Mitarbeiter erneut auf die Folgen seines Fehlens für sein Umfeld hingewiesen, der Mitarbeiter wird jedoch schon jetzt über die vierte Stufe in Kenntnis gesetzt; es erfolgt ein erster Hinweis auf mögliche arbeitsrechtliche Konsequenzen. Der Mitarbeiter wird darüber hinaus konkret auf die häufigen Fehlzeiten angesprochen. Das Folgegespräch wird geführt, wenn seit dem zweiten Gespräch keine weiteren neun Monate ohne Fehlzeit vergangen sind.

d) Konsequenzgespräch

Die letzte Prozeßstufe bildet das Konsequenzgespräch, in dem die Gesprächsführung durch die Personalabteilung übernommen und der Mitarbeiter offiziell über die Möglichkeit einer Kündigung informiert wird. Bei diesem Gespräch ist in der Regel auch ein Vertreter des Betriebsrats anwesend. Fehlt eine Mitarbeiterin während der Schwangerschaft, liegt ein Betriebs- oder Wegeunfall vor oder hält sich der Mitarbeiter im Krankenhaus auf, so wird zwar ein Fürsorgegespräch geführt. Dieses führt bei einem erneuten Fehlen innerhalb des vorgegebenen Zeitraums jedoch nicht zur nächsten Gesprächsstufe.

2. Schulungen für Führungskräfte

Die zweite wichtige Säule des Programms ist eine intensive Schulung der Führungskräfte dahin gehend, wie sie Mitarbeitern mit hohen Fehlzeiten

Senkung des Krankenstandes

richtig begegnen können, um eine Vertrauensbasis aufzubauen, die eine Analyse der Ursachen für das Fehlen am Arbeitsplatz ermöglicht.

3. Mehr-Anwesenheits-Lotterie

Die dritte Säule bildet ein Incentive-Programm, das im kommenden Jahr erstmals zur Prozeßunterstützung herangezogen werden soll. Im Rahmen einer „100 %-Anwesenheitslotterie" werden viermal pro Jahr Geldbeträge unter den Mitarbeitern verlost, die innerhalb des dreimonatigen Referenzzeitraums keine krankheitsbedingten Fehlzeiten aufweisen. Zum Jahresende erfolgt eine Sonderauslosung unter den Mitarbeitern, bei denen während des 12-Monats-Zeitraums keine Fehlzeiten aufgetreten sind. Es hat den Vorteil, daß durch eine Verteilung der Auslosungen auf vier verschiedene Zeiträume, aber auch durch den zufälligen und nicht zwingenden Incentive-Einfluß der Druck für den Mitarbeiter, gesund bleiben zu müssen, begrenzt wird. Das Incentive-System weist in seiner Ausgestaltung viele Parallelen zu dem Anreizsystem des betrieblichen Vorschlagwesens auf, mit dem Porsche sehr gute Erfahrungen erzielt hat. Das Lotteriesystem fällt darüber hinaus wohl nicht unter den Geltungsbereich des § 4b EFZG.

4. Allgemeines Gesundheitsprogramm

Im Rahmen einer umfangreichen wissenschaftlichen Untersuchung über die ergonomische Gestaltung von Arbeitsplätzen in den Verwaltungsbereichen und der Produktion ist man darüber hinaus bemüht, mit hochtechnologisierten Verfahren wie der 3-D-Computersimulation, aber auch mit konkreten Arbeitsplatzanalysen vor Ort, Ursachen für krankheitsbedingte Fehlzeiten frühzeitig zu erkennen und abzustellen.

Eingebettet wurde der Mehr-Anwesenheits-Prozeß in den übergreifenden Porsche-Verbesserungsprozeß, kurz PVP genannt, der für eine Optimierung aller unternehmensweiten Prozesse steht und in diesem Zusammenhang auch die Gesundheit und Motivation der Mitarbeiter berücksichtigt.

Es zeigt sich im zweiten Halbjahr 1997, daß der Mehr-Anwesenheits-Prozeß erste Erfolge verzeichnen kann. So ist trotz einer außerordentlich positiven Geschäftsentwicklung und der mit der flexiblen Gestaltung der Arbeitszeiten verbundenen Erhöhung der täglichen Arbeitszeiten und Belastungen für die Mitarbeiter im zweiten Halbjahr 1997 die Krankenquote weitestgehend konstant geblieben.

Wie schwer es den Unternehmen jedoch zum Teil gemacht wird, Fehlzeitenprogramme in der betrieblichen Praxis umzusetzen, zeigt die Tatsache, daß etwa die IG Metall unter der Überschrift „Fehlzeitendebatte und Krankenkontrolle, eine Argumentationshilfe zum Thema Krankenrückkehrgespräche" eine eigene Informationsbroschüre herausgegeben hat, die im wesentlichen darauf abzielt, die Bereitschaft der Betriebsräte zum Abschluß von Vereinbarungen zur Senkung des Krankenstandes zu reduzieren.

Die IG Metall will nicht wahrhaben, daß es nicht um eine Jagd auf kranke Mitarbeiter geht, sondern im Ergebnis um eine Erforschung und Behebung der Ursachen.

VI. Zusammenfassung

1. Der durch das Arbeitsrechtliche Beschäftigungsförderungsgesetz erhoffte Kosteneffekt ist ausgeblieben. Der Gesetzgeber hat es versäumt, in zulässiger Weise die Einführung einer Begrenzung der Entgeltfortzahlungspflicht mittels zweiseitig zwingender, Arbeitgeber wie Arbeitnehmer abschließend bindender Gesetzesnormen vorzunehmen.

2. Auch die gesetzliche Regelung über die Reduzierung von Sonderzahlungen - § 4b EFZG - entspricht in keiner Weise den betrieblichen Bedürfnissen.

3. Eine Festschreibung der 100 %igen Entgelt-/Lohnfortzahlung in den Tarifverträgen der wichtigsten Industriezweige war eine unausweichliche Folge der gesetzgeberischen Aktivitäten. Die im Gegenzug vereinbarte Reduzierung der Jahressonderzahlungen um 5 % sowie die vielfach entfallene Berücksichtigung der Mehrarbeitsvergütung bei der Entgelt-/Lohnfortzahlung bringt nur eine partielle Entlastung.

4. Die arbeitsgerichtliche Rechtsprechung der ersten und zweiten Instanz muß sich in einem weit stärkeren Maße als bislang an der BAG-Rechtsprechung orientieren.

5. Die sich derzeit abzeichnende Senkung des Krankenstandes basiert zu einem überwiegenden Teil auf den Aktivitäten der Unternehmen zur Senkung von Fehlzeiten und der allgemein schlechten Arbeitsmarktlage. Arbeitsrechtliche Aspekte spielen dagegen lediglich eine untergeordnete Rolle.

6. Wenn sich das Arbeitsrecht in Zukunft nicht stärker als bisher dem Leistungsgedanken zuwendet, dann werden die Unternehmen langfristig die Konsequenzen daraus ziehen und dorthin gehen, wo sie die gewünschten Standortbedingungen finden.

Insolvenzordnung, Interessenausgleich, Befristung

von

Rechtsanwalt Dr. WOLFDIETER KÜTTNER, Köln

Inhaltsübersicht

I. Vorzeitiges Inkrafttreten arbeitsrechtlicher Vorschriften der Insolvenzordnung
   1. Allgemeines
   2. Kündigungsfristen in der Insolvenz
   3. Betriebsänderungen in der Insolvenz

II. Neuregelungen des Interessenausgleichsverfahrens
   1. Beschleunigung des Interessenausgleichsverfahrens
   2. Namentliche Bezeichnung der zu kündigenden Mitarbeiter

III. Erleichterung befristeter Arbeitsverhältnisse
   1. Die Neuregelung des § 1 Abs. 1 BeschFG
   2. Befristete Arbeitsverhältnisse mit über Sechzigjährigen
   3. Klagefrist nach § 1 Abs. 5 BeschFG
   4. Änderung des Bundeserziehungsgeldgesetzes und des Berufsbildungsgesetzes

I. Vorzeitiges Inkrafttreten arbeitsrechtlicher Vorschriften der Insolvenzordnung

1. Allgemeines

Durch Art. 6 ArbBeschFG[1] wurden mehrere arbeitsrechtliche Vorschriften der Insolvenzordnung[2], die insgesamt gemäß Art. 110 Abs. 1 EGInsO[3] erst am 1. Januar 1999 in Kraft treten soll, bereits mit Wirkung zum 1. Oktober 1996 für den Geltungsbereich der Konkursordnung in Kraft gesetzt. Die vorzeitige Anwendung arbeitsrechtlicher Vorschriften der Insolvenzordnung gilt nur im Konkursverfahren und hat keine Auswirkungen

---

1) Arbeitsrechtliches Gesetz zur Förderung von Wachstum und Beschäftigung (Arbeitsrechtliches Beschäftigungsförderungsgesetz – ArbBeschFG) vom 25. 9. 1996, BGBl I, 1476, 1478.
2) Insolvenzordnung (InsO) vom 5. 10. 1994, BGBl I, 2866.
3) Einführungsgesetz zur Insolvenzordnung (EGInsO) vom 5. 10. 1994, BGBl I, 2911.

auf Verfahren nach der Vergleichsordnung. Außerdem gilt die Neuordnung nicht in den neuen Bundesländern, weil dort noch bis zum 31. Dezember 1998 die Gesamtvollstreckungsordnung gilt.

In entsprechender Anwendung der Übergangsvorschriften der Art. 103, 104 EGInsO bleibt das bisherige Recht maßgebend, wenn ein Konkursverfahren vor dem 1. Oktober 1996 zwar noch nicht eröffnet, aber bereits beantragt war. Die Anknüpfung nicht an den Zeitpunkt der Eröffnung des Konkursverfahrens, sondern der Antragstellung ist naheliegend, weil das Konkursverfahren antragsabhängig ist.[4]

2. Kündigungsfristen in der Insolvenz

Durch § 113 Abs. 1 InsO werden längere gesetzliche, tarifliche oder einzelvertragliche Kündigungsfristen auf drei Monate zum Monatsende verkürzt. Die Vorschrift erlaubt auch eine Kündigung, wenn die ordentliche Kündigung durch Tarifvertrag, Betriebsvereinbarung oder Einzelarbeitsvertrag ausgeschlossen ist. Auch befristete Arbeitsverhältnisse, in denen nicht vertraglich das Recht zur ordentlichen Kündigung während der Vertragsdauer vereinbart worden ist, können vom Konkursverwalter mit der Dreimonatsfrist gekündigt werden.[5] Die Vorschrift ersetzt nach zutreffender Auffassung § 22 KO, der bekanntlich im Konkursfalle eine Kündigung mit der gesetzlichen Kündigungsfrist vorsah.[6]

Nach § 113 Abs. 2 InsO hat ein Arbeitnehmer auch außerhalb des § 1 Abs. 2 und 3 KSchG liegende Kündigungsgründe innerhalb von drei Wochen durch Klage beim Arbeitsgericht geltend zu machen. § 4 Satz 4 (Fristbeginn bei Notwendigkeit der Zustimmung einer Behörde) und § 5 (Zulassung verspäteter Klagen) KSchG gelten entsprechend. Dies bedeutet, daß bei verspäteter Klageerhebung ein Verfahren nach § 5 KSchG zu führen ist.[7]

Es ist überraschend, daß der Gesetzgeber in Art. 4 ArbBeschFG auch für die Geltendmachung der Unwirksamkeit von Befristungen eine dreiwöchige Klagefrist unter entsprechender Anwendung von § 5 KSchG vorsieht, ohne dies auf das gesamte Kündigungsrecht auszudehnen, wie es in den

---

4) Vgl. *Lakies*, Zu den seit 1. 10. 1996 geltenden arbeitsrechtlichen Vorschriften der Insolvenzordnung, RdA 1997, 145.
5) *Lakies*, RdA 1997, 145, 146.
6) *Lakies*, RdA 1997, 145.
7) Vgl. *Fischermeier*, Die betriebsbedingte Kündigung nach den Änderungen durch das Arbeitsrechtliche Beschäftigungsförderungsgesetz, NZA 1997, 1089, 1098; a. A. v. *Hoyningen-Huene/Link*, Neuregelungen des Kündigungsschutzes und befristeter Arbeitsverhältnisse, DB 1997, 41, 45: Klage unzulässig.

kündigungsrechtlichen Vorschriften der Entwürfe für ein Arbeitsvertragsgesetzbuch vorgesehen ist.[8)]
Betriebsvereinbarungen, die Leistungen vorsehen, die die Konkursmasse belasten, können nach § 120 Abs. 1 Satz 2 InsO auch dann mit einer Frist von drei Monaten gekündigt werden, wenn eine längere Frist vereinbart ist. Diese Verkürzung der Kündigungsfrist ändert allerdings nichts an der Nachwirkung erzwingbarer Betriebsvereinbarungen gemäß § 77 Abs. 6 BetrVG.[9)] In diesen Fällen muß der Konkursverwalter eine Herabsetzung der vorgesehenen Leistungen notfalls durch Anrufung der Einigungsstelle zu erreichen versuchen.

Nach § 120 Abs. 2 InsO bleibt das Recht unberührt, eine Betriebsvereinbarung aus wichtigem Grund ohne Einhaltung einer Kündigungsfrist zu kündigen. Der Gesetzgeber hat damit die vom Bundesarbeitsgericht noch 1994 offengelassene Frage über die Zulässigkeit von fristlosen Kündigungen von Sozialplänen beantwortet.[10)]

3. Betriebsänderungen in der Insolvenz

Eine nicht besonders bedeutsame Vereinfachung des Interessenausgleichs- und Sozialplanverfahrens bringt § 121 InsO, der vorsieht, daß der Vermittlungsversuch des Präsidenten des Landesarbeitsamtes nur stattzufinden hat, wenn dies Konkursverwalter und Betriebsrat übereinstimmend wünschen.

Die schon im Jahre 1994 verabschiedete Insolvenzordnung unternimmt den Versuch, das Interessenausgleichsverfahren zu beschleunigen. Nach § 122 InsO kann der Verwalter die Zustimmung des Arbeitsgerichtes dazu beantragen, daß eine Betriebsänderung ohne das Verfahren nach § 112 Abs. 2 BetrVG durchgeführt wird, wenn der Interessenausgleich nicht innerhalb von drei Wochen nach Verhandlungsbeginn oder schriftlicher Aufforderung zur Aufnahme von Verhandlungen zustande gekommen ist, obwohl der Verwalter den Betriebsrat rechtzeitig und umfassend unterrichtet hat. Das Arbeitsgericht hat die Zustimmung zur vorzeitigen Durchführung der Betriebsänderung zu erteilen, wenn die wirtschaftliche Lage des Unter-

---

8) Siehe jeweils § 135 des Entwurfs eines Arbeitsvertragsgesetzbuches des Landes Sachsen, BR-Drucks. 293/95, und des Landes Brandenburg, BR-Drucks. 671/96.
9) Einhellige Meinung, vgl. *Fischermeier*, NZA 1997, 1089, 1098 mit zahlreichen Nachweisen in Fußn. 172; *Küttner/Kania*, Personalbuch 1997, Stichwort Insolvenz Rz. 10.
10) Vgl. BAG, Beschl. v. 10. 8. 1994 – 10 ABR 61/93, ZIP 1995, 1037 = DB 1995, 480, dazu EWiR 1995, 331 *(Plander)*; zur Zulässigkeit einer außerordentlichen Kündigung eines Tarifvertrages vgl. neuestens BAG, Urt. v. 18. 6. 1997 – 4 AZR 710/95, BB 1997, 1479 = DB 1997, 2331.

nehmens auch unter Berücksichtigung der sozialen Belange der Arbeitnehmer dies erfordert.[11] In diesen durch die Insolvenzordnung neu eingeführten Verfahren gibt es grundsätzlich nur eine Instanz. Die Beschwerde an das Landesarbeitsgericht ist nach § 122 Abs. 3 Satz 1 InsO ausdrücklich ausgeschlossen. Eine Rechtsbeschwerde zum Bundesarbeitsgericht ist ohne die Möglichkeit einer Nichtzulassungsbeschwerde nur statthaft, wenn sie vom Arbeitsgericht ausdrücklich zugelassen ist. Beteiligter an einem derartigen arbeitsgerichtlichen Beschlußverfahren sind Konkursverwalter und Betriebsrat. Wird die Zustimmung erteilt, entfallen Nachteilsausgleichsansprüche nach § 113 Abs. 3 BetrVG.

Das Verfahren auf gerichtliche Zustimmung zur Durchführung einer Betriebsänderung nach § 122 InsO wird in der Praxis kaum eine Bedeutung erlangen, weil die Beschleunigungsvorschriften nach § 113 Abs. 3 Sätze 2 und 3 BetrVG, die gleichfalls am 1. Oktober 1996 in Kraft gesetzt wurden, auch im Konkursverfahren gelten. Nach § 113 Abs. 3 Sätze 2 und 3 BetrVG kann vermutlich schneller das Ziel, Nachteilsausgleichsansprüche zu vermeiden, erreicht werden, weil, wie im einzelnen darzulegen sein wird (unten II 1), bei richtiger Handhabung durch den Arbeitgeber das Interessenausgleichsverfahren bereits nach zwei Monaten beendet sein kann. Da der Antrag nach § 122 InsO erst gestellt werden kann, wenn nach vollständiger Unterrichtung des Betriebsrates durch den Konkursverwalter drei Wochen ergebnislos verhandelt worden ist, fällt der Zeitpunkt für die gerichtliche Antragstellung mit dem Zeitpunkt, zu dem wegen Scheiterns der Verhandlungen die Einigungsstelle angerufen werden kann, im allgemeinen zusammen. Bei der Überlastung und bei der Arbeitsweise der Arbeitsgerichte dürfte nicht damit zu rechnen sein, daß das Verfahren nach § 122 InsO innerhalb von fünf Wochen einschließlich Zustellung der begründeten Entscheidung zum Abschluß gebracht wird. In der Praxis dürfte deshalb das Verfahren nach § 122 InsO kaum eine Rolle spielen.[12]

§ 125 InsO sieht wie § 1 Abs. 5 KSchG die Möglichkeit vor, in einem Interessenausgleich die zu kündigenden Arbeitnehmer namentlich zu bezeichnen mit der Rechtsfolge, daß eine gesetzliche Vermutung begründet wird, daß die Kündigung des Arbeitsverhältnisses der bezeichneten Arbeitnehmer durch dringende betriebliche Erfordernisse bedingt ist. Die Sozialauswahl wird auf die drei Hauptkriterien und auf grobe Fehlerhaftigkeit beschränkt, wobei es nicht als grob fehlerhaft anzusehen ist, wenn eine ausgewogene Personalstruktur erhalten oder geschaffen wird.

---

11) *Rummel*, Der Interessenausgleich im Konkurs, DB 1997, 774.
12) Vgl. *Lakies*, RdA 1997, 145, 149.

Kommt ein Interessenausgleich nach § 125 InsO, der eine namentliche Bezeichnung der zu kündigenden Mitarbeiter vorsieht, innerhalb von drei Wochen nach Verhandlungsbeginn oder schriftlicher Aufforderung zur Aufnahme von Verhandlungen nicht zustande, obwohl der Verwalter den Betriebsrat rechtzeitig und umfassend unterrichtet hat, kann der Konkursverwalter beim Arbeitsgericht beantragen festzustellen, daß die Kündigung der Arbeitsverhältnisse der im Antrag namentlich bezeichneten Arbeitnehmer durch dringende betriebliche Erfordernisse bedingt und sozial gerechtfertigt ist. Auch für dieses Verfahren, an dem der Konkursverwalter, der Betriebsrat und die auf der Liste aufgeführten Arbeitnehmer beteiligt sind, steht nur eine Instanz zur Verfügung. Eine Beschwerde zum Landesarbeitsgericht findet nicht statt. Eine Rechtsbeschwerde zum Bundesarbeitsgericht muß vom Arbeitsgericht ausdrücklich zugelassen werden, ohne daß die Möglichkeit einer Nichtzulassungsbeschwerde bestünde.

Die rechtskräftige Entscheidung im Verfahren nach § 126 InsO hat gemäß § 127 InsO bindende Wirkung im Kündigungsschutzverfahren, das der einzelne Arbeitnehmer anstrengt.

Während das Verfahren auf gerichtliche Zustimmung zur Durchführung einer Betriebsänderung nach § 122 InsO im Hinblick auf die Neuregelung in § 113 Abs. 3 Sätze 2 und 3 BetrVG nur geringe Bedeutung erlangen wird, ist diese Frage für § 125 InsO und das dort vorgesehene Verfahren und die Abweichungen von § 1 Abs. 3 Satz 2 und § 1 Abs. 5 KSchG anders zu beurteilen. Während nach § 1 Abs. 3 Satz 2 KSchG Arbeitnehmer nur zur Sicherung, das heißt zur Erhaltung, einer ausgewogenen Personalstruktur des Betriebes aus der Sozialauswahl herausgenommen werden können, sieht § 125 Abs. 1 Nr. 2 InsO ausdrücklich vor, daß die Auswahl der auf einer Kündigungsliste namentlich benannten Arbeitnehmer dann nicht als grob fehlerhaft anzusehen ist, wenn eine ausgewogene Personalstruktur erhalten *oder geschaffen* werden soll. Durch eine namentliche Liste nach § 125 InsO können daher bisherige Versäumnisse in der Personalpolitik korrigiert werden, während dies nach § 1 Abs. 3 Satz 2 KSchG außerhalb des Konkursverfahrens auf die *Erhaltung* der bisherigen Personalstruktur beschränkt ist.[13] Das Verfahren nach § 125 InsO dürfte deshalb in der Praxis möglicherweise eine größere Bedeutung erhalten, weil es im Gegensatz zum Verfahren nach § 1 Abs. 5 KSchG die Festlegung einer namentlichen Liste der zu kündigenden Arbeitnehmer ermöglicht, ohne daß hierzu die ausdrückliche Zustimmung des Betriebsrates vorliegen muß. Allerdings ist das Verfahren nach § 126 InsO schon deshalb mit erheblichen Schwierigkeiten verbunden, weil die auf der namentli-

---

13) *Lakies*, RdA 1997, 145, 154; *Preis*, Das Arbeitsrechtliche Beschäftigungsförderungsgesetz, NJW 1996, 3369, 3378.

chen Liste aufgeführten Arbeitnehmer, die mit ihrer Kündigung oder der Änderung der Arbeitsbedingungen nicht einverstanden sind, am Verfahren zu beteiligen sind. Bereits in der Antragsschrift müssen die Privatanschriften der auf den Listen aufgeführten Arbeitnehmer angegeben sein, da wegen § 183 ZPO eine Zustellung an Arbeitnehmer nicht am Arbeitsplatz, sondern nur in dessen Wohnung bewirkt werden kann. Hier dürfte sich eine weitere unabsehbare Belastung der Arbeitsgerichte und ein weites Feld für Verfahrensstörungen und Verfahrensverzögerungen ergeben.[14]

Die gleiche Möglichkeit, eine namentliche Liste der zu kündigenden Arbeitnehmer durch einen Beschluß des Arbeitsgerichtes absegnen zu lassen, hat der Konkursverwalter auch in einem betriebsratslosen Betrieb. Ein arbeitsgerichtlicher Beschluß über die Feststellung, daß die Kündigung der namentlich benannten Arbeitnehmer durch dringende betriebliche Erfordernisse bedingt und sozial gerechtfertigt ist, verkürzt in betriebsratslosen Betrieben in gleicher Weise den Kündigungsschutz der betroffenen Arbeitnehmer.

In den Fällen der §§ 126, 127 InsO kann der Konkursverwalter kündigen, ehe das Verfahren nach § 126 InsO abgeschlossen ist. Der Kündigungsrechtsstreit ist nach § 127 InsO bis zur rechtskräftigen Entscheidung des Beschlußverfahrens nach § 126 InsO auszusetzen.

Nach § 128 InsO wird die Anwendung der §§ 126 und 127 InsO nicht dadurch ausgeschlossen, daß die Betriebsänderung erst nach einer Betriebsveräußerung durchgeführt wird. An dem Verfahren nach § 126 InsO ist der Erwerber des Betriebes beteiligt.

Im Falle eines Betriebsüberganges erstreckt sich die Vermutung, daß ein auf einer Liste bezeichneter Arbeitnehmer wegen des Vorliegens dringender betrieblicher Erfordernisse gekündigt wurde, oder die entsprechende gerichtliche Feststellung nach § 126 InsO auch darauf, daß die Kündigung des Arbeitsverhältnisses nicht wegen des Betriebsübergangs erfolgt ist.

Lakies weist zu Recht darauf hin, daß § 128 InsO unausgegoren ist. Die Regelung soll bewirken, daß auch zugunsten des Betrieberwerbers die Kündigungserleichterung der §§ 125–127 InsO wirken sollen und er nicht mit der Übernahme des Betriebes warten muß, bis der Konkursverwalter die Betriebsänderung vollzogen hat. Dieses Ziel könnte nur erreicht werden, wenn bereits der potentielle Erwerber (oder mehrere?) am Be-

---

14) Zu den Besonderheiten der Beschlußverfahren nach §§ 122, 126 InsO vgl. die Darstellungen bei *Lakies*, RdA 1997, 145, 152 f.

schlußverfahren beteiligt würde. Dies ist jedoch in § 128 InsO nicht vorgesehen.[15]

II. Neuregelungen des Interessenausgleichsverfahrens

Das Arbeitsrechtliche Beschäftigungsförderungsgesetz hat in § 1 Abs. 5 KSchG und durch die Einfügung der Sätze 2 und 3 an § 113 Abs. 3 BetrVG auch außerhalb des Insolvenzrechts das Interessenausgleichsverfahren nachhaltig verändert. Die einjährige Erfahrung mit den beiden Neuregelungen zeigt, daß sich dadurch die betriebsverfassungsrechtliche Praxis bei Betriebsänderungen gewandelt hat.

1. Beschleunigung des Interessenausgleichsverfahrens

Die durch Art. 5 ArbBeschFG eingefügten Sätze 2 und 3 von § 113 Abs. 3 BetrVG sehen vor, daß ein Unternehmer keinen Ansprüchen auf Leistung eines Nachteilsausgleichs ausgesetzt ist, wenn er den Betriebsrat gemäß § 111 Satz 1 BetrVG beteiligt hat und nicht innerhalb von zwei Monaten nach Beginn der Beratung oder schriftlicher Aufforderung zur Aufnahme der Beratungen ein Interessenausgleich zustande gekommen ist. Die Frist endet einen Monat nach Anrufung der Einigungsstelle, wenn dadurch die Zweimonatsfrist überschritten wird. Sinn der Vorschrift, die § 126 InsO nachgebildet ist, ist eine Beschleunigung des Interessenausgleichsverfahrens.[16]

Die Abkürzung der Frist für das Interessenausgleichsverfahren auf zwei, höchstens drei Monate gilt nur, wenn der Unternehmer seine Pflicht nach § 111 Abs. 1 BetrVG erfüllt hat. Die Beteiligung des Betriebsrates erfolgt durch rechtzeitige und umfassende Unterrichtung. Rechtzeitig ist der Betriebsrat beteiligt, wenn dies vor Abschluß der Planung geschieht. Der Betriebsrat muß Gelegenheit haben, auf die Willensbildung des Arbeitgebers Einfluß zu nehmen. Eine Information des Betriebsrates ist daher dann nicht rechtzeitig, wenn der Arbeitgeber dem Betriebsrat mitteilt, daß die beabsichtigten Maßnahmen sofort durchgeführt werden müssen und daß für Verhandlungen mit dem Betriebsrat kein zeitlicher und inhaltlicher Spielraum besteht. Aus dem Gebot der Rechtzeitigkeit der Unterrichtung

---

15) *Lakies*, RdA 1997, 145, 155; *Küttner/Kania* (Fußn. 9), Stichwort Insolvenz Rz. 19; *Warriekoff*, Die Stellung der Arbeitnehmer nach der neuen Insolvenzordnung, BB 1994, 2030, 2044.

16) Vgl. Beschlußempfehlung und Bericht des Ausschusses für Arbeit und Sozialordnung vom 26. 6. 1996, BT-Drucks. 13/5107, S. 36; *Löwisch*, Neugestaltung des Interessenausgleichs durch das Arbeitsrechtliche Beschäftigungsförderungsgesetz, RdA 1997, 80, 82 f; *Meinel*, Zur Beschleunigung des Interessenausgleichsverfahrens durch das Arbeitsrechtliche Beschäftigungsförderungsgesetz, DB 1997, 170.

des Betriebsrates ergibt sich nicht, daß der Unternehmer den Betriebsrat schon im Stadium bloßer Vorüberlegungen unterrichten muß. Das Planungsstadium ist erst erreicht, wenn der Arbeitgeber diese vorbehaltlich des Ergebnisses der Beratungen mit dem Betriebsrat und des Interessenausgleichs durchführen will.[17]

Um die Frist des § 113 Abs. 3 Satz 2 BetrVG in Gang zu setzen, muß der Betriebsrat umfassend unterrichtet sein. Dies ist dann der Fall, wenn der Betriebsrat sich aufgrund der Angaben des Arbeitgebers ein Bild von den Plänen des Arbeitgebers, dessen Begründung und Auswirkungen machen kann. Umfassende Unterrichtung des Betriebsrates bedeutet nicht, daß der Betriebsrat vollständig und lückenlos über jedes Detail der Planung zu informieren ist.

Ein Arbeitgeber, der von der Möglichkeit der Befristung des Interessenausgleichsverfahrens Gebrauch machen will, ist gut beraten, im Interesse einer Sicherung des Fristbeginns den Betriebsrat in nachweisbarer Form möglichst umfassend zu unterrichten und ihn aufzufordern, innerhalb kürzester Zeit etwaige weitere Informationen vom Arbeitgeber zu verlangen.[18] Der Arbeitgeber sollte dem Betriebsrat mitteilen, daß seiner Auffassung nach die Zweimonatsfrist bereits mit Übermittlung der ersten Unterlagen begonnen hat. Verlangt der Betriebsrat weitere Informationen, sollte der Arbeitgeber diese Informationen schnellstmöglich erteilen, um auf diese Weise einen Auffangtermin für den Beginn der Frist des § 113 Abs. 3 Satz 2 BetrVG gesetzt zu haben. In jedem Falle sollte der Arbeitgeber mit der Unterrichtung des Betriebsrates die schriftliche Aufforderung verbinden, die Verhandlungen über den Interessenausgleich aufzunehmen.

Die Begriffe rechtzeitige und umfassende Unterrichtung des Betriebsrates sind so unbestimmt und von der Rechtsprechung so wenig präzisiert worden, daß der eine Betriebsänderung planende Unternehmer den Grundsatz befolgen sollte, daß die rechtliche Absicherung einer zeitlichen Beschränkung des Interessenausgleichsverfahrens auf zwei Monate um so sicherer ist, je früher und ausführlicher er den Betriebsrat unterrichtet. Plant der Arbeitgeber im Interessenausgleich eine Liste, auf der die zu kündigenden Arbeitnehmer namentlich aufgeführt sind, sollte dies bereits im Rahmen der ersten Unterrichtung des Betriebsrates mitgeteilt werden. Nicht erforderlich ist, daß der Arbeitgeber dabei bereits die Namen nennt. Will der Arbeitgeber bei der Erstellung der Liste der zu kündigenden Ar-

---

17) *Löwisch*, RdA 1997, 80, 82 unter Bezugnahme auf BAG, Beschl. v. 27. 6. 1989 – 1 ABR 19/88, AP Nr. 37 zu § 80 BetrVG 1972, und BAG, Beschl. v. 19. 6. 1984 – 1 ABR 6/83, AP Nr. 2 zu § 92 BetrVG 1972.

18) *Röder/Baeck*, Die Ergänzung des § 113 Abs. 3 BetrVG – eine überzeugende Regelung?, BB 1996, Beilage 17, S. 23, und *Löwisch*, RdA 1997, 80, 83.

beitnehmer die drei Kriterien der Sozialauswahl in bestimmter Weise gewichten, so gehört die diesbezügliche Information zur umfassenden Unterrichtung des Betriebsrates.

Rechtzeitige und umfassende Unterrichtung bedeutet nicht, daß im Rahmen der Beratungen mit dem Betriebsrat das Konzept des Arbeitgebers nicht geändert werden kann. Genau das Gegenteil ist richtig. Die Beteiligungsrechte des Betriebsrates nach §§ 111–112a BetrVG beruhen gerade darauf, daß durch die Verhandlungen der Betriebspartner der ursprüngliche Plan des Arbeitgebers modifiziert wird.

Ändert der Arbeitgeber jedoch seine Planung gegenüber der ursprünglichen Unterrichtung des Betriebsrates von sich aus in grundlegender Weise, ist es denkbar, daß der Arbeitgeber nicht mehr die ursprünglich geplante Betriebsänderung, sondern eine andere Betriebsänderung zum Gegenstand der Interessenausgleichsverhandlungen macht mit der Folge, daß ein Neubeginn der Zweimonatsfrist ab Planungsänderung eintritt. Plant z. B. ein Arbeitgeber die Veräußerung eines Betriebsteiles und ändert er während der Interessenausgleichsverhandlungen seinen ursprünglichen Plan dahin gehend, daß er den Betriebsteil stillegen will, so können zwei verschiedene Betriebsänderungen vorliegen, die zu einem Neubeginn der Frist des § 113 Abs. 3 Satz 2 BetrVG mit Vorlage des Stillegungsplans führt. Dies dürfte anders zu beurteilen sein, wenn die Änderung der Planung des Arbeitgebers auf Vorschlägen des Betriebsrates in den Interessenausgleichsverhandlungen beruht. Plant z. B. der Arbeitgeber die Veräußerung eines Betriebsteils und hat er erfolgversprechende Verhandlungen mit einem Erwerber wegen des Know-how der in dem Betriebsteil beschäftigten Arbeitnehmer geführt, ruft der Betriebsrat im Rahmen der Interessenausgleichsverhandlungen die Arbeitnehmer im zu veräußernden Betriebsteil jedoch zur Einlegung von Widersprüchen nach § 613a BGB auf und springt deshalb der in Aussicht genommene Erwerber ab, so setzt die daraufhin vom Unternehmer vorgenommene Änderung der Planung vom Teilbetriebsübergang zur Teilbetriebsstillegung keine neue Frist nach § 113 Abs. 3 Satz 2 BetrVG in Gang.

Erfolgt die Anrufung der Einigungsstelle im Laufe des ersten Monats der ordnungsgemäß in Gang gesetzten Frist für die Interessenausgleichsverhandlungen, bleibt es bei einer Gesamtdauer der Verhandlungen von zwei Monaten. Die Gesamtdauer der Sozialplanverhandlungen wird lediglich dann verlängert, wenn die Anrufung der Einigungsstelle erst im zweiten Monat der Interessenausgleichsverhandlungen erfolgt. Die Frist des § 113 Abs. 3 Satz 2 BetrVG läuft in diesem Falle spätestens einen Monat nach Anrufung der Einigungsstelle, spätestens jedoch drei Monate nach Beginn der Beratungen oder nach der schriftlichen Aufforderung zur Aufnahme der Beratungen ab.

Vom Gesetzgeber wird nicht definiert, was unter „Anrufung der Einigungsstelle" zu verstehen ist. Besteht – was nur selten der Fall sein dürfte – im Betrieb eine ständige Einigungsstelle, bereitet die Auslegung des Begriffes „Anrufung der Einigungsstelle" keine besonderen Schwierigkeiten. Die Anrufung der Einigungsstelle erfolgt durch Einreichung eines Schriftsatzes beim Vorsitzenden der ständigen Einigungsstelle.[19]

Besteht im Betrieb keine ständige Einigungsstelle, ist strittig, ob die Anrufung der Einigungsstelle erst dann erfolgt, wenn eine Einigungsstelle gegebenenfalls nach Ablauf eines Verfahrens nach § 98 ArbGG gebildet worden ist. Dem Gesetzgeber war bekannt, daß das Verfahren nach § 98 ArbGG durch zwei Instanzen geführt werden kann und daß hierfür regelmäßig mehrere Monate benötigt werden. Der vom Gesetzgeber beabsichtigte Zweck, das Interessenausgleichsverfahren auf maximal drei Monate zu beschränken, wäre durch die Verfahrensdauer nach § 98 ArbGG vereitelt.

Richtigerweise ist daher davon auszugehen, daß es zur Erfüllung des Tatbestandsmerkmales „Anrufung der Einigungsstelle" ausreicht, wenn der Arbeitgeber dem Betriebsrat mitteilt, daß er nach dem Scheitern der Interessenausgleichsverhandlungen die Einigungsstelle anruft und einen Vorschlag für die Person des Vorsitzenden und über die Anzahl der Beisitzer unterbreitet.[20]

Dies bedeutet, daß Arbeitgeber und Betriebsrat innerhalb eines Monats die Einigungsstelle zustande bringen und das Einigungsstellenverfahren durchführen müssen. Gelingt dies nicht, hat der Arbeitgeber nach der Fiktion des § 113 Abs. 3 Satz 2 BetrVG den Interessenausgleich versucht. Er ist keinen Ansprüchen auf Nachteilsausgleich ausgesetzt.

Diese Rechtswirkungen treten jedoch nur dann ein, wenn der Arbeitgeber sich nicht rechtsmißbräuchlich verhalten hat. Ein rechtsmißbräuchliches Verhalten kann darin bestehen, daß der Arbeitgeber dem Betriebsrat bereits bei Aufnahme der Verhandlungen über den Interessenausgleich erklärt, daß für die Verhandlungen kein Spielraum bestehe und der Plan des Arbeitgebers in jedem Falle unverändert durchgesetzt werden müsse. Rechtsmißbräuchlich würde der Arbeitgeber auch handeln, wenn er be-

---

19) *Löwisch*, RdA 1997, 80, 83.
20) Allgemeine Meinung, vgl. *Berg*, in: Däubler/Kittner/Klebe/Schneider, BetrVG, 5. Aufl., 1996, § 76 Rz. 46, *Blanke*, ebenda, § 38 Rz. 48; so auch *Löwisch*, RdA 1997, 80, 83; a. A. *Röder/Baeck*, BB 1996, Beilage 17, S. 23: Verfahren nach § 98 ArbGG muß durchgeführt werden.

reits zu Beginn der Beratungen mit dem Betriebsrat über den Interessenausgleich die Einigungsstelle anruft, weil dem Anruf der Einigungsstelle zunächst Bemühungen vorangehen müssen, in unmittelbaren Verhandlungen eine Einigung zu erzielen.

Ein rechtsmißbräuchliches Verhalten des Arbeitgebers läge jedoch nicht vor, wenn der Arbeitgeber im Hinblick auf ein denkbares Scheitern der Interessenausgleichsverhandlungen mit dem Betriebsrat Gespräche darüber führt, wie eine Einigungsstelle zusammengesetzt werden könnte. Eine derartige Vorgehensweise läge sogar auf der Linie vertrauensvoller Zusammenarbeit, weil der Arbeitgeber Vorkehrungen treffen würde, daß der Betriebsrat nicht durch die Frist von einem Monat nach Anrufung der Einigungsstelle überrollt wird. In der Praxis hat es sich als empfehlenswert erwiesen, daß parallel zu den Verhandlungen über einen Interessenausgleich bereits vorsorglich eine Verständigung über die Zusammensetzung einer etwa anzurufenden Einigungsstelle geführt werden.

Verletzt ein Arbeitgeber in rechtsmißbräuchlicher Weise die Verhandlungsobliegenheiten, erscheint es billig, in derartigen Fällen die Fiktion des § 113 Abs. 3 Satz 2 BetrVG nicht eintreten zu lassen.

2. Namentliche Bezeichnung der zu kündigenden Mitarbeiter

Das Arbeitsrechtliche Beschäftigungsförderungsgesetz hat durch die Einfügung von § 1 Abs. 5 KSchG eine Regelung geschaffen, die das Interesse des Arbeitgebers erheblich gesteigert hat, sich auf einen Interessenausgleich mit dem Betriebsrat zu verständigen. § 1 Abs. 5 KSchG sieht eine Verschlechterung der Position gekündigter Arbeitnehmer vor, wenn Arbeitgeber und Betriebsrat in einem Interessenausgleich die Arbeitnehmer, denen gekündigt werden soll, namentlich bezeichnen. Diese Regelung hat in der Praxis zahlreiche Fragen aufgeworfen. Meine Darstellung beschränkt sich auf die betriebsverfassungsrechtlichen Aspekte.[21]

Von Gewerkschaftsseite wird den Betriebsräten geraten, im Rahmen von Interessenausgleichsverhandlungen keine namentlichen Listen zu vereinbaren.[22]

§ 1 Abs. 5 KSchG setzt voraus, daß die Arbeitnehmer, denen gekündigt werden soll, „in einem Interessenausgleich zwischen Arbeitgeber und Betriebsrat" namentlich bezeichnet sind. Die namentliche Bezeichnung der

---

21) Zu den für den gekündigten Arbeitnehmer nachteiligen Rechtsfolgen siehe *Eisemann*, in diesem Band, S. 241, 250 ff.

22) Siehe z. B. *Nielebock*, Das Arbeitsrechtliche Beschäftigungsförderungsgesetz, Handlungsmöglichkeiten des Betriebsrats, AiB 1997, 88, 93.

zu kündigenden Mitarbeiter in einem vom Arbeitgeber entworfenen Interessenausgleich, dem der Betriebsrat nicht zugestimmt hat, löst die Rechtsfolgen des § 1 Abs. 5 KSchG nicht aus.[23] Ein Arbeitgeber, der zur Absicherung notwendiger Kündigungen eine Liste nach § 1 Abs. 5 KSchG vereinbaren möchte, hat daher ein besonderes Interesse, mit dem Betriebsrat einen Interessenausgleich zu vereinbaren. Der Arbeitgeber wird deshalb regelmäßig dem Betriebsrat bei der Zwei- oder der Dreimonatsfrist i. S. d. § 113 Abs. 3 Sätze 2 und 3 BetrVG und insbesondere bei Sozialplanregelungen entgegenkommen, um vom Betriebsrat die Zustimmung zu einer Namensliste der zu kündigenden Arbeitnehmer im Interessenausgleich zu erhalten.

Namentliche Bezeichnung der Arbeitnehmer im Interessenausgleich ist wörtlich zu nehmen. Es ist nicht ausreichend, daß im Interessenausgleich vereinbart wird, daß den in einer bestimmten Betriebsabteilung beschäftigten Arbeitnehmern gekündigt werden soll. *Löwisch* weist zutreffend darauf hin, daß sich Arbeitgeber und Betriebsrat zur namentlichen Nennung der zu kündigenden Arbeitnehmer durchringen müssen.[24]

Um die Rechtsfolgen des § 1 Abs. 5 KSchG auszulösen, empfiehlt es sich, die Formvorschriften bei Vereinbarung des Interessenausgleichs genau zu beachten. In § 1 Abs. 5 KSchG wird gefordert, daß die Arbeitnehmer, denen gekündigt wird in einem *Interessenausgleich* namentlich zu bezeichnen sind. Unschädlich ist es, wenn Interessenausgleich und Sozialplan in einer Vereinbarung zusammengefaßt sind und diese Vereinbarung nicht als Interessenausgleich, sondern als Betriebsvereinbarung, Restrukturierungsplan oder Sozialplan bezeichnet wird, obwohl sie Regelungen enthält, die in einen Interessenausgleich gehören, und zwar dann, wenn es sich um einvernehmliche Vereinbarungen zwischen Arbeitgeber und Betriebsrat handelt. Nicht den Anforderungen des § 1 Abs. 5 KSchG genügt die namentliche Benennung von Arbeitnehmern, denen gekündigt werden soll, in einem Sozialplan, der durch einen Spruch der Einigungsstelle zustande gekommen ist, weil ein von der Einigungsstelle beschlossener Interessenausgleich unwirksam wäre.[25]

Der Interessenausgleich muß in der gesetzlich vorgeschriebenen Schriftform zustande kommen. Dies bedeutet, daß eine Liste, in der die Arbeitnehmer, denen gekündigt werden soll, genannt sind, fester Bestandteil

---

23) *Neef*, Die Neuregelung des Interessenausgleichs und ihre praktischen Folgen, NZA 1997, 65, 69.
24) *Löwisch*, RdA 1997, 80, 81.
25) Vgl. dazu *Schiefer*, Das Arbeitsrechtliche Beschäftigungsförderungsgesetz in der Praxis, NZA 1997, 915, 917, und *Stahlhacke/Preis*, Kündigung und Kündigungsschutz im Arbeitsverhältnis, 6. Aufl., 1995, Rz. 56.

des Interessenausgleichs sein muß. Daß die Liste selbst unterschrieben sein muß, wie dies vereinzelt gefordert wird,[26] ist unvertretbarer Formalismus.

Die Änderungen des Interessenausgleichsverfahrens durch das Arbeitsrechtliche Beschäftigungsförderungsgesetz haben erneut die Diskussion entfacht, ob dem Betriebsrat ein Unterlassungsanspruch gegen den Arbeitgeber zusteht, durch den dem Arbeitgeber die Umsetzung einer Betriebsänderung im Wege der einstweiligen Verfügung bis zum Abschluß der Interessenausgleichsverhandlung untersagt wird. Richtigerweise wird herrschend die Auffassung vertreten, daß die Neuregelung den in § 113 Abs. 1 und 3 BetrVG zum Ausdruck kommenden Gedanken der Entscheidungsfreiheit des Unternehmers zur Durchführung von Betriebsänderungen stärkt, der nicht durch Unterlassungsansprüche unterlaufen werden darf.[27]

III. Erleichterung befristeter Arbeitsverhältnisse

Durch Art. 4, 11 und 12 ArbBeschFG werden Änderungen des Beschäftigungsförderungsgesetzes vom 26 April 1985, des Bundeserziehungsgeldgesetzes und des Berufsbildungsgesetzes vorgenommen, die zu einer Ausdehnung befristeter Arbeitsverträge führen.

1. Die Neuregelung des § 1 Abs. 1 BeschFG

Nach § 1 Abs. 1 BeschFG ist die Befristung eines Arbeitsvertrages bis zur Dauer von zwei Jahren zulässig. Innerhalb dieser Gesamtdauer kann ein befristeter Vertrag bis zu dreimal verlängert werden, so daß vier Befristungen innerhalb von zwei Jahren aneinandergereiht werden können.

Durch diese Neuregelung wird die Gesamtbefristungsdauer von achtzehn Monaten auf zwei Jahre verlängert. Bedeutsamer als diese Verlängerung der zulässigen Befristung um sechs Monate ist die neu geschaffene Möglichkeit, daß im Gegensatz zur früheren Rechtslage das befristete Arbeitsverhältnis innerhalb eines Gesamtzeitraumes von zwei Jahren dreimal verlängert werden kann. Die bisherige Fassung des § 1 Abs. 1 BeschFG

---

26) Vgl. ArbG Ludwigshafen, Urt. v. 11. 3. 1997 – 1 Ca 3094/96, ArbuR 1977, 416; ArbG Hannover, Urt. v. 22. 8. 1997 – 1 Ca 775/96, BB 1997, 2167; beide Entscheidungen sind nicht rechtskräftig.

27) LAG Düsseldorf, Urt. v. 19. 11. 1996 – 8 TaBV 80/96, DB 1997, 1068 = NZA-RR 1997, 297, dazu EWiR 1997, 637 *(Schaub)*, und LAG Hamm, Urt. v. 1. 4. 1997 – 13 TaBV 34/97, NZA-RR 1997, 343; vgl. auch LAG Niedersachsen, Urt. v. 27. 3. 1997 – 16a TaBV 18/97, ZIP 1997, 1201, dazu EWiR 1997, 685 *(Schaub)*; vgl. zum Problemstand *Fischer*, Interessenausgleich, Unterlassungsanspruch und Gesetzgeber, ArbuR 1997, 177 ff.

sah ausdrücklich nur eine einmalige Befristung vor. In der Praxis führte dies häufig zu Schwierigkeiten, wenn diese einmalige Befristung zu kurz gewählt wurde. Mangels eines sachlichen Grundes für eine weitere Befristung war ein unbefristetes Arbeitsverhältnis die regelmäßige für den Arbeitgeber überraschende Rechtsfolge.

Bei der Höchstdauer der Gesamtbefristung von zwei Jahren sind Befristungszeiten während des alten Beschäftigungsförderungsgesetzes zu berücksichtigen. War zum Beispiel ein am 1. Juli 1996 beginnendes Arbeitsverhältnis auf den 31. Dezember 1997 befristet worden, kann es nur noch um sechs Monate bis zum 30. Juni 1998 verlängert werden.

Eine Verlängerung ist richtigerweise nur dann möglich, wenn sie ohne Unterbrechung an das ursprünglich vereinbarte Fristende anschließt. Eine Unterbrechung für die Dauer von arbeitsfreien Tagen, etwa eines langen Wochenendes ist schädlich.[28] Die Verlängerung kann bereits bei der ersten Befristung vereinbart werden. Dies ist denkbar bei der Vereinbarung des sogenannten integrierten befristeten Probearbeitsverhältnisses gemäß folgender von *Sowka* vorgeschlagenen Formulierung:

„Das Arbeitsverhältnis wird zunächst für sechs Monate befristet zur Erprobung auf der Grundlage des § 620 BGB geschlossen. Im Falle der Bewährung schließen sich hieran zwei Jahre auf der Grundlage des BeschFG an."

Sowka[29] weist zutreffend darauf hin, daß eine derartige integrierte Befristung nur bis zur Dauer von insgesamt zwei Jahren zulässig ist. Das sich an die Erprobungsbefristung anschließende weitere befristete Arbeitsverhältnis hätte daher nur auf achtzehn Monate befristet werden können.

Vereinbaren umgekehrt die Parteien zunächst eine Befristung zur Aushilfe und vereinbaren am Ende des Aushilfszeitraumes ein befristetes Arbeitsverhältnis nach dem Beschäftigungsförderungsgesetz, können sie die Zeitspanne von zwei Jahren voll ausschöpfen.

In der Neuregelung des § 1 BeschFG durch das Arbeitsrechtliche Beschäftigungsförderungsgesetz ist für die Zulässigkeit der Befristungen auf das bisherige Erfordernis der „Neueinstellung" verzichtet worden. Es heißt in den Absätzen 1 und 2 von § 1 der Neuregelung lediglich, daß die Befristung zulässig ist.

---

28) *Rolfs*, Erweiterte Zulässigkeit befristeter Arbeitsverträge durch das Arbeitsrechtliche Beschäftigungsförderungsgesetz, NZA 1996, 1136; *Preis*, NJW 1996, 3369, 3373; a. A. *Sowka*, Befristete Arbeitsverträge nach dem Beschäftigungsförderungsgesetz, BB 1997, 677: Unterbrechung bis zu einer Woche möglich.
29) *Sowka*, BB 1997, 677, 679.

Nach § 1 Abs. 3 BeschFG bleibt es aber dabei, daß die Befristung nicht zulässig ist, wenn zu einem vorhergehenden Arbeitsvertrag mit demselben Arbeitgeber ein enger sachlicher Zusammenhang besteht, der anzunehmen ist, wenn zwischen den beiden Arbeitsverträgen ein Zeitraum von weniger als vier Monaten liegt. Zu berücksichtigen ist nur der Zusammenhang zu einem vorhergehenden *unbefristeten Arbeitsvertrag* oder zu einem vorhergehenden *befristeten Arbeitsvertrag nach Absatz 1*.

Ist ein Arbeitsverhältnis aus einem anderen gesetzlichen Grund, z. B. nach §§ 57a ff HRG oder nach § 21 Abs. 1 BErzGG, oder allgemein aus einem sachlichen Grund befristet worden, kann ein weiteres befristetes Arbeitsverhältnis nach § 1 Abs. 1 BeschFG auch unmittelbar angeschlossen werden. Gleiches muß gelten, wenn die vorausgehende Befristung überhaupt keines sachlichen Grundes bedurfte, weil das Arbeitsverhältnis mangels entsprechender Betriebsgröße nach § 23 Abs. 1 KSchG nicht in den Geltungsbereich des Kündigungsschutzgesetzes fiel.

Richtigerweise wird die sechsmonatige Wartezeit des § 1 Abs. 1 KSchG für nicht geeignet angesehen, die Anwendung von § 1 Abs. 1 BeschFG auszuschließen.[30]

Der Arbeitgeber muß die rechtliche Grundlage für die Befristung nicht angeben. Tut der Arbeitgeber dies dennoch, so erfolgt hieraus nach der Rechtsprechung des Bundesarbeitsgerichtes keine Selbstbindung.[31]

Die Rechtmäßigkeitskontrolle bei mehrfacher Befristung beschränkt sich bei mehreren aufeinanderfolgenden befristeten Arbeitsverträgen entsprechend der ständigen Rechtsprechung des Bundesarbeitsgerichtes auf den zuletzt abgeschlossenen Vertrag. Allerdings erfährt dieser Grundsatz dann eine Abweichung, wenn es sich um einen Fall nach § 1 Abs. 3 BeschFG handelt und der innere Zusammenhang zu dem vorhergehenden befristeten Arbeitsvertrag geprüft werden muß.[32]

2. Befristete Arbeitsverhältnisse mit über Sechzigjährigen

Nach § 1 Abs. 2 BeschFG können ohne die Einschränkungen des § 1 Abs. 1 BeschFG, also auch über zwei Jahre hinaus und häufiger als viermal Befristungen vereinbart werden, wenn der Arbeitnehmer bei Beginn des Arbeitsverhältnisses das 60. Lebensjahr vollendet hatte.

§ 41 Abs. 4 Satz 3 SGB VI ist jedoch durch § 1 Abs. 2 BeschFG nicht geändert wird. Danach ist eine Altersbefristung, die auf den Zeitpunkt ab-

---

30) *Löwisch*, Das Arbeitsrechtliche Beschäftigungsförderungsgesetz, NZA 1996, 1009, 1012.
31) BAG, Urt. v. 6. 12. 1989 – 7 AZR 441/89, BB 1990, 1846; *Sowka*, BB 1997, 677, 678.
32) *Sowka*, BB 1997, 677, 679.

stellt, zu dem der Arbeitnehmer eine Rente wegen Alters beantragen kann, als auf das 65. Lebensjahr abgeschlossen anzusehen, falls die Vereinbarung nicht innerhalb der letzten drei Jahre vor dem Beendigungszeitpunkt abgeschlossen oder von dem Arbeitnehmer bestätigt worden ist.[33]

3. Klagefrist nach § 1 Abs. 5 BeschFG

Der Arbeitnehmer muß innerhalb von drei Wochen nach dem vereinbarten Ende des befristeten Arbeitsvertrages Klage beim Arbeitsgericht auf Feststellung erheben, daß das Arbeitsverhältnis aufgrund der Befristung nicht beendet ist. Für diese Klage gelten die §§ 5–7 KSchG weiter. § 1 Abs. 5 BeschFG ist eine Dauerregelung, die über den 31. Dezember 2000 hinaus gilt, während die übrigen Regelungen des § 1 BeschFG lediglich bis zu diesem Zeitpunkt gelten, falls sie nicht verlängert werden.

4. Änderung des Bundeserziehungsgeldgesetzes und des Berufsbildungsgesetzes

Durch eine Änderung von § 21 Abs. 3 BErzGG hat der Gesetzgeber in Art. 12 ArbBeschFG die Folgen aus der Entscheidung des Bundesarbeitsgerichts vom 9. November 1994[34] korrigiert. Danach wird klargestellt, daß eine Befristung nach § 21 Abs. 3 BErzGG entweder kalendermäßig bestimmt oder bestimmbar oder aus den Vertretungszwecken des § 21 Abs. 1 BErzGG zu entnehmen sein muß.[35] Eine Zweckbefristung ist in den Vertretungsfällen zulässig.

Die befristete Übernahme von Auszubildenden wird erleichtert. Auf das in § 1 Abs. 1 Nr. 2 BeschFG a. F. enthaltene Erfordernis des fehlenden Dauerarbeitsplatzes wird verzichtet. Auszubildende können ohne Einschränkungen für zwei Jahre befristet eingestellt werden. Durch eine Änderung von § 5 Abs. 1 BBiG wird gestattet, innerhalb der letzten sechs Monate des Berufsausbildungsverhältnisses mit dem Auszubildenden ein Arbeitsverhältnis einzugehen. Nach altem Recht war nur eine Befristung innerhalb der letzten drei Monate des Berufsausbildungsverhältnisses zulässig, wenn der Ausbildende Kosten für eine weitere Berufsbildung übernahm.

---

33) Löwisch, NZA 1996, 1009, 1012; a. A. Sowka, BB 1997, 677, 679.
34) BAG, Urt. v. 9. 11. 1994 – 7 AZR 243/94, AP Nr. 1 zu § 21 BErzGG.
35) Lorenz, Arbeitsrechtliches Beschäftigungsförderungsgesetz, DB 1996, 1973, 1978; Sowka, BB 1997, 677.

Neue Regeln zum Kündigungsschutz

von

Präsident des LAG Dr. HANS FRIEDRICH EISEMANN, Potsdam

Inhaltsübersicht

I. Einleitung

II. Schwellenwert

III. Sozialauswahl

IV. Berechtigte betriebliche Interessen

V. Interessenausgleich

VI. Fazit

I. Einleitung

Am 10. Mai 1996 wurde der Entwurf des Arbeitsrechtlichen Beschäftigungsförderungsgesetzes von den Koalitionsfraktionen in den Bundestag eingebracht.[1] Am 28. Juni 1996 wurde es in dritter Lesung verabschiedet, am 25. September 1996 im Bundesgesetzblatt verkündet,[2] seit dem 1. Oktober 1996 ist es in Kraft. Teile dieser Regelungen betreffen zentrale Bereiche unserer Arbeitsverfassung. Ihre Kommentierung war und ist entsprechend vielfältig und deutlich. Gerade Neuerungen an den Nahtstellen des Arbeitsrechts verlangen gesellschaftlichen Konsens. Je einschneidender sie sind, desto schwieriger ist er herbeizuführen. Auch aus diesem Grund sind Schnellschüsse des Gesetzgebers in diesem empfindlichen Bereich unangebracht. In den Reaktionen auf das Gesetz werden gesellschaftliche Gegensätze deutlich, die auch eine soziale Marktwirtschaft nicht aufheben, sondern bestenfalls versöhnen kann.

Der Schnelligkeit des Gesetzgebungsverfahrens entspricht die Ungenauigkeit mancher Regelungen. Dies hat sich nicht zuletzt auch in den Reaktionen auf die Neufassung der §§ 1 und 23 KSchG niedergeschlagen. Mit

---

1) Gesetzentwurf der Fraktionen der CDU/CSU und F.D.P. eines Arbeitsrechtlichen Gesetzes zur Förderung von Wachstum und Beschäftigung (Arbeitsrechtliches Beschäftigungsförderungsgesetz – ArbBeschFG), BT-Drucks. 13/4612.
2) Arbeitsrechtliches Beschäftigungsförderungsgesetz vom 25. 9. 1996, BGBl I, 1476.

der Vorstellung dieser Vorschriften und der Diskussion über ihren Inhalt könnte man ganze Tage zubringen. Noch ist vieles offen. Für den Praktiker ein unbefriedigender Zustand, für die Wissenschaft und alle aus anderen Gründen Interessierte das Nirwana. Erwarten Sie bitte nicht, daß ich vor Ihnen ein festgefügtes Gebäude aus ständiger Rechtsprechung und weitgehend einheitlicher wissenschaftlicher Meinung errichte. Wann ist man hierzu jemals in der (glücklichen) Lage? In diesem dreißigminütigen Schnelldurchlauf geht es allein darum, den vom Gesetzgeber errichteten Grundmauern erste Planungsskizzen, Hinweise, Ideen anzufügen. Probleme werden nicht gelöst, sondern allenfalls angesprochen. Dabei möchte ich mich auf drei Themenbereiche konzentrieren: die Änderung von § 23 Abs. 1 KSchG, die soziale Auswahl nach § 1 Abs. 3 KSchG und die kündigungsrechtlichen Folgen eines Interessenausgleichs nach § 1 Abs. 5 KSchG.

II. Schwellenwert

Das Heraufsetzen des Schwellenwertes von fünf auf zehn Arbeitnehmer in § 23 Abs. 1 KSchG hat zwei Probleme wieder in das Blickfeld gerückt, die zum alten Recht[3] als weitgehend gelöst gelten konnten: einmal die Frage nach der Verfassungsmäßigkeit der Privilegierung von Kleinbetriebsinhabern; zum anderen die Frage, ob die Herausnahme aus dem Kündigungsschutz für alle Kleinbetriebe gilt.

Das Bundesarbeitsgericht hat im Jahr 1990[4] in der alten Kleinbetriebsklausel keine willkürliche Ungleichbehandlung und damit keinen Verstoß gegen Art. 3 Abs. 1 GG erkennen können. Es hat hierfür vier Gründe angeführt:

– die engen persönlichen Beziehungen im Kleinbetrieb,

– die geringe verwaltungsmäßige und wirtschaftliche Belastbarkeit der Kleinbetriebe,

– die Gewährleistung größerer arbeitsmarktpolitischer Freizügigkeit des Kleinunternehmers,

– und nicht zuletzt die Überlegung, das pauschale Ausgrenzen der Arbeitnehmer in Kleinbetrieben lasse sich mit der notwendigen Verallgemeinerung von Gesetzen rechtfertigen. Diese Überlegung sei jedenfalls für das Kündigungsschutzgesetz noch tragfähig, so-

---

[3] Siehe aber den Vorlagebeschluß des ArbG Reutlingen, Beschl. v. 11. 12. 1986 – 1 Ca 397/86, NZA 1987, 522, und des ArbG Bremen, Beschl. v. 26. 8. 1992 und 14. 9. 1994 – 5 Ca 5072/92, ArbuR 1995, 148.
[4] BAG, Urt. v. 19. 4. 1990 – 2 AZR 487/89, NZA 1990, 724.

lange es ⁹/₁₀ aller Betriebe und ⁴/₅ aller ausgesprochenen Kündigungen erfasse.

Heute geht man überwiegend davon aus, daß mit der Neuregelung des Schwellenwertes bis zum Jahr 1999 etwa 8 Mio. Arbeitnehmer und damit ca. 25 % der abhängig Beschäftigten ohne Kündigungsschutz sein werden.[5] Diese Zahl dürfte sich durch Abspaltung, Umstrukturierung und Ausgliederung noch vergrößern.[6] Die erstmals eingeführte Teilanrechnung von Teilzeitbeschäftigten verbessert zwar den Kündigungsschutz, weil geringfügig Beschäftigte anzurechnen sind. Auch die neue Formel lädt aber dazu ein, sich des Kündigungsschutzgesetzes durch vermehrte Teilzeitbeschäftigung zu entledigen. Daß die Befristung von Arbeitsverträgen außerhalb des Anwendungsbereiches dieses Gesetzes keinen sachlichen Grund erfordert, sollte in diesem Zusammenhang nicht aus den Augen verloren werden. Solange das neue Beschäftigungsförderungsgesetz gilt, schlägt dies jedoch nicht entscheidend zu Buche.

Vor diesem Hintergrund wird deutlich: Die Verfassungsmäßigkeit der Kleinbetriebsklausel läßt sich nicht mehr allein mit den alten Parametern begründen. Ganze Branchen - wie z. B. der Einzelhandel oder Reinigungsunternehmen - leben von der Teilzeitbeschäftigung. Letzten Meldungen zufolge gibt es in der Bundesrepublik schon heute über 5 Mio. geringfügig Beschäftigte. Ein Betrieb mit 3 Vollzeitkräften und 28 geringfügig Beschäftigten überschreitet nicht den Schwellenwert. Von engen persönlichen Beziehungen zwischen Arbeitgeber und Mitarbeitern werden dort nur noch wenige ausgehen. Auch eine geringe wirtschaftliche Belastbarkeit dieser Betriebe läßt sich als Sachgrund für eine Ungleichbehandlung kaum noch heranziehen. Vor allem ist die notwendige Verallgemeinerung von Gesetzen als Rechtfertigung für die Herausnahme von Kleinbetrieben aus dem Kündigungsschutz mit einem deutlichen Fragezeichen zu versehen, wenn die Folgen dieser Verallgemeinerung große Teile der Arbeitnehmerschaft zu tragen haben werden. Nur am Rande möchte ich darauf aufmerksam machen, daß sich mit dem neuen § 23 KSchG erneut die Frage nach einer verfassungs- und europarechtswidrigen mittelbaren Diskriminierung der meist teilzeitbeschäftigten Frauen stellt.[7]

Hier schließt sich die zweite Frage an. Von seinem Wortlaut her privilegiert das Gesetz Betriebe ohne Rücksicht auf ihre Einbindung in größere Einheiten. Vor diesem Hintergrund verlieren die zur Rechtfertigung der Ungleichbehandlung von Groß- und Kleinbetrieben herangezogenen Kri-

---

5) *Bepler*, ArbuR 1997, 325; *Fischermeier*, NZA 1997, 1089.
6) *Wlotzke*, BB 1997, 414, 415.
7) *Bepler*, ArbuR 1997, 54, 60.

terien weiter an Wert. So besehen ist es vielleicht ein Stück verfassungskonforme Auslegung, wenn zunehmend versucht wird, den Betriebsbegriff des § 23 KSchG in einen neuen Blickwinkel zu stellen.[8] Schon im Gesetzgebungsverfahren hat man auf das Problem aufmerksam gemacht.[9] Der Gesetzgeber hat dann doch an der alten Regelung festgehalten. Muß die Rechtsprechung dies akzeptieren,[10] oder bleibt trotz dieser Vorgeschichte der Auftrag an den Richter erhalten, das Gesetz auch gegen die Intentionen des Gesetzgebers auszulegen? Nach wie vor stellt man jedenfalls die Frage, ob nicht objektiver Sinn und Zweck der Vorschrift verlangen, den Anwendungsbereich des Kündigungsschutzgesetzes auf Kleinbetriebe auszudehnen, die Teil eines Unternehmens sind.[11]

Dabei kann man wohl nicht an die Rechtsprechung zum gemeinsamen Betrieb anknüpfen.[12] Dort führt gerade das strikte Festhalten am Betriebsbegriff zur Geltung des Kündigungsschutzgesetzes im gemeinsamen von zwei Kleinunternehmen unterhaltenen Betrieb.[13] Eine Entscheidung aus dem Jahr 1971 könnte einen ersten (zarten) Hinweis geben. Damals hat das Bundesarbeitsgericht[14] mehrere zentral gelenkte unterhalb des Schwellenwertes liegende Verkaufsstellen zu einem Betrieb zusammengefaßt. Schon darin lag jedenfalls im Ergebnis ein Stück arbeitgeberbezogene Zurechnung.[15] Die „Sinnfrage" bleibt erlaubt. § 23 Abs. 1 KSchG will im Kern Kleinunternehmer privilegieren, die durch die Anwendung dieses Gesetzes unverhältnismäßig belastet würden. Sein Zweck ist nicht der Schutz von leistungsstarken Großunternehmen mit mehreren Kleinbetrieben. Dies legt es nahe, Betriebe aus der Privilegierung herauszunehmen, die mit anderen Betrieben ein Unternehmen bilden, das mit allen seinen Arbeitnehmern den Schwellenwert übersteigt. Andersherum: Es spricht manches dafür, in einem Kleinbetrieb Beschäftigte im Geltungsbereich des Kündigungsschutzgesetzes zu belassen, wenn der Arbeitgeber mehr als einen Betrieb unterhält und in allen Betrieben zusammen der Schwellenwert überschritten wird. Damit käme man möglicherweise nicht den Intentionen des Gesetzgebers, wohl aber dem Sinn des Gesetzes näher. Zugleich würden einige verfassungsrechtliche Einwände gegen die Kleinbe-

---

8) Vgl. *Löwisch*, NZA 1996, 1009; *Kittner*, ArbuR 1997, 182; *Lakies*, NJ 1997, 121.
9) Vgl. *Schwedes*, BB 1996, Beilage 17, S. 2; *Bepler*, ArbuR 1997, 54, 58.
10) *Fischermeier*, NZA 1997, 1089, 1090.
11) Zum Folgenden *Bepler*, ArbuR 1997, 54.
12) A. A. *Bepler*, ArbuR 1997, 54, 57.
13) Vgl. BAG, Urt. v. 18. 1. 1990 – 2 AZR 355/89, AP Nr. 9 zu § 23 KSchG 1969 = ZIP 1990, 1363, dazu EWiR 1991, 189 *(Griebeling)*.
14) BAG, Urt. v. 26. 8. 1971 – 2 AZR 233/70, AP Nr. 1 zu § 23 KSchG 1969.
15) *Preis*, NZA 1997, 1073, 1075.

triebsklausel obsolet. Manche Abgrenzungsfrage brauchte nicht mehr beantwortet zu werden. Wann wir es mit einem selbständigen Betrieb und wann mit einem unselbständigen Betriebsteil zu tun haben, müßte jedenfalls nicht mehr im Kündigungsschutzprozeß entschieden werden. Im ganzen ein Thema, das uns noch lange beschäftigen wird.

III. Sozialauswahl

Mit der Konkretisierung der Sozialauswahl auf die drei klassischen Gesichtspunkte Betriebszugehörigkeit, Alter und Unterhaltspflichten wollte der Gesetzgeber die Kriterien „begrenzen".[16] Dies hat sofort die Frage aufgeworfen: Ist das alles, oder schleichen sich weitere Kriterien gewissermaßen durch die Hintertür wieder in die Auswahl ein? Darf der Arbeitgeber zumindest weitere Gesichtspunkte heranziehen, die er von Gesetzes wegen nicht heranziehen muß?

Die letzte Frage wird ganz überwiegend bejaht.[17] Man weist darauf hin, mit der Verkürzung auf die Grundkriterien solle der Arbeitgeber, nicht der Arbeitnehmer geschützt werden. Dies überzeugt auf den ersten Blick. Sieht man noch einmal hin, kommen Zweifel auf. Die einzelne Auswahlentscheidung ist notwendig zugleich eine Entscheidung für die Weiterbeschäftigung eines bestimmten Arbeitnehmers. So besehen schützen auch die neuen Regeln zur Sozialauswahl nicht nur den Arbeitgeber, sondern ebenso den Arbeitnehmer, der im konkreten Fall ohne die Heranziehung zusätzlicher Kriterien von einer Kündigung verschont bleibt. Vor allem übersieht man wohl eines: Ein einseitig ausweitbarer Katalog der Auswahlgesichtspunkte kann zu einer gerichtlich nicht mehr überprüfbaren Beliebigkeit der Sozialauswahl führen. Überläßt man es dem Arbeitgeber, darüber zu entscheiden, wann er in welchem Umfang weitere Kriterien heranzieht, kann er die soziale Auswahl manipulieren. Zyniker könnten anmerken: Was die Beliebigkeit der Entscheidung angeht, unterscheide sich das so verstandene neue Gesetz nicht entscheidend vom Rechtszustand vor dem Oktober 1996. Das mag so sein. Nur sollte man mit der freien Entscheidung des Arbeitgebers über das Heranziehen weiterer Gesichtspunkte den vorhandenen Unwägbarkeiten nicht noch eine weitere hinzufügen. Mit anderen Worten: Wenn zusätzliche Kriterien eine Rolle spielen, dann müssen sie stets herangezogen werden, soweit sie dem Arbeitgeber bei Ausspruch der Kündigung bekannt sind.

---

16) Allgemeine Begründung Entwurf ArbBeschFG, BT-Drucks. 13/4612, S. 9, 13.
17) *Preis*, NJW 1996, 3369, 3371; *v. Hoyningen-Huene/Linck*, DB 1997, 41, 42; *Fischermeier*, NZA 1997, 1089, 1094.

In diesem Zusammenhang hat man darauf aufmerksam gemacht, daß sich die soziale Auswahl auch nach der neuen Regelung nicht auf ein simples Rechenexempel reduzieren läßt.[18] So wird – gegen den erklärten Willen des Gesetzgebers[19] – vorgeschlagen, über das Lebensalter auch die Chancen auf dem Arbeitsmarkt und eine versorgungsrechtliche Absicherung mit in die Überlegung zur Sozialauswahl einzubeziehen.[20] Bei den Unterhaltspflichten sollen Sonderbelastungen wegen der Pflegebedürftigkeit Unterhaltsberechtigter im Wege der Einzelfallbeurteilung berücksichtigt werden.[21] Man könnte hinzufügen, daß die Dauer der Betriebszugehörigkeit nicht in jedem Fall eine wesentliche – geschweige denn die wesentlichste – Größe bei der Sozialauswahl darstellt. Als das Bundesarbeitsgericht im Oktober 1984[22] der Betriebszugehörigkeit eine besondere Rolle einräumte, war die Welt „noch in Ordnung". Massenarbeitslosigkeit war weitgehend unbekannt. Bei Vollbeschäftigung erscheint es sinnvoll, vor allem die Treue zum Arbeitgeber zu belohnen. Für die Arbeitnehmer in den neuen Bundesländern war dies von Anfang an nicht recht verständlich. Man kann das nachvollziehen. Vor der Wende war die Betriebstreue systembedingt. Die durchschnittliche Betriebszugehörigkeit betrug 14–15 Jahre. Nach der Wende hatten Millionen kaum noch Gelegenheit, Betriebstreue zu beweisen. Wo drei Viertel der Industriearbeitsplätze verlorengegangen sind, leuchtet es jedenfalls nicht unmittelbar ein, gerade den bei der sozialen Auswahl zu bevorzugen, der das Glück hatte, bisher nicht entlassen worden zu sein. Wer als Langzeitarbeitsloser einen Arbeitsplatz gefunden hat und dann erneut von betriebsbedingter Kündigung bedroht ist, kann nur schwer einsehen, daß der bisher von diesem Schicksalsschlag verschonte Kollege gerade deshalb bei der sozialen Auswahl Präferenz genießen soll.

Man kann dies alles so zusammenfassen: Sozialauswahl geschieht nicht nach der Methode des Abzählreimes. Die Wertigkeit der drei Grundkriterien läßt sich nicht abstrakt und auf Dauer bestimmen. Sie ist u. a. von der jeweiligen Lage am Arbeitsmarkt abhängig. Dies hat auch das Bundesarbeitsgericht schon vor Jahren angesprochen.[23] Ein schematischer Vorrang der Betriebszugehörigkeit ist seit dem Oktober 1996 methodisch

---

18) *Bader*, NZA 1996, 1125, 1127; *Fischermeier*, NZA 1997, 1089, 1094; *Preis*, NZA 1997, 1073, 1084.
19) Allgemeine Begründung Entwurf ArbBeschFG, BT-Drucks. 13/4612, S. 9, 13.
20) *Preis*, NZA 1997, 1073, 1083.
21) *Kittner*, ArbuR 1997, 182, 184; v. *Hoynigen-Huene/Linck*, DB 1997, 41, 42; *Preis*, NZA 1997, 1073, 1084.
22) BAG, Urt. v. 18. 10. 1984 – 2 AZR 543/83, AP Nr. 6 zu § 1 KSchG 1969 Soziale Auswahl.
23) BAG, Urt. v. 24. 3. 1983 – 2 AZR 21/82, AP Nr. 12 zu § 1 KSchG 1969 Betriebsbedingte Kündigung = ZIP 1983, 1105.

nicht mehr gerechtfertigt. Der Gesetzgeber hat die drei im Gesetz ausdrücklich genannten Gesichtspunkte ohne Gewichtung nebeneinander gestellt.[24] Eine nur grobmaschige Prüfung der sozialen Auswahl dient kaum der Einzelfallgerechtigkeit. Es erfordert stets eine Gesamtabwägung, wenn es um die Entscheidung geht, wer am wenigsten auf seinen Arbeitsplatz angewiesen ist. Auch die drei im Gesetz festgeschriebenen Grundkriterien der Sozialauswahl lassen sich oft nur vor dem Hintergrund der konkreten Situation aller an der sozialen Auswahl Beteiligten sachgerecht bewerten.[25] Freilich begegnen uns so erneut manche der alten Kriterien, wenn auch im anderen Gewand: nicht mehr als selbständig zu prüfende „soziale Gesichtspunkte", sondern als vom Arbeitgeber bei der Bewertung der Grundkriterien heranzuziehende Hintergrundinformationen. Dies macht die soziale Auswahl sicherlich schwieriger, als eine Beschränkung auf vordergründiges Zahlenmaterial. Diese Betrachtungsweise gibt jedoch nicht zuletzt dem Arbeitgeber ein Stück Beurteilungsspielraum zurück, der bei einer ungehemmten Reduzierung auf die Grundkriterien doch deutlich beschnitten wäre. Diese Chance zur interessengerechten Einzelfallentscheidung durch den Arbeitgeber sollte man ihm nicht ohne Not aus der Hand nehmen. Skeptikern gegenüber sei der Hinweis gestattet, daß die Rechtsprechung[26] den Beurteilungsspielraum zuletzt durchaus nicht so engherzig gehandhabt hat, wie die Begründung des Gesetzentwurfs[27] es aussehen läßt.

IV. Berechtigte betriebliche Interessen

Mit der Neufassung von § 1 Abs. 3 Satz 2 KSchG will der Gesetzgeber das Interesse des Arbeitgebers an einer leistungsorientierten Auswahl stärken.[28] Gegenüber der alten Fassung des Gesetzes werden die Anforderungen zurückgenommen. „Berechtigte Interessen" verlangen schon nach allgemeinem Sprachgebrauch weniger als „berechtigte Bedürfnisse". Bisher mußten diese Interessen die Weiterbeschäftigung bestimmter Arbeitnehmer „bedingen". Jetzt reicht es aus, wenn ihre Weiterbeschäftigung nur im berechtigten betrieblichen Interesse „liegt". Weitergehende Rechts-

---

24) *Bader*, NZA 1996, 1125, 1128; *Preis*, NZA 1997, 1073, 1083; *Wlotzke*, BB 1997, 414, 417; *Kittner*, ArbuR 1997, 182, 186; a. A. *Löwisch*, NZA 1996, 1009, 1010; *Stückmann*, AuA 1997, 5, 7.
25) *Bader*, NZA 1996, 1125, 1129.
26) Vgl. BAG, Urt. v. 7. 12. 1995 – 2 AZR 1008/94, AP Nr. 29 zu § 1 KSchG 1969 Soziale Auswahl.
27) Allgemeine Begründung Entwurf ArbBeschFG, BT-Drucks. 13/4612, S. 13.
28) Allgemeine Begründung Entwurf ArbBeschFG, BT-Drucks. 13/4612, S. 13; Ausschuß für Arbeit und Sozialordnung zum Entwurf ArbBeschFG, BT-Drucks. 13/5107, S. 21.

sicherheit ist damit nicht erreicht. Man hat nur den einen unbestimmten Rechtsbegriffe durch einen anderen ersetzt. Die Unsicherheit ist entsprechend. Die Skala der Meinungen reicht von der Annahme, es habe sich nichts Wesentliches verändert,[29] bis hin zu der Feststellung, für eine Herausnahme aus der Sozialauswahl reiche es aus, wenn es für den Betrieb nachvollziehbar vorteilhafter sei, einen bestimmten Arbeitnehmer zu beschäftigen.[30] Die Arbeitsgerichte werden jedenfalls die Festlegung betrieblicher Interessen nicht ungeprüft als freie Unternehmerentscheidung hinnehmen dürfen. Diese Interessen müssen „berechtigt" sein.[31] Dies setzt einen objektiven Maßstab voraus. Sie sind daher auch in eine Relation zu den sozialen Gesichtspunkten in Satz 1 des § 1 Abs. 3 KSchG zu setzen. Sie müssen mit anderen Worten als betriebliche Interessen vor dem Hintergrund der Sozialauswahl berechtigt sein.[32] Daher kommt es nicht entscheidend darauf an, in welcher Reihenfolge die Prüfung vorgenommen wird. Selbst wenn man in der ersten Prüfungsstufe diejenigen aussortiert, die an der sozialen Auswahl nicht teilnehmen sollen, müssen berechtigte betriebliche Interessen dies rechtfertigen. Ob sie berechtigt sind, kann nur im Kontext mit den Sozialdaten der auf vergleichbaren Arbeitsplätzen Beschäftigten entschieden werden. Man kann das auch so ausdrücken: Der Blankettbegriff läßt sich nicht sachgerecht ausfüllen, wenn man den Regelungszusammenhang ausblendet, in dem er steht.[33] Auch in der Neufassung des Gesetzes handelt es sich bei der Sozialauswahl um einen Teil der Rechtfertigung betriebsbedingter Kündigungen. Dies bedeutet jedenfalls, daß sozial völlig unerträgliche Ergebnisse sich nicht mit „betrieblichen Interessen" begründen lassen. Je krasser der Unterschied in den sozialen Daten, desto größer muß das betriebliche Interesse sein, um an einer Sozialauswahl vorbei durchgesetzt werden zu können. Allgemeine Richtlinien lassen sich hier kaum finden. Der Einzelfall wird entscheiden.

In diesem Zusammenhang wird man auch entscheiden müssen, unter welchen Voraussetzungen die deutlich geringere Krankheitsanfälligkeit eines Arbeitnehmers als betriebliches Interesse ins Gewicht fallen kann.[34] Seit der Neufassung des Gesetzes geht es um die Herausnahme besonders befähigter Mitarbeiter aus der Sozialauswahl unter nunmehr erleich-

---

29) *Löwisch*, NZA 1996, 1009, 1011.
30) *Bader*, NZA 1996, 1125, 1129.
31) *Fischermeier*, NZA 1997, 1089, 1092.
32) *Preis*, NZA 1997, 1073, 1084.
33) *Preis*, NZA 1997, 1073, 1084.
34) Dafür *Fischermeier*, NZA 1997, 1089, 1092; a. A. *Preis*, NZA 1997, 1073, 1084; *Kittner*, ArbuR 1997, 182, 188.

terten Bedingungen. Daher kommt es jedenfalls nicht mehr darauf an, ob die krankheitsbedingten Fehlzeiten bei demjenigen, der letztendlich gekündigt wird, das Gewicht eines Kündigungsgrundes nach § 1 Abs. 2 KSchG erreichen.[35]

Die Darlegungs- und Beweislast für die Gründe, welche zur Herausnahme aus der Sozialauswahl führen sollen, trägt der Arbeitgeber.[36] Daran hat sich mit der Neuregelung nichts geändert.[37] Soweit es um besondere Qualifikationen oder Spezialkenntnisse geht, dürfte ihm ein substantiierter Vortrag keine größeren Schwierigkeiten bereiten. Bei den besonderen Leistungen kann dies anders sein. Inwieweit sich der Arbeitgeber dabei auf hervorragende interne Beurteilungen stützen kann, hängt einmal von der Prüfungstiefe, zum anderen davon ab, wie substantiiert die Beurteilungen sind.

Nach dem Zweck der Vorschrift kann allein der Arbeitgeber § 1 Abs. 3 Satz 2 KSchG „aktivieren". Arbeitnehmer können sich auf ihre besondere Leistungskraft nicht berufen, um der sozialen Auswahl zu entgehen. Es ist nicht ihre Sache, in diesem Zusammenhang über betriebliche Interessen zu entscheiden.[38]

Mit einer ausgewogenen Personalstruktur hat der Gesetzgeber wohl die Altersstruktur gemeint.[39] Jedenfalls wurde im Vorfeld der gesetzlichen Regelung nur über die Altersstruktur gesprochen.[40] Die Massenentlassungen in den neuen Bundesländern haben das Problem ins Blickfeld gerückt, lange bevor der Gesetzgeber aktiv wurde. Soweit Gerichte damit befaßt wurden, ging es auch dort allein um die Altersstruktur. Die Entstehungsgeschichte spricht daher für eine Reduzierung auf diesen Gesichtspunkt, unabhängig davon, daß sich sprachlich die Personalstruktur nicht ohne weiteres mit der Altersstruktur gleichsetzen läßt. Im übrigen geht es nicht darum, mit Hilfe betriebsbedingter Kündigungen eine ausgewogene Personalstruktur erstmals herzustellen. Anders als § 125 Abs. 1 Nr. 2 InsO spricht das Kündigungsschutzgesetz nicht davon, daß sie „erhalten oder geschaffen" wird. Es darf der Bestand gesichert werden.[41] Nach den Kün-

---

35) *Bader*, NZA 1996, 1125, 1129; *Fischermeier*, NZA 1997, 1089, 1092; a. A. *Kittner*, ArbuR 1997, 182, 188.
36) *Bader*, NZA 1996, 1125, 1129; *Preis*, NZA 1997, 1073, 1085.
37) Vgl. zum alten Recht BAG, Urt. v. 25. 4. 1985 – 2 AZR 140/84, AP Nr. 7 zu § 1 KSchG 1969 Soziale Auswahl = ZIP 1985, 1410, dazu EWiR 1985, 797 *(Bauer)*.
38) *Bader*, NZA 1996, 1125, 1129; a. A. *Buschmann*, ArbuR 1996, 285, 288.
39) *Preis*, NZA 1997, 1073, 1084; a. A. *Fischmeier*, NZA 1997, 1089, 1093.
40) *Preis*, NZA 1997, 1073, 1984.
41) *Bader*, NZA 1996, 1125, 1129; *Fischmeier*, NZA 1997, 1089, 1093; *Löwisch*, NZA 1996, 1009, 1011; *Preis*, NJW 1996, 3369, 3371; a. A. *Gaul*, ArbuR 1996, 264, 265.

digungen soll die Personalstruktur nicht schlechter sein als vorher. Die Begründung zum Gesetzentwurf spricht ausdrücklich von „Erhaltung" und bezieht sich auf Autoren, die eine betriebsbedingte Veränderung der alten Strukturen ablehnen.[42] Die besondere Regelung der Insolvenzordnung läßt sich mit den dort erkennbar gesteigerten Bedürfnissen des Arbeitgebers erklären.

Ungeklärt ist endlich, ob die Personalstruktur nur im Rahmen von Massenentlassungen gesichert werden darf.[43] Die Entstehungsgeschichte der Vorschrift spricht dafür. Andere Grenzen sind denkbar. Die schlüssige Darlegung eines berechtigten betrieblichen Interesses an einer ausgewogenen Personalstruktur dürfte jedoch um so schwerer fallen, je weniger Arbeitnehmer betriebsbedingt gekündigt werden sollen.

V. Interessenausgleich

Mit § 1 Abs. 5 KSchG hat der Gesetzgeber einen Anreiz für den Arbeitgeber geschaffen, sich bei Betriebsänderungen um einen Interessenausgleich mit dem Betriebsrat zu bemühen.[44] Ein Interessenausgleich nimmt den in ihm namentlich benannten Arbeitnehmern für einen Kündigungsschutzprozeß weitgehend ihre Chancen. Die Betriebsbedingtheit der Kündigung wird vermutet, die soziale Auswahl wird nur noch auf grobe Fehlerhaftigkeit überprüft. Ich möchte mich hier auf einige Hinweise zu der Vermutung beschränken.

Erste Frage: Wie weit reicht die Vermutung? Sie umfaßt wohl auch die Frage, ob es für den gekündigten Arbeitnehmer eine Beschäftigungsmöglichkeit in einem anderen Betrieb des Unternehmens gibt.[45] § 1 Abs. 5 KSchG verweist ausdrücklich auf den gesamten Absatz 2, nicht nur auf seinen ersten Satz. Diese Regelung entspricht § 125 Abs. 1 Nr. 1 InsO. Auch dort wird nicht nur vermutet, daß die dringenden betrieblichen Erfordernisse der Weiterbeschäftigung im Betrieb, sondern auch der Weiterbeschäftigung zu unveränderten Arbeitsbedingungen generell entgegenstehen.[46] Bei aller Schnelligkeit des Gesetzgebungsverfahrens muß man jedenfalls angesichts der zugegeben nicht eindeutigen Formulierung der InsO nicht notwendig davon ausgehen, daß der Gesetzgeber die Kündi-

---

42) Allgemeine Begründung Entwurf ArbBeschFG, BT-Drucks. 13/4612, S. 14.
43) Vgl. *Fischermeier*, NZA 1997, 1089, 1093; *Preis*, NZA 1997, 1073, 1085.
44) Siehe zu den betriebsverfassungsrechtlichen Aspekten *Küttner*, in diesem Band, S. 225, 235 ff.
45) *Bader*, NZA 1996, 1125, 1133; *Gaul*, ArbuR 1996, 264, 265; *Löwisch*, NZA 1996, 1009, 1011; *ders.*, RdA 1997, 80, 81; a. A. *Fischermeier*, NZA 1997, 1089, 1096.
46) A. A, *Fischermeier*, NZA 1997, 1089, 1096.

gung gerade im Konkurs erschweren wollte. Die Vermutung umfaßt ebenso das Fehlen der Möglichkeit zur Weiterbeschäftigung bei veränderten Arbeitsbedingungen im alten Betrieb.[47] Auch bei dieser Art der Weiterbeschäftigung wäre die Kündigung nicht durch betriebliche Erfordernisse i. S. v. § 1 Abs. 2 KSchG bedingt, „die einer Weiterbeschäftigung in diesem Betrieb entgegenstehen".

Zweite Frage: Wie wirkt die Vermutung? Der Arbeitgeber kann sich nun im Kündigungsschutzprozeß erst einmal darauf beschränken, drei Dinge vorzutragen: das Vorliegen einer Betriebsänderung, den wirksamen Abschluß eines Interessenausgleichs und die namentliche Nennung des Klägers in diesem Interessenausgleich.[48] Er trägt insoweit die Beweislast. Stehen diese Voraussetzungen fest, muß der Arbeitnehmer darlegen und notfalls beweisen, daß die Kündigung nicht betriebsbedingt ist. Er muß also Tatsachen vortragen, aus denen sich ergibt, daß seine Beschäftigungsmöglichkeit nicht weggefallen ist oder er an anderer Stelle im Betrieb oder Unternehmen weiterbeschäftigt werden kann. Dieses einfache Ergebnis der neuen Regelung will manchem nicht einleuchten. Mit dem Hinweis auf die Chancenlosigkeit des Arbeitnehmers im Kündigungsschutzprozeß, die Rechtsprechung des Bundesarbeitsgerichts zur Darlegungslast bei der sozialen Auswahl oder auf allgemeine Grundsätze des Zivilprozesses versucht man, dem Arbeitgeber die Darlegungslast für den Wegfall der Beschäftigungsmöglichkeit wieder aufzuladen.[49] Dies erinnert mich an eine Anekdote aus den 70er Jahren, in denen ein Bundesrichter die Novellierung eines Gesetzes mit den Worten kommentiert haben soll: „Ich lasse mir doch vom Gesetzgeber nicht meine Rechtsprechung kaputtmachen."

Ein Blick in die ZPO kann weiterhelfen. Bei § 1 Abs. 5 Satz 1 KSchG handelt es sich um eine Vermutung nach § 292 ZPO. Sie ist nach Satz 1 widerlegbar. Die vermutete Tatsache bedarf keines Beweises. Sie braucht auch nicht behauptet zu werden, denn das Gesetz ordnet die Vermutung von sich aus an.[50] Da sie widerlegbar ist, kann der Prozeßgegner das Gegenteil der vermuteten Tatsachen behaupten und beweisen. Dieser Beweis ist nicht Gegen-, sondern Hauptbeweis.[51] Es reicht daher nicht aus, daß nur die Möglichkeit eines anderen Hergangs vorgetragen wird. Damit

---

47) *Fischermeier*, NZA 1997, 1089, 1097.
48) LAG Köln, Urt. v. 1. 8. 1997 – 11 Sa 355/97, DB 1997, 2181; *Bader*, NZA 1996, 1125, 1133; *Fischermeier*, NZA 1997, 1089, 1097; *Schiefer*, DB 1997, 2176, 2177.
49) ArbG Bonn, Urt. v. 5. 2. 1997 – 2 Ca 3268/96, DB 1997, 1517; *Zwanziger*, DB 1997, 2174, 2175.
50) *Stein/Jonas/Leipold*, ZPO, 21. Aufl., 1997, § 292 Rz. 13.
51) *Baumbach/Lauterbach/Hartmann*, ZPO, 54. Aufl., 1996, § 292 Rz. 7; *Zöller/Greger*, ZPO, 20. Aufl., 1997, § 292 Rz. 2.

rechnet jede Vermutung von vornherein.[52] Der Beweis kann nach § 292 Satz 2 ZPO durch Parteivernehmung geführt werden, aber eben nur der Beweis. Die Darlegung der beweisbedürftigen Tatsachen liegt erst einmal beim Arbeitnehmer. Dies betrifft auch die Möglichkeit seiner Weiterbeschäftigung auf einem anderen Arbeitsplatz im Betrieb oder Unternehmen. Die hierzu entwickelte die Rechtsprechung[53] hilft dem Arbeitnehmer nicht mehr weiter. Sie ist mit der gesetzlichen Anordnung einer Vermutung zugunsten des Arbeitgebers unanwendbar geworden.[54] Es geht nicht mehr darum, dem Arbeitgeber nach altem Recht seine Darlegung zum Fehlen der Weiterbeschäftigungsmöglichkeit zu erleichtern, indem man den Umfang seiner Darlegungspflicht von der Einlassung des Arbeitnehmers abhängig macht. Ihm braucht nach neuem Recht vom Richter nicht mehr geholfen zu werden. Dies hat schon der Gesetzgeber getan.

Auch die Rechtsprechung zur abgestuften Darlegungslast bei der Sozialauswahl führt nicht zur erneuten Umkehr der Darlegungslast.[55] Zum einen betrifft sie nicht die Betriebsbedingtheit. Zum anderen wird sie an einem materiellen Auskunftsanspruch des Arbeitnehmers festgemacht, den es zur Betriebsbedingtheit nicht gibt. Und endlich helfen dem Arbeitnehmer auch nicht in jedem Fall[56] die zur „sekundären Behauptungslast" entwickelten Grundsätze.[57] Danach kann dem Prozeßgegner im Rahmen seiner Erklärungslast nach § 138 Abs. 2 ZPO ausnahmsweise zuzumuten sein, dem Beweispflichtigen eine ordnungsgemäße Darlegung durch nähere Angaben aus seinem Wahrnehmungsbereich zu ermöglichen. Diese Grundsätze können auch bei der Widerlegung einer gesetzlichen Vermutung angewandt werden.[58] Sie führen jedoch nicht zu einer generellen Aufklärungspflicht des Prozeßgegners.[59] Es ist daher in jedem Einzelfall zu entscheiden, wie weit die Darlegungslast des Arbeitgebers reicht, den die Vermutung des § 1 Abs. 5 Satz 1 KSchG gerade von dieser Darlegung befreit. Man muß deshalb vom Arbeitnehmer wohl mehr an Darlegung verlangen als das schlichte Bestreiten des Wegfalls seines Arbeitsplatzes oder die einfache Behauptung, er könne – wie auch immer – weiterbeschäftigt werden. Richterliche Hilfe bei seiner Darlegung ja, aber kein Übertragen der vollen Darlegungslast auf den Arbeitgeber. Die Vermutung

---

52) *Stein/Jonas/Leipold* (Fußn. 50), § 292 Rz. 15.
53) BAG, Urt. v. 27. 9. 1984 – 2 AZR 62/83, DB 1985, 1186.
54) A. A. *Fischermeier*, NZA 1997, 1089, 1097; *Preis*, NZA 1997, 1073, 1086.
55) A. A. *Preis*, NZA 1997, 1073, 1086.
56) A. A. *Preis*, NZA 1997, 1073, 1086.
57) *Zöller/Greger* (Fußn. 51), Vor § 284 Rz. 34.
58) *Zöller/Greger* (Fußn. 51), § 292 Rz. 2.
59) *Zöller/Greger* (Fußn. 51), Vor § 284 Rz. 34.

wäre sonst das Papier nicht wert, auf dem sie steht. Und dies wird sicherlich nicht der Wille des Gesetzgebers gewesen sein.

Zugegeben sind mit der Vermutung der Betriebsbedingtheit die Chancen des Arbeitnehmers, den Kündigungsschutzprozeß zu gewinnen, drastisch verschlechtert worden. Man darf nur nicht aus den Augen verlieren, daß hierzu ein Interessenausgleich erforderlich ist, den die Repräsentanten der Belegschaft mit dem Arbeitgeber abgeschlossen haben. Dies macht das Ergebnis erträglicher.

VI. Fazit

Viele Fragen wurden gestellt, wenige habe ich beantwortet; die meisten nicht einmal angesprochen. Zur Klärung der neuen Regeln bleibt viel zu tun. So mancher hat Zweifel angemeldet, wie denn ein Gesetz Beschäftigung schaffen könne, indem es die Kündigung erleichtert. Ein weites Feld. Eines kann man dem Gesetzgeber gutschreiben: Für die Beschäftigung ganzer Heerscharen von Juristen hat er auf lange Zeit gesorgt.

Bericht über die Diskussion

von

HEINKE HOCHWELLER, Köln

Im Anschluß an die Vorträge von Rechtsanwalt Dr. *Wolfdieter Küttner* und Dr. *Hans-Friedrich Eisemann*, Präsident des LAG Brandenburg, begann die Diskussion mit einer Anmerkung von Rechtsanwalt Dr. *Ulrich Tschöpe* zum Vortrag von *Eisemann*, dem er entnommen habe, daß aufgrund der neuen Regelung des § 1 Abs. 3 Satz 2 KSchG eine Vermischung der Prüfung der Sozialauswahl und der Prüfung des betrieblichen Interesses stattfinde. Eine solche Vermischung hielt *Tschöpe* für unzulässig. *Eisemann* entgegnete auf diesen Einwand, daß man die Vorschrift im Kontext sehen müsse. Es gehe nach wie vor darum, Arbeitnehmer, die nach der alten Vorschrift bestimmt, nach der neuen Vorschrift möglicherweise im Rahmen der Sozialauswahl hätten gekündigt werden müssen, im Betrieb zu halten. Der Unterschied bestehe lediglich darin, daß man vor der Gesetzesänderung Arbeitnehmer, die aufgrund einer Sozialauswahl hätten gekündigt werden müssen, wegen berechtigter betrieblicher Interessen im Betrieb halten konnte, während nach der Neufassung diese Arbeitnehmer bereits im Vorfeld aus der Sozialauswahl herausgenommen werden könnten, wenn ein berechtigtes betriebliches Interesse bestehe. Der Bezugspunkt bleibe gleich. Ein Arbeitnehmer bleibt im Betrieb, der aufgrund der sozialen Auswahl eigentlich hätte gekündigt werden müssen.

Im Anschluß an diese Ausführungen meldete sich Rechtsanwalt Professor Dr. *Klaus Hümmerich* in bezug auf den Vortrag von *Eisemann* zu Wort. *Hümmerich* hielt die von *Eisemann* vorgenommene Einzelfallbeurteilung im Rahmen der Prüfung des § 1 Abs. 3 KSchG für unzulässig, da das Gesetz eindeutig auf drei (abschließende) Auswahlkriterien abstelle. Eine Einzelfallabwägung sei dann unnötig. *Eisemann* führte zu dieser Anmerkung aus, daß das Problem bei der Prüfung der drei Kriterien gerade in der Gewichtung der Kriterien untereinander liege. Die soziale Auswahl sei kein Rechenexempel, sondern ein wertender Vorgang. Die Wertigkeit der Kriterien zueinander sei durch den Gesetzgeber nicht vorgegeben. Demgemäß müsse sie im Rahmen einer Einzelfallbetrachtung jeweils bestimmt werden. Insofern stehe dem Gericht ein Beurteilungsspielraum zu. Hiergegen wandte *Hümmerich* ein, daß von der Rechtsprechung im Hinblick auf die Gewichtung feste Punktesysteme anerkannt worden seien. Der Präsident des Bundesarbeitsgerichts Prof. Dr. *Thomas Dieterich* gab hierzu einen Hinweis, der die Argumentation von *Eisemann* unterstützte. Er habe bei einer Anhörung im Arbeits- und Sozialausschuß deutlich gemacht, daß die auf drei abschließende Kriterien gestützte Sozialauswahl keinerlei Klarheit bringe, da hinter diesen globalen Begriffen eine raffinierte Abstufung stehe. Dem Gesetzgeber sei es bei Schaffung der Regelung damit bewußt gewesen, daß keine mathematischen Regelungen vorhanden seien. Dies sei lediglich mit einem Achselzucken hingenommen worden. Im Endeffekt habe sich somit nicht viel mehr geändert, als daß die Diskussion um die Sozialauswahl nunmehr mit den in § 1 Abs. 3 KSchG angeführten drei Kriterien geführt werde.

Zum Abschluß ging Rechtsanwalt Dr. *Andreas Ringstmeier* auf den Vortrag von *Küttner* ein und führte zunächst aus, daß der Arbeitnehmer im Zuge der fristgebundenen (drei Wochen) Geltendmachung der Unwirksamkeit einer Kündigung gemäß § 113 Abs. 2 InsO auch die Unwirksamkeit gemäß § 613a Abs. 4 BGB geltend machen müsse. Dies sei aber insofern problematisch, als Arbeitgeber und Investor die Arbeitnehmer häufig lange Zeit im unklaren über einen eventuellen Betriebsübergang ließen. Oftmals habe der Arbeitnehmer deshalb keine Kenntnis von diesem Unwirksamkeitsgrund. Er stellte dann die Frage, ob es Bestrebungen gebe, dem Arbeitnehmer diesbezüglich zu helfen. *Küttner* bejahte zunächst, daß auch die Unwirksamkeit gemäß § 613a Abs. 4 BGB innerhalb der Drei-Wochen-Frist geltend gemacht werden müsse. Rechtsprechung sei ihm hierzu allerdings nicht bekannt. Er führte aus, daß sich die Unwirksamkeit in den meisten Fällen auf § 102 BetrVG stützen werde. *Ringstmeier* pointierte nunmehr seine Frage gegenüber *Schaub* und *Eisemann* dahin gehend, ob Bedenken seitens der Gerichte bestünden, wenn Arbeitgeber und Übernahmeinteressent den Arbeitnehmer aus taktischen Gründen über einen Betriebsübergang im unklaren ließen. *Eisemann* erwiderte, daß eine solche Änderung der Sachlage während der Kündigungsfrist zu einer Weiterbeschäftigungspflicht führe.

Aktuelle Fragen des Aufhebungsvertrages

von

Rechtsanwalt Dr. ULRICH TSCHÖPE, Gütersloh

Inhaltsübersicht

I. Einleitung

II. Die taktische Frage

III. Die Zeitpunktfrage

IV. Die Alternativfrage

V. Die Rentenfrage

VI. Die 128er Frage

VII. Die Betriebsrentenfrage

VIII. Die Freistellungsfrage

IX. Schlußbemerkung

I. Einleitung

Das zentrale Problem bei Aufhebungsverträgen im Zusammenhang mit dem Ausstieg aus dem Arbeitsleben ist die Versorgungsfrage. Der Endfünfziger überlegt, ob er um seinen Arbeitsplatz kämpfen oder im Wege der abfindungsbegleiteten Aufhebungsvereinbarung in den „vorgezogenen Ruhestand" gehen soll. Ziel auf seiner Seite ist das Ausscheiden mit ungeschmälerter Abfindung und längstmöglichem Arbeitslosengeldbezug jedenfalls bis zur Möglichkeit des Bezugs von Altersrente wegen Arbeitslosigkeit (§ 38 Abs. 1 SGB VI); auf Arbeitgeberseite steht regelmäßig das Interesse an einer streitlosen Beendigung von Arbeitsverhältnissen, deren betriebsbedingte Kündigung (namentlich wegen der Sozialauswahl) problembeladen wäre.

Die Überlegung der Arbeitsvertragsparteien, ihre Interessen über die gestaltungsoffene Möglichkeit einer Aufhebungsvereinbarung zu wahren, hat deshalb einen gewissen Charme.

Von den vielen in diesem Zusammenhang stets, noch oder bald aktuellen Fragen[1] möchte ich Ihnen im Rahmen dieses kurzen Vortrags sieben vorstellen, denen eine gewisse Praxisrelevanz innewohnt.

II. Die taktische Frage

Das beginnt mit einer durch die §§ 119, 117a AFG[2] begründeten taktischen Frage:

Nach § 119 Abs. 1 Nr. 1 AFG i. V. m. § 119a Nr. 1 AFG tritt eine Sperrzeit (für den Bezug von Arbeitslosengeld) von zwölf Wochen ein, wenn der Arbeitslose ohne wichtigen Grund das Arbeitsverhältnis gelöst hat. Das ist nicht nur dann der Fall, wenn er selbst kündigt, sondern auch dann, wenn er einen zur Beendigung des Arbeitsverhältnisses führenden Vertrag schließt.[3] Wird eine Abfindung gezahlt, führt das im Rahmen des § 117a Abs. 1 AFG unmittelbar zum Ruhen des Anspruchs auf Arbeitslosengeld während eines in § 117a Abs. 2 AFG näher definierten Zeitraums, der mit dem Ende der Sperrzeit beginnt. Mit seiner Entscheidung vom 9. November 1995[4] hat das Bundessozialgericht den Tatbestand der Lösung des Arbeitsverhältnisses durch den Arbeitslosen weiter ausgedehnt. Das hat durch neuen Sammelerlaß zum Arbeitslosengeld der Bundesanstalt für Arbeit[5] zu einer Aktualisierung der Dienstanweisungen zu § 119 AFG geführt.

Danach beendet ein ausdrücklicher Aufhebungsvertrag stets das Arbeitsverhältnis und damit auch das Beschäftigungsverhältnis i. S. v. § 119 Abs. 1 Nr. 1 AFG unmittelbar. Eine Sperrzeit wird angeordnet, wenn für den Arbeitslosen kein wichtiger Grund für den Vertragsschluß besteht. Als solchen läßt die Bundesanstalt nur gelten, wenn der Arbeitslose einer unmittelbar drohenden rechtmäßigen (hypothetischen) Kündigung zuvorkommt, um Nachteile einer arbeitgeberseitigen Kündigung für sein berufliches Fortkommen oder um Nachteile von vergleichbarem Gewicht zu vermeiden.[6] Ob gerade derjenige Arbeitnehmer, der sich mit einem Aufhebungsvertrag in den „vorzeitigen Ruhestand" verabschieden will, derartige Nachteile glaubhaft machen kann, ist mehr als zweifelhaft.

---

1) Vgl. dazu ausführlich *Bauer*, Arbeitsrechtliche Aufhebungsverträge, 5. Aufl., 1997; *Küttner*, Personalhandbuch, 1997, S. 360 ff, sowie Nachtrag.
2) Weitergeltung auch über den 31. 12. 1997 hinaus durch § 242x Abs. 3 AFG, § 427 Abs. 6 SGB III.
3) BSG, Urt. v. 29. 11. 1989 – 7 RAr 86/88, BSGE 66, 94 = NZA 1990, 628.
4) BSG, Urt. v. 9. 11. 1995 – 11 RAr 27/95, NZA-RR 1997, 109.
5) Bundesanstalt für Arbeit, Sammelerlaß zum Arbeitslosengeld vom 19. 12. 1996, abgedruckt in: NZA 1997, 427 ff.
6) *Hümmerich*, NZA 1997, 409, 411.

Abgesehen davon dürfte gerade die Rechtmäßigkeit der (hypothetischen) arbeitgeberseitigen Kündigung in Fällen wie den hier betrachteten zweifelhaft sein. Deshalb erweckt die Vorstellung, im Rahmen eines Verfahrens über die Berechtigung einer Sperrfrist vor den Sozialgerichten inzident über die Wirksamkeit einer Kündigung zu streiten, nicht nur gewisses Unbehagen,[7] vielmehr dürfte der Weg der ausdrücklichen Aufhebungsvereinbarung ohne unzumutbare Risiken für den Arbeitnehmer nicht (mehr) gangbar sein.

Es bleibt dann die Überlegung der einvernehmlichen Beendigung des Vertragsverhältnisses im Zusammenhang mit einer tatsächlich ausgesprochenen arbeitgeberseitigen Kündigung. Unbeachtlich ist dabei, ob man in diesem Zusammenhang von einem Aufhebungs- oder Abwicklungsvertrag spricht.[8]

Die Beteiligung des Arbeitnehmers an der Beendigung des Beschäftigungsverhältnisses bei einer (möglicherweise) rechtswidrigen Arbeitgeberkündigung kommt nach der Durchführungsanweisung 1996 in drei Varianten in Betracht:

- vorausgehende Absprache über eine noch auszusprechende Arbeitgeberkündigung, sofern nicht bereits ein Aufhebungsvertrag vorliegt (DA 1.113/1);

- nachträgliche Einigung über eine ausgesprochene Arbeitgeberkündigung (DA 1.113/2);

- Hinnahme einer offensichtlich rechtswidrigen Kündigung im Hinblick auf zugesagte finanzielle Vergünstigungen (DA 1.113/3)

Während die Hinnahme einer offensichtlich rechtswidrigen Kündigung hier unberücksichtigt bleiben soll und die vorausgehende Absprache ebenso regelmäßig zu einer Sperrfristverhängung führen dürfte, rückt die nach Ausspruch einer arbeitgeberseitigen Kündigung erfolgte Einigung in den Blickpunkt des Interesses. Denn erstens stellt die Dienstanweisung 1996 klar, daß die nachträgliche Einigung durch arbeitsgerichtlichen Vergleich in aller Regel keine Sperrzeit auslöst (DA 1.113/2 [2]), und zweitens hält sie einen Auflösungssachverhalt nur dann für gegeben, wenn der Arbeitslose die Rechtswidrigkeit der Arbeitgeberkündigung (positiv) erkannt hat. Dies soll dann nicht der Fall sein, wenn dem Arbeitslosen durch eine kom-

---

7) So *Germelmann*, NZA 1997, 200, 240.
8) A. A. *Hümmerich*, NZA 1997, 409, 411, der meint, ein Abwicklungsvertrag sei qua Difinition von einer Vorfeldabsprache nicht betroffen. Er übersieht, daß nach den Vorstellungen der Bundesanstalt für Arbeit der Erklärungswille der Arbeitsvertragsparteien entscheidend ist; zielt dieser auf die Beendigung des Beschäftigungsverhältnisses, kommt es auf den Wortlaut oder die äußere Form der Vereinbarung nicht an; vgl. DA 1.113/2 [3].

petente Stelle entweder die Rechtmäßigkeit der Kündigung versichert worden oder die Rechtswidrigkeit der Kündigung auch nach dieser Auskunft ungewiß geblieben ist. Bemerkenswert in diesem Zusammenhang ist der Umstand, daß die Bundesanstalt für Arbeit den Betriebsrat für eine kompetente Stelle hält und damit der Rechtsprechung zur Auskunftskompetenz des Betriebsrats im Rahmen des § 5 KSchG[9] widerspricht.

In Ansehung der partikularen und sich ständig im Fluß befindlichen Rechtsprechung namentlich zur betriebsbedingten Kündigung[10] dürfte es nicht schwerfallen, auch als Fachanwalt für Arbeitsrecht die Auskunft zu erteilen, daß jedenfalls die Rechtmäßigkeit oder Rechtswidrigkeit einer in Rede stehenden Kündigung ungewiß ist.

Damit ist die Handlungsanweisung gegeben und die eingangs erwähnte taktische Frage beantwortet: Vernünftigerweise wartet man erst eine arbeitgeberseitige Kündigung ab, erhebt Kündigungsschutzklage und einigt sich im Gütetermin oder findet nach in ihrer Rechtswirksamkeit jedenfalls ungewissen arbeitgeberseitigen Kündigung eine wie auch immer genannte Einigung. Eine im Vorfeld stattfindende Beratung der Arbeitnehmer- oder Arbeitgeberseite über diese Rechtslage stellt sicherlich keine „vorausgehende Absprache" im Sinne der DA 1.113/1 dar und führt deshalb nicht zu einem Sperrfristtatbestand.

III. Die Zeitpunktfrage

Es ist zu Recht darauf hingewiesen worden, daß künftig die Frage nach der optimierten Beendigungsgestaltung mit Blick auf neue Rechtsentwicklungen beantwortet werden muß.[11]

Nach geltendem Recht kommt – ungeachtet der soeben diskutierten Frage – ein (indirekter) Angriff der Arbeitsverwaltung auf die ausgehandelte Abfindung nur in Betracht, wenn das Arbeitsverhältnis ohne Einhaltung der ordentlichen Kündigungsfrist beendet worden ist. Für diesen Fall sieht § 117 Abs. 1 AFG grundsätzlich das Ruhen des Anspruchs auf Arbeitslosengeld bis zum Ablauf der ordentlichen Kündigungsfrist vor. Der genaue Ruhenszeitraum wird durch partielle Berücksichtigung einer Abfindungszahlung bestimmt (§ 117 Abs. 2 und 3 AFG).

---

9) LAG Rheinland-Pfalz, Beschl. v. 10. 9. 1984 – 1 Ta 197/84, NZA 1985, 430; LAG Hamburg, Beschl. v. 10. 4. 1987 – 5 Ta 5/87, DB 1987, 1744.

10) Vgl. zum Weiterbeschäftigungsanspruch BAG, Urt. v. 27. 2. 1997 – 2 AZR 160/96, NJW 1997, 2257, dazu EWiR 1997, 781 *(Junker/Schnelle)*.

11) *Hümmerich*, NZA 1997, 409.

Aktuelle Fragen des Aufhebungsvertrages

Zwar ist § 117 AFG durch das Arbeitsförderungs-Reformgesetz[12] mit Wirkung vom 1. April 1997 grundsätzlich aufgehoben worden; von (noch) geltendem Recht zu sprechen, ist aber dennoch gerechtfertigt. Denn über die (unsägliche) Übergangsregelung des § 242x Abs. 3 AFG (die über § 427 Abs. 6 SGB III über den 31. Dezember 1997 hinaus anzuwenden ist) gelten die bisherigen Regelungen des Arbeitsförderungsgesetzes über die Behandlung von Abfindungen in der bis zum 31. März 1997 bestehenden Fassung unter bestimmten Voraussetzungen weiter fort. Insbesondere finden § 117 Abs. 2–3a, § 117a AFG weiter Anwendung, wenn mindestens 360 Kalendertage beitragspflichtiger Beschäftigung innerhalb der Rahmenfrist *und* gleichzeitig vor dem 1. April 1997 liegen (§ 242x Abs. 3 Nr. 1 AFG). Unter Rahmenfrist ist die Rahmenfrist des § 104 Abs. 3 AFG zu verstehen. Diese beträgt drei Jahre. Die an sich also aufgehobenen § 117 Abs. 2–3a, § 117a AFG sind demnach auf solche Arbeitnehmer anzuwenden, deren Anspruch auf Arbeitslosengeld noch bis zum 6. April 1999 entstanden ist und die innerhalb der Rahmenfrist, die vom 6. April 1996 bis zum 5. April 1999 läuft, 360 Tage vor dem 1. April 1997 eine beitragspflichtige Beschäftigung ausgeübt haben.[13] Dies bedeutet im Umkehrschluß, daß § 242x Abs. 3 AFG nicht anwendbar ist (also neues Recht gilt), wenn entweder der Arbeitnehmer erst ab 7. April 1996 eine die Beitragspflicht begründende Tätigkeit aufgenommen hat oder – hier von Interesse – der Anspruch auf Arbeitslosengeld erstmals am 7. April 1999 entsteht.

Das neue Recht hat es in sich: Kernstück der durch das Arbeitsförderungs-Reformgesetz bewirkten Reform ist insbesondere die Anrechnung von Abfindungen auf das Arbeitslosengeld. Der neu eingeführte § 115a AFG, der ab 1. Januar 1998 vom inhaltsgleichen § 140 SGB III abgelöst wird, ersetzt – vorbehaltlich der erwähnten Übergangsregelung – die bisherigen Ruhens- und Anrechnungsvorschriften der §§ 117, 117a AFG. Nach der Neuregelung wird eine Abfindung, Entschädigung oder ähnliche Leistung, die der Arbeitslose wegen der Beendigung des Arbeitsverhältnisses erhalten oder zu beanspruchen hat, auf die Hälfte des Arbeitslosengeldes angerechnet, soweit sie den Freibetrag überschreitet (§ 115a Abs. 1 Satz 1 AFG). Der Freibetrag beträgt bei Arbeitnehmern, die bei Beendigung des Beschäftigungsverhältnisses das 50. Lebensjahr noch nicht vollendet haben, 25 %. Hat der Arbeitnehmer bei Beendigung des Beschäftigungsverhältnisses das 50. Lebensjahr vollendet, beläuft sich der Freibetrag auf 35 %. Er erhöht sich für je fünf Jahre Betriebszugehö-

---

12) Gesetz zur Reform der Arbeitsförderung (Arbeitsförderungs-Reformgesetz – AFRG) vom 24. 3. 1997, BGBl I, 594, 595.
13) *Niesel*, NZA 1997, 580; *Bauer/Röder*, DB 1997, 834.

rigkeit nach Vollendung des 45. Lebensjahres um jeweils 5 % (§ 115a Abs. 2 Satz 1 und 2 AFG).

Beispiel:

Das Arbeitsverhältnis eines seit 20 Jahren beschäftigten, am 20. August 1940 geborenen Arbeitnehmers (verheiratet, ein Kind, Steuerklasse III, Monatsverdienst 7 000,- DM brutto, Kündigungsfrist: 7 Monate zum Monatsende) wird mit Aufhebungsvertrag vom 2. 9. 1998 zum 30. 4. 1999 aufgelöst. Er erhält eine Abfindung in Höhe von 70 000,- DM. Die Dauer des Anspruchs auf Arbeitslosengeld beträgt nach § 127 Abs. 2 SGB III insgesamt 32 Monate. Da der Arbeitnehmer nicht von der Übergangsregelung nach § 242x AFG erfaßt wird, ist die Abfindung auf das halbe Arbeitslosengeld so anzurechnen:

Abfindung:			70 000,- DM
Freibetrag:	- Grundfreibetrag 25 %	17 500,- DM	
	- Erhöhung wegen Altersversorgung auf 10 %	7 000,- DM	
		24 500,- DM	
	- Erhöhung wegen Beschäftigung nach dem 45. Lebensjahr, 2 x 5 %	7 000,- DM	
		31 500,- DM	
anrechenbarer Teil also			38 500,- DM

Das Arbeitslosengeld beträgt nach seinem vorherigen Einkommen monatlich 2 848,58 DM; es werden deshalb so lange ca. 1 424,- DM angerechnet, bis der anrechenbare Teil der Abfindung erreicht ist. Das sind hier 27 Monate. Von der gezahlten Abfindung bleiben deshalb effektiv etwas mehr als 31 500,- DM übrig.

Damit erhellt sich die Zeitpunktfrage: Beendet man das Vertragsverhältnis mittels Aufhebungsvertrages (oder Kündigung) erst nach dem 6. April 1999, muß der betroffene Arbeitnehmer eine empfindliche Schmälerung der vereinbarten Abfindung hinnehmen, während bei Beendigung des Vertragsverhältnisses vor dem 7. April 1999 die Abfindung grundsätzlich anrechnungsfrei bleibt.

Wenn man also im Rahmen einer Aufhebungsvereinbarung die ordentliche Kündigungsfrist einhalten und nach altem Recht behandelt werden möchte, muß man sich bald sputen: Mit Ablauf des Monats August 1998 beginnt spätestens die kritische Phase.

IV. Die Alternativfrage

Was ist nun zu tun, wenn das „Aufhebungs-Fenster" (Aufhebung unter Einhaltung der ordentlichen Kündigungsfrist und Behandlung nach altem Recht) im September 1998 schon zugeklappt ist, gleichwohl aber das Vertragsverhältnis aufgelöst werden soll. Die Alternative lautet: Entweder Auflösung mit Einhaltung der ordentlichen Kündigungsfrist – was zur beschriebenen Anrechnung der Abfindung führt – oder, gewissermaßen als „Notbremse", die einvernehmliche sofortige Auflösung des Arbeitsverhältnisses.

Wenn man die zuletzt genannte Alternative einmal auch nur überschlägig durchrechnet, kommt man zu erstaunlichen Ergebnissen.

Unterstellt man in dem dargestellten Beispielsfall die Aufhebung des Vertragsverhältnisses mit sofortiger Wirkung am 2. September 1998 und eine Erhöhung der Grundabfindungssumme um 49 000,- DM (7 x 7 000,- DM wegen Einsparung der Kündigungsfrist), steht eine Abfindungssumme von insgesamt 119 000,- DM zur Verfügung. Allerdings sind Sperr- und Anrechnungszeiten nach §§ 119, 117, 117a AFG und die Verkürzung des Bezugszeitraums (nach altem Recht!) zu berücksichtigen. Das sieht so aus:

(1) Sperrzeit nach § 119 AFG = 72 Tage

(2) Ruhenszeitraum nach § 117 AFG
119 000,- DM x 30 % = 35 700,- DM: Tagesverdienst in Höhe von 233,- DM = 153 Ruhenstage (bis 27. 2. 1999)

(3) Ruhen mit Verkürzungswirkung nach § 117a AFG
119 000,- DM abzüglich 20 970,- DM (90 x Tagesverdienst), abzüglich 35 700,- DM (Entgelt im Ruhenszeitraum nach § 117 AFG) = 62 330,- DM x 20 % = 12 466,- DM: Tagesverdienst = 53 Tage

(4) Verkürzung Anspruchszeitraum
208 Tage (mindestens ¼ Bezugsdauer, § 110 Nr. 2 AFG) zuzüglich 53 Tage aus (3), § 117a Abs. 1 AFG = 261 Tage

(5) Es verbleiben an Anspruchsdauer nach Ablauf von Sperr- (72 Tage) und Ruhenszeiträumen (153 Tage + 53 Tage = 206 Tage) noch 571 Tage oder 95 Leistungswochen (832 Tage ./. 261 Tage).

Damit kann der betroffene Arbeitnehmer nahezu nahtlos in die Rente wegen Arbeitslosigkeit (§ 38 SGB VI) überwechseln. Er hat nicht nur (ab Ende März 1999) seinen vollen Arbeitslosengeldanspruch ohne weitere Abfindungsanrechnung; selbst bei einem gewissen Abfindungs-"Verbrauch" zur Überbrückung der Sperr- und Ruhenszeiten verbleibt eine Abfindung in Höhe von ca. 80 000,- bis 90 000,- DM (hierbei wurde allerdings generell die steuerliche Behandlung unberücksichtigt gelassen).

Fazit: Anstatt in die Anrechnungsregelungen des neuen SGB III zu rutschen, kann sich die sofortige einvernehmliche Auflösung des Arbeitsverhältnisses selbst unter Inkaufnahme von Ruhens- und Sperrzeiten nach bisherigem Recht lohnen.

V. Die Rentenfrage

Ob es für den Arbeitnehmer Sinn macht, einen Aufhebungsvertrag abzuschließen, hängt nicht zuletzt von rentenversicherungsrechtlichen Fragen ab. Sie entscheiden darüber, welchen Zeitraum der Arbeitnehmer bis zum Eintritt in das Rentenalter zu überbrücken und welche Konsequenzen der vorherige Ausstieg aus dem Arbeitsleben auf die Höhe des Rentenanspruchs hat.

Die in § 41 SGB VI vormals bestimmte Altersgrenze von 60 Jahren für eine Altersrente wegen Arbeitslosigkeit ist kurz hintereinander zweimal angehoben worden; einmal durch das Gesetz zur Förderung eines gleitenden Übergangs in den Ruhestand[14] und dann nochmals durch das Wachstums- und Beschäftigungsförderungsgesetz[15]. Stufenweise wird danach die Altersgrenze auf 65 Jahre angehoben. Versicherte, die 1942 oder später geboren wurden, können also erst mit 65 Jahren einen vollen Rentenanspruch geltend machen; für Versicherte, die nach dem 31. Dezember 1936 geboren wurden, erfolgt eine stufenweise Anhebung der Altersgrenze. Dies wirkt sich auf den Abschluß von Aufhebungsverträgen insofern aus, als der Zeitraum, der nach Abschluß des Aufhebungsvertrages zu überbrücken ist, grundsätzlich erheblich verlängert wird. Das mindert die Attraktivität von Aufhebungsverträgen für ältere Arbeitnehmer.

Allerdings ist auch eine vorzeitige Inspruchnahme der Altersrente ab Vollendung des 60. Lebensjahres weiterhin möglich, dies jedoch nur um den Preis eines versicherungsmathematischen Abschlages von 0,3 % pro Monat der vorzeitigen Inspruchnahme (§ 77 Abs. 2 Nr. 1 SGB VI).[16] Die damit eintretende Rentenverminderung freilich kann wiederum durch

---

14) Gesetz zur Förderung eines gleitenden Übergangs in den Ruhestand vom 23. 7. 1996, BGBl I, 1078.

15) Gesetz zur Umsetzung des Programms für mehr Wachstum und Beschäftigung in den Bereichen der Rentenversicherung und Arbeitsförderung (Wachstums- und Beschäftigungsförderungsgesetz – WFG) vom 25. 9. 1996, BGBl I, 1461.

16) Vgl. näheres *von Einem*, ZTR 1997, 159 ff.

Aktuelle Fragen des Aufhebungsvertrages

zusätzliche Beiträge ausgeglichen werden (§ 187a SGB VI). Der Ausgleichsbetrag errechnet sich nach folgender Formel:

Ausgleichsbetrag = vorläufiges Jahresdurchschnittsentgelt multipliziert mit dem Beitragssatz zur gesetzlichen Rentenversicherung, multipliziert mit der Anzahl der geminderten Entgeltpunkte; das gesamte dividiert durch den verminderten Zugangsfaktor.

Beispiel (nach dem Ausgangsfall unter III, S. 262):
- Anhebung der Altersgrenze wegen Arbeitslosigkeit auf 63 Jahre, 8 Monate (§ 41 Abs. 1 SGB VI in Verbindung mit Anlage 19)
- Abschlag nach § 77 Abs. 2 Nr. 1 SGB VI: 0,3 % pro Monat
  44 Monate = 13,2 %
- Ausgleichsbetrag nach § 187a SGB VI
  - Vorläufiges Jahresdurchschnittsentgelt
    84 000,- DM
  - Beitragssatz 1997
    20,3 %
  - Geminderte Entgeltpunkte (für Beitragszeiten, beitragsfreie Zeiten, Zuschläge für beitragsmindernde Zeiten etc.)
    1,44
  - Verminderter Zugangsfaktor
    44 (Monate früher) x 0,003 = 0,13 entspricht 0,87

  Rechnung:
  84 000,- DM x 20,3 % x 1,44 : 0,87 = 28 224,- DM

Es ist also im Beispielsfall ein Ausgleichsbetrag von mehr als 28 000,- DM notwendig, um bei Inanspruchnahme der Rente wegen Arbeitslosigkeit mit Vollendung des 60. Lebensjahres den damit verbundenen Rentenverlust aufzufangen.

Die vorzeitige Inanspruchnahme der Altersrente (wegen Arbeitslosigkeit) mit Ausgleichszahlung bietet nun Gestaltungsmöglichkeiten bei Aufhebungsverträgen. Denn sowohl nach altem (§ 117a Abs. 1 Satz 2 AFG) als auch nach neuem (§ 115a Abs. 1 Satz 2 AFG, § 140 Abs. 1 Satz 2 SGB III) Recht mindert der vom Arbeitgeber übernommene Ausgleichsbetrag die anrechnungsfähige Abfindung (sofern das Vertragsverhältnis mit oder nach Vollendung des 55. Lebensjahres beendet wird).

In dem nun schon bekannten Ausgangsfall und bei Geltung des § 115a AFG/§ 140 SGB III heißt dies:

- Gesamtabfindungsbetrag   70 000,- DM
- abzüglich Freibetrag   <u>31 500,- DM</u>
- grundsätzlich anrechenbarer Betrag   38 500,- DM
- abzüglich Ausgleichsbetrag
  (aus Abfindungssumme bezahlt)   <u>28 224,- DM</u>
- anzurechnende Abfindung   10 276,- DM

Dieser Betrag, dividiert durch das hälftige Arbeitslosengeld, führt zu einer Anrechnungsdauer von lediglich gut sieben Monaten und ist damit sehr viel attraktiver als die 27monatige Anrechnungszeit bei „voller" Abfindungszahlung.

VI. Die 128er Frage

Neben dem eingangs erwähnten Interesse des Arbeitgebers an einer streitlosen Beendigung des Arbeitsverhältnisses dürfte die Vermeidung der Inanspruchnahme nach § 128 AFG großes Gewicht bei den Überlegungen zum Abschluß eines Aufhebungsvertrages haben. Diese Zwangsbremse zur Verhinderung von Entlassungen älterer Arbeitnehmer hat zwar keinen Eingang in das neue SGB III gefunden. Soweit aber die Abfindungsregelungen weiterhin nach altem Recht behandelt werden, findet auch § 128 AFG uneingeschränkt Anwendung (§ 242x Abs. 6 AFG, § 431 SGB III).

Deshalb sind auch die in der Vergangenheit vielfach gestarteten Versuche, mittels Vereinbarungen in Aufhebungsverträgen die Folgen des § 128 AFG auszuschließen oder zu verändern, noch nicht obsolet. Freilich waren jene Versuche schon in der Vergangenheit im wesentlichen erfolglos. Vereinbarungen, in denen sich Arbeitnehmer gegen Zahlung einer Abfindung verpflichtet hatten, sich zwar arbeitslos zu melden, aber keinen Antrag auf Arbeitslosengeld zu stellen, sind für unwirksam erklärt worden.[17] Gleiches galt für den Versuch, über eine modifizierte Darlehensregelung, die letztlich als verschleierte Abfindung angesehen wurde, die Folgen des § 128 AFG auszuhebeln.[18]

---

17) BAG, Urt. v. 22. 6. 1989 – 8 AZR 761/87, EzA Nr. 2 zu § 128 AFG, dazu EWiR 1990, 833 *(Dalichau)*; BSG, Urt. v. 24. 3. 1988 – 5/5b RJ 84/86, BB 1988, 1964, dazu EWiR 1988, 1145 *(Plagemann)*.

18) BSG, Urt. v. 3. 3. 1993 – 11 RAr 57/92, NZS 1993, 462, dazu EWiR 1993, 1145 *(Steinmeyer)*; zu weiterem *Germelmann*, NZA 1997, 236, 244.

Aktuelle Fragen des Aufhebungsvertrages

Für zulässig halten wird man jedoch eine Vereinbarung, in der die Tatsache, daß der Arbeitnehmer keinen Antrag auf Arbeitslosengeld stellt (nicht seine Verpflichtung dazu), als Geschäftsgrundlage der Aufhebungsvereinbarung bezeichnet wird. Gleichzeitig können die Parteien die Rechtsfolgen des Wegfalls der Geschäftsgrundlage etwa dergestalt festlegen, daß der Abfindungsanspruch entfällt. Die Klausel könnte so aussehen:

„Zwischen den Parteien besteht Einigkeit darüber, daß die gemeinsame Geschäftsgrundlage für diese Vereinbarung entfällt, wenn der Arbeitnehmer entgegen seinen jetzigen Absichten nach Beendigung des Anstellungsverhältnisses und vor dem Bezug der gesetzlichen Rente Arbeitslosengeld bezieht oder sich arbeitslos meldet und Arbeitslosengeld beansprucht. In diesem Fall ist die vorliegende Aufhebungsvereinbarung dahin anzupassen, daß der in Ziffer ... der Vereinbarung geregelte Anspruch des Arbeitnehmers auf Zahlung einer Abfindung entfällt. Der Arbeitnehmer ist dann verpflichtet, die erhaltene Abfindung in vollem Umfang an den Arbeitgeber zurückzuzahlen."

Ein Verstoß gegen § 32 SGB I liegt darin nicht, weil dem Arbeitnehmer die Option bleibt, jederzeit einen Antrag auf Arbeitslosengeld zu stellen – freilich mit Rückzahlungsverpflichtung. Bisher hat – soweit ersichtlich – diese Konstruktion „gehalten".

VII. Die Betriebsrentenfrage

Nicht selten geraten Detailprobleme der betrieblichen Altersversorgung im Rahmen von Aufhebungsverhandlungen aus dem Blickfeld. Ein Teilaspekt wird dabei regelmäßig übersehen. Dazu ein Beispiel:

Der Arbeitgeber sagt dem Arbeitnehmer ein Ruhegehalt von 1 200,- DM zu und verspricht, diesen Betrag entsprechend den tariflichen Steigerungen bei Eintritt in den Ruhestand (65 Jahre) zu erhöhen. Der Arbeitnehmer tritt mit 35 Jahren ein und scheidet im Wege des Aufhebungsvertrages mit 58 Jahren aus. Zu diesem Zeitpunkt betrug die Altersversorgungsanwartschaft 920,- DM (möglicher Versorgungsanspruch 1 200,- DM ratierlich gekürzt im Verhältnis von 23 tatsächlichen zu 30 möglichen Beschäftigungsjahren).

Wer nun glaubt, mit Erreichen der Altersgrenze eine dynamische Rente zu haben, irrt. Denn das Bundesarbeitsgericht hat unter ausdrücklicher Aufgabe seiner früheren Rechtsprechung entschieden, daß § 2 Abs. 5 Satz 1

BetrAVG die Bemessungsgrundlage nicht nur für den sogenannten Anwartschaftszeitraum, sondern auch für die spätere Rentenzeit festlegt.[19] Der Arbeitnehmer kann also auch nach Eintritt des Versorgungsfalles *keine Erhöhung* des Ruhegeldes bei Eintritt entsprechender tariflicher Steigerungen verlangen. Er wäre allein auf die Anpassungsprüfung nach § 16 BetrAVG angewiesen.

In Aufhebungsvereinbarungen sollte deshalb aus Sicht des betroffenen Arbeitnehmers ausdrücklich die Verpflichtung des Unternehmens festgeschrieben werden, unabhängig von § 2 Abs. 5 Satz 1 BetrAVG die Höhe der Anwartschaft erworbener Betriebsrente bei Eintritt in den Ruhestand auch zu dynamisieren. Ob eine solche Abrede auch nach § 7 BetrAVG insolvenzgeschützt ist, mag hier dahinstehen.

VIII. Die Freistellungsfrage

Im Zuge von Aufhebungsvereinbarungen wird regelmäßig die Freistellung des Arbeitnehmers bis zum Zeitpunkt seines tatsächlichen Ausscheidens vereinbart. Gelingt es dem Arbeitnehmer während der Freistellungsphase eine anderweitige Beschäftigung aufzunehmen, gibt es regelmäßig Streit über die Frage der Anrechnung jenes Verdienstes auf die weiterlaufenden Bezüge des bisherigen Arbeitgebers.

Ob ein Arbeitnehmer sich bei Freistellung unter Fortzahlung der Bezüge anderweitigen Verdienst anrechnen lassen muß, wird von der arbeitsgerichtlichen Rechtsprechung und Literatur nicht einheitlich beurteilt.[20] Das LAG Hamm jedenfalls hat die Auffassung vertreten, mit einvernehmlicher Freistellung erlösche die Gläubigerstellung des Arbeitgebers mit der Folge, daß ein Gläubigerverzug i. S. d. § 615 BGB nicht mehr eintreten könne.[21] Damit scheide auch eine analoge Anwendung des § 615 Satz 2 BGB aus. Faktisch kann der Arbeitnehmer also auch während des laufenden Vertragsverhältnisses – vorbehaltlich des § 60 HGB – jede anderweiti-

---

19) BAG, Urt. v. 22. 11. 1994 – 3 AZR 767/93, AP Nr. 83 zu § 7 BetrAVG = ZIP 1995, 584, dazu EWiR 1995, 327 *(Schaub)*; vgl. auch *Höfer/Reiners/Wüst*, § 2 BetrAVG, 1995, Rz. 1942 ff.

20) Vgl. einerseits BAG, Urt. v. 6. 2. 1964 – 5 AZR 93/63, BAGE 15, 258; BAG, Urt. v. 2. 8. 1971 – 3 AZR 121/71, AP Nr. 25 zu § 615 BGB; LAG Hessen, Urt. v. 2. 12. 1993 – 13 Sa 283/93, LAGE § 615 BGB Nr. 42; *Böhrer*, in Münchener Handbuch zum Arbeitsrecht, Bd. 1, Individualarbeitsrecht I, 1992, § 67 Rz. 57; andererseits BAG, Urt. v. 30. 9. 1982 – 6 AZR 802/79 (unveröff.); LAG Köln, Urt. v. 21. 8. 1991 – 7/5 Sa 385/91, NZA 1992, 123, und LAG Baden-Württemberg, Urt. v. 21. 6. 1994 – 8 Sa 33/94, LAGE zu § 615 BGB Nr. 41; *Gravenhorst*, Anm. zu LAG Hessen LAGE § 615 BGB Nr. 42.

21) LAG Hamm, Urt. v. 11. 10. 1996 – 10 Sa 104/96, NZA-RR 1997, 287.

ge Tätigkeit aufnehmen und ohne Anrechnung auf sein weiterlaufendes Gehalt hinzuverdienen.

Die Arbeitgeberseite wird in diesen Fällen gut daran tun, in die Aufhebungsvereinbarung ausdrücklich die Anrechenbarkeit anderweitigen Verdienstes aufzunehmen.

IX. Schlußbemerkung

Abschließend darf ich eine Frage erwähnen, die fast aktuell geworden wäre und noch nicht aus der Welt ist: die Steuerfrage. Denn nach dem Vorschlag der von der Bundesregierung eingesetzten Steuerreformkommission vom 22. Januar 1997 sollte u. a. der Steuerfreibetrag nach § 3 Nr. 9 EStG und die Steuerermäßigung nach §§ 24, 34 EStG für Abfindungen und Entschädigungen gestrichen werden. Abfindungen sollten künftig in voller Höhe, wenn auch verteilt auf einen Zeitraum von fünf Jahren (mit dem daraus resultierenden Progressionsvorteil) versteuert werden.[22] Neben den neuen Anrechnungsvorschriften (§ 115a AFG, § 140 SGB III) wäre dies ein weiterer Spatenstich der gesetzgeberischen Totengräber des Aufhebungsvertrages.

---

22) Regierungsentwurf eines Steuerreformgesetzes vom 22. 4. 1997, BT-Drucks. 13/7480, S. 190, 201.

Altersteilzeit:
Chancen und Probleme der Kostensenkung und Qualitätserhöhung ohne Arbeitslosigkeit

von

Rechtsanwalt Dr. HEINRICH MEINHARD STINDT, Leverkusen

Inhaltsübersicht

I. Vorbemerkung

II. Differenzierte Zielsetzungen des Gesetzgebers zur Beschäftigungssicherung und Beschäftigungsförderung
   1. Beitrag zur allgemeinen Teilzeitförderung
   2. Zugang zur Altersrente durch Arbeitszeitverzicht
   3. Beitrag zur sozialverträglichen Personalanpassung
   4. Beitrag zum qualitativen Personalaustausch
   5. Förderung individueller und flexibler Vertragsgestaltungen
   6. Einfache oder doppelte Arbeitsmarktentlastung

III. Die drei Förderstufen
   1. Rentenzugang mit 60 Jahren
   2. Steuer- und Beitragsfreiheit von Aufstockungsleistungen
   3. Erstattung von Aufstockungsleistungen bei ursächlicher Neueinstellung

IV. Chancen für eine betriebliche Akzeptanz
   1. Materielle und immaterielle Ausstattung
      a) Tarifvertrag Chemie
      b) Tarifvertrag Metall
      c) Marketingmaßnahmen
   2. Beschäftigungsfördernde Beantwortung der Wiederbesetzungsfrage
      a) Widersprüchlichkeit des Gesetzestextes
      b) Dynamische gesetzliche Arbeitsplatzdefinition
      c) Gesetzlich geförderte Flexibilität
      d) Neue Pflicht zur Anpassungsfähigkeit nach SGB III
      e) Stärkung der Integrationsfähigkeit

f) Ausschluß unerwünschter Mitnahmeeffekte
g) Plausibilitätsprüfung der Wiederbesetzung aufgrund freier Arbeitszeitanteile
3. Variantenreichtum bei der Arbeitszeitverteilung
   a) Arbeitszeitblockung
   b) Degressive Altersteilzeit
   c) Arbeitszeitkonten
4. Kostensenkung und Wiederbeschäftigung im Kontext anderer Instrumente der Arbeitsförderung (Beispiele)
   a) Personalaustausch mit Eingliederungszuschuß und Eingliederungsvertrag
   b) Personalabbau im Kostenvergleich der Instrumente
   c) Dosierte Kostensenkung durch Wiederbesetzung in Kette
   d) Altersteilzeit und strukturelle Kurzarbeit
5. Kosten- und Risikoerhöhung beim Frühruhestand

I. Vorbemerkung

Die Anpassung des Arbeitsrechts an moderne Unternehmensführung – so die Leitüberschrift dieser zweitägigen Tagung in Köln – ist die eine Seite der Medaille. Ich möchte sie am Beispiel des Altersteilzeitgesetzes[1] betrachten. Die Anpassung der Unternehmensführung an modernes Arbeits- und Sozialrecht ist notwendigerweise die andere Seite. Sie betrifft die Umsetzungsfrage des neuen Rechts. Welche Anreize das Altersteilzeitgesetz den Adressaten bietet und wie die Praxis nach gut einem Jahr darauf bereits konkret reagiert hat oder reagieren könnte, soll mein Thema sein. Wir brauchen in der Praxis eine Kostensenkung und gleichzeitig Qualitätserhöhung bei den Personalkapazitäten. Inwieweit beides ohne Arbeitslosigkeit möglich ist, ist die spannende Frage.

II. Differenzierte Zielsetzungen des Gesetzgebers zur Beschäftigungssicherung und Beschäftigungsförderung

1. Beitrag zur allgemeinen Teilzeitförderung

Das Altersteilzeitgesetz 1996 gehört in den größeren Rahmen der allgemeinen Teilzeitförderung. Es setzt bei dem derzeit noch größten Personalanpassungspotential an, den in den nächsten Jahren zahlenmäßig noch starken Jahrgängen zwischen 55 und 60 Jahren.

---

1) Altersteilzeitgesetz (AltersTzG) = Art. 1 des Gesetzes zur Förderung eines gleitenden Übergangs in den Ruhestand vom 23. 7. 1996, BGBl I, 1078, zuletzt geändert durch das Arbeitsförderungs-Reformgesetz vom 24. 3. 1997, BGBl I, 594.

2. Zugang zur Altersrente durch Arbeitszeitverzicht

Vor den Zugang zum Ruhestand hat der Gesetzgeber den Arbeitszeitverzicht des Arbeitnehmers gesetzt. Während Altersarbeitslosigkeit auch erzwungen werden kann, z. B. durch Arbeitgeberkündigung, soll das neue Altersteilzeitmodell nur im Konsens ermöglicht werden. Der Gesetzgeber verlangt einen entsprechenden Vertrag zwischen Arbeitnehmer und Arbeitgeber. Der Arbeitnehmer muß – im Unterschied zum Frühruhestand über betriebsbedingte Kündigung – freiwillig verzichten; durch Anreize für ihn und den Arbeitgeber wird dies allerdings leichter gemacht. Die Begründung zum Gesetzentwurf[2] wertet die Aufstockungsleistungen als ausreichende soziale Absicherung des in Teilzeit arbeitenden älteren Arbeitnehmers durch den Arbeitgeber.

3. Beitrag zur sozialverträglichen Personalanpassung

Die dominante Wiederbesetzungsthematik im Zuge des Personalaustausches sollte nicht in den Hintergrund drängen, daß es sich um ein *Ablösemodell* für den sog. Frühruhestand handelt. Der Begründung im Allgemeinen Teil ist zu entnehmen: „Mit dem vorliegenden Gesetzentwurf soll die Praxis der Frühverrentung von einer neuen sozialverträglichen Möglichkeit eines gleitenden Übergangs vom Erwerbsleben in den Ruhestand (Altersteilzeitarbeit) abgelöst werden".[3]

Und weiter heißt es: „Durch den Einsatz von Altersteilzeitarbeit werden sich unumgängliche betriebliche Personalanpassungsmaßnahmen durchführen lassen, ohne daß auf die wertvollen Erfahrungen älterer Arbeitnehmer, die einen wichtigen Wettbewerbsvorteil darstellen können, verzichtet werden muß und ohne daß dies auf Kosten der Solidargemeinschaft der Versicherten geschieht."[4]

Der Frühruhestand diente ganz eindeutig der Personalreduzierung, wenn auch zu hohen betrieblichen und sozialversicherungsrechtlichen Kosten. Also soll das Neuinstrument ebenfalls für eine Personalanpassung über Arbeitszeitreduzierung geeignet sein.

4. Beitrag zum qualitativen Personalaustausch

Die Hauptattraktivität scheint nach der Begründung zum Gesetzentwurf auch für den Arbeitgeber darin zu bestehen, daß es zu einer *Wiederver-*

---

2) Begründung zum Regierungsentwurf eines Altersteilzeitgesetzes (RegE AltersTzG), BT-Drucks. 13/4336, S. 18.
3) Allg. Begründung zum RegE AltersTzG, BT-Drucks. 13/4336, S. 14.
4) Allg. Begründung zum RegE AltersTzG, BT-Drucks. 13/4336, S. 14.

gabe des freigewordenen Arbeitszeitkontingentes kommt. Dies soll eine Kombination der „wertvollen Kenntnisse und Erfahrungen älterer Arbeitnehmer" mit Neueinstellungen von Ausgebildeten oder Arbeitslosen ermöglichen. Die Berücksichtigung von Ausgebildeten ist neu gegenüber dem alten Altersteilzeitgesetz[5]. Die Verbindung von Erfahrungswissen und Ausbildungswissen scheint mir dahin interpretiert werden zu dürfen, daß der Gesetzgeber sich durch die Mischung eine Qualitätsoptimierung oder gar einen Schub verspricht. Vergleichbares dürfte auch bei der Einstellung von Arbeitslosen, jedenfalls mit entsprechender Qualität oder nach Qualifizierung, erreichbar sein.

5. Förderung individueller und flexibler Vertragsgestaltungen

Nicht minder interessant sind aus Sicht des Gesetzgebers – und auch des Arbeitgebers – die in der Begründung und im Gesetzestext mehrfach ausdrücklich erwähnten individuellen und flexiblen Vertragsgestaltungsmöglichkeiten. In der Begründung zur Einzelvorschrift des § 2 Abs. 1 Nr. 3 heißt es z. B. ausdrücklich: „Die Verteilung der Arbeitszeit bleibt den Arbeitsvertragsparteien überlassen, die am besten in der Lage sind zu beurteilen, welche Ausgestaltung der Altersteilzeitarbeit der Situation am Arbeitsplatz am besten Rechnung trägt."[6]

6. Einfache oder doppelte Arbeitsmarktentlastung

Die vorgenannten differenzierten Zielsetzungen lassen sich schließlich wieder zu der entscheidenden Klammerzielsetzung zusammenführen: Beschäftigungssicherung und Beschäftigungsförderung sollen zu einer Arbeitsmarktentlastung beitragen. Dem Grundsatz in § 1 AltersTzG läßt sich entnehmen, daß der Gesetzgeber mit einer einfachen bzw. doppelten Arbeitsmarktentlastung rechnet. Wird die Altersteilzeitarbeit zur Personalkapazitätsanpassung über Arbeitszeitreduzierung benutzt, entsteht im Unterschied zum Frühruhestand für die Zeit zwischen 55 und 60 Jahren in Zukunft keine Arbeitslosigkeit mehr. Dies bringt bereits eine massive Entlastung des Arbeitsmarktes. Der Gesetzgeber stellt sich nun eine Verdoppelung des Entlastungseffektes vor, wenn die Altersteilzeitarbeit die Einstellung eines sonst arbeitslosen Arbeitnehmers oder die Übernahme eines Ausgebildeten ermöglicht.

---

5) Altersteilzeitgesetz vom 20. 12. 1988, BGBl I, 2343, 2348.
6) Begründung zu § 2 RegE AltersTzG, BT-Drucks. 13/4336, S. 17.

III. Die drei Förderstufen

Das Altersteilzeitgesetz bietet Anreize mit drei aufeinander aufbauenden Stufen der Förderung bei einfacher bzw. doppelter Arbeitsmarktentlastung.

1. Rentenzugang mit 60 Jahren

Das Gesetz sieht ausdrücklich die Gleichwertigkeit des Zugangs zur Altersrente ab 60 Jahren auch durch Altersteilzeitarbeit alternativ zur Arbeitslosigkeit vor. In Zukunft regelt dies § 38 SGB VI, in dem klargestellt wird, daß Altersteilzeitarbeit dann vorliegt, wenn nach dem Altersteilzeitgesetz für den Versicherten Aufstockungsbeträge zum Arbeitsentgelt und Beiträge zur gesetzlichen Rentenversicherung gezahlt worden sind. Die Wiederbesetzung und Erstattung der Aufstockungsleistungen und Beiträge gehören nicht zum Tatbestand. Deshalb wird die *Förderstufe 1* immer erreicht, wenn eine Altersteilzeitarbeit vereinbart und damit Arbeitslosigkeit für 24 Monate vor der Vollendung des 60. Lebensjahres vermieden wurde.

2. Steuer- und Beitragsfreiheit von Aufstockungsleistungen

Da die Gewährung von Aufstockungsbeträgen und Beiträgen zur gesetzlichen Rentenversicherung tatbestandlich zur Definition der Altersteilzeitarbeit gehört, werden diese Arbeitgeberleistungen bei Abschluß eines entsprechenden Vertrages wie beim alten Altersteilzeitgesetz 1988 sozusagen als *2. Förderstufe* steuer- und sozialversicherungsfrei gestellt. § 3 Nr. 28 EStG und die Interpretation des § 163 Abs. 5 SGB VI führen zu diesem Ergebnis. Es ist darauf hinzuweisen, daß steuer- und sozialversicherungsfrei auch derjenige Anteil der Arbeitgeberleistungen ist, der über die gesetzlichen Mindestaufstockungsbeträge und Rentenversicherungsbeiträge hinausgeht.

Somit fördert der Gesetzgeber die Verhinderung der Altersarbeitslosigkeit durch Abschluß von Altersteilzeitverträgen auf jeden Fall mit dem Zugang zur Altersrente und der Steuer- und Abgabenfreiheit der Arbeitgeberaufstockung. Die Steuerfreiheit kann dabei über den bei Abfindungen ansonsten gegebenen Freibetrag von maximal 36 000,- DM auch hinausgehen. Die Steuerfreiheit – und nicht nur die Steuerermäßigung – bleibt erhalten, gerade wenn es nicht zu einer Zusammenballung der Leistungen kommt; das Gesetz setzt tatbestandlich die fortlaufende Zahlung während der gesamten Laufzeit des Altersteilzeitarbeitsvertrages voraus (§ 2 Abs. 2 Nr. 2 AltersTzG).

3. Erstattung von Aufstockungsleistungen bei ursächlicher Neueinstellung

Die 3. Förderstufe, auf der Geldleistungen der Bundesanstalt für Arbeit durch Rückerstattung der 20 % Aufstockungsleistung und der 40 % aufgestockter Rentenversicherungsbeiträge fließen, wird erst bei auf Dauer nachgewiesener Neueinstellung erreicht. Die Bundesanstalt für Arbeit soll die Verdoppelung der Arbeitsmarktentlastung finanziell anreizen. In der Tat ist der dadurch erzielbare Entlastungseffekt beim Arbeitgeber interessant und damit eigentlich der springende Punkt für die Verdoppelung der Arbeitsmarktauswirkung. Wenn der Arbeitgeber seine Aufstockungsleistungen im gesetzlichen Rahmen hält, erreicht er bei Personalkapazitätsaustausch durch Wiederbesetzung wegen voller Erstattung eine Kostenneutralität. Tendenziell ergibt sich wegen der in der Regel geringeren Vergütung Jüngerer sogar eine Kosteneinsparung.

Es bleibt jedoch zu klären, wie hoch der Gesetzgeber oder die Bundesanstalt für Arbeit selbst die Hürde setzt. Ist sie zu hoch und nur schwer zu überwinden, partizipiert zwar der Arbeitgeber nicht an der zusätzlichen Förderstufe 3, einen noch größeren Verlust – gemessen an den Erwartungen – erleidet aber die Arbeitsförderung selbst, weil die erhoffte Verdoppelung der Arbeitsmarktentlastung dann eben nicht eintritt.

IV. Chancen für eine betriebliche Akzeptanz

1. Materielle und immaterielle Ausstattung

Die Beobachtungen des ersten Jahres mit dem Altersteilzeitgesetz zeigen, daß insbesondere zwei flankierende tarifliche Änderungen den Akzeptanzgrad wesentlich erhöhen: erstens die Erhöhung der Aufstockungsleistungen über das gesetzliche Maß hinaus und zweitens die Nutzung eines fünfjährigen Verteilzeitraums.

a) Tarifvertrag Chemie

Die Tarifpartner der Chemischen Industrie haben bereits am 29. März 1996 einen Tarifvertrag zur Förderung der Altersteilzeit abgeschlossen und nach Inkrafttreten des Altersteilzeitgesetzes mit entsprechenden Änderungen in Vollzug gesetzt. Als Aufstockungszahlung werden statt 20 % tariflich 40 % des Teilzeitarbeitsentgeltes und wenigstens 85 % des gesetzlichen Nettoentgelts gezahlt. Die tarifliche Zusatzaufstockung ist im wesentlichen durch Umschichtung anderer Tarifpositionen und im Rahmen einer moderaten Tariferhöhungsrunde „finanziert" worden. Die halbierte Arbeitszeit kann über längstens fünf Jahre verteilt werden. Damit wird der tariflichen Ausdehnungsmöglichkeit des gesetzlichen Verteilzeitraums i. S. d. § 2 Abs. 2 Nr. 1 AltersTzG entsprochen. In der Chemischen

Industrie haben die Arbeitnehmer grundsätzlich einen Anspruch auf Altersteilzeit in allen Formen, die den Bestimmungen des Altersteilzeitgesetzes entsprechen. Der Arbeitgeber kann aber ein entsprechendes Teilzeitverlangen aus betriebsbedingten Gründen ablehnen, wenn er dem Arbeitnehmer statt dessen eine Beschäftigung nach dem Blockmodell anbietet, d. h. die Vorleistung in Vollzeit in der ersten Hälfte des Teilzeitraums verlangt; in der zweiten Hälfte entsteht so Freizeit im Arbeitsvertrag.

b) Tarifvertrag Metall

Nachdem es im Herbst 1997 in Tarifverhandlungen in der Metallindustrie in Nordwürttemberg/Nordbaden zu einem entsprechenden Schlichtungsspruch zur Förderung der Altersteilzeit gekommen ist und dieser Pilotcharakter hat, geht man auch für die Metallindustrie in Kürze von einer flächendeckenden Bereitstellung des Altersteilzeitinstrumentes aus. Als einer der ersten Bezirke hat die Eisen-, Metall- und Elektroindustrie Nordrhein-Westfalen am 23. Oktober 1997 einen Tarifvertrag abgeschlossen, der die Elemente des Schlichtungsspruches enthält. Der Aufstockungsbetrag geht mit monatlich mindestens 82 % des gesetzlichen Nettoentgelts über die gesetzlichen 70 % hinaus. Die Beiträge zur Rentenversicherung werden auf 95 % des Vollzeitbruttoarbeitsentgeltes aufgestockt (das Gesetz sieht 90 % vor). Auch hier ist die Erhöhung im wesentlichen durch Umschichtung anderer tariflicher Positionen „finanziert" worden. Der Tarifvertrag sieht wie in der Chemischen Industrie einen Verteilzeitraum von bis zu fünf Jahren vor. Einzelheiten können in freiwilligen Betriebsvereinbarungen geregelt werden. Die Altersteilzeitarbeit selbst ist einzelvertraglich zu vereinbaren. Sämtliche Modelle einschließlich der Blockbildung werden zugelassen.

c) Marketingmaßnahmen

Nachdem die ersten Monate nach Inkrafttreten von Gesetz und Tarifvertrag in der Chemischen Industrie zur Information und für Berechnungen benötigt wurden – die Öffentlichkeit sprach bereits irrtümlicherweise von einem Flop, weil es noch nicht zu nennenswerten Einzelverträgen gekommen war –, wird die Altersteilzeit in der Chemischen Industrie inzwischen in stetig steigendem Umfang praktiziert. Entscheidend für die Akzeptanz der Belegschaft ist ein entsprechendes Marketingkonzept. Am Beispiel eines großen Chemieunternehmens, das als erster Arbeitgeber in Kürze über 2 000 Altersteilzeitverträge abgeschlossen haben wird, lassen sich die Komponenten des Marketingkonzeptes so beschreiben: Der positive Effekt ist besonders auf das Bekenntnis der Unternehmensleitung zu diesem neuen personalpolitischen Instrument und ein Ineinandergreifen verschiedener Aktivitäten zurückzuführen. Parallel zur tarifvertraglichen Ausarbeitung des Modells wurde die betriebliche Umsetzung vorbereitet. Die Personalverantwortlichen wurden umfangreich geschult. Anhand von Broschüren und begleitender Nutzung unternehmensinterner Medien wurde Transparenz über die möglichen Altersteilzeitformen und materiellen Auswirkungen für die Mitarbeiter hergestellt. Einfache EDV-Anwendungen wurden zusätzlich eingerichtet. Die Regelung zur Altersteilzeit stößt dort auch beim Betriebsrat auf hohe Akzeptanz, denn sie dient besonders zur Beschäftigungssicherung von Ausgebildeten. Die Auswertung zeigt beispielhaft, daß das Interesse sich auf alle Mitarbeitergruppen verteilt und die Nachfrage von Monat zu Monat wächst. Förderlich ist nach Aussagen dieser Firma auch, daß konkurrierende Instrumente wie Frühpensionierung und Aufhebungsverträge Älterer mit Abfindungszahlungen nicht mehr praktiziert werden.

2. Beschäftigungsfördernde Beantwortung der Wiederbesetzungsfrage

Der praxisgerechte Umgang der Arbeitsverwaltung mit der Wiederbesetzungsproblematik ist der eigentliche Schlüssel für die breite Anwendung des Altersteilzeitgesetzes.

Das Schlüsselproblem enthält § 3 Abs. 1 Nr. 2 AltersTzG mit dem Verlangen, daß „der Arbeitgeber aus Anlaß des Übergangs des Arbeitnehmers in die Altersteilzeitarbeit einen beim Arbeitsamt arbeitslos gemeldeten Arbeitnehmer oder einen Arbeitnehmer nach Abschluß der Ausbildung auf dem freigemachten oder auf einem in diesem Zusammenhang durch Umsetzung freigewordenen *Arbeitsplatz* versicherungspflichtig im Sinne des Dritten Buches Sozialgesetzbuch beschäftigt ...". Es geht um die Frage, was der Arbeitgeber zu unternehmen und nachzuweisen hat, wenn es aus Anlaß des Übergangs in die Altersteilzeitarbeit zu einer (neuen) Beschäftigung kommt. Verlangt wird eine Kausalität. Die reine Arbeitszeitvolumenbetrachtung, also eine Pauschalerfassung der Zu- und Abgänge, reicht dem Gesetzgeber nicht. Die arbeitsplatzidentische Wiederbesetzung läßt sich dem Gesetz ebenfalls nicht entnehmen. Meines Erachtens geht es um die Nutzung durch Altersteilzeit freigewordener Arbeitsmittel. Gemessen wird dabei die Zeit und die Arbeitsmarktentlastung.

a) Widersprüchlichkeit des Gesetzestextes

Der Gesetzestext selbst bietet nicht bereits die Lösung; er ist widersprüchlich, denn er geht zum Teil von Tatbestandsvoraussetzungen aus, die in der Praxis so gar nicht eintreten können: Ein Altersteilzeitarbeitnehmer, der auf die Hälfte seiner Arbeitszeit verzichtet, macht keinen Arbeitsplatz frei, so daß ein Wiederbesetzer die erste Tatbestandsalternative, die Beschäftigung „auf dem freigemachten Arbeitsplatz" denknotwendig gar nicht erfüllen kann. Das gilt erst recht bei zwei Altersteilzeitarbeitnehmern, die bei Einstellung z. B. eines Ausgebildeten ebenfalls nicht ermöglichen, daß dieser in Vollzeit identisch auf „dem freigemachten" Arbeitsplatz beschäftigt wird. Zwei unterschiedliche Hälften machen nicht ein identisches Ganzes.

b) Dynamische gesetzliche Arbeitsplatzdefinition

Die einschlägigen Gesetze tragen der Dynamik der Arbeitsplatzfaktoren Rechnung, sofern der Arbeitsplatzbegriff verwandt wird. Dem sollte mit dem Altersteilzeitgesetz nicht entgegengewirkt werden. Zum Beispiel stellen das Arbeitsplatzschutzgesetz, das Kündigungsschutzgesetz, das Betriebsverfassungsgesetz usw. auf die Beschäftigung ab, nicht auf einen bestimmten Platz.[7] Richtunggebend ist die gesetzliche Definition der Arbeitsplatzteilung in § 5 Abs. 1 BeschFG: „Vereinbart der Arbeitgeber mit zwei oder mehr Arbeitnehmern, daß diese sich die Arbeitszeit an einem Arbeitsplatz teilen (Arbeitsplatzteilung) ...". Der Gesetzgeber zeigt, daß er von den vielen Faktoren, die einen Arbeitsplatz bestimmen, nur den *Zeitfaktor* zur rechtlichen Abgrenzung verwerten will.

c) Gesetzlich geförderte Flexibilität

Nur die von vornherein dynamische Fassung des Arbeitsgeschehens wird auch der Intention des Gesetzgebers selbst gerecht. Nach der Entwurfsbegründung wollte der Gesetzgeber nicht zur Erstarrung der Arbeitsplatzsituation beitragen, vielmehr die Flexibilisierung flankieren. Beispielsweise wird dort angeführt, daß bei der Ausgestaltung des Arbeitsplatzes des Wiederbesetzers „dem Arbeitgeber viele Gestaltungsmöglichkeiten gegeben sind".[8] Der Gesetzgeber hält sich also bewußt mit konkreten Festlegungen zurück. Er überläßt die Feinverteilung der Arbeitszeit den Vertragsparteien.[9]

---

7) Siehe dazu *Stindt*, Ziele, Anreize und Chancen des neuen Altersteilzeitgesetzes, DB 1996, 2281, 2283 unter V I a.
8) Allg. Begründung zum RegE AltersTzG, BT-Drucks. 13/4336, S. 15.
9) Vgl. Begründung zu § 2 RegE AltersTzG, BT-Drucks. 13/4336, S. 17; zur weiteren Begründung vgl. oben unter II 5.

d) Neue Pflicht zur Anpassungsfähigkeit nach SGB III

Die Wiederbesetzung eines identischen und damit statischen Arbeitsplatzes würde auch § 2 SGB III und z. B. der neuen Zumutbarkeit in § 121 SGB III widersprechen, ja sogar konterkarieren, die von Arbeitnehmern eine ständige Anpassungsbereitschaft verlangen, die der Arbeitgeber zu unterstützen hat. In diesem Sinne wäre es kontraproduktiv, im Zusammenhang mit Altersteilzeitarbeit grundsätzlich – wenn auch nur zunächst – am identischen Arbeitsplatz festzuhalten.

e) Stärkung der Integrationsfähigkeit

Schließlich entsteht ein Widerspruch zu den verstärkten Integrationsbemühungen, die mit Hilfe der neuen Instrumente im SGB III, wie Eingliederungszuschüssen und Eingliederungsvertrag, die Vermittlung von Arbeitslosen erleichtern sollen. Die Eingliederungszuschüsse z. B. setzen Minderleistungen und Zuschüsse zur besonderen Einarbeitung voraus. Bei arbeitsplatzidentischer Besetzung kämen vorzugsweise Arbeitnehmer in Betracht, die sofort einsatzfähig wären; sinnvolle Einarbeitungsprogramme, die das Gesetz unter Umständen bis zu zwei Jahren und länger fördert und z. B. das Kennenlernen des betrieblichen Umfeldes an anderen Stellen wären hinderlich. Dies könnte zu einer Sperre für die Eingliederung im Zusammenhang mit der Altersteilzeit führen, die aber gerade bessere Voraussetzungen für eine verstärkte Eingliederung bieten soll.

Daß die Arbeitsverwaltung das Dilemma sieht, erhellt aus den Ausführungen, die sich mit der Wiederbesetzungskette befassen, also von der zweiten Alternative des § 3 Abs. 1 Nr. 2 AltersTzG ausgehen, nämlich der Wiederbesetzung „auf *einem* in diesem Zusammenhang durch Umsetzung freigewordenen Arbeitsplatz ...". Dieser Arbeitsplatz kann – bereits vom Gesetzeswortlaut her – ein ganz anderer sein. Die Bundesanstalt für Arbeit sieht damit die Wiederbesetzung aufgrund einer Versetzungskette als Regelfall. Sie will der Praxis jedenfalls insoweit Rechnung tragen, als *bei Wandel* der arbeitsplatzbezogenen Tätigkeitsmerkmale die Voraussetzungen gewahrt worden sind, wenn *der mit der Tätigkeit verfolgte übergeordnete arbeitstechnische Zweck weiterverfolgt wird.*[10] Es bleibt der Nachteil, daß laufend von außen ein innerbetrieblicher Vorgang geprüft werden muß (Überforderung der Verwaltung).

---

10) *Bundesanstalt für Arbeit*, Sammelerlaß Altersteilzeitgesetz vom 18. 9. 1997 – 73 17 (2) – A–/5000 (105), Stand: 1. 1. 1998, S. 48 ff.

f) Ausschluß unerwünschter Mitnahmeeffekte

Dem Anliegen, unerwünschte Mitnahmeeffekte zu vermeiden, wird man wohl nur dann gerecht, wenn ein externer, von der Arbeitsverwaltung auch zu überschauender Vorgang beurteilt wird. Der Gedanke ist bereits im Gesetz angelegt. Es reicht die Präzisierung mit Hilfe des Grundsatzes, der in § 1 Abs. 2 AltersTzG enthalten ist. Im Vergleich zur Gesetzesfassung 1988 hat das jetzige Gesetz eine zusätzliche arbeitsmarktpolitische Komponente erhalten (... ältere Arbeitnehmer, die ihre Arbeitszeit vermindern und damit die Einstellung eines *sonst* arbeitslosen Arbeitnehmers ermöglichen ...). Die Bundesanstalt soll die Teilzeitarbeit durch Leistungen fördern, wenn damit die Fortsetzung der Arbeitslosigkeit verhindert wird.

Mein Vorschlag geht dahin, mit dieser arbeitsmarktpolitischen Beurteilung durch die Arbeitsämter vor Ort die Mitnahmeeffekte zu verhindern. Dies entspricht dem neuen Trend des Gesetzgebers, Verantwortung auf die örtliche Ebene der Arbeitsverwaltung zu delegieren. Es bedarf dazu nur einer Projizierung des bereits vorhandenen Grundsatzes in § 1 Abs. 2 auf den § 3 Abs. 1 Nr. 2 AltersTzG. Dazu der *Vorschlag*, den Gesetzestext so zu lesen:

„2. der Arbeitgeber aus Anlaß des Übergangs des Arbeitnehmers in die Altersteilzeitarbeit

a) einen *sonst* arbeitslosen, beim Arbeitsamt gemeldeten Arbeitnehmer oder einen Arbeitnehmer nach Abschluß der Ausbildung versicherungspflichtig ... beschäftigt, ..."

g) Plausibilitätsprüfung der Wiederbesetzung aufgrund freier Arbeitszeitanteile

Solange die Arbeitsverwaltung der hier vorgeschlagenen Orientierung nicht folgt, müssen und können jedenfalls die durch den neuen Sammelerlaß sichtbaren Verhandlungsspielräume genutzt werden. Beim Regelfall der Wiederbesetzung in Kette muß diese „nachweisbar" sein. Eine räumliche Distanz der in Frage stehenden Arbeitsplätze ist dabei kein Ausschlußkriterium. Dies wird an dem im Sammelerlaß genannten Beispiel von bundesweit einsetzbaren Lehrkräften im Angestelltenverhältnis, sogar über einen Schultyp hinaus, präzisiert.[11] Da sich durch Altersteilzeit und Wiederbesetzung in der Regel die arbeitsplatzbezogenen Tätigkeitsmerkmale infolge technischer Entwicklung oder des strukturellen Wandels ändern, wird es auf die plausible Darlegung der mit der Tätigkeit verbundenen übergeordneten arbeitstechnischen Zweckerreichung ankommen.

---

11) *Bundesanstalt für Arbeit* (Fußn. 10), S. 49.

Wenn allerdings der Sammelerlaß in diesem Zusammenhang auf dem veränderten Arbeitsplatz im wesentlichen die gleiche Qualifikation verlangt, ist das ein Widerspruch, nicht nur zur Praxis, sondern zu dem in diesem Zusammenhang genannten weiteren Beispiel (Produktionsanlage A wird abgerissen, technisch verbesserte Produktionsanlage B wird in Betrieb genommen),[12] weil sich durch die betriebliche Änderung in der Regel auch das Anforderungsprofil an Arbeitsplätze ändert. Die für Außenstehende verständliche Zuordnung der betrieblichen Arbeitsplätze für den übergeordneten arbeitstechnischen Zweck wird in der Regel entbehrlich machen, was der Sammelerlaß ansonsten vorsieht, auch wenn dies in der Praxis kaum zu bewältigen sein dürfte: eingehende Feststellungen vor Ort zu den komplexen Sachverhalten zu treffen.[13] Die Arbeitsverwaltung wird bei einer vom Gesetzgeber gewünschten flächendeckenden Inanspruchnahme von Altersteilzeit und Wiederbesetzung summarische Betrachtungsweisen anwenden müssen, wenn sich ein Mißbrauch nicht aufdrängt. So kann es z. B. sinnvoll sein, die der Arbeitsverwaltung bekannten dreistelligen BKZ-Nummern (Berufskennzeichnungen) nach der Datenübertragungsverordnung (DÜVO) zu verwenden, um einen EDV-unterstützten Abgleich zwischen alter und neuer Situation zu ermöglichen.

3. Variantenreichtum bei der Arbeitszeitverteilung

Neben den materiellen Fördermitteln bieten sich neue Chancen einer sehr flexiblen Arbeitszeitverteilung. Das Gesetz will, daß die Modalitäten der Altersteilzeitarbeit arbeitsvertraglich geregelt werden (vgl. § 2 Abs. 1 Nr. 2 AltersTzG). Die durch Beschlußempfehlung des Ausschusses für Arbeit und Sozialordnung[14] aufgenommene Ergänzung in § 2 Abs. 2 Eingangssatz und Nr. 1 AltersTzG präzisiert zusätzlich, daß sich die Vereinbarung nicht nur auf unterschiedliche wöchentliche Arbeitszeiten, sondern auch auf eine unterschiedliche *Verteilung* der wöchentlichen Arbeitszeit erstrecken kann.

Es dürfte sich hier um eine spezielle gesetzliche Regelung der Arbeitszeitverteilung handeln, die nach § 87 Abs. 1 Eingangssatz BetrVG der in der dortigen Nummer 2 geregelten Mitbestimmungsmöglichkeit vorgeht. Diese zusätzliche gesetzliche Flexibilisierungskomponente könnte in der Praxis hilfreich sein, ohne daß daraus ein Konfliktfeld in der Zusammenarbeit mit dem Betriebsrat erwachsen sollte. Wenn Arbeitgeber und Betriebsrat die Altersteilzeitarbeit gemeinsam fördern wollen, werden sie in gemeinsa-

---

12) *Bundesanstalt für Arbeit* (Fußn. 10), S. 49.
13) *Bundesanstalt für Arbeit* (Fußn. 10), S. 49.
14) Ausschuß für Arbeit und Sozialordnung zum RegE AltersTzG, BT-Drucks. 13/4877.

mem Interesse hierzu ein Höchstmaß an Individualität und Flexibilität nutzen wollen.

a) Arbeitszeitblockung

Die bisherige Praxis zeigt, daß in den weit überwiegenden Fällen die Arbeitszeitblockung bevorzugt wird. Verständlich wird dies möglicherweise aufgrund der langjährigen Erfahrungen mit Frühruhestandsmodellen. Die Vorteile liegen u. a. darin, daß sich in der praktischen Arbeit des älteren Arbeitnehmers nichts ändert und keine Umorganisationen nötig sind. Der Nachteil liegt in der Nichtnutzung eines flexiblen Einsatzes. Die Zukunft wird zeigen, ob die Forderung gerade von Arbeitgeberseite nach flexibleren Arbeitszeiten nicht doch mehr und mehr in den konkreten Altersteilzeitvereinbarungen ihre praktische Antwort findet. Die Vorteile gerade aus Arbeitgebersicht für ein solches variables Modell, z. B. bezüglich paßgenauer Einsatzmöglichkeit, geringerer Fehlzeiten usw. liegen auf der Hand. Die Praktiker vor Ort sind gut beraten, das Marketing nicht nur auf die eine Variante, die Blockbildung, zu fokussieren, sondern je nach betrieblicher Situation die gesamte Bandbreite im Auge zu haben.

b) Degressive Altersteilzeit

Die Arbeitszeitblockbildung hat einen weiteren Nachteil im Zusammenhang mit der Wiederbesetzung. Da der Arbeitsplatz und die Arbeitszeit bei Blockbildung weiterhin voll besetzt sind, ist denknotwendig eine Wiederbesetzung freigewordener Anteile nicht möglich. Eine Verknüpfung z. B. mit Ausgebildetenjahrgängen während der Blockzeit scheidet daher grundsätzlich aus. Davon geht auch der Sammelerlaß aus.[15] Vermieden werden kann der Wiederbesetzungsstau durch die Nutzung der sogenannten degressiven Arbeitszeitverteilung. Bei solchen Modellen erfolgt eine Blockbildung nicht zu 100 % in der Arbeitsphase, sondern beginnt z. B. mit einer 20 %igen Reduzierung der Arbeitszeit, die dann weiter degressiv abnimmt und sich verteilt. Bei einer fünfjährigen Altersteilzeit würde die Vereinbarung nur des ersten Degressionsschrittes auf 80 % dazu führen, daß statt 2 ½ Jahre Arbeitsphase zu 100 % das gleiche Volumen in ca. 3 Jahren mit 80 % erfüllt wäre. Die Anerkennung der Wiederbesetzung ist jetzt dadurch möglich, daß zwei Altersteilzeitarbeitnehmer mit jeweils 20 % freigewordener Arbeitszeit die Wiederbeschäftigung beispielsweise eines Ausgebildeten jedenfalls im Umfang einer sozialversicherungspflichtigen Beschäftigung ermöglichen (im Beispielsfall Chemie, ausgehend von

---

15) *Bundesanstalt für Arbeit* (Fußn. 10), S. 50.

37,5 Stunden pro Woche, ergeben 2 x 20 % 15 Stunden pro Woche). Diese Variante, jetzt im Sammelerlaß[16] anerkannt, ermöglicht sofort die Berücksichtigung der laufenden Ausgebildetenjahrgänge und löst die Erstattung der Aufstockungsbeträge aus.

c) Arbeitszeitkonten

Bei der mehrfach vom Gesetz betonten Individualität und Flexibilität im Arbeitsvertrag über die Altersteilzeitarbeit sollten auch andere Flexibilisierungspotentiale genutzt werden. Der Gesetzgeber selbst begründet die Änderung des Gesetzestextes im Gesetzgebungsverfahren, die zur endgültigen Fassung des § 2 Abs. 2 AltersTzG geführt hat, mit der Ermöglichung der Anlage auch längerfristiger Arbeitszeitkonten.[17]

Der Sammelerlaß selbst[18] nimmt diese Möglichkeit zur Bildung längerfristiger Arbeitszeitguthaben auf. Eine weitere Konkretisierung bringt § 12 des oben (unter IV 1 b) erwähnten Tarifvertrages Metall Nordrhein-Westfalen zur Altersteilzeitarbeit unter dem Titel „Langzeitkonto": Zur Erfüllung der Eigenbeteiligung können die Betriebsparteien die Möglichkeit von Langzeitkonten vereinbaren, die zweckgerichtet zur Finanzierung der Altersteilzeit dienen. Die Beschäftigten können in diese Langzeitkonten Zeitguthaben und Zuschläge einbringen. Die Einzelheiten sollen in einer Betriebsvereinbarung geregelt werden. Die Einsparungszeit soll frühestens fünf Jahre vor Beginn des Altersteilzeitarbeitsverhältnisses, darf jedoch nicht vor dem vollendeten 50. Lebensjahr beginnen.

Eine indirekte Förderung des Gesetzgebers befindet sich auch in den veränderten Vorschriften für Kurzarbeitergeld. So regelt § 170 Abs. 4 SGB III, daß – vor Inanspruchnahme von Kurzarbeitergeld – die Auflösung des Arbeitszeitguthabens vom Arbeitnehmer nicht verlangt werden kann, soweit es „ausschließlich für eine vorzeitige Freistellung eines Arbeitnehmers vor einer altersbedingten Beendigung des Arbeitsverhältnisses bestimmt ist ...". Auch das beabsichtigte Gesetz zur sozialrechtlichen Absicherung flexibler Arbeitszeitregelungen (sogenanntes Flexi-Gesetz)[19] wird – hoffentlich in Kürze – eine Förderung von Jahresarbeitszeitkonten oder Langzeitkonten bewirken.

---

16) *Bundesanstalt für Arbeit* (Fußn. 10), S. 15.
17) Begründung zu § 2 RegE AltersTzG, BT-Drucks. 13/4336, S. 17.
18) *Bundesanstalt für Arbeit* (Fußn. 10), S. 3.
19) Regierungsentwurf eines Gesetzes zur sozialrechtlichen Absicherung flexibler Arbeitszeitregelungen, BR-Drucks. 1000/97 vom 29. 12. 1997.

Altersteilzeit

4. Kostensenkung und Wiederbeschäftigung im Kontext anderer Instrumente der Arbeitsförderung (Beispiele)

Das Kostensenkungspotential bei Altersteilzeit ist nach der Funktion Personalaustausch oder Personalabbau zu unterscheiden, letztere im Vergleich zu den Kosten des Frühruhestands. Bei der Auswertung bis jetzt vorliegender Erfahrungen von Firmen aus unterschiedlichen Branchen läßt sich jedenfalls sagen:

> Altersteilzeit mit Wiederbesetzung ist stets kostengünstiger als Frühruhestand;
>
> Altersteilzeit ab Alter 57 ist auch ohne Wiederbesetzung stets kostengünstiger als Frühruhestand;
>
> unter der Voraussetzung, daß kein kurzfristiger Abbaubedarf erforderlich ist, ist sofortige Altersteilzeit ohne Wiederbesetzung kostengünstiger als Frühruhestand.

a) Personalaustausch mit Eingliederungszuschuß und Eingliederungsvertrag

Der Personalaustausch bringt einen Qualitätsmix und damit die Chance einer Qualitätserhöhung durch eine Kombination von Erfahrungswissen des Älteren mit Ausbildungswissen des Ausgebildeten oder Qualifizierungswissen des Arbeitslosen. Er führt außerdem durch einen Kostenmix zu einer deutlichen Personalkostensenkung. Im klassischen Beispielsfall der Halbierung einer Vollzeit und Vergabe der freien Hälfte an einen Jüngeren in Teilzeit ist davon auszugehen, daß sich die Personalkosten wenigstens um 10 % verringern, die Gegenleistung hingegen überschießend steigt.

Einige Firmen haben bereits dargestellt, daß durch die Verbindung von Altersteilzeitarbeit und Wiederbesetzung mit Ausgebildeten die Personalkostensenkung in der Chemischen Industrie z. B. 15–20 % beträgt, in der Metallindustrie bis zu 27 %. Hinzu kommt die Leistungssteigerung auf der anderen Seite der Bilanz.

Die Personalkostenreduzierung läßt sich zusätzlich steigern, wenn bei Vorliegen der entsprechenden Voraussetzungen die Wiederbesetzung mit Arbeitslosen durch Eingliederungszuschüsse zwischen 30 und 50 % der gesetzlichen Personalkosten für 6–24, längstens 36 Monate gefördert wird. Einzelheiten ergeben sich aus den §§ 217 ff SGB III. Die Förderung gilt übrigens auch beim Abschluß befristeter Arbeitsverträge.

Eine weitere Optimierung bietet das Gesetz an, wenn ein Langzeitarbeitsloser oder Arbeitsloser mit sechsmonatiger Arbeitslosigkeit und einem

Vermittlungserschwernis zunächst auf der Grundlage eines sechsmonatigen Eingliederungsvertrages (§§ 292 ff SGB III) beschäftigt wird. Bei dieser Kombination wird der Arbeitgeber zusätzlich von arbeitsrechtlichen Risiken befreit. Zeiten ohne Arbeitsleistung wie Krankheit, Urlaub, abgestimmte Weiterqualifizierung werden in Höhe der gesetzlichen Personalkosten erstattet. Die Verbindung von Eingliederungsvertrag und Eingliederungszuschüssen wird im Gesetz ausdrücklich zugelassen.

b) Personalabbau im Kostenvergleich der Instrumente

Beim Kostenvergleich zum Frühruhestand, beispielsweise ab 55 Jahren, bei dem ein Mitarbeiterjahrvolumen auf Dauer entfällt, sind zur Erzielung der gleichen Wirkung mit der Altersteilzeit zwei 55jährige Mitarbeiter in Altersteilzeit mit ihrer jeweiligen 50 %igen Reduzierung der Arbeitszeit einzubeziehen. Das Altersteilzeitmodell mit der gesetzlich notwendigen Aufstockung zeigt im Vergleich zum in der Regel abfindungsfinanzierten Kapazitätsabbau über betriebsbedingte Entlassung, daß die Abfindungshöchstgrenzen nach dem Kündigungsschutzgesetz nicht überschritten, aber häufig auch nicht wesentlich unterschritten werden. Für die Altersteilzeit sprechen aber die steuerfreien Aufstockungszahlungen, der bessere Rentenaufbau und die Vorteile durch den Verbleib des Älteren im Betrieb: Know-how-Verbleib, Leistungssteigerung bei echter Teilzeit, individuelle/flexible Arbeitszeit und tendenziell weniger Fehlzeiten. Das genaue Ergebnis der Vergleichsrechnung hängt selbstverständlich davon ab, welche echten Kosten einer Frühpensionierung in jedem einzelnen Fall entstehen. In der Regel dürfte sich jedenfalls zeigen, daß die Vergleichsrechnung zugunsten der Altersteilzeit ausfällt. Selbst wenn die Kostenvorteile nicht bezüglich einzelner Jahrgänge signifikant sein sollten, ergibt die Berücksichtigung weiterer Faktoren die Günstigkeit der Altersteilzeit.

c) Dosierte Kostensenkung durch Wiederbesetzung in Kette

Da die Wiederbesetzung auch in einer Kette über mehrere Betriebsabteilungen hinweg anerkannt ist, bieten sich für größere Betriebe interessante Möglichkeiten, eine dosierte Personalkostenreduzierung durch Altersteilzeit in Betriebsabteilungen mit Abbaunotwendigkeit zu realisieren, die Wiederbesetzung der abgezogenen Arbeitszeitanteile hingegen in anderen wachsenden Abteilungen vorzunehmen und die dadurch ausgelöste Erstattung der Aufstockungsleistungen im gesetzlichen Umfang intern den Abbaubetrieben zugute kommen zu lassen.

d) Altersteilzeit und strukturelle Kurzarbeit

Trotz der günstigen Auswirkungen der Altersteilzeit muß darauf hingewiesen werden, daß dieses Instrument nicht geeignet ist, wenn beispielsweise durch Betriebsaufgabe überhaupt kein Arbeitszeitvolumen „zum Ausgleiten" mehr vorhanden ist. Hier dürfte nach wie vor die Überlegung anzustellen sein, sich endgültig von Mitarbeitern zu trennen. Bisher wurden dann für ältere Mitarbeiter Frühruhestandsprogramme aufgelegt. Jetzt bietet die rechtlich zulässige Kombination von Altersteilzeit und struktureller Kurzarbeit unter den erleichterten Voraussetzungen des SGB III ab 1998 eine interessante Alternative, die im Ergebnis bei Arbeitszeitblockkung und struktureller Kurzarbeit in der Arbeitsphase partiell einem faktischen Frühruhestand gleichkommt, aber Arbeitslosigkeit vermeidet. Das Altersteilzeitgesetz selbst geht in § 10 Abs. 4 davon aus, daß Altersteilzeitarbeitnehmern der Zugang zum Kurzarbeitergeld nicht verwehrt werden kann. Dafür gibt es spezielle Regelungen. Um die ebenfalls in dieser Vorschrift genannte Kette aus Altersteilzeitarbeit und anschließender Arbeitslosigkeit nicht entstehen zu lassen, sollte die Bundesanstalt für Arbeit bei Vorliegen der jeweiligen gesetzlichen Voraussetzungen offen für diese interessante Kombination sein, um selbst in dramatischen Abbausituationen bezüglich älterer Arbeitnehmer Altersarbeitslosigkeit nicht entstehen zu lassen. Die ersten Berechnungen ergeben, daß auch die Kostenrechnung mit dieser Kombination Vorteile gegenüber dem Frühruhestand bietet.

5. Kosten- und Risikoerhöhung beim Frühruhestand

Der Reformgesetzgeber wollte den Frühruhestand nicht rechtlich unmöglich machen, er hat ihn durch ein Bündel gesetzlicher Maßnahmen jedoch erheblich erschwert. Die Position der letzten Jahre war relativ sicher: Es gab einen sicheren Rentenzugang mit 60 Jahren über die Altersarbeitslosigkeit (§ 38 SGB VI). Bei betriebsbedingter Arbeitgeberkündigung statt Aufhebungsvertrag wurden in der Regel die Auswahlrichtlinien und die Bestätigung eines ordnungsgemäßen Kündigungsverfahrens durch Betriebsräte anerkannt. Es gab keine Sperrzeiten nach § 119 AFG, ebenfalls keine Ruhenszeiten nach §§ 117, 117a AFG und auch keine Rückerstattung von Arbeitslosengeldern und Sozialversicherungsbeiträgen nach § 128 AFG. Das Arbeitslosengeld wurde für 32 Monate in voller Höhe einschließlich des Sozialversicherungsschutzes gewährt, in etlichen Fällen anschließend auch Arbeitslosenhilfe. Diese Zeiten dürften vorbei sein. Nicht nur der Gesetzgeber, auch die Arbeitgeberseite und Gewerkschaften sehen, daß die Fortsetzung dieses Verhaltens nicht mehr finanzierbar ist. Die Zunahme der Inanspruchnahme der Altersrente wegen Arbeitslosigkeit ist seit 1992 sprunghaft gewachsen (1992: rund 47 000, 1996: über 400 000). Die Auswertung der Reformgesetze und die Einschätzung der künftigen Praxis der Arbeitsverwaltung dürften bei nüchterner Betrachtung dazu führen, daß alle vorhin genannten sicheren Positionen beim Frühruhestand in Zukunft erheblichen Risiken ausgesetzt sind: Die Neudefinition der Arbeitslosigkeit (§§ 117 ff SGB III) mit der ständig durch den Arbeitslosen nachzuweisenden Beschäftigungssuche macht die Zugangsvoraussetzung zur Rente von arbeitsmarkt- und rentenpolitischer Auslegung der Bundesanstalt für Arbeit oder der Rentenversicherungsträger abhängig. Bei einem tariflich abgesicherten Arbeitnehmerzugang zur Altersteilzeit kommt hinzu, daß die früher unangefochtenen betriebsbedingten Kündigungen einem besonderen Begründungszwang unter dem Gesichtspunkt des ultima-ratio-Prinzips unterliegen, will man den Verdacht eines „stillen" Aufhebungsvertrages ausräumen. Mit Hinblick auf § 2 SGB III und die Konkretisierung in den speziellen Vorschriften dürfte bei der Alternative einer Altersteilzeitarbeit der Ausstieg über Frühruhestand in Zukunft eher zu Sperrzeiten führen, bei vorzeitigem Ausscheiden auch zur Verhängung von Ruhenszeiten, sowie zur Rückerstattung des Arbeitslosengeldes, solange § 128 AFG noch in Kraft ist. Anschließend dürfte die Anrechnung von Abfindungen auf das Arbeitslosengeld gerade bei Älteren zur Konsequenz haben, daß sie nur noch die Hälfte des Arbeitslosengeldes erhalten und dies auch nur für eine verkürzte Zeit. Da die Arbeitsverwaltung aufgrund einer besonderen Vorschrift (§ 6 SGB III) zur Vermeidung von Langzeitarbeitslosigkeit spätestens nach sechsmonatiger Dauer zusammen mit dem Arbeitslosen ein Integrationsprogramm abstimmen muß, kann ein älterer Mitarbeiter im „Frühruhestand" nicht mehr damit rechnen, in Ruhe gelassen zu werden. Über kurz oder lang wird deshalb der Frühruhestand als klassisches sozialverträgliches Personalanpassungsinstrument nur noch rechtshistorisch interessant sein.

Bericht über die Diskussion

von

HEINKE HOCHWELLER, Köln

Im Anschluß an die Referate von Rechtsanwalt Dr. *Ulrich Tschöpe* und Rechtsanwalt Dr. *Heinrich Meinhard Stindt* eröffnete Professor Dr. Dr. h. c. mult. *Peter Hanau* die Diskussion mit der Bemerkung, daß das von *Stindt* im einzelnen vorgestellte Altersteilzeitgesetz fast als ein „juristisches Wunder" zu bezeichnen sei, weil die Bundesanstalt für Arbeit bei Altersteilzeitregelungen vom Feind zum Freund der Arbeitnehmer und Arbeitgeber werde. Die Diskussion begann zunächst mit Fragen zu dem Vortrag von *Tschöpe* über Probleme des Aufhebungsvertrages.

Dr. *Alexander Gagel*, Vorsitzender Richter am Bundessozialgericht, zweifelte an der Rechtmäßigkeit des von *Tschöpe* vorgestellten Modells, bei Aufhebungsverträgen mit älteren Arbeitnehmern, die in den Anwendungsbereich des § 128 AFG fallen, das Unterlassen der Arbeitslos-Meldung zur Geschäftsgrundlage zu machen. Sicher sei eine solche Vertragsgestaltung nur, wenn die Abfindung in monatlichen Raten gezahlt werde. Die Möglichkeit der Ratenzahlung hielt *Gagel* auch für einen gangbaren Weg, um das Risiko der Anrechnung von Abfindungsleistungen auf das Arbeitslosengeld nach § 115 AFG oder § 140 SGB III zu minimieren. *Hanau* wies in dem Zusammenhang darauf hin, daß eine solche Vertragsgestaltung allerdings den Nachteil habe, daß sie zum Verlust der steuerlichen Vorteile führe. *Tschöpe* verteidigte sein Modell; er sehe in der Vorgehensweise, bei einem Aufhebungsvertrag mit einem älteren Arbeitnehmer das Unterlassen der Arbeitslos-Meldung zur Geschäftsgrundlage zu machen, keinen Verstoß gegen § 32 SGB I, weil der Arbeitnehmer stets die Alternative behalte, sich - ohne Abfindung - arbeitslos zu melden. Rechtsanwalt Dr. *Andreas Ringstmeier* hakte nach und fragte *Tschöpe*, wie er zu der Variante stehe, daß sein Modell der Geschäftsgrundlage mit einem Wiederaufleben des Arbeitsverhältnisses verbunden werde. *Tschöpe* erwiderte darauf, daß er diesen Weg für rechtlich noch sicherer als den von ihm vorgeschlagenen Weg halte.

Anschließend leitete *Hanau* zu der Problematik der Altersteilzeit, die den Gegenstand des Vortrags von *Stindt* bildete, über. Er wies darauf hin, daß nach seiner Ansicht in der Praxis erhebliche Probleme bei den üblichen Blockmodellen zur Altersteilzeit entstehen müßten, da die Erstattung der vom Arbeitgeber geleisteten Zuschüsse durch die Bundesanstalt für Arbeit vorher mit dieser abgestimmt werden müßte und bei den langfristigen Zeiträumen der Blockmodelle hier wohl Schwierigkeiten für eine entsprechende Zusage der Arbeitsverwaltung bestünden. *Stindt* bestätigte, daß hier in der Tat Schwierigkeiten bei der Abstimmung mit der Arbeitsverwaltung bestünden und daß die Bereitschaft der Arbeitgeber, das Risiko der Wiederbesetzung freiwerdender Stellen zu tragen, naturgemäß gering sei. Richter am Bundesarbeitsgericht *Harald Schliemann* fragte in diesem Zusammenhang, ob nicht gerade wegen der genannten Probleme des Blockmodells eine Alternative darin zu sehen sei, die Altersteilzeit als echte Teilzeitbeschäftigung an wechselnden Tagen anzubieten. *Stindt* entgegnete darauf, daß für dieses Modell weder auf Arbeitnehmerseite noch auf Arbeitgeberseite, insbesondere im Bereich des Mittelmanagements, größere Bereitschaft bestehe. Diese Wertung bestätigte Rechtsanwalt Dr. *Gerhard Hentsch* von der Audi AG, der auf die geringe Akzeptanz eines vergleichbaren Modells bei Audi hinwies.

Die Diskussion schloß mit der Darstellung *Stindts* von neuen Überlegungen aus „seinem" Unternehmen Bayer. Dort werde im Moment darüber nachgedacht, ob nicht das herkömmliche Blockmodell der Altersteilzeit mit durch die Arbeitsverwaltung subventionierter Kurzarbeit kombiniert werden könne. *Hanau* brachte dieses Modell auf den Punkt, indem er sagte, daß damit die Altersteilzeit endgültig zur bloß „virtuellen Altersteilzeit" werde, weil in Wirklichkeit die Arbeit vollständig zugunsten eines Vorruhestands eingestellt werde.

Arbeits- und sozialrechtliche Konsequenzen des Euro

von

Prof. Dr. BERND BARON VON MAYDELL, München

Inhaltsübersicht

I. Vorbemerkungen: Zum Thema und seiner Abgrenzung

II. Die bisherige Entwicklung der Europäischen Währungsunion
   1. Die Vorgeschichte bis zur Schaffung der ECU
   2. Die Schaffung der Grundlagen für den Euro
   3. Die Institutionen
   4. Die Phasen der Einführung des Euro
   5. Der Euro als neue Währung für die Mitgliedstaaten
      a) Die Verdrängung der nationalen Währungen durch den Euro
      b) Spezielle Probleme des Übergangs
      c) Der Euro als vollwertiges Schuldtilgungsmittel
      d) Die Umrechnungsprobleme

III. Rechtsfragen im Bereich des Arbeits- und Sozialrechts
   1. Methodische Vorüberlegungen
   2. Fachgebietsspezifische Besonderheiten
   3. Akteure und Rechtsverhältnisse, die von der Währungsumstellung betroffen werden
      a) Der Gesetzgeber
      b) Die Tarifvertragsparteien
      c) Die Betriebsparteien
      d) Beziehungen der Arbeitgeber zu den Sozialversicherungsträgern
      e) Verhältnis zwischen Sozialversicherten und Versicherungsträgern
      f) Die Beziehungen im Arbeitsrechtsverhältnis zwischen Arbeitgeber und Arbeitnehmer
   4. Die verschiedenen Geldfunktionen
   5. Wirkungen in der Übergangs- und in der Endphase

IV. Mittelbare Wirkungen
 1. Spekulationen über die Auswirkungen des Euro auf Wirtschaft und Gesellschaft
 2. Auswirkungen der Wirtschafts- und Währungsunion auf Arbeitsmarkt, Lohnpolitik und Arbeitsrecht
 3. Ähnliche Tendenzen im Sozialrecht

V. Schlußbemerkungen

I. Vorbemerkungen: Zum Thema und seiner Abgrenzung

Der Gegenstand meines Vortrags – der Euro – ist noch nicht Wirklichkeit, sondern Plan, der allerdings schon weitgehend rechtlich fixiert ist und inzwischen auch in Deutschland intensiv diskutiert wird, wie z. B. zahlreiche nationale und internationale Kongresse und Kolloquien belegen. Auch sind die Vorbereitungen für die Einführung weit fortgeschritten. Den Euro gibt es aber dennoch noch nicht, vor allem ist noch nicht festgelegt, welche Staaten am 1. Januar 1999 an der gemeinsamen europäischen Währung beteiligt sein werden. Deshalb kann man nur von möglichen und zukünftigen Konsequenzen des Euro sprechen, wobei ich unterstelle, daß Deutschland von Anfang an dabei sein wird. Das dennoch spekulative Element meines Referats bedingt ein besonderes Vorgehen.

In einem ersten Abschnitt wird etwas über den Euro zu sagen sein. Was ist bereits rechtlich festgelegt? Was bedarf noch einer solchen Festlegung? Wie ist die Zeitabfolge des Inkrafttretens und wie ist insbesondere die Übergangszeit des Nebeneinander von bisherigem nationalem Geld und europäischer Währung ausgestaltet?

In einem weiteren Abschnitt ist dieser Wechsel von der D-Mark zum Euro zu analysieren. Das ist besonders deshalb notwendig, weil zu klären ist, wie lange die D-Mark-Währung noch die verschiedenen Geldfunktionen wahrnehmen wird. Das ist vor allem für die Übergangszeit nicht ganz eindeutig. Dazu bedarf es eines Rückgriffs auf allgemeine Grundsätze des Geld- und Währungsrechts. Schließlich werden im dritten Teil die spezifischen arbeits- und sozialrechtlichen Konsequenzen der Einführung des Euro erörtert werden.

Mit der Beschränkung auf das Arbeits- und Sozialrecht ergibt sich eine zweifache Eingrenzung. Konsequenzen in anderen Rechtsgebieten bleiben ausgespart. Gleichzeitig bedeutet die Konzentration auf das Recht, daß die sozialpolitischen Konsequenzen grundsätzlich nicht Gegenstand der Betrachtung sein sollen und können. Dennoch wird zum Schluß kurz auch auf den sozialpolitischen Aspekt einzugehen sein, und zwar insoweit, als sich aus sozialpolitischen Konsequenzen des Euro Rückwirkungen auf das Arbeits- und Sozialrecht ergeben können.

II. Die bisherige Entwicklung der Europäischen Währungsunion

1. Die Vorgeschichte bis zur Schaffung der ECU[1]

Nach dem Zusammenbruch des 1944 beschlossenen Bretton-Woods-Systems, bedingt durch zahlreiche Währungskrisen und Dollarverfall,[2] im Jahre 1971 kam es zu intensiven Bemühungen um eine europäische Währungsintegration.[3] Ein erstes Ergebnis war der im April 1972 durch die Zentralbankpräsidenten der Mitgliedstaaten der EG verwirklichte Währungsverbund, die sogenannte „Schlange im Tunnel". Dieser Wechselkursverbund brach jedoch bald wieder auseinander, weil einige Mitgliedstaaten ausschieden, so daß 1978 der Verbund nur noch aus fünf Mitgliedstaaten bestand.[4] Ein Neuanfang wurde durch den 1978 von Frankreich und Deutschland entwickelten Plan für ein neues europäisches Währungssystem, das EWS, geschaffen. Das europäische Währungssystem trat zum 1. Januar 1979 in Kraft. Durch dieses System sollte ein höheres Maß an Währungsstabilität innerhalb der Gemeinschaft herbeigeführt und die Konvergenz der wirtschaftlichen Entwicklung erleichtert werden.[5] Zu den Elementen des europäischen Währungssystems gehörten neben einer Wechselkursregulierung und einem Kreditmechanismus zwischen den beteiligten Mitgliedstaaten vor allem die ECU, die European Currency Unit.[6] Es handelt sich dabei um eine europäische Währungseinheit, die als Währungskorb aus festen Beträgen von zwölf Währungen von EG-Mitgliedstaaten definiert wurde. Die Anteile an diesem Währungskorb bestimmten sich nach dem Anteil der einzelnen Staaten am Bruttosozialprodukt der Gemeinschaft und an dem gemeinsamen innergemeinschaftlichen Handel.[7] Auf die verschiedenen Modifikationen des europäischen Währungssystems und das Funktionieren des Systems bei der Bestim-

---

1) Vgl. dazu *Bundesministerium der Finanzen* (Hrsg.), Europäische Wirtschafts- und Währungsunion. Der Euro – stark wie die Mark, 1996.
2) Vgl. dazu *Ensthaler*, Das europäische Währungssystem, JuS 1994, 26 ff.
3) Der erste grundlegende Versuch zur Schaffung einer Wirtschafts- und Währungsunion, der sog. Werner-Plan, konnte in Anbetracht der Währungskrisen des Bretton-Woods-Systems nicht realisiert werden, vgl. *Ensthaler*, JuS 1994, 26.
4) *Ensthaler*, JuS 1994, 26, 27.
5) So die Schlußfolgerung des Europäischen Rates vom 4./5. 12. 1978 in Brüssel, teilweise abgedruckt, in: Die ECU. Europäische Dokumentation, Amt für Veröffentlichungen der EG, 1984, S. 45.
6) Siehe aus der umfangreichen Literatur *Siebelt*, Die ECU, JuS 1996, 6 ff; *Siebelt/Häde*, Die ECU im deutschen Recht, NJW 1992, 10 ff.
7) *Ensthaler*, JuS 1994, 26, 27.

mung der Wechselkurse in der Gemeinschaft kann hier nicht eingegangen werden.[8] Es mag auch dahingestellt bleiben, ob die künstliche Einheit ECU keine wesentliche wirtschaftspolitische Bedeutung erlangt hat[9] und ob dies der Fall war, weil praktisch die D-Mark die Rolle einer Leit- und Reservewährung übernommen hat.[10] In jedem Fall handelt es sich bei der ECU um ein interessantes Kunstgebilde, das – ohne selbst Währung zu sein, weil die Funktion des gesetzlichen Zahlungsmittels fehlte – doch Geldfunktion ausgeübt hat, indem die ECU vor allem als Recheneinheit gedient hat.[11] Darüber hinaus war die ECU ein wichtiger Schritt auf dem Wege zur Schaffung der gemeinsamen europäischen Währung,[12] auch wenn die Unterschiede zwischen ECU und Euro nicht zu übersehen sind.[13]

2. Die Schaffung der Grundlagen für den Euro

Das europäische Währungssystem war von Anfang an als Übergangslösung auf dem Wege zu einer einheitlichen europäischen Währung konzipiert. Dieser Schritt hin zur europäischen Währungs- und Wirtschaftsunion wurde durch die Maastrichter Beschlüsse Ende 1991 vereinbart,[14] die Grundlage für den Maastricht-Vertrag über die Europäische Union vom 7. Februar 1992 wurden. Nach Ratifizierung durch die Mitgliedstaaten ist der EU-Vertrag seit 1. November 1993 in Kraft.[15] In Art. 109j Abs. 4 des Vertrages ist die Einführung einer europäischen Währung zum 1. Januar 1999 vorgesehen. Mitglied der Währungsunion können die Staaten werden, die die Konvergenzkriterien erfüllen.[16] Der in Amsterdam

---

8) Vgl. z. B. *Ensthaler*, JuS 1994, 26, 27 ff.

9) So allerdings *Morgenthaler*, Der Euro – zwischen Integrationsdynamik und Geldwertstabilität, JuS 1997, 673, 676.

10) Dazu *Gäckle*, Die Weiterentwicklung des europäischen Währungssystems zur europäischen Währungsunion, 1992, S. 40 ff.

11) Dazu MünchKomm-*v. Maydell*, BGB, 3. Aufl., 1994, § 244 Rz. 6.

12) Dazu *Siebelt*, JuS 1996, 6, 9.

13) Dazu *Häde*, Die europäische Wirtschafts- und Währungsunion und ihr Bargeld, WM 1993, 2031, 2034; *Picker*, Bekommen wir eine neue, europäische Währung ECU?, rv 1989, 168 ff.

14) Dazu *Ensthaler*, JuS 1994, 26, 29; *ders.*, Die Maastrichter Beschlüsse zur Wirtschafts- und Währungsunion, ZRP 1992, 426 ff.

15) Dazu *Schwung*, Rechtliche Vorwirkungen des Euro, WiB 1997, 113.

16) Zu den Konvergenzkriterien vgl. *Ensthaler*, ZRP 1992, 426, 428; *Kampmann*, Die europäische Wirtschafts- und Währungsunion – auch ein Thema für die Kommunen?, Der Städtetag 1996, 381 ff. Daß die Stabilität der europäischen Währung von der Einhaltung dieser Kriterien abhängt, betont nachdrücklich *Hauser*, Die Ergebnisse von Maastricht zur Schaffung einer europäischen Währungsunion, in: Außenwirtschaft, 47. Jg., 1992, S. 151 ff.

beschlossene Stabilitätspakt[17] soll darüber hinaus sicherstellen, daß die Konvergenzkriterien auch nach Beitritt zur Währungsunion eingehalten werden.

Zur Ergänzung der Bestimmungen über die Einführung der Währungsunion sind zwei Verordnungen des Rates vorgesehen,[18] von denen die erste[19] bereits in Kraft gesetzt ist; die zweite Verordnung liegt zwar im Entwurf schon vor,[20] sie wird jedoch erst erlassen, wenn die Mitgliedstaaten feststehen, für die der Euro eingeführt wird.[21]

Auch wenn die Gesetzgebungskompetenz für den Währungsbereich durch den Maastricht-Vertrag auf die EG übergegangen ist, so ist doch für die Übergangs- und Anpassungsfragen noch die nationale Gesetzgebung von Bedeutung. Demgemäß liegt der Entwurf eines Euro-Einführungsgesetzes den deutschen gesetzgebenden Körperschaften vor.[22]

3. Die Institutionen

Seit 1. Januar 1994 befaßt sich das Europäische Währungsinstitut mit dem Sitz in Frankfurt mit der Vorbereitung der Währungsunion.[23] Das Europäische Währungsinstitut (EWI) wird danach abgelöst durch das Europäische System der Zentralbanken (ESZB) und die Europäische Zentralbank (EZB), die aus dem Europäischen Währungsinstitut hervorgeht. Die Europäische Zentralbank,[24] die ab 1. Januar 1999 tätig werden wird, wird über alle geld- und währungspolitischen Kompetenzen verfügen. Das System ist föderalistisch aufgebaut, indem die nationalen Notenbanken mit der Europäischen Zentralbank im System der Europäischen Zentralbanken zusammenwirken. Der Aufbau ist dem Modell der Deutschen Bundesbank und der Landeszentralbank nachgebildet. Das gilt auch hinsichtlich Unabhängigkeit der Europäischen Zentralbank.

---

17) Dazu *Hirschburger/Zahorka*, Der Euro, 3. Aufl., 1997, S. 21, 27.
18) Vgl. dazu *Schefold*, Die europäischen Verordnungen über die Einführung des Euro, WM 1996, Beilage 4, S. 1 ff.
19) Verordnung (EG) Nr. 1103 des Rates vom 17. 6. 1997 über bestimmte Vorschriften im Zusammenhang mit der Einführung des Euro, ABl Nr. L 162/1 vom 19. 7. 1997.
20) Entwurf des Rates einer Verordnung über die Einführung des Euro vom 18. 10. 1996 (Dokument Nr. 96/0250 (CNS) der Kommission), ABl Nr. C 369/10 vom 7. 12. 1996.
21) Zu beiden Verordnungen vgl. *Schwung*, WiB 1997, 113 ff.
22) Regierungsentwurf eines Gesetzes zur Einführung des Euro (Euro-Einführungsgesetz – EuroEG), BT-Drucks. 13/9347, auszugsweise abgedruckt in: ZBB 1998, 61.
23) Vgl. dazu *Hirschburger/Zahorka* (Fußn. 17), S. 28 ff.
24) Die Organe sind der Rat und das Direktorium.

4. Die Phasen der Einführung des Euro

Die dritte Stufe der Europäischen Wirtschafts- und Währungsunion soll in drei Phasen verwirklicht werden.[25]

(1) In der Vorbereitungsphase, die vom 1. Januar 1998 bis 31. Dezember 1998 reicht, ist zunächst eine Entscheidung – durch den Rat – über den Kreis der teilnehmenden Staaten zu treffen. Außerdem muß das EZB-Direktorium durch die Teilnehmerstaaten ernannt werden; ferner muß die Herstellung der Euro-Währung (Banknoten und Münzen) vorbereitet werden.

(2) In der Übergangsphase vom 1. Januar 1999 bis 31. Dezember 2001 sind am 1. Januar 1999 vor allem die Wechselkurse durch einstimmigen Beschluß des Rates zu fixieren, die währungsrechtliche Verordnung über die Einführung des Euro wird ebenfalls mit diesem Termin in Kraft gesetzt. Ab 1. Januar 1999 wird der Euro damit eigenständige Währung. Das Europäische System der Zentralbanken steuert dann die Geld- und Wechselkurspolitik. Der Euro wird als Buchgeld genutzt, der private Sektor kann sich umstellen, der Umtausch der nationalen Banknoten in Euro-Banknoten kann beginnen.

(3) Mit der Schlußphase vom 1. Januar 2002 bis 1. Juli 2002 werden die Euro-Banknoten und Euro-Münzen endgültig ausgegeben und die nationalen Banknoten und Münzen eingezogen, die zum 1. Juli 2002 ihre Gültigkeit als gesetzliches Zahlungsmittel verlieren. Bis zu diesem Zeitpunkt muß die Umstellung in der öffentlichen Verwaltung und im privaten Sektor abgeschlossen sein.

5. Der Euro als neue Währung für die Mitgliedstaaten

a) Die Verdrängung der nationalen Währungen durch den Euro

In der Endstufe, die spätestens am 1. Juli 2002 beginnt, sind die nationalen Währungen vollständig durch den Euro verdrängt. Sämtliche Geldfunktionen werden dann vom Euro wahrgenommen. Die Kompetenz für die Geld- und Währungspolitik liegt bei dem Europäischen System der Zentralbanken, insbesondere bei der Europäischen Zentralbank. Aufbau und Befugnisse der Europäischen Zentralbank werden im Vertrag und in verschiedenen ergänzenden Protokollen geregelt.

Rechtlich bedeutsam ist u. a., daß die speziellen Vorschriften zum Schutz der Stabilität der deutschen Währung, wie insbesondere § 3 WährG, weg-

---

25) Dazu *Hirschburger/Zahorka* (Fußn. 17), S. 34 ff.

fallen; diese Vorschrift soll durch das Euro-Einführungsgesetz[26] aufgehoben werden. Damit ist die Genehmigungspraxis der Deutschen Bundesbank zu § 3 WährG hinfällig, ebenso aber auch das Geflecht von nicht genehmigungsbedürftigen Klauseln, wie z. B. Spannungsklauseln und Preisvorbehalte.[27] Alle Vereinbarungen von Geldschulden, die bislang einer Genehmigung gemäß § 3 WährG bedurften, werden nach der Aufhebung dieser Vorschrift von Anfang an wirksam, wenn die Deutsche Bundesbank bis dahin einen Genehmigungsantrag nicht unanfechtbar abgelehnt hat.[28]

Da über die zukünftige Stabilität des Euro unterschiedliche Vorstellungen bestehen, ist es sehr wahrscheinlich, daß das Wertsicherungsbedürfnis steigen wird, und damit die Neigung, Wertsicherungsklauseln zu vereinbaren.[29] Wie dies wirtschafts- und währungspolitisch zu werten ist, wird sehr unterschiedlich beurteilt.[30]

Inwieweit durch den Wegfall des § 3 WährG ein Schutzvakuum bezüglich eines Vertragspartners entstehen kann, wird zu beobachten sein. Dieses Vakuum könnte durch die Verbraucherschutzgesetze, also etwa das AGB-Gesetz geschlossen werden.[31]

b) Spezielle Probleme des Übergangs

Während der Übergangszeit ab 1. Januar 1999 gibt es ein Nebeneinander von Euro und nationaler Währung,[32] was zu gewissen Irritationen führen kann.[33] Bereits zum 1. Januar 1999 ersetzt der Euro die nationale Währung. Soweit das nationale Geld noch verwendet wird, ist es eine Erscheinungsform der ab 1. Januar 1999 geltenden gemeinsamen europäischen Währung. Das ist insoweit nicht ganz widerspruchslos, als zum 1. Januar 1999 der Euro mangels entsprechender Banknoten und Münzen noch

---

26) Art. 9 RegE EuroEG (Fußn. 22) S. 42. Zutreffend weist *Hafke*, Rechtliche Fragen von Wertsicherungsvereinbarungen vor und nach Eintritt in die Währungsunion, WM 1997, 693, 695, darauf hin, daß § 3 WährG sich auch ohne ausdrückliche Aufhebung mit der Ersetzung der D-Mark durch den Euro erledigt hat und damit seine Wirksamkeit verlieren würde.
27) Vgl. dazu MünchKomm-*v. Maydell* (Fußn. 11), § 244 Rz. 22 ff.
28) So die Begründung zu Art. 9 § 1 RegE EuroEG (Fußn. 22), S. 157; ähnlich auch *Hafke*, WM 1997, 693, 698.
29) So auch *Hafke*, WM 1997, 693.
30) Vgl. *Müller*, Streit um ein Relikt, Die Zeit Nr. 41 vom 3. 10. 1997, S. 38.
31) Vgl. dazu *Hafke*, WM 1997, 693, 607.
32) Vgl. dazu *Schneider*, Die Vereinbarung und die Erfüllung von Geldschulden in Euro, DB 1996, 2477, 2481.
33) Zu dieser Problematik vgl. auch *von Borries/Repplinger-Hach*, Rechtsfragen der Einführung der Europawährung, EuZW 1996, 492, 496; *dies.*, Auf dem Wege zur „Euro-Verordnung", NJW 1996, 3111, 3115.

nicht gesetzliches Zahlungsmittel ist, wohl aber kann er die anderen Funktionen (Recheneinheit, Wertausdrucksmittel etc.) ausüben.

In Anbetracht dieser währungsrechtlichen Situation ist gefragt worden, ob das Buchgeld, für das der Euro zur Verfügung steht, die Funktion eines gesetzlichen Zahlungsmittels, das heißt eines Schuldtilgungsmittels mit gesetzlicher Annahmepflicht, haben sollte. Mangels einer ausdrücklichen gesetzlichen Anordnung im europäischen Währungsrecht wird man dies jedoch nicht annehmen können,[34] so daß der Gläubiger bei Fehlen einer anderweitigen vertraglichen Abrede auf der Schuldtilgung durch Zahlung mit DM-Scheinen oder -Münzen so lange bestehen kann, wie die entsprechenden Euro-Banknoten und -Münzen noch nicht ausgegeben sind.

c) Der Euro als vollwertiges Schuldtilgungsmittel

Eine weitere mögliche Unklarheit ist vorsorglich in der Verordnung (EG) Nr. 1103/97 ausgeräumt. In Art. 3 dieser Verordnung wird bestimmt, daß die Einführung des Euro die Nichterfüllung rechtlicher Verpflichtungen nicht rechtfertigen kann und auch nicht einer Partei das Recht gibt, bestehende Verpflichtungen einseitig zu ändern oder zu beenden. Eine Berufung auf Unmöglichkeit der Leistung oder den Wegfall der Geschäftsgrundlage mit dem Hinweis auf den Währungswechsel ist also gesetzlich ausgeschlossen.[35]

d) Die Umrechnungsprobleme

Nachdem bis zum 1. Januar 1999 die Wechselkurse der nationalen Währungen der teilnehmenden Staaten gegenüber dem Euro als eigenständiger Währung unwiderruflich und zu einem nicht abänderbaren Umrechnungskurs fixiert worden sind,[36] stellt sich die Frage der Umrechnung in der Praxis. Auch diese Frage wird in Art. 4 und 5 VO (EG) Nr. 1103/97 geregelt.[37] Dabei geht es zum einen um den Umrechnungsvorgang und die Abrundung der Ergebnisse auf Cent-Beträge, zum anderen aber auch um die Rundung von krummen Beträgen, die ungeeignet für den Ge-

---

34) Übereinstimmend *Schefold*, WM 1996, Beilage 4, S. 1, 9, nach Diskussion der verschiedenen Meinungen. Allerdings ist mit einer erheblichen Zunahme des bargeldlosen Zahlungsverkehrs zu rechnen, vgl. dazu *Issing*, Die geldpolitische Bedeutung des Zahlungsverkehrs, ZKW 1997, S. 617 ff.
35) Vgl. dazu *Schwung*, WiB 1997, 113, 115.
36) Vgl. dazu *Hirschburger/Zahorka* (Fußn. 17), S. 77 ff.
37) Dazu *Waigel*, Ein verbindlicher rechtlicher Rahmen für den Euro, WM 1997, 1322.

schäftsverkehr wären, also z. B. beim Nennwert der Aktien oder die Wertgrenzen in Gesetzen und Verordnungen.[38]

III. Rechtsfragen im Bereich des Arbeits- und Sozialrechts

1. Methodische Vorüberlegungen

Die Rechtsfragen, die sich in einem Rechtsbereich ergeben können, sind praktisch unbegrenzt und heute kaum überschaubar, zumal die Rechtsgrundlagen nur zum Teil schon erlassen sind und in jedem Falle eine weitere Ausgestaltung durch die europäischen Instanzen, insbesondere das Europäische System der Zentralbanken, erfolgen wird. Aus diesem Grunde sind in dem ersten Teil des Referats relativ ausführlich allgemeine Fragen der Einführung des Euro angesprochen worden, die sich sämtlich auch auf den Bereich des Arbeits- und Sozialrechts auswirken können.

Bei dem weiteren Vorgehen sollte diese Offenheit gegenüber möglichen Fragestellungen ebenfalls ein wesentlicher Aspekt sein. Deshalb soll versucht werden, verschiedene Ansätze daraufhin anzusprechen, inwieweit sie zu spezifschen Problemen für unser Thema führen können.

2. Fachgebietsspezifische Besonderheiten

Das Thema stellt es auf die Konsequenzen der Einführung der europäischen Währung auf das Arbeits- und Sozialrecht ab. Sicherlich lassen sich eine Reihe von fachgebietsspezifischen Auswirkungen ermitteln. Die besonderen vertragsrechtlichen Fragestellungen ergeben sich nur im Arbeitsrecht, nicht im Sozialversicherungsrecht. Daneben gibt es jedoch einen breiten Überschneidungsbereich, zu dem etwa die arbeitsrechtlichen Verpflichtungen zur Abführung der Sozialversicherungsbeiträge gehören. Die Umstellung und Abrundung der Sozialversicherungsbeiträge sind damit auch eine für den Arbeitgeber bedeutsame Frage. Dazu gehört ferner die Verteilung der Kosten, die durch den Währungstausch in diesem Bereich entstehen.

---

[38] Vgl. *Schwung*, WiB 1997, 113, 115. Beispiele für Rundungen und Glättungen im Bereich des Sozialrechts finden sich bei *Klässer*, Einführung des Euro in der Rentenversicherung, DRV 1997, 497, 501 ff.

3. Akteure und Rechtsverhältnisse, die von der Währungsumstellung betroffen werden

a) Der Gesetzgeber

Die Währungsgesetzgebung ist auf den europäischen Gesetzgeber übergegangen. Der deutsche Gesetzgeber muß jedoch, abgesehen von gewissen Einführungs- und Übergangsregelungen, die zahlreichen gesetzlichen Regelungen, in denen auf die deutsche Währung Bezug genommen wird, auf den Euro umstellen, wie etwa Streitwertgrenzen, Rechtsmittelgrenzen, Vordrucke für das arbeitsgerichtliche Mahnverfahren[39] oder die zahlreichen Wertgrenzen in Sozialversicherungsgesetzen, z. B. zur Abgrenzung von geringfügigen Beschäftigungen, Versicherungspflichtgrenzen, Beitragsbemessungsgrenzen etc. Dabei geht es nicht allein um eine Umrechnung. Vielmehr müssen diese Grenzen, um praktikabel zu sein, möglichst auf runde Beträge lauten. Um dies zu erreichen, wird man die Beträge neu festsetzen müssen, indem man sie nach oben oder nach unten erhöht oder vermindert.[40] Auf den ersten Blick mag dies wie ein mehr technischer Vorgang erscheinen. Tatsächlich sind diese Wertgrenzen jedoch häufig das Ergebnis eines Kompromisses zwischen verschiedenen Interessen, wie z. B. die Versicherungspflichtgrenze in der Krankenversicherung, die – als Ergebnis langer Auseinandersetzungen – auch als Friedensgrenze zwischen gesetzlicher und privater Krankenversicherung bezeichnet wird. Jede Neufestsetzung kann zu einer erneuten Diskussion über den bisherigen Kompromiß und damit zu einer politischen Auseinandersetzung führen.

b) Die Tarifvertragsparteien

Wie in den Gesetzen und Verordnungen wird auch in Tarifverträgen in weitem Umfange auf die Währung Bezug genommen, indem Leistungen oder Wertgrenzen in D-Mark ausgedrückt werden. Alle diese Währungsangaben müssen in Euro umgerechnet werden, wobei sich wiederum Rundungsprobleme ergeben können.

---

39) Vgl. Art. 2 § 4 RegE EuroEG (Fußn. 22), S. 7/8. *Dannheisig*, Europäische Wirtschafts- und Währungsunion: Auswirkungen auf die Sozialversicherungsträger, Die BKK 1997, 96, 98, spricht von 127 Gesetzen im Bereich des Arbeits- und Sozialrechts, die geändert werden müssen.

40) So sollen die Nennkapitalgrenzen in § 9 Montan-Mitbestimmungsgesetz von 20 bzw. 50 Mio. DM auf 10 bzw. 25 Mio. Euro geändert werden (Art. 3 § 8 RegE EuroEG (Fußn. 22), S. 21); eine entsprechende Änderung ist für das Mitbestimmungsergänzungsgesetz vorgesehen.

c) Die Betriebsparteien

Eine Mitbestimmung des Betriebsrats gemäß § 87 Abs. 1 Nr. 3 BetrVG besteht hinsichtlich Zeit, Ort und Art der Auszahlung der Arbeitsentgelte. Bezüglich dieser Vorschrift können sich im Zusammenhang mit der Umstellung auf den Euro verschiedene Fragen ergeben. Für die Übergangszeit, in der die D-Mark noch gesetzliches Zahlungsmittel bleibt, ist zu entscheiden, ob der Arbeitgeber allein eine frühere Umstellung auf die Lohnzahlungen in Euro vorsehen kann oder ob er insoweit den Betriebsrat einschalten muß. Hinsichtlich der Entscheidung, ob eine unbare Zahlung in der Übergangszeit in Euro oder in D-Mark zu erbringen ist, besteht gemäß Art. 8 Abs. 3 der Verordnung über die Einführung des Euro, die im Entwurf vorliegt und die am 1. Januar 1999 in Kraft treten soll, ein Wahlrecht. Die Frage ist, ob der Arbeitgeber sich auf dieses Wahlrecht als eine gesetzliche Regelung im Sinne des Eingangssatzes des § 87 BetrVG berufen kann und dadurch das Mitbestimmungsrecht des Betriebsrats ausgeschlossen ist. Dieser in der Literatur von *Bauer/Diller*[41] vertretenen Auffassung dürfte zuzustimmen sein.

Dagegen hat der Betriebsrat mitzubestimmen, wenn es darum geht, ob der Arbeitnehmer höhere Kontoführungsgebühren, die durch die Bankbuchung in Euro entstehen, allein zu tragen hat, oder ob der Arbeitgeber sich daran beteiligen muß. Eine solche Annexkompetenz hat das Bundesarbeitsgericht im Grundsatz bejaht.[42] Mit *Bauer/Diller*[43] wird man dies auch in dem Fall der Erhöhung der Bankgebühren wegen der Umstellung auf den Euro bejahen müssen.

d) Beziehungen der Arbeitgeber zu den Sozialversicherungsträgern

Die staatlichen Behörden werden voraussichtlich nicht vor dem 1. Juli 2002 auf Euro umstellen. Das dürfte auch für die Sozialversicherung gelten mit der Folge, daß die Meldungen usw. in D-Mark erfolgen müssen.[44] Dies führt zu einer nicht unerheblichen Belastung für die Unternehmen, die im übrigen wahrscheinlich möglichst schnell die Umstellung auf Euro vornehmen werden. Das ändert auch nichts daran, daß die Unternehmen die Zahlungsverpflichtungen durch Überweisung in Euro erfüllen können, wozu sie durch Art. 8 Abs. 3 der im Entwurf vorliegenden Euro-Verordnung berechtigt sind.

---

41) *Bauer/Diller*, Der Euro – auch ein arbeitsrechtliches Problem, NZA 1997, 737, 739.
42) BAG, Urt. v. 15. 12. 1976 – 4 AZR 531/75, AP Nr. 1 zu § 36 BAT.
43) *Bauer/Diller*, NZA 1997, 737, 739.
44) *Bauer/Diller*, NZA 1997, 737, 739.

e) Verhältnis zwischen Sozialversicherten und Versicherungsträgern

Da die Versicherungsträger bis 1. Januar 2002 wohl in D-Mark rechnen werden, werden die Versicherten sich in ihrer Kommunikation mit den Versicherungsträgern danach zu richten haben. Soweit allerdings Zahlungen vorgenommen werden sollen, etwa freiwillige Beiträge zur Rentenversicherung, so kann die Überweisung in Euro erfolgen, da insoweit der Zahlungsverpflichtete sein Wahlrecht geltend machen kann.[45]

f) Die Beziehungen im Arbeitsrechtsverhältnis zwischen Arbeitgeber und Arbeitnehmer

Daß die Arbeitgeber berechtigt sind, sofern die Lohnzahlung bargeldlos erfolgt, ab 1. Januar 1999 durch Überweisung in Euro zu leisten, ist schon dargelegt worden. Dagegen könnten die Arbeitnehmer eine Barzahlung, sofern schon Euro-Noten zur Verfügung ständen, in Euro ablehnen, da in der Übergangszeit der Euro noch nicht gesetzliches Zahlungsmittel ist.

Da mit dem 1. Januar 1999 die Euro-Währung eingeführt wird, sind von diesem Zeitpunkt an alle Geldforderungen auf Euro umgestellt. Dies bedeutet, daß eine Aufrechnung im Verhältnis von früheren DM-Forderungen und Euro-Ansprüchen möglich ist, da es sich um gleichartige Geldschulden handelt.[46]

Soweit im Verhältnis zwischen Arbeitnehmern und Arbeitgebern Wertsicherungsklauseln vereinbart werden sollen, ist dies nach dem Wegfall des § 3 WährG möglich, soweit nicht allgemeiner Schuldnerschutz eingreift.[47] So wäre es denkbar, daß in Zukunft Währungsklauseln etwa durch Koppelung der Zahlungsverpflichtung an den Dollar oder den Schweizer Franken vereinbart werden.[48] Dieser Aspekt – das heißt der Wegfall des § 3 WährG – könnte im übrigen auch für die Tarifvertragsparteien bedeutsam werden, wenn ein Bedürfnis nach einem Indexlohn auftreten sollte.

Bislang nicht genehmigte Wertklauseln, die zunächst schwebend unwirksam waren, werden durch den Wegfall des § 3 WährG nunmehr wirksam (siehe oben II 5 a).

---

45) So *Bauer/Diller*, NZA 1997, 737, 739.
46) Zutreffend *Bauer/Diller*, NZA 1997, 737, 739.
47) So auch *Schefold*, WM 1996, Beilage 4, S. 1, 7, unter Hinweis darauf, daß der EG-Vertrag kein Indexierungsverbot vorsieht.
48) Siehe dazu *Schneider*, DB 1996, 2477, 2479.

4. Die verschiedenen Geldfunktionen

Ein weiterer Ansatz für eine Erörterung der Auswirkungen der Währungsumstellung sind die verschiedenen Geldfunktionen.[49] Man könnte fragen, wie diese Geldfunktionen nach der Einführung des Euro im Bereich des Arbeits- und Sozialrechts wahrgenommen werden.

Die gemeinsame europäische Währung ist eine vollgültige Währung, die in den Mitgliedstaaten der Währungsunion die nationalen Währungen verdrängt, also auch die D-Mark. Damit wird der Euro in der Endstufe alle Geldfunktionen, wie Recheneinheit,[50] allgemeines Tauschmittel, Wertausdrucksmittel, Wertaufbewahrungsmittel, gesetzliches Zahlungsmittel,[51] wahrzunehmen haben.

Ob dies in vollem Umfang gelingt, wird von der Akzeptanz und dem Vertrauen abhängen, das dem Euro entgegengebracht wird. Das gilt vor allem für die Wertaufbewahrungsfunktion. Entscheidend wird die Stabilität des Euro sein, die durch das Europäische System der Zentralbanken und insbesondere die Europäische Zentralbank gewährleistet werden muß.[52]

In der Übergangszeit fehlt dem Euro noch die Eigenschaft, gesetzliches Zahlungsmittel zu sein.[53] Außerdem wird die nationale Währung in begrenztem Umfange als Recheneinheit weiter zugelassen, etwa bei den Sozialversicherungsträgern oder den Unternehmen, falls sie eine entsprechende Entscheidung treffen.

5. Wirkungen in der Übergangs- und in der Endphase

Eine wichtige Differenzierung der Konsequenzen des Euro besteht hinsichtlich der Übergangs- und Endphase. Die meisten hier angesprochenen

---

49) Zu dieser auf die Funktion des Geldes abstellenden Sicht vgl. *v. Maydell*, Geldschuld und Geldwert, 1974, S. 107 ff.

50) Dazu *Schneider*, DB 1996, 2477 f. Als Recheneinheit liegt der Euro in Zukunft auch der Rechnungslegung zugrunde, dazu *Heusinger*, Die Einführung der Euro-Währung und ihre Auswirkungen auf die Rechnungslegung, DStR 1997, 427 ff.

51) Siehe *Schneider*, DB 1996, 2477, 2479; zur Tauschmittelfunktion im Rahmen des internationalen Handels vgl. *Schmieder*, Der Euro aus der Sicht eines Industrieunternehmens, ZKW 1997, 622 ff.

52) Zum Stabilitätserfordernis siehe *Glomb*, Wirtschafts- und Währungsunion in Europa, DStR 1997, 129 ff. Die Wertaufbewahrungsfunktion des Geldes ist auch für die Sozialversicherungsträger von Bedeutung; vgl. dazu *Dannheisig*, Einfluß des Euro auf das Vermögensmanagement der Sozialversicherung, Die BKK 1997, 263 ff.

53) Dazu *Schefold*, WM 1996, Beilage 4, S. 1, 9. Zur Einführung des Euro bei den Rentenversicherungsträgern vgl. *Schumann*, Entwicklung und Vollendung der Europäischen Wirtschafts- und Währungsunion, DAngVers 1997, 150 ff.

Fragen betreffen die Übergangsphase.[54] Das betrifft die Umstellung der bisher auf D-Mark lautenden Wertangaben in Gesetzen, Tarifverträgen, Arbeitsverträgen etc. ebenso wie die fehlende Qualität des Euro in der Übergangsphase, gesetzliches Zahlungsmittel zu sein. Ob diesem letzten Punkt, der zunächst vor allem ein systematischer Kritikpunkt ist, auch praktische Bedeutung zukommen wird, bleibt abzuwarten.

Ein gewichtiges finanzielles Problem der Übergangszeit ergibt sich aus den erheblichen Umstellungskosten. Soweit diese Kosten außerhalb des staatlichen Bereiches[55] anfallen, z. B. bei Banken, Arbeitgebern, Tarifvertragsparteien, Sozialversicherungsträgern, stellt sich die Frage, wer diese Kosten zu tragen hat. Daß es dabei um erhebliche Beträge geht, verdeutlicht eine gerade bekanntgewordene Zahl. Danach rechnet die Deutsche Bank damit, daß allein durch die Umstellung für die Deutsche Bank 1 000 Mann-Jahre notwendig werden.[56] Ob und wie eine Verteilung der Umstellungskosten möglich sein wird, richtet sich, soweit nicht besondere gesetzliche Regelungen getroffen werden,[57] nach dem jeweiligen Basisverhältnis, worauf schon bei den von den Banken eventuell auf den Kontoinhaber abgewälzten höheren Kontoführungsgebühren, an denen sich dann gegebenenfalls der Arbeitgeber zu beteiligen hat, hingewiesen worden ist (oben III 3 c).

Ein weiteres Übergangsproblem wird durch die Bemühungen der Staaten geschaffen, die Euro-Kriterien zu erfüllen, indem z. B. die Umschuldung durch Neubewertung und Umdeklaration von Staatsausgaben beeinflußt werden soll. Ein Beispiel sind die Ausgaben der Länder und Gemeinden für die Krankenhausfinanzierung, die nicht als Staatsausgaben gebucht werden, sondern dem Unternehmenssektor zugeschlagen werden. Dadurch wird die Staatsausgaben-Quote gesenkt (um ca. 5. Mrd. DM allein in Deutschland); es könnten sich daraus aber Konsequenzen für die zukünftige Krankenhausfinanzierung ergeben, indem der Staat sich aus diesem Aufgabenfeld zurückzieht.

---

54) Vgl. dazu *Morgenthaler*, JuS 1997, 673, 678.

55) Zu den Kosten der öffentlichen Haushalte vgl. die Stellungnahme der Bundesregierung zu dem Entwurf eines Euro-Einführungsgesetzes (Fußn. 22), Vorblatt S. 3.

56) Vgl. *Hofer*, Deutsche Bank will mit Euro Geld verdienen. Hohe Investitionen nötig, bevor die Kassen klingeln, Der Tagesspiegel vom 13. 11. 1997, S. 23; dazu auch *Endres*, Der Euro aus technischer und geschäftspolitischer Sicht einer Großbank, ZKW 1997, 600 ff; zur Kostenfrage für die betriebliche Altersversorgung vgl. *Graf*, Euro ante portas – Überlegungen zur Einführung der neuen Währung in der Zusatzversorgung, Betriebliche Altersversorgung 1997, 198, 203.

57) Wie dies etwa hinsichtlich der Erstattung der Umstellungskosten bei Anleihen und Obligationen der Fall ist, vgl. Art. 6 § 9 RegE EuroEG (Fußn. 22), abgedruckt in: ZBB 1998, 61, 72.

IV. Mittelbare Wirkungen

1. Spekulationen über die Auswirkungen des Euro auf Wirtschaft und Gesellschaft

Welche wirtschaftlichen Auswirkungen die Einführung des Euro haben wird, ist seit einiger Zeit Gegenstand intensiver politischer, aber auch wirtschaftswissenschaftlicher Diskussionen.[58] Dabei werden sehr unterschiedliche Positionen vertreten, etwa bezüglich der Entwicklungen auf dem Arbeitsmarkt[59] in der Phase der Vorbereitung und nach Einführung des Euro. Einerseits werden von der gemeinsamen Währung Impulse für eine Zunahme des Wirtschaftswachstums und damit auch positive Beschäftigungswirkungen erwartet.[60] Andererseits wird angenommen, daß der Euro die Globalisierungstrends verstärkt und dadurch in Hochlohnländern der Abbau von Arbeitsplätzen die Folge sein wird.[61] In diesem Zusammenhang wird auch ein Druck auf die Löhne erwartet, der zu einer Senkung der Arbeitskosten führen dürfte.

---

58) Kritisch z. B. *Bender*, Ist eine europäische Währungsunion unter sozialpolitischen und ökonomischen Aspekten zu verantworten?, in: Europäisches Wirtschafts- und Steuerrecht, 1996, S. 1 ff; abwartend skeptisch *Hesse*, Maastricht und die europäische Währungsunion – ein nüchterner Diskussionsbericht, in: Jahrbuch zur Staats- und Verwaltungswissenschaft, Bd. 6, 1992/93, S. 21 ff; andererseits werden von der Währungsunion Stabilitätswirkungen in der Gemeinschaft erwartet, vgl. etwa *Bovenberg/De Jong*, The Route to Economic and Monetary Union, in: KYKLOS Vol. 50 – 1997 – Fasc. 1, 83 ff; *Küpper*, Verbesserte Kooperation durch den Euro, in: Arbeitgeber 1997, 526 ff. Kritisch aus juristischer Sicht zuletzt *Horn*, Rechtliche und institutionelle Aspekte der Europäischen Währungsunion im politischen und wirtschaftlichen Kontext, ZBB 1997, 314 ff.

59) Einen Überblick über die verschiedenen Meinungen gibt *Rhein*, Europäische Integration und europäischer Arbeitsmarkt, Literaturdokumentation zur Arbeitsmarkt- und Berufsforschung, Sonderheft 17 (1995); vgl. auch *Drayer*, Die Auswirkungen der europäischen Währungsunion auf die deutsche Wirtschaft, Versicherungswirtschaft 1997, 292, 294.

60) Diese Wirkungen werden u. a. mit der Vermeidung von Wechselkursverzerrungen in Verbindung gebracht, vgl. etwa *Roth*, Die zunehmende Integration Europas – Auswirkungen auf die Beschäftigung, in: Henkel/Romahn (Hrsg.), Euro und Beschäftigung. Politik oder ökonomisches Gesetz?, 1996, S. 3 ff; kritisch dazu *Jochimsen*, Perspektiven der Beschäftigung vor dem Hintergrund der europäischen Wirtschafts- und Währungsunion (in demselben Band, S. 13 ff) vor allem wegen des Zeitpunkts der Einführung des Euro.

61) Vgl. *Meulders/Plasman*, European Economic Policies and Social Quality, in: The Social Quality of Europe, 1996, S. 17 ff, 25, die darauf hinweisen, daß zugunsten einer finanziellen Stabilisierung auf Instrumente zur Bekämpfung der Arbeitslosigkeit im nationalen Bereich verzichtet worden ist, ohne daß entsprechend sozialpolitische Kompetenz der EU geschaffen worden wäre. Bereits aus dem Maastricht-Programm zum Abbau der Staatsschulden ist ein negativer Einfluß auf die Beschäftigung abgeleitet worden, vgl. z. B. *Heylen/van Poeck*, National Labour Market Institutions and the European Economic and Monetary Integration Process, in: Journal of Common Market Studies, Vol. 33 (1995), No. 4 S. 573; diese Befürchtung ist, jedenfalls im Ergebnis, in vielen Mitgliedstaaten in Erfüllung gegangen.

Ähnlich unterschiedliche Erwartungen werden im Bereich der sozialen Sicherheit geäußert. Von der durch die gemeinsame Währung gestärkten Globalisierungstendenz wird erwartet, daß im Interesse einer verbesserten Wettbewerbsfähigkeit die Sozialleistungen abgebaut werden.[62] Gleichzeitig findet sich aber auch die Befürchtung, daß in Staaten, deren Systeme sozialer Sicherheit aus Steuermitteln finanziert werden, diese Ausgaben ohne Rücksicht auf die Stabilität erfolgen werden und dadurch die gemeinsame Währung geschwächt wird. Hier könnte sich die fehlende Konkurrenz zwischen vergemeinschafteten Bereichen, wie der europäischen Währung, und noch nationalen Politikbereichen, wie der Sozialpolitik, auswirken.

Diesem Grundgedanken, daß durch eine Währungsunion auch die Systeme sozialer Sicherheit näherrücken, liegen auch Bedenken zugrunde, wie sie im britischen Unterhaus[63] gegen das Umlagesystem in der Rentenversicherung geäußert worden sind, weil es sich dabei um ungedeckte Verpflichtungen für die Zukunft handele, für deren Einlösung die anderen Mitgliedstaaten in der Währungsunion herangezogen werden könnten.

Auf alle diese Befürchtungen und Spekulationen kann hier nicht eingegangen werden, zumal diese Erwartungen für verschiedene Staaten unterschiedlich sind.[64] Vielmehr soll nachfolgend nur auf einige Trends hingewiesen werden, die der Euro in Gang setzt oder verstärkt und die sich auf den arbeits- und sozialrechtlichen Sektor auswirken können.

2. Auswirkungen der Wirtschafts- und Währungsunion auf Arbeitsmarkt, Lohnpolitik und Arbeitsrecht

Die schrittweise Europäisierung der Lebensbereiche wird durch die Schaffung der europäischen Währung entscheidend vorangetrieben. Diese Verlagerung eines wichtigen Politikfeldes auf die Europäische Union führt dazu, daß die Friktionen zu den bislang nationalen Politikfeldern verstärkt werden. Es ist daher nicht zufällig, daß Ende November 1997 in Lu-

---

62) In diesem Sinne *Rürup*, Die Renten und der Euro, DRV 1997, 398, 402; für eine differenzierte Betrachtungsweise der Sozialaufwendungen vgl. *Hofmann*, Der Euro kommt, die DM geht – die soziale Sicherung bleibt, Kompaß 1997, S. 417, 419 ff.

63) Vgl. House of Commons, Session 1996–97, Social Security Committee: First Report „Unfunded Pension Liabilities in the European Union".

64) Vgl. etwa für Italien *Brunetta/Tronti*, Italy: The Social Consequences of Economic and Monetary Union, in: Labour, Special Issue 1995, S. 149 ff.

xemburg ein EU-Sondergipfel über die Arbeitsmarktprobleme stattfand,[65] der allerdings nicht zu grundlegenden Ergebnissen geführt hat. Die Tendenzen, zu mehr Aktivitäten in diesem Bereich auf der europäischen Ebene zu kommen, werden sich eher verstärken. Es wird in einer Europäischen Wirtschaftsunion mit einheitlicher Währung intensiver gefragt werden, ob nicht die Union mehr Kompetenzen in der Wirtschaftspolitik und darüber hinaus in der Sozialpolitik[66] benötigt.

Überdies wird die durch die gemeinsame Währung geschaffene größere Transparenz – abgesehen von der Zunahme an Mobilität – Bemühungen um eine Angleichung der Löhne[67] und der anderen Arbeitsbedingungen verstärken.

Bedeutsam in diesem Zusammenhang ist, daß der Lohnpolitik in Anbetracht des Wegfalls des Instruments der Wechselkursanpassung eine größere wirtschaftspolitische Bedeutung zukommt.[68] Bedingt durch den internationalen Wettbewerbsdruck wird gleichzeitig eine Schwächung der Position der Gewerkschaften befürchtet,[69] und es werden Strategien entwickelt, wie dieser Schwächung entgegengewirkt werden könnte.[70] Auch die sehr unterschiedlichen nationalen Arbeitsrechtsordnungen werden bei zunehmender Europäisierung der Wirtschaft in Frage gestellt werden. Daß

---

65) Zu der Forderung nach einer intensiveren europäischen Arbeitsmarktpolitik vgl. *Offermann/ Zerche*, Perspektiven der europäischen Arbeitsmarktpolitik, in: Henkel/Romahn (Fußn. 60), S. 163 ff. Die Einschätzungen darüber, wie sich die Währungsunion auf den Arbeitsmarkt auswirken wird, sind allerdings sehr unterschiedlich, vgl. das für verschiedene Berufsgruppen unterschiedliche Bild von *Marsden*, European Integration and the Integration of the European Labour Markets, in: Labour, Vol. 6/1992, S. 3 ff; Die Unsicherheit der Voraussagen betont *Peters*, European Monetary Union and labour Markets: What to expect?, in: International Labour Revue Vol. 134 (1995), S. 315 ff.

66) Die Meinungen dazu sind allerdings geteilt; einerseits werden verstärkte europäische Anstrengungen zur Stabilisierung des europäischen Sozialmodells gefordert (so etwa von *Guillaume/Hecq/Lange/Meulders*, The completion of the internal market, the economic and monetary union, fiscal and social competition, in: Pacolet (Hrsg.), Social Protection and the European Economic and Monetary Union, 1996, S. 59 ff); andererseits wird gerade wegen der gemeinsamen Währung eine Differenzierung der Sozialsysteme für notwendig erachtet, um durch Wettbewerb zu mehr wirtschaftlicher Leistungsfähigkeit zu kommen (in diesem Sinne *Sarrazin*, Der Euro. Chance oder Abenteuer?, 2. Aufl., 1997, S. 240 f).

67) Zu dieser Fragestellung bereits *Concialdi/Coutrot/Guillaumat-Taillet/Joly*, Union économique et monétaire et dynamiques salariales nationales, in: Travail et Emploi, No. 57/1993, S. 15 ff.

68) *Institut Finanzen und Steuern*, Konvergenzkriterien einer europäischen Währungsunion: Zur Logik der Bestimmungen von Maastricht, Nr. 317 1993, S. 10 f.

69) So *Busch*, Die Wirtschafts- und Währungsunion in Europa und die Konsequenzen für die Tarifpolitik der Gewerkschaften, WSI-Mitteilungen 5/1992, S. 267 ff.

70) Dazu *Busch*, Europäische Integration und Tarifpolitik. Lohnpolitische Konsequenzen der Wirtschafts- und Währungsunion, 1994.

dies ein sehr langwieriger Prozeß ist, zeigt die Debatte um die Mitbestimmung, etwa in der geplanten europäischen Aktiengesellschaft.

3. Ähnliche Tendenzen im Sozialrecht

Die Sozialversicherung wird von Veränderungen auf dem Arbeitsmarkt und von der Entwicklung des Lohnniveaus direkt betroffen. Wenn der Euro positive Beschäftigungseffekte mit sich bringen sollte,[71] so wirkt sich dies auf die Beitragseinnahmen der Sozialversicherung aus. Dieser potentielle Anstieg der Beiträge könnte allerdings gedämpft oder gar eliminiert werden durch den Trend, in Anbetracht des schärferen Wettbewerbs die Lohnkosten mittels einer Ersetzung regulärer Arbeitsverhältnisse durch versicherungsfreie Beschäftigungsverhältnisse zu senken.[72]

Bleiben Löhne und Gehälter stabil oder sinken sie sogar,[73] so hat dies ebenfalls Auswirkungen auf die Sozialversicherung, und zwar sowohl auf die Beitragseinnahmen als auch auf die Renten, denn eine Lohndämpfung wirkt der Erhöhung des aktuellen Rentenwertes entgegen.[74]

Die erwähnten möglichen Auswirkungen des Euro stellen sich im Rahmen des bestehenden Systems sozialer Sicherheit ein. Dieses System bleibt grundsätzlich erhalten. Das bedeutet jedoch nicht, daß die Währungsunion für die weitere Entwicklung des Systems ohne Bedeutung wäre. Eine Wirkung könnte darin bestehen, daß die wirtschaftliche Wettbewerbssituation zu einer weiteren Reduzierung der Sozialleistungen führen kann.[75] Abgesehen davon zeigen die bereits erwähnten britischen Befürchtungen,[76] Großbritannien müsse für die „unsolide" deutsche Rentenversicherung in einer Währungsunion zahlen, daß die Währungsunion die Debatte über eine Konvergenzentwicklung bei den bislang national gebliebenen Systemen sozialer Sicherheit neu beleben wird. Dies kann auf längere Sicht zu einer Annäherung der Systeme führen.[77]

Es gibt darüber hinaus zahlreiche Beispiele dafür, daß die Schaffung eines europäischen Marktes mit seinen Grundfreiheiten gravierende Ein-

---

71) Diese Erwartungen äußert etwa *Glombik*, Rente in Euro, rv 1997, 128 ff.
72) So *Rürup*, DRV 1997, 398 ff, der daraus die Folgerung zieht, daß der Gesetzgeber dringend eine Regelung hinsichtlich der geringfügigen Beschäftigungsverhältnisse treffen sollte.
73) So *Glombik*, rv 7/97, 128 ff.
74) Dazu *Rürup*, DRV 1997, 398 ff.
75) Zu diesen Trends vgl. *Rürup*, DRV 1997, 398 ff; vgl. auch *Hofmann*, Kompaß 1997, 417, 419 f.
76) Vgl. House of Commons, Session 1996–97, Social Security Committee (Fußn. 63).
77) In diesem Sinne auch *Hofmann*, Kompaß 1997, 417, 419 ff.

flüsse auf die Sozialsysteme ausübt, etwa auf den Markt der Gesundheitsleistungen.[78] Diese Tendenzen werden durch die gemeinsame Währung noch intensiviert werden.

V. Schlußbemerkungen

Das Bild, das von den Auswirkungen des Euro auf das Arbeits- und Sozialrecht gezeichnet werden konnte, mußte undeutlich bleiben. Einige Rechtsfragen, vor allem für die Übergangszeit, lassen sich bereits benennen; andere Probleme werden sich deutlich erst nach Einführung des Euro zeigen. Das gilt vor allem für die mittelbaren Auswirkungen, die in besonderem Maße davon abhängen, ob die – positiven oder negativen – Erwartungen, die mit der Einführung des Euro verbunden werden, in Erfüllung gehen.

---

[78] Zu dieser Entwicklung vgl. *Heine*, Transfer sozialversicherungsrechtlicher Komplexleistungen ins Ausland – zur Öffnungsbereitschaft des aktuellen Sozialversicherungsrechts aus der Sicht des Territorialitätsprinzips, und *Füßer*, Transfer sozialversicherungsrechtlicher Komplexleistungen ins Ausland – zur Öffnungsbereitschaft des aktuellen Sozialversicherungsrechts aus der Sicht des europäischen Gemeinschaftsrechts, in: Arbeit und Sozialpolitik, 9–10/1997, S. 9 ff und 30 ff; siehe auch *Oldiges*, Chancen und Risiken im GKV-Verteilungskampf, DOK 1997, 516, 522.

Podiumsdiskussion:
Was können Gesetzgeber, Tarifvertragsparteien und Rechtsprechung für die Beschäftigung tun?

Teilnehmer der Podiumsdiskussion:

Prof. Dr. Dr. h. c. mult. *Peter Hanau*, Köln (Leitung)

Prof. Dr. *Thomas Dieterich*, Kassel

Dr. *Horst Föhr*, Frankfurt/M.

Prof. Dr. Dr. h. c. *Manfred Löwisch*, Freiburg

RA Dr. *Dieter Kirchner*, Köln

Rolf Steinmann, Frankfurt/M.

Ministerialdirektor *Anton Wirmer*, Bonn

HANAU:

Ich darf Ihnen zunächst unser Podium vorstellen: Professor *Dieterich*, den Präsidenten des Bundesarbeitsgerichts, brauche ich nicht besonders vorzustellen. Viele werden auch Herrn Dr. *Föhr* kennen, vielleicht noch aus seiner Tätigkeit als langjähriger Personalchef der Treuhandanstalt. Nun ist er Personalvorstand der Deutschen Bahn AG, und da er pünktlich gekommen ist, schließen wir, daß der Zug pünktlich war. Dann Herr Kollege *Löwisch*, einer der wirklich führenden deutschen Arbeitsrechtler und hier besonders am Platze, weil er sich stets auch für die rechtspolitische Seite unserer Materie engagiert hat. Auch Herr *Kirchner* bedarf kaum der Vorstellung. Er war langjähriger Hauptgeschäftsführer von Gesamtmetall und ist jetzt immer noch in vielfältigen Funktionen in der deutschen Wirtschaft und im Bereich der Sozialpolitik tätig. Dann haben wir eine kleine Änderung gehabt. Wir haben angekündigt Herrn *Wiesehügel*, den Bundesvorsitzenden der Industriegewerkschaft Bauen-Agrar-Umwelt. Herr Wiesehügel wäre gern gekommen, aber er bewirbt sich heute vor einer Kreisversammlung um ein Bundestagsmandat, und dafür habe ich ihm dann freigegeben, als guter Demokrat. Aber wir haben einen, wie ich sagen darf, vollwertigen Ersatz in Gestalt von Herrn Rolf *Steinmann*, der das eigentlich zuständige Vorstandsmitglied der IG Bauen-Agrar-Umwelt für Rechtsfragen ist, so daß wir da einen vollwertigen Partner gewonnen haben. Herr Steinmann, wir sind Ihnen sehr dankbar, daß Sie eingesprungen sind. Schließlich Herr *Wirmer*, Ministerialdirektor im Bundeskanzleramt für – wie man vielleicht sagen darf – Arbeit und Sozialordnung. Herr Wirmer war vorher mehrere Jahre Leiter der Arbeitsrechtsabteilung im Bundesarbeitsministerium, woher viele von uns seine Offenheit für die Zusammenarbeit mit anderen kennen- und schätzengelernt haben.

Ich will versuchen, an jeden eine etwas provozierende Frage zum Eingang zu stellen mit dem Leitgedanken, daß jeder auch darüber sprechen soll, was die Gruppe oder der Kreis, für den er hier steht, selber tun könnte, vielleicht falsch gemacht hat, richtiger machen kann. Die Diskussion in Deutschland leidet darunter, daß immer jede Gruppe auf die andere zeigt. Und das wollen wir einmal versuchen, besser zu machen. Herr Wirmer, darf ich an Sie die einleitende Frage stellen. Die Bundesregierung hat ja legislatorisch in den letzten Jahren eine Menge getan, um die Beschäftigung zu fördern. Das Gesetz, das so heißt, ist gekommen. Es hat doch erhebliche Einschnitte gegeben, ohne daß bisher, glaube ich, greifbare Erfolge eingetreten sind. Deshalb, Herr Wirmer, die Frage: Ist die Bundesregierung, ist die Koalition mit ihrem beschäftigungspolitischen Latein am Ende, oder wie soll es weitergehen, damit wir aus der Misere herauskommen?

WIRMER:

Es wird Sie nicht überraschen, wenn ich die Frage, die Sie an mich gestellt haben, verneine. Es ist natürlich so, daß wir in der Beschäftigungsfrage jetzt feststellen können, daß die Maßnahmen, die in Angriff genommen worden sind, greifen. Es ist, glaube ich, die besondere Problematik solcher Maßnahmen, daß man von ihnen nicht kurzfristig schnelle Wirkungen erwarten darf. Abgesehen davon ist es natürlich auch so, daß allein die Gesetze es nicht machen. Die Gesetze müssen von den Beteiligten auch angenommen und umgesetzt werden.

Wenn man sich die Entwicklung der letzten zehn Jahre anschaut, dann müssen wir feststellen, daß wir von 1984 bis 1992, also neun Jahre lang, einen Anstieg der Beschäftigung gehabt haben. Seit 1993 bis jetzt ist die Beschäftigung wieder gesunken. Es gibt Anzeichen dafür, daß wir kurz vor einer Trendwende stehen, wenn man sich den Arbeitsmarkt gerade im Westen anschaut. Und trotzdem muß man, glaube ich, sagen, daß wir hier nicht nur vor einem Konjunkturproblem stehen, sondern daß es sich hier um Strukturprobleme handelt.

Es ist ja nicht so, daß wir in Deutschland vor einer Wachstumsschwäche stehen. Wenn man sich das Wirtschaftswachstum bei uns anschaut, auch in einem Zehnjahresvergleich von 1985 bis 1995, dann hatten wir sogar ein höheres Wachstum als die Vereinigten Staaten. Auch 1997 werden wir kein schlechtes Wachstum haben, und der Sachverständigenrat, der heute sein Gutachten vorgelegt hat, geht für nächstes Jahr von einem Wachstum von 3 % aus. Unser Problem ist, daß unser Wachstum nicht beschäftigungswirksam genug ist. Und das ist eine entscheidende – auch strukturelle – Frage. Warum dies so ist, dafür gibt es sicher eine ganze Reihe von Gründen. Da spielt auch die Globalisierung der Märkte mit hinein. Aber ich möchte davor warnen, die Globalisierung nur negativ zu sehen. Die Globalisierung hat auch erhebliche Chancen, bedeutet sie für uns doch die Erschließung neuer Märkte.

Sie haben schon die Maßnahmen der Bundesregierung, insbesondere das Programm Wachstum und Beschäftigung des letzten Jahres, angesprochen. Die Schwerpunkte liegen auf mehr Innovation und Flexibilität in den verschiedensten Bereichen. Wenn man sich einige Bereiche anschaut, ich nenne nur den Bereich der Bio- und Gentechnologie, dann muß man feststellen, daß hier erhebliche Fortschritte erreicht worden sind, sich sogar eine Trendwende in Deutschland vollzogen hat.

Wegen der Nähe zum Arbeitsrecht will ich zwei Problembereiche etwas näher beleuchten. Das ist einmal das Problem der Arbeits-, insbesondere Lohnzusatzkosten, und zum anderen die Arbeitsmarktstrukturen.

Zum Thema Lohnzusatzkosten: Es besteht Einigkeit, daß sie bei uns zu hoch sind. Aber die Reduktion ist ein sehr schwieriger Prozeß. Zu einer Senkung hat die Neuregelung der Entgeltfortzahlung einschließlich der tarifvertraglichen Regelungen, die in diesem Kontext abgeschlossen worden sind, geführt. Auch nach Einschätzung der Arbeitgeber liegt das Entlastungsvolumen bei mindestens 15 Mrd. Mark jährlich.

Wir haben – wenn man sich die Sozialversicherung anschaut – auch eine positive Entwicklung mittlerweile in der Krankenversicherung. Hier ist ein Stopp in der Ausgabenentwicklung eingetreten. Selbst wenn wir die schwierige Situation der Ostkassen mit einbeziehen, dann wird es insgesamt in diesem oder nächsten Jahr nach dem gegenwärtigen Stand nicht zu steigenden Beiträgen kommen.

In der Rentenversicherung kann eine Reform nur mittelfristig wirken. Der heftig diskutierte Anstieg auf 21 % im nächsten Jahr hängt natürlich ganz wesentlich mit den Maßnahmen zusammen, die ergriffen worden sind, das heißt mit den Maßnahmen zur Entlastung der Wirtschaft und der Beitragszahler: Lohnfortzahlung und die Vereinbarungen im Gefolge, aber auch Lohnzurückhaltung und das höhere Maß an Flexibilität über Arbeitszeitkonten. Alles dies war gewollt, aber es führte natürlich auf der anderen Seite zu Auswirkungen auf die Beitragssituation.

Ein weiterer Grund liegt in der Frühverrentungspraxis. Die Arbeitgeber können nicht nur sagen, das ist eine schlimme Entwicklung. Sie haben im Bereich der Frühverrentung erheblich zu der gegenwärtigen Belastung der Rentenversicherung beigetragen und tun es weiter. Denn die Übergangsregelung wird sehr extensiv in Anspruch genommen. Kurzfristig ist eine Trendwende in der Rentenversicherung nur zu erreichen durch das Instrument der Umfinanzierung, das im Augenblick diskutiert wird. Die Bundesregierung hat einen Gesetzentwurf auf den Weg gebracht. Diese Umfinanzierung wäre auch wegen einer gerechteren Verteilung der Lasten der deutschen Einheit gerechtfertigt.

Der zweite Problemkreis sind die Arbeitsmarktstrukturen. Wenn wir uns das internationale Ranking anschauen, dann ist Deutschland immer auf den hinteren Plätzen. Es werden insbesondere zu rigide Arbeitsmarktstrukturen beklagt. Dies ist eine Herausforderung für alle Beteiligten, für den Gesetzgeber natürlich, aber auch für die Sozialpartner und die Rechtsprechung. Denn die Rechtsprechung ist im Arbeitsrecht mindestens 50 % bei uns.

Der Gesetzgeber hat in den letzten Jahren eine Menge auf den Weg gebracht und durchgesetzt – ich nenne nur das neue Arbeitszeitgesetz, die verschiedenen Maßnahmen zur Flexibilisierung im Arbeitsrecht, die umfassende AFG-Reform mit einer ganzen Reihe von neuen Instrumenten, auch die Sozialhilfereform. Diese Möglichkeiten müssen jetzt von den Beteiligten genutzt werden.

Das heißt nicht, daß wir nicht auch noch Handlungsbedarf haben. Ich nenne nur zwei Bereiche: Es wäre sicher besser, wir hätten nicht zwei Systeme nebeneinander, Sozialhilfe hier und Arbeitslosenhilfe da, die beide ein Fürsorgesystem sind. Zumindest müßten die Regelungen beider Systeme angeglichen werden, z. B. auch was die Zumutbarkeit einer Arbeitsaufnahme angeht. Das müßte natürlich – und das ist mein zweiter Punkt – kombiniert werden mit Möglichkeiten, stärker als bisher Transfereinkommen und Arbeitseinkommen nebeneinander zu beziehen.

Ein letztes: Wichtig für durchgreifende Erfolge in der Beschäftigungspolitik ist ein wieder engeres Zusammenwirken von Tarifpartnern und Politik. Ein erster Schritt ist nach den Schwierigkeiten des letzten Jahres erreicht worden, indem wir zusammen mit den Sozialpartnern eine sogenannte Initiative Ost gestartet haben. Es gibt andere Felder, die folgen müssen. Ich will hinweisen auf eine makroökonomische Simulationsrechnung der Bundesanstalt für Arbeit, die sie vor einiger Zeit vorgelegt hat. Wenn man diese Maßnahmen ergreifen würde, wäre eine spürbare Verringerung der Arbeitslosigkeit möglich. Die vier Bereiche sind: Verringerung der durchschnittlichen Jahresarbeitszeit, vor allem mehr Teilzeit und weniger Überstunden, also Arbeitszeitflexibilisierung in einer reversiblen Form. Das zweite Element ist längerfristige zurückhaltende Tarifpolitik, das dritte Senkung der Sozialversicherungsbeiträge kombiniert mit höherer Besteuerung des Verbrauchs und das vierte Element die Konsolidierung des Staatshaushaltes, allerdings mit einer Umschichtung zu mehr öffentlichen Investitionen.

HANAU:

Herr Föhr, Sie sind in einem Unternehmen, von dem man weiß, es wird noch viele Arbeitsplätze abbauen, aber Sie überschauen ja auch viel mehr. Können Sie uns sagen, was von den Punkten, die Herr Wirmer nannte, oder von anderen Punkten wirklich ein Knackpunkt wäre, von dem Sie sagen würden, das bringt es? Oder gibt es Punkte, die viel diskutiert werden, aber für die Beschäftigung gar nicht so entscheidend sind?

FÖHR:

Ich glaube, es wird eine Vielzahl von Knackpunkten geben, die wir gemeinsam, und zwar möglichst im Konsens aufbrechen müssen. Wir müssen uns wegbewegen von dem Konsens, den man unter vier oder sechs Augen findet und den man dann, sobald der Kreis der Zuhörer größer wird, eben nicht mehr findet, weg von dieser „Vier-Augen-Gesellschaft" hin zu einer Gesellschaft, in der bestimmte Tabus und Verkrustungen, die sich in den letzten Jahren entwickelt haben, auch wirklich verändert werden.

Erster Punkt: Ich stimme Herrn Wirmer voll zu, daß wir die Teilzeit forcieren müssen. Es ist insbesondere auch in dem Unternehmen, in dem ich seit zweieinhalb Jahren tätig bin, ein Unding, daß nur 2,7 % der Beschäftigten Teilzeitbeschäftigte sind. Dies in einem Verkehrsmarkt, den jeder von Ihnen als Kunde kennt, in dem es auf der Hand liegt, daß man hier eine Fülle von Teilzeitarbeitsplätzen schaffen und damit auch die Arbeit auf mehr Schultern verteilen kann. Hier besteht Handlungsbedarf insbesondere in diesem Unternehmen, aber auch in einer ganzen Reihe von anderen Unternehmen, und da würde ich denken, daß auch die Gewerkschaften sich nicht nur verbal zur Teilzeit bekennen, sondern diese auch gemeinsam mit propagieren sollten.

Zweitens: Wir müssen weg von diesen pauschalen Arbeitszeitreduzierungen. Das heißt, durchaus offen zu sein für Reduzierung von Arbeitszeiten, aber dies bei bestimmten Beschäftigtengruppen, in denen eine solche Verteilung auf mehr Schultern möglich ist, und nicht Spezialisten aus dem Betrieb gedrängt werden. Wir müssen das Instrument befristeter Arbeitsverhältnisse gerade auch in einem solchen Ex-Staatsbetrieb wie der Deutschen Bahn AG offensiv nutzen; der Gesetzgeber hat uns dazu die Möglichkeit gegeben. Aber bis dies in den Köpfen sämtlicher Personalverantwortlicher ist, dauert es, und ich bin sicher, das gilt auch für andere Großbetriebe, daß das Instrument intensiver genutzt werden kann. Wir bauen insgesamt als Konzern weiterhin Arbeitsplätze ab, insbesondere in dem sogenannten industriellen Bereich innerhalb des Bahnkonzerns, nämlich dem Netzbereich, Bahnbau und bei den Werken – insoweit ist das typisch für die Bundesrepublik –, während wir im Dienstleistungsbereich Arbeitsplätze aufbauen. Und da kommen wir nun zu dem Problem, daß die Wertschöpfung in diesem Dienstleistungsbereich bei weitem die Personalkosten nicht deckt, ich nenne nur das Stichwort „Gepäckträger". Hier wird man – Herr Wirmer hat es ja angesprochen – das Instrument des „Kombilohnes" meines Erachtens stärker auszuloten haben.

Wir müssen weiter dazu kommen, und wir sind bei der Deutschen Bahn AG gerade dabei, Auszubildende bewußt wertschöpfend tätig werden zu lassen, um damit auch Anreize für die Unternehmen zu geben, ihrer Ausbildungsverpflichtung Rechnung zu tragen. Ich halte das für den erheblich zielführenderen Weg als irgendwelche Abgaben. Und hier sind die Betriebspartner gefordert, aber auch die Kammern, die an einer Veränderung der Berufsbilder sowohl im kaufmännischen Dienstleistungsbereich wie im Informationstechnologiebereich schneller mitzuwirken haben, als das bisher der Fall ist.

Die Altersteilzeit ist möglicherweise schon an anderer Stelle im Rahmen dieser Konferenz erwähnt worden. Für uns als Konzern, der im industriellen Bereich abbaut und an anderer Stelle aufbaut, sind die bisherigen Ausgleichsmöglichkeiten – und da spreche ich den Gesetzgeber oder Verordnungsgeber an – nicht ausreichend. Also für uns ist es schon sehr teuer, im industriellen Bereich, in dem wir abbauen, Altersteilzeit einzuführen, wenn dort, wo wir aufbauen und wo wir auch Auszubildende aufbauen, nämlich im Dienstleistungsbereich in den unterschiedlichen Unternehmen im Konzern, uns nicht die Möglichkeit gegeben wird, dieses dagegenzurechnen.

Gott sei dank gibt es ja auch bei der Deutschen Bahn AG inzwischen einen Jahresarbeitszeittarifvertrag. Nur als nächstes kommen dann die Betriebsräte und wollen das, was man gerade mühsam von den Tarifvertragsparteien als Flexibilität errungen hat, über § 87 BetrVG bremsen. Ich denke, hier wird es auch der Schulung durch die Gewerkschaften bedürfen, daß dies kontraproduktiv ist.

Herr Kirchner und ich haben ja 1994 unsere Erfahrungen mit Öffnungsklauseln gesammelt, Ich glaube, nachher sagt ein jeder unter vier Augen, das war notwendig, aber damals standen wir ziemlich alleine. Auch das Ergebnis war längst nicht befriedigend, ist nicht ausreichend, insbesondere für die neuen Bundesländer nicht ausreichend. An solchen Öffnungsklauseln – in welcher Form da die Gewerkschaften jeweils mitzusprechen haben, wird auszutarieren sein – werden wir, wenn man den Flächentarif insgesamt retten will, nicht vorbeikommen. Und ich denke, auch Bandbreiten, wie sie die Chemiepartner gefunden haben, können hier hilfreich sein.

Noch ein letzter Punkt: Ich merke es gerade als Arbeitgeber von achtzigtausend Beamten: Wenn wir nicht an das deutsche Beamtenrecht gehen und den *öffentlichen Dienst* ähnlich *flexibel gestalten*, auch vom Gesetz her, wie wir dieses in den Unternehmen zu Recht verlangen, werden wir dort die Effizienzsteigerungen nicht erzielen. Hier sollte man sich fragen, ob diejenigen, die heute Beamte sind, auch künftig alle wieder neu in diesen Berufsgruppen Beamte sein müssen. Wenn wir zum Beispiel zu einer qualitativen Umorientierung des Bildungswesens kommen wollen, ist es für mich nicht einsehbar, auch wenn ich hier dem einen oder anderen weh tue, daß Hochschullehrer und Lehrer Beamte sind, sondern hier, meine ich, müßten wir den Schritt zu anderen Arbeitsrechtsformen finden.

HANAU:
Es ist eine weitgehende Übereinstimmung mit Herrn Wirmer darin, daß wir einen recht breiten Umbau brauchen, so möchte ich bisher den Eindruck zusammenfassen, nicht einzelne Maßnahmen, sondern einen ziemlich flächendeckenden Umbau unserer ganzen Systeme. Herr Wirmer, Sie haben hoffentlich notiert, denn das deckt sich mit dem, was Herr Stindt vorhin sagte, das Altersteilzeitgesetz ist zu

starr, zu rückwärts gewandt in dieser Fixierung auf den einmal vorhandenen Arbeitsplatz.

KIRCHNER:
Ich brauche ja nicht mehr für die Verbände zu sprechen. Ich kann jetzt aus langer Erfahrung viel freier reden und will daher auch getreu dem Motto unseres Moderators vor der eigenen Haustüre kehren und fange daher bei den Tarifparteien an, die ja in erster Linie berufen wären, diesen Reformprozeß voranzutreiben, denn wir behandeln das Thema ja unter dem Motto: Wie können wir zu mehr Beschäftigung kommen? Viereinhalb Millionen Arbeitslose müßten ja nun Anlaß genug sein, ein wenig aufs Tempo zu drücken. Statt dessen ist das Dominierende bei allem Bemühen um Erleichterung, Lockerung und Fortschritt, daß wir uns nach wie vor immer wieder in Verteilungskonflikten verheddern, daß wechselseitig ein großes Mißtrauen besteht zwischen Gewerkschaften und Arbeitgeberverbänden, daß der eine den anderen über den Tisch zieht, daß man sich also auf Experimente nicht einläßt und daß auch in beiden Gruppierungen – da gibt es Ausnahmen – aber cum grano salis sage ich es, ein ängstliches Festhalten an alten tradierten Denkstrukturen und Verhaltensweisen besteht, wo man am liebsten bei seinen alten Besitzständen bleibt. Und das, was Herr Föhr jetzt für die Beamten sagte, das gilt eben auch für das ganze Tarifsystem, das kann so nicht bleiben. Der Erosionsprozeß, der mit den Arbeitnehmerbegriffen anfängt, der endet beim Flächentarifvertrag. Wenn diese Strukturen nicht wieder geformt werden, dann kommt kein sinnvoller Beitrag von den Tarifparteien.

Nun habe ich die große Sorge – und das hat sich in Diskussionen auch immer noch bestätigt –, daß der Stillstand im politischen Bereich, der ja gewissermaßen wahlkampfbedingt zu einem Reformstau führt, sich verlängert auf die Tarifparteien, daß die Gruppierungen ungewollt und unbewußt nun auch verharren auf Positionen, die sie vielleicht aus politischer Rücksichtnahme einnehmen zu müssen glauben, und daß man nun auch auf den September 1998 wartet und erst danach in der Republik etwas geschehen wird. Ich finde das unerträglich. Im Moment und für das nächste Jahr wird, abgesehen von Dingen, die vielleicht in dem einen oder anderen Wirtschaftsbereich tariflich geschehen können, und dem, was der Gesetzgeber vielleicht noch auf den Weg bringt, die Dominanz der Reform in den Betrieben liegen. Und ich nehme das Motto von Herrn Schliemann auf, der gestern sagte: „Geben Sie Handlungsfreiheit!" Ich würde sagen, die Tarifparteien und der Gesetzgeber und die Rechtsprechung sollten jetzt

Handlungsfreiheit für die Betriebe geben. Denn überall da, wo Betriebsräte und Geschäftsleitungen an das Problem herangehen, kommen sie weiter. Kooperative Erneuerung ist kein Konsensschmus, sondern ist die Zusammenarbeit zwischen Betriebsräten und Geschäftsleitung, die da, wo sie die Instrumente haben, wo das Gesetz oder die Tarifverträge sie nicht hindern, oft genug überraschende Erfolge erreichen. Mitunter bewegt mich oder beunruhigt mich, daß viele unserer Betriebe die Instrumente noch gar nicht kennen, die der Gesetzgeber in der letzten Zeit eröffnet hat. Da sehe ich auch eine Bringschuld der Verbände, sowohl der Gewerkschaften als auch der Arbeitgeberverbände, die die Betriebe – und wir haben eben überwiegend kleine mittelständische Betriebe und nicht Großunternehmen mit großen Abteilungen, die sich leisten können, das zu erarbeiten – in den Kenntnisstand setzen, was sie eigentlich schon alles machen können. Da ist ein großes Versäumnis, das dank solcher Seminare, wie sie hier stattfinden, vielleicht gewissermaßen „von unten her" korrigiert werden kann, denn es ist vieles machbar, was heute nicht geschieht. Von daher glaube ich, daß man wirklich im echten Sinne einer Subsidiarität versucht, das, was an Reformen notwendig ist – unbeschadet der Notwendigkeit im tarifpolitischen Bereich, ob das Arbeitszeitflexibilisierung ist, ob das Umorganisation ist, ob das Teilzeit oder sonstige Regelungen sind – vor Ort in den Betrieben voranzubringen und sich dabei auf das bewährte Zusammenwirken zwischen Betriebsrat und Geschäftsleitung zu konzentrieren. Wenn dann noch die Rechtsprechung den Günstigkeitsvergleich ein Stück öffnen würde, so daß man über den engen – zu engen – Sachgruppenvergleich hinaus kleine Bündnisse für Arbeit im Betrieb schaffen könnte, daß der einzelne Mitarbeiter auf einen Teil Tarifanspruch temporär verzichtet, um darüber seinen Arbeitsplatz zu erhalten – etwas, was ja nach der heutigen Rechtsprechung nicht zulässig ist –, dann wäre dies ein wesentlicher Fortschritt. Und deswegen glaube ich, mitunter müssen die Betriebe sich heute nicht über Gesetzesrecht, wohl aber über Tarifrecht hinwegsetzen. Sie müssen handeln, weil sie am ehesten unter dem Erfolgs- und Handlungszwang und -druck stehen, und deswegen ist das Vorrangige, daß wir den Betrieben da die Schneise schlagen, daß sie diesen Weg auch wirklich erfolgreich gehen können.

HANAU:

Herr Steinmann, Sie sind hier in einer Doppelrolle. Einmal sind Sie Vorstandsmitglied der IG Bauen-Agrar-Umwelt, aber wir würden sie gerne auch ansprechen als Repräsentanten des DGB, hier unter uns natürlich sowieso als eigenständige Persönlichkeit. Nicht nur unter Bauaspekten bitte ich deshalb zu bedenken: die Öffnung der Flächentarifverträge zu den Betrieben. Haben die Gewerkschaften eigentlich ein Konzept, wie eine neue Arbeitsteilung von Tarif- und Betriebsparteien aussehen könnte, oder ist der Eindruck richtig, daß die Gewerkschaften an dem festhalten, was sich lange Zeit bewährt hat, was aber, wie doch vielfach deutlich wird, zuerst im Osten, dann auch im Westen, heute vielleicht auch für die Arbeitnehmer schädlich wird, weil die Dinge schwieriger sind?

STEINMANN:

Wenn man über einen Punkt wie betriebliche Öffnungsklauseln redet, muß man sich vergegenwärtigen, daß es Wirtschaftszweige gibt – und zu denen gehört das Baugewerbe –, in denen es 1,3 Millionen Beschäftigte gibt, die sich auf 80 000 Betriebe verteilen. Und dann muß man sich natürlich die Frage stellen: Kann ich das dann alles noch mit einer „Verbetrieblichung" der Tarifpolitik regeln, oder brauche ich da nicht einen Flächentarifvertrag, der zukünftig durchaus seine Öffnungsmöglichkeiten haben wird? Wir haben das bereits in der diesjährigen Tarifrunde unter Beweis gestellt, die aber auch einen bestimmten Rahmen setzen wollte und dies auch tun mußte. Der DGB und die Einzelgewerkschaften sind an vielen Stellen viel weiter, als es in der Öffentlichkeit diskutiert wird. Wenn man einmal richtig in viele Tarifverträge reingucken würde, und es ist ja am Beispiel der Metallindustrie sehr deutlich geworden, und wenn man einmal die Möglichkeiten ausschöpfen würde, die die Tarifverträge hergeben, dann käme man zu einer etwas anderen Diskussion. Das ist ein sehr wichtiger Punkt, die Möglichkeiten, die die Tarifverträge bieten, die ja gemeinsam abgeschlossen worden sind, auch wirklich auszunutzen.

Man kann darüber streiten, ob es überhaupt in der jetzigen Lage möglich ist, mehr Beschäftigung zu schaffen, oder ob nicht meist die Sicherung wichtiger ist. Ich muß – und jetzt werde ich bauspezifisch – aus unserer Sicht sagen: Wir haben eigentlich ein Beschäftigungsvernichtungsprogramm hinter uns, das überwiegend die Bundesregierung zu verantworten hat. Es hat angefangen mit den Werkverträgen für Osteuropa, hat sich über die Öffnung der EU mit den Dumpinglöhnen fortgesetzt, mit der unseligen Streichung des Schlechtwettergeldes, und dann logischerweise, und das ist auch nicht bestritten, die konjunkturelle Situation. Das hat dazu geführt, daß wir auf der tarifpolitischen Ebene Aufgaben vor uns hatten, solche Beschäftigungsvernichtungsprogramme erst einmal wieder einzufangen, und all diese Dinge, die wir zum Teil als Tarifvertragsparteien

Podiumsdiskussion

nicht beeinflussen können. Wir können keine Werkverträge mit Osteuropa beeinflussen im klassischen Sinn, weil das Staatsaufgaben sind, und die Frage der Billig- oder Dumpinglöhne aus der EU genauso wenig. Und die Streichung des Schlechtwettergeldes haben wir über tarifvertragliche Regelungen auffangen müssen, zwei Mal hintereinander. Das spricht ja für die Flexibilität der Tarifvertragsparteien. Nur wenn Sie dann eine tarifvertragliche Regelung haben, die in dem darauffolgenden Winter zu der höchsten Arbeitslosigkeit im Baugewerbe führt, die es je nach der Einführung des Schlechtwettergeldes gegeben hat mit über 400 000, dann kommt man ja schon ins Nachdenken. Dies hat dazu geführt, und es ist für uns das Zeichen, daß sich letztendlich der Flächentarifvertrag durchaus bewährt und seine Bedeutung unter Beweis gestellt hat, diese Dinge in einer erneuten Revision eines Tarifvertrags auffangen zu müssen im Rahmen einer Arbeitszeitflexibilisierung, ab einer bestimmten Basis auch wieder unter Einbeziehung einer staatlichen Leistung, aber die wird sicherlich nicht sehr stark zum Tragen kommen. An dem Beispiel wird deutlich, daß eine Bewegung da ist, wie auch in vielen anderen Gewerkschaften auf dieser Ebene. Und wenn wir als IG Bauen-Agrar-Umwelt uns angucken, was wir im Jahre 1997 für die Beschäftigungssicherung gemacht haben, dann kann man die Arbeitgeberverbände zitieren: Der Zentralverband des Deutschen Baugewerbes hat vor einer Woche oder vor zwei Wochen auf seiner – ich nenne es mal so – Jahrespressekonferenz sehr deutlich gesagt, daß mit dem diesjährigen Tarifabschluß sich die Lohnzusatzkosten im Baugewerbe um 11 % verringern und die Lohnkosten immerhin um 4,5 %. Es wird sich jetzt die Frage stellen, und das ist die andere Seite der Medaille, ob solches Abgehen von Leistungen, die durchaus über Jahre gewachsen sind, die sich auch finanziell nicht gerade in kleinen Beträgen am Jahresende auswirken, dazu beiträgt, daß in diesem Winter die Arbeitslosigkeit im Baugewerbe nicht mehr die Zahlen des letzten Jahres erreicht und die Beschäftigung etwas stabil sein wird. Das sind Dinge, wo auch wir uns eingebracht und Wege gesucht haben. Aber es gibt auch da, und das gilt logischerweise auch für beide Seiten, Schmerzgrenzen. Wenn man Zugeständnisse macht, dann müssen sie auch Erfolge zeigen, sonst ist es sehr schwierig, auf die Zukunft gesehen, noch Zugeständnisse zu machen. Und deswegen halten wir auch sehr stark am Flächentarifvertrag fest. Und ich sag es noch einmal: Auch aufgrund der betrieblichen Struktur, die wir haben – zu den Zahlen, die ich vorhin genannt habe, setze ich noch eine hinterher: rund 60 000 Betriebe im Baugewerbe haben nicht mehr als 20 Beschäftigte –, können Sie keine Tarifpolitik in den Betrieb verlagern, sondern da brauchen Sie einen Flächentarifvertrag, der dies in einem vernünftigen Rahmen abdeckt.

HANAU:

Ich glaube, das war eine wichtige Ergänzung, und ich habe Sie so verstanden, daß Beschäftigungssicherung in Ihrer Sicht ein wichtiges Ziel der Tarifpolitik ist. Herr Löwisch, die Diskussion geht seit langem, ist der Wissenschaft etwas Neues eingefallen? Dafür ist sie ja da. Was kann die Wissenschaft beisteuern?

LÖWISCH:

Die Wissenschaft kann zunächst zu dem Problem, das hier mehrfach angesprochen worden ist, etwas beisteuern, daß wir nämlich ein gewaltiges Umsetzungsproblem bei allen Regeln haben. Die Wissenschaft beginnt immer damit, wenn ein Gesetz auf arbeitsrechtlichem Felde gemacht wird, danach zu suchen, in welchen Punkten es verfassungswidrig sein könnte und ob man dagegen einen Aufsatz schreiben kann. Das ist natürlich der Wirkung dieser Gesetze und ihrer Umsetzung nicht außerordentlich förderlich.

Hier ist vielfach angesprochen worden das Problem des Kombilohns, also der Verbindung von Arbeitseinkommen und Transfereinkommen, und da ist es nun so, daß in der Politik, bei den Verbänden gewaltige Luftballone in die Luft gelassen werden, und es wird viel darüber gesprochen. Aber darüber nachgedacht, wie das nun eigentlich funktionieren kann, wird weniger. Aber über diese Sache muß man natürlich sehr nachdenken, und es bedarf dringend der Aufarbeitung, und dafür ist die Wissenschaft auch da. Ich will einige Beispiele herausgreifen: In allen Vorschlägen steht für meine Begriffe ganz unsinnigerweise drin, es müsse bei der Nichtanrechnung von Transfereinkommen eine Familienkomponente eingeführt werden. Das gibt es beim Entgelt überhaupt nicht, und dadurch wird der Spielraum verengt für diejenigen, die keine Familie haben, weil man dann immer danach schauen muß, ob das Lohnabstandsgebot verletzt wird. Zweiter Punkt: Es wird nicht darüber gesprochen, daß man differenzieren muß, je nachdem, ob man Vollzeitarbeitnehmer oder Teilzeitarbeitnehmer hat, die man nur entsprechend mit Freibeträgen versehen kann, nicht absolut, weil das ja sonst ein erheblicher Anreiz ist, mit möglichst viel gering Beschäftigten so etwas zu machen. Und dritter Punkt, das ist jetzt etwas, wo ich an dieses Öffnungsproblem anknüpfe. Wir werden ja nicht umhin kommen, uns über den Teil „Arbeitseinkommen" des Kombilohns zu unterhalten und ihn zu regeln. Bisher ist die Situation ja eigentümlicherweise so, daß man dort, wo es all diese Dinge gibt, nämlich in den USA, von Entgelten ausgeht, die der Bundesgerichtshof bei uns als strafbaren Wucher bezeichnet. Genau das, was die Teamster als ihren großen Erfolg darstellen, das sind ungefähr zwölf Mark, sagt der Bundesgerichtshof, ist strafbarer Wucher. Man muß also jetzt einen Weg finden, wie man das Arbeitseinkommen, den Arbeitseinkommensteil, regelt. Die Richtung, in die das gehen könnte, ist, daß die Tarifvertragsparteien, die Mindestlöhne in ihren Lohngruppen haben, eine Möglichkeit der Öffnung schaffen, wo sie sagen, wenn uns nachgewiesen wird, daß zusätzliche sonst nicht vergebene Arbeit vergeben wird zu niedrigeren Entgelten – das ist ja unser Problem, daß wir die nicht haben, das wurde vorhin von Ihnen ja angesprochen, Gepäckträger ist das Beispiel –, öffnen wir eine ganz erhebliche Senkung der an sich gegebenen Entgelte. Und damit kann man zu denjenigen marschieren, die die Transfereinkommen geben, um da zu einem einheitlichen Kombilohn zu kommen.

HANAU:

Das Thema ist besonders wichtig, weil wir das Problem der Arbeitslosigkeit nicht nur quantitativ sehen dürfen, als anonyme Zahl. Wir müssen die Menschen sehen, und ein großer Teil der Menschen, gerade der Langzeitarbeitslosen, sind ja diejenigen, die wegen mangelnder Ausbildung usw. am Markt ohne staatliche Unterstützung nicht ankommen. Insofern trifft dieser Vorschlag den Kern der Problematik. Wir können es vielleicht vertiefen: Müssen eigentlich die Tarifparteien die Löhne senken, was den Gewerkschaften entsetzlich schwerfällt, und selbst wenn es nur auf dem Papier ist, würde es nicht reichen zu sagen, daß man das belassene Transfereinkommen gewissermaßen als Leistung an Erfüllungs Statt betrachtet?

Herr Dieterich, Gamillscheg hat gesagt: „Der Richter ist der Herr des Arbeitsrechts." Damit kann man auch sagen: „Der Richter ist der Herr der Beschäftigung." Dies zerfällt in zwei Unterfragen. Die eine ist: Sehen sie eigentlich einen engen Zusammenhang zwischen Rechtsprechung und Beschäftigung? Und die zweite ist: Hat der Richter hier Spielraum, hat er eine Aufgabe, kann er sagen, ich tue jetzt was für die Beschäftigung? Oder würden Sie sagen, der Richter erfüllt nur das Gesetz? Ich weiß nicht, ob das überhaupt Fragen sind, die bei Ihnen ankommen, aber sie scheinen mir, nachdem, was hier gesagt wurde, im Raum zu stehen.

Podiumsdiskussion

DIETERICH:

Doch, doch, die stehen im Raum, und die sind auch schon angekommen. Ich würde sogar mit einem ganz bekenntnishaften Satz anfangen. Angesichts der Lage, die wir in Deutschland haben, muß jeder an seinem Platz und im Rahmen seiner Verantwortung alles tun, was er kann, um Beschäftigung zu fördern und wenigstens zu stabilisieren, wie Herr Steinmann sagt. Aber Rechtsprechung, das wird bei dem Gamillscheg-Spruch ein kleines bißchen unterschätzt, hat ganz bestimmte Kompetenzen und Funktionen. Zunächst einmal – kurz gesagt – legt sie Gesetze aus und wendet sie an. Das hat eine Eigendynamik, so gehört einfach dazu – und das hat die Arbeitsgerichte immer in den Ruf gebracht, besonders sozialpolitisch engagiert zu sein –, daß sie Gesetze effektuiert. Ihre Aufgabe ist, das Gesetz so anzuwenden, daß es wirkt. Ein Schutzgesetz muß wirken. Das heißt natürlich auch, wenn der Gesetzgeber sich um Praktikabilität, um Beschleunigung der Verfahren, um Vereinfachung und Lockerung bemüht, ist das ebenso effektiv zu machen. Und was gewiß auch unsere Aufgabe ist: neue Gesetze, insbesondere wenn sie so diffus und undurchdacht sind wie die aktuellen, in einen rechtlichen Kontext, in die Rechtsordnung so einzubauen, daß wieder eine Einheit der Rechtsordnung erkennbar wird. Das führt zu Anpassungsproblemen, die aber in denkendem Gehorsam zu lösen sind.

Was wir nicht dürfen: Deregulierung durch künstliche Herstellung von Vollzugsdefiziten. Ich merke an einigen Vorstellungen, daß uns schlicht und einfach angesonnen wird, Gesetze schlecht anzuwenden oder ein Vollzugsdefizit herzustellen, damit Freiräume entstehen. Musterbeispiel: erneutes Überdenken des Günstigkeitsprinzips. Das geht gar nicht mal so direkt gegen Sie, Herr Kirchner, denn Ihr Fall, den sie als Beispiel gebracht haben, ist gar nicht der Prototyp. Bei dem bin ich voller Sympathie und komme noch darauf zurück. Aber die Vorstellung, die im Fall Viessmann proklamiert wird: Richter sollen beim Günstigkeitsvergleich nicht mehr Normen, Rechtslagen miteinander vergleichen, sondern in ihr Kalkül einbeziehen, welche Zwangslagen der Arbeitgeber hergestellt hat, die er beliebig herstellen kann, siehe Fall Viessmann, und dann die Reaktion darauf als günstige Reaktion betrachten, nur weil die Arbeitnehmer sich beugen müssen. Wissen Sie, was das schlicht und einfach ist? Das ist das Abschaffen der Bindungswirkung von Tarifverträgen. Das ist ein Vollzugsdefizit. Das werden wir nie machen, das können wir gar nicht machen, es sei denn, der Gesetzgeber erklärt, daß Tarifverträge nicht bindend sind. Aber im Moment geht das nicht.

Natürlich will ich nicht bestreiten, und darauf beruht der Spruch von Gamillscheg, daß es große Anwendungsspielräume gibt, Auslegungs- und Anwendungsspielräume. Es wäre auch naiv, wenn ich nicht zugäbe, daß in diesen rechtspolitische Wertungen einfließen können. Die Rechtsordnung, das Arbeitsrecht ist voller Abwägungsprogramme, die gerade an den Stellen wirken, an denen wir uns jetzt Gedanken machen. Zum Beispiel im Kündigungsschutz, was gestern und heute eine Rolle gespielt hat – betriebliche Gründe, Belegschaftsstruktur, Sozialauswahl – lauter Anwendungsprobleme, bei denen es selbstverständlich Aufgabe des Richters ist, die Interessen des Arbeitgebers, des Unternehmers, unter Berücksichtigung der unerhört veränderten Lage, der mit Rasanz sich verschiebenden Wettbewerbssituation, der Zwänge zu schnellen Reaktionen, zu beachten. Das ist gar kein neues Denken, sondern das ist die alte Aufgabe des Arbeitsrichters, den Interessengegensatz auszugleichen. Dasselbe wiederholt sich bei dem Abwägungsprogramm ablösende Betriebsvereinbarung, Ablösung betrieblicher Sozialleistungen, Widerruf von Ruhegeldzusagen, Anpassung von Renten, alles Dinge, bei denen schon im geltenden Recht Abwägungsprogramme enthalten sind, die wir selbstverständlich unter Berücksichtigung der aktuellen Lage zu realisieren haben. Und es gibt durch die rasanten Verschiebungen im Arbeitsleben neue schwierige Rechtsfortbildungsaufgaben. Es ist schon angeklungen das Problem der Anpassung von betrieblichen und tariflichen Gestaltungsmöglichkeiten. Da ergeben sich Fragen, die sich die Schöpfer des Betriebsverfassungsgesetzes und des Tarifvertragsgesetzes so nicht vorgestellt hatten. Das Bundesarbeitsgericht hat das in einer, finde ich, überaus flexiblen Form, siehe Leber/Rüthers-Kompromiß, in das aktuelle Recht überführt. Der 4. Senat wird das in diesem Geiste schon weiter tun. Das ist kein neues Denken. Was wir auf keinen Fall akzeptieren würden oder was ich meinen Kollegen dringlichst abraten würde zu akzeptieren, ist jede Rechtsprechung, die dazu führt, daß die kollektiven Interessenvertretungen geschwächt werden. Ich bin der Ansicht: Das ist eines unserer Flexibilitätspotentiale. Unser Tarifrecht und unser Betriebsverfassungsrecht sind Instrumente, die Anpassungsmöglichkeiten an stark veränderte Verhältnisse bieten, die andere Länder in dieser Form und in dieser bewährten Praxis nicht haben. Das ist ein Standortvorteil.

Ich würde gerne einen Punkt ansprechen, der bisher nicht angesprochen wurde, der aber für Richter wichtig ist. Die Umbruchsituation, in der unser Land sich befindet, in der unsere Wirtschaft, unser Arbeitsleben, in der sich die ganze Arbeitswelt der ganzen Welt befindet, trägt eine überaus starke Beunruhigungs- und Verunsicherungswirkung in der Gesellschaft. Der soziale Frieden, an den wir uns gewöhnt haben, ist keineswegs etwas, was man reif und sicher ernten könnte. Das ist eine der Hauptaufgaben der Arbeitsgerichte, diesen sozialen Frieden aufrechtzuerhalten und das Gefühl zu bewahren, daß es in diesem Lande nach Recht und mit einem Mindeststandard sozialer Gerechtigkeit zugeht. Man muß Unternehmer in ihrem Bemühen, die Fesseln zu lösen, die sie im Wettbewerb behindern, daran erinnern, daß sie stillschweigend Voraussetzungen einkalkulieren in ihr ganzes unternehmerisches Handeln, nämlich eine sozial befriedete Gesellschaft, in der man sich frei bewegen kann. Die Wirtschaft kann diese Voraussetzung selbst nicht schaffen. Das kann nur der Staat und seine Rechtsordnung. Dafür sind die Gerichte zuständig.

HANAU:

Ich möchte zunächst auf dem Podium und dann aus dem Publikum diejenigen bitten, sich zu melden, die meinen, daß ein anderer etwas Falsches gesagt hat, und zwar nicht nur am Rande, sondern etwas richtig Falsches. Meine beiden unmittelbaren Nachbarn hatten gesagt, sie wollten was sagen, würde das unter diese Rubrik passen, daß Sie meinen, jemand hätte hier was Falsches gesagt?

KIRCHNER:

Nein, Sie haben eine Frage gestellt und Herr Steinmann als Sozialpartner hat darauf teilweise eine Antwort gegeben. Ich würde das gern konkretisieren. Was ist eigentlich das Reformkonzept der Sozialpartner? Ich glaube, das Bekenntnis zum Flächentarifvertrag, das hier von Herrn Steinmann kam, das setzt sich allmählich mehr und mehr durch. Das heißt, daß man doch erkennt, und damit knüpfe ich an das an, was Herr Dieterich sagte, daß die Abschaffung des § 77 Abs. 3 BetrVG und die Vorstellung, daß man jetzt alles betrieblich regeln könnte, ein Irrweg ist. Das wird am deutlichsten klar, wenn jetzt bei der IG Metall diskutiert wird, sollen wir, was ich auch für richtig halte, den Flächentarifvertrag in der Weise reformieren, daß wir ihn öffnen für betriebliche Lösungen, Rahmenregelungen, Spannenregelungen, Optionen, Austauschbarkeiten und Wahlmöglichkeiten, das heißt also Regelungskompetenz bei den Tarifparteien mit Auswahl und Gestaltungsfähigkeit der Betriebsparteien, oder gibt es nur noch eine Art tariflicher Grundversorgung und daneben betriebliche Regelungen, für die es auch betriebliche Tarifkommissionen gibt. Eine schlimme Vorstellung, bei der viele Unternehmen glauben, daß der heute so kooperationswillige Betriebsrat auch in Zukunft noch genauso kooperationsfähig und -willig sei, wenn er diese Verantwortung einmal trägt. Ich glaube, der Prozeß des Durchdenkens dieser Materie ist mittlerweile so weit, daß man sich von dem Bild löst. Und dennoch wird auf den Betriebsrat eine Menge Gestaltungsarbeit zukommen, und die Erfahrung ist die, daß Betriebsräte dort nur kooperationsfähig sein können, wo sie in einem Feld arbeiten, wo die Tarifparteien sich von der Konfliktstrategie verabschiedet haben. Wo das Umfeld nach wie vor konfliktorientiert ist, wie etwa in der Metallindustrie weitgehend, da sind auch die Betriebsräte nicht handlungs- und lösungsfähig. Von daher muß, glaube ich, der Schwerpunkt in einer Doppelstrategie liegen: Die Sozialpartner müssen dieses Bekenntnis geben, daß der Flächentarifvertrag weitergilt nach einer Reform, und damit die Verunsicherungen auch von den Gewerkschaften wegnehmen, und die Betriebsparteien müssen den Spielraum bekommen, damit sie, ohne daß § 77 Abs. 3 BetrVG fällt, Lösungskompetenz haben, damit diese Reform sich dann auch an Haupt und Gliedern vollziehen kann.

HANAU:

Danke. Das war sicher eine wichtige Ergänzung. Jetzt frage ich noch einmal, ob jemand Falsches rügen will. Wenn da nichts kommt, frage ich, ob jemand etwas als ganz besonders richtig hinstellen will.

LÖWISCH:

Ich muß erst Herrn Präsidenten Dieterich noch fragen, um dann sagen zu können, ob ...

HANAU:

Wollen Sie erst das Falsche aus ihm rausholen, na gut, dann fragen Sie nur.

LÖWISCH:

Ich stimme ihm an sich in dem Prinzip zu, daß man die Kollektivparteien stärken muß. Das halte ich auch für richtig. Meine Nachfrage ist nur, ob das Bundesarbeitsgericht das auch für die neu eingeführten, gestärkten Rechte der Betriebsparteien im Kündigungsschutzrecht – Stichwort: Regelung der betriebsbedingten Kündigungen praktisch durch die Betriebsparteien im Interessenausgleich – meint und also auch für diese neuen kollektivrechtlichen Instrumente? Man hat, wenn man die Äußerungen der wissenschaftlichen Mitarbeiter des Bundesarbeitsgerichts in „Der Betrieb" liest, nicht gerade den Eindruck, daß das da so auf großes Verständnis und Liebe stößt, wie es bei Ihnen zum Ausdruck gekommen ist.

DIETERICH:

Ja, ich will das gerne beantworten, obwohl ich dem Publikum sagen muß: Herr Löwisch kennt meine Antwort schon. Wir waren nämlich gleichzeitig im Arbeits- und Sozialausschuß des Deutschen Bundestages, wo ich ausdrücklich gesagt habe: Die Kollektivierung dieses Teils halte ich für eine begrüßenswerte Entwicklung. Ob das in den Einzelheiten funktioniert, ob das durchdacht und gelungen ist, ist eine andere Frage. Aber daß die Betriebspartner einen Teil der Verantwortung mittragen sollen, wie die Umstrukturierungsprozesse auch kündigungsschutzrechtlich umgesetzt werden, habe ich dort ausdrücklich begrüßt. Ich glaube in der Tat, daß es schwierig ist, in dem Kündigungsschutzprozeß, der ja ein Individualprozeß ist mit zwei Parteien und wo die ganze Fragestellung sich auf eine polare Betrachtungsweise verkürzt, Umstrukturierungsprozesse angemessen zu erfassen. Das kann tatsächlich in einem kollektiven bargaining besser funktionieren. Ich will gerne, damit es nicht gar so begeistert klingt, hinzufügen: Volksabstimmungen darüber, welche Leute gekündigt werden sollen, halte ich für unrealistisch und lebensfremd. Aber die Praxis behilft sich da selbst, das wird einfach nicht stattfinden.

WIRMER:

Ich wollte zwei Punkte ansprechen. Der erste betrifft das, was Sie, Herr Steinmann, gesagt haben, zur Politik der Bundesregierung in bezug auf den Bausektor. Sie haben das Wort verwandt von den „Beschäftigungsvernichtungsprogrammen". Ich halte dies für ziemlich unverständlich. Sie wissen ebenso gut wie ich, daß die Bundesregierung in engem Kontakt mit der Gewerkschaft erhebliche Anstrengungen unternommen hat, um die Entsenderichtlinie und das nationale Entsendegesetz durchzusetzen und damit manchen Wirkungen gegenzusteuern, die durch den europäischen Binnenmarkt im Bausektor eintreten.

Der zweite Punkt ist eine kurze Ergänzung zu dem, was Herr Löwisch gesagt hat zu der Frage Kombilohn. Der Gesundheitsminister, der ja auch für Sozialhilfe zuständig ist, wird bald Vorschläge vorlegen, die er auch schon mit den beteiligten Arbeitgebern und Gewerkschaften erörtert hat, um die Möglichkeit, hinzuzuverdienen und einen Teil selbst zu behalten, auszuweiten. Dies schafft Anreize für zusätzliche Beschäftigung. Meiner Ansicht nach muß dies aber nicht dazu führen, daß wir die Löhne auf ein Niveau senken, das bei uns dem

Wucher entsprechen würde. Es gibt durchaus Beschäftigungsverhältnisse, auch in Tarifverträgen, die auf einem Niveau liegen, das hier in Betracht kommt.

TSCHÖPE:
Der Gesetzgeber lobt sich jetzt hier in Gestalt von Herrn Wirmer selbst. Das ist nicht gerechtfertigt, denn die Halbherzigkeit des Gesetzgebers – und ich behaupte mehr: die *vorsätzliche* Halbherzigkeit des Gesetzgebers – ist ein Problem, das uns beschäftigt im Zusammenhang mit der Frage der Beschäftigung von Arbeitslosen. Wenn ich zurückdenke an den § 112a BetrVG, der geschaffen worden ist, um Sozialpläne bei Personalabbau zu beschränken, und als große Errungenschaft gefeiert wurde. Da hat man vorsätzlich für den Interessenausgleich den Betriebsänderungsbegriff beibehalten über § 17 KSchG. Man wußte ganz genau, daß über die Taktik des Betriebsrats – berechtigt übrigens – die Vorschrift des § 112a BetrVG schlicht leergelaufen ist. Wenn der Arbeitgeber nicht die Hand aufgemacht und gezahlt hat, dann hat der Betriebsrat, wohlgemerkt völlig berechtigt nach der gesetzgeberischen Lage, schlicht und ergreifend den Arbeitgeber bei den Verhandlungen über den Intessenausgleich über die Zeitschiene gezogen. Das ist jetzt etwas geändert worden. Aber es ist ein Punkt.

Der zweite Punkt wurde vorhin schon erwähnt, und da bin ich mit Herrn Dieterich einig: die Änderung des Kündigungsschutzgesetzes zur Gewichtung der Sozialkriterien. Kein Mensch weiß, wie es wirklich gehen soll. Hier wird der Rechtsprechung Tür und Tor geöffnet, auch das wieder völlig legitim zu sagen, dann machen wir das eben auch. Hier tut der Gesetzgeber nicht, was er hätte tun müssen, um effektiv neue Gestaltungsformen zu ermöglichen, um das zu erreichen, was man erreichen will, nämlich Beschäftigung. Denn an dieser einfachen Lehre kommen wir doch nicht vorbei: Jemand beschäftigt einen anderen nur dann, wenn er darin einen Gewinn und eine vernünftige Modalität sieht. Und natürlich hadere ich auch mit der Rechtsprechung, insbesondere auch des Bundesarbeitsgerichts. Das wird Sie, Herr Dieterich, nicht wundern, denn was ich ihr anlaste, ist die Wertungslastigkeit, die getarnt ist – ich sage es ganz bewußt – die getarnt ist als Einzelfallgerechtigkeit versus Rechtssicherheit. Man kann das auch im einzelnen nachweisen, indem man nur einen einfachen Blick auf die Blindheit gegenüber faktischen Verhältnissen lenkt. Nehmen Sie die Rechtsprechung zum Beweiswert der Arbeitsunfähigkeitsbescheinigung. Man kann natürlich auf hohem Niveau darüber diskutieren. Was blind nicht gesehen wird, ist, daß eine Arbeitsunfähigkeitsbescheinigung, die heute von einem Allgemeinarzt abgegeben wird, nichts mehr wert ist, gar nichts mehr sagt. Denn jeder bekommt jede Bescheinigung, die er haben will. Trotzdem bleibt die Rechtsprechung bei der stoischen Aussage, dieser Bescheinigung komme ein hoher Beweiswert zu. Unsinn, schlichter Unsinn nach meinem Dafürhalten. Und die stete Ausdehnung des Kündigungsschutzgesetzes, Herr Professor Dieterich, natürlich muß die Rechtsprechung wirken, ja, ein Schutzgesetz muß wirksam sein, haben Sie gesagt. Es wirkt, ja, es wirkt. Aber es wirkt so, daß die Mauer um diejenigen, die einen Arbeitsplatz haben, immer höher gezogen wird, und diejenigen, die draußen stehen, nicht mehr über die Mauer rüberklettern können. Das ist das Problem, das wir haben. Und wenn – wieder nur ein Beispiel – die neueste Rechtsprechung des 2. BAG-Senats[1] zur krankheitsbedingten Kündigung sagt, ein Arbeitsplatz ist auch dann frei, wenn er eigentlich besetzt ist, kann ich das nicht verstehen unter dem Gesichtspunkt, was kann man tun, um Flexibilität zu schaffen. Der Arbeitgeber muß zunächst über das Direktionsrecht versuchen, einen Arbeitsplatz freizumachen, um den kranken Arbeitnehmer auf den leidensgerechten Arbeitsplatz zu setzen. Das ist einfach nicht in Ordnung, und wenn Sie sagen, Herr Dieterich, die Ausdehnung des Mitbestimmungsrechts bietet Flexibilisierungspotentiale, dann mag das rechtswissenschaftlich in Ordnung sein. Nur fragen Sie mal den mittelständischen und auch kleinen Unternehmer auf unteren Ebenen, was der sagt, wenn ihm der Betriebsrat in jedweder Weise in seinen Laden hineinregiert. In der Praxis führt das effektiv dazu, daß viele Unternehmen und Unternehmer einfach keine Lust mehr haben. Ich rede nicht von Unternehmen wie der Bahn AG oder von Siemens oder von sonstigen, sondern ich rede von den mittelständischen Unternehmen, die haben einfach keine Lust mehr, zumal mittlerweile die Umsatzrendite weit unter ein Prozent gesunken ist und man sich trotzdem Tag und Nacht abrackert, um den Laden mit hundert Leuten noch aufrechtzuerhalten.

HANAU:

Herr Dieterich, ich will das mal in wissenschaftliche Sprache übersetzen, was hier Herr Tschöpe an die Rechtsprechung herangetragen hat. Denkt die Rechtsprechung gerade bei der Ausfüllung der Generalklauseln genug an den Klein- und Mittelbetrieb, der weder intellektuell noch betriebswirtschaftlich in der Lage ist, mit diesen kompli-

---

1) *Anm. der Red.*: BAG, Urt. v. 29. 1. 1997 – 2 AZR 9/96, BB 1997, 894 = DB 1997, 1039, dazu EWiR 1997, 615 *(Krasshöfer)*.

zierten Dingen umzugehen? Ist das nicht ein Problem, daß die Rechtsprechung vielleicht doch den Großbetrieb mit der kongenialen Rechtsabteilung vor sich hat? Es gibt noch ein zweites: Gehen die Beweisanforderungen an den Arbeitgeber manchmal ein bißchen an der tatsächlichen Situation vorbei? Ich glaube, daß da Herr Tschöpe für viele gesprochen hat, die da zwei große Gravanima der Rechtsprechung sehen.

DIETERICH:

Also ich fand Herrn Tschöpes Bemerkungen erfrischend. Sie brauchten gar nicht wissenschaftlich umgesetzt zu werden. Ich habe das völlig verstanden. Nein, das sind ja wirklich die Probleme, mit denen wir uns herumschlagen und vielleicht auch in einigen Punkten, wie ich Ihnen zugebe, systembedingt fehlsteuern. Arbeitsbescheinigung ist ja hier nicht das Thema. Das Thema ist Beschäftigungsförderung, und da speziell die Kleinbetriebe in der Kündigungsrechtsprechung und im Betriebsverfassungsgesetz. Es ist ja ein altes Elend des Arbeitsrechts, daß es in seinem Regulationsniveau nicht sonderlich viel Rücksicht auf Kleinbetriebe nimmt. Und ein Elend der Rechtsprechung ist es, daß der Versuch, aus Einzelfällen Regeln zu entwickeln (das ist die Aufgabe eines Revisionsgerichts), automatisch zu einer Komplizierung führt. Das zerkrümelt sozusagen unter unseren Händen. Denn wir haben eine Generalklausel, und wir sollen einen allgemeinen Satz bilden, mit dem wir dem Landesarbeitsgericht sagen, was Rechtens ist. Das geht nur, wenn wir einen Zwischensatz bilden, so daß also die sehr schlichte Kündigungsrechtsprechung, die sich über Jahrzehnte gehalten hatte, unter dem Wunsch der Praxis, vor allen Dingen der Großindustrie, Sicherheit zu haben – heute kam im Laufe des Tages mehrfach die Punktetabelle, die doch möglich sein solle bei der Sozialauswahl –, verändert wurde. Das Bedürfnis nach griffigen Regeln hat dazu geführt, daß der Kündigungssenat, der Zweite Senat, seine Rechtsprechung regelhafter gemacht hat. Die Rechtsprechung kann sehr schlecht ihre eigenen Feinkörnigkeiten wieder auflösen.

Und schließlich die Sache, die besonders heikel und auch für unser heutiges Thema besonders brisant ist: der Klein- und Mittelbetrieb, der mit seinem Betriebsrat nicht klarkommt. Das kann man ergänzen mit dem mir auch bei jeder Diskussion entgegengehaltenen amerikanischen Investor, der das deutsche Mitbestimmungsrecht nicht akzeptiert und deswegen auf keinen Fall hier investieren will. Das Betriebsverfassungsrecht ist ein wunderbares Instrument, wenn man damit umgehen kann. Man kann aber auch darüber stolpern. Und bei einigen Beschlußsachen habe ich das Gefühl, hier geht's gar nicht um Rechtsfragen, die Beteiligten müßten einen Supervisor haben, die brauchen psychologische Betreuung, die haben sich total zerstritten, übrigens auch in der Großindustrie, keineswegs nur Klein- und Mittelbetriebe, sogar bekannte Unternehmen, die sich so mit ihren Betriebsräten verkrallen, daß man das Gefühl hat, rechtlich ist das gar nicht mehr zu lösen, die machen aus jeder vernünftigen Vorschrift vor lauter Hickhack reinen Terror. Das sind Sachen, die über unsere Möglichkeiten hinausgehen. Die Gerichte können nicht sozusagen ein hieb- und stichfestes und stolperfreies Betriebsverfassungsrecht erfinden. Das müßte allenfalls der Gesetzgeber versuchen und vielleicht Herr Wirmer.

HANAU:

Herr Wirmer, Sie waren angesprochen, die Reformen seien zu halbherzig. Ich will dem noch hinzufügen, die Befristungsregelungen des Beschäftigungsförderungsgesetzes sind nicht mal tarifdispositiv. Sie können nicht durch Tarifvertrag auf drei Jahre der Befristung eines Arbeitsverhältnisses ohne nachweisbaren sachlichen Grund gehen. Wäre es nicht überfällig, das ganze Arbeitsrecht, soweit es nicht grundrechtsrelevant ist, tarifdispositiv zu machen, betriebsvereinbarungsdispositiv. Was Herr Tschöpe vor allem sagte, war: Ihre Reformen waren zu halbherzig, zu viele Unklarheiten. Würden Sie diesen Vorwurf auf sich sitzen lassen, oder würden Sie sagen, das war schon sehr schwungvoll? War das ein erster Schritt oder schon letzter Schritt, den Sie gemacht haben?

WIRMER:

Ich kann mit dem Begriff halbherzig in diesem Zusammenhang wenig anfangen. Wenn man im Arbeitsrecht Gesetze macht, wird man von irgendeiner der betroffenen Parteien immer schnell den Vorwurf der Halbherzigkeit einer Regelung bekommen. Nachvollziehen allerdings kann ich, wenn Sie der Auffassung sind, daß unser Arbeitsrecht insgesamt zu unübersichtlich und kompliziert geworden ist, gerade angesichts der Entwicklungen, die uns auch noch bevorstehen, insbesondere im Rahmen der europäischen Entwicklung und der Wirtschafts- und Währungsunion – Herr Professor von Maydell hat es ja hier dargelegt. Das heißt, wir brauchen ein Arbeitsrecht in Deutschland, das auch in einem enger zusammenwachsenden Europa Bestand hat. Eine Möglichkeit, zu mehr Übersichtlichkeit und Klarheit zu kommen, wäre ein Arbeitsvertragsgesetz. Nur jeder, der sich mit der Problematik befaßt hat, weiß, an welchen Schwierigkeiten dies bisher gescheitert ist. Ich sehe nicht, daß sich die Situation seitdem verändert hat.

DIETERICH:

Ich würde gerne diesen Gedanken ein bißchen verschärfen und das dann weitergeben an Herrn Steinmann und Herrn Kirchner. Wenn es richtig ist, daß das Tarifvertragssystem und die Betriebsverfassung ein Flexibilisierungspotential bieten, das geeignet ist, das Regelwerk stärker praxisnah zu gestalten, läge es ja nahe zu sagen: warum nicht das ganze gesetzliche Arbeitsrecht tarifdispositiv machen? Vor unvordenklichen Zeiten war ich in einer Arbeitsgesetzbuch-Kommission, Herr Kirchner auch, und glaubte, das würden die Verbände begeistert aufgreifen, weil es ihnen ja Zugriffsmöglichkeiten bietet und Einfluß verschafft. Aber das war keineswegs so. Es wurde ziemlich rigide auf Mindeststandards gepocht. Ich würde gerne die beiden Vertreter der Sozialpartner fragen: Ist das heute auch noch so? Wäre eine Deregulierung in der Form, daß man Arbeitsgesetze, Schutzgesetze generell tarifdispositiv macht, ein Fortschritt, und hätte das Aussicht?

HANAU:

Herr Steinmann und Herr Kirchner, wenn Sie sich bitte gleich dazu äußern. Ich würde aber gerne erst Herrn Föhr folgendes fragen: Herr Tschöpe hat hier vorgebracht, das Kündigungsrecht sei so schwierig, daß viele Unternehmer gar nicht einstellten, weil sie nicht wüßten, wie sie bei Bedarf entlassen könnten. Herr Föhr, Sie waren nun – und sind es noch – in der schwierigen Lage, in einem Unternehmen tätig zu sein, in dem viel Arbeitsplatzabbau erfolgen muß. Fühlen Sie sich da durch die Rechtsordnung behindert und durch die Rechtsprechung? Sie stehen ja mitten in den allergrößten Umstrukturierungsmaßnahmen. Haben Sie für diese Aufgabe die richtige Hilfe, auch die Hilfe, nicht einfach Leute auf die Straße zu setzen, sondern Beschäftigung zu sichern? Sind Ihr Problem Gesetzgebung und Rechtsprechung, oder sind es einfach die wirtschaftlichen Fakten?

FÖHR:

Ich scheue mich etwas, mit den Traditionen, in denen die Deutsche Bahn AG sich bewegt, hier einen Vergleich zu Mittelständlern zu ziehen. Ich glaube, daß die Grenzen, die wir uns selbst gesetzt haben, uns mehr Probleme bereiten, von dem Beamtenthema abgesehen, als das, was Rechtsprechung und die Gesetzgebung uns an Problemen bereiten. Zu diesem Kombilohnthema, das Sie, Herr Wirmer, angesprochen haben: Das halte ich nicht für ausreichend. Ich glaube, daß die diskutierten Anrechnungsformeln noch zu gering sind, um daraus ein echtes beschäftigungsförderndes Instrument zu machen, es sei denn, in den letzten Wochen ist da im Gesundheitsministerium ein Prozeß noch weiter in Gang gekommen, von dem ich nichts mitbekommen habe.

Ich würde dem von Herrn Dieterich geäußerten Gedanken, die kollektiven Interessenvertretungen sollten nicht geschwächt werden, auch in einer solchen Umstrukturierungsphase, in der sich die Bahn, aber auch insgesamt die Bundesrepublik befindet, zustimmen. Und gerade weil ich ihm zustimme, stelle ich an die Flexibilität der Partner hohe Anforderungen, und sie werden ihnen eben in unterschiedlicher Intensität gerecht. Das hat teilweise etwas mit handelnden Personen zu tun, hat aber natürlich auch mit dem Maß der Betroffenheit und damit zu tun, wie frühzeitig man bestimmte Umstrukturierungsprozesse angeht, um das Ganze sozialverträglich zu gestalten. Das heißt also, unser Thema in der Bundesrepublik, auch unter dem Stichwort der Beschäftigungssicherung, ist, daß wir teilweise Probleme zu spät aufgreifen, erst wenn der Leidensdruck groß ist und dann eben die Zeit zu kurz ist, um hier schnell sozialverträglich zu handeln. Ich glaube, hier sind die handelnden Personen im Unternehmen sehr stark gefordert, und hier spreche ich natürlich primär das Management an. Wenn man sagt, man will die kollektive Interessenvertretung und damit Tarifverträge und Betriebsverfassung halten, dann bedeutet das Veränderungsprozesse in beiden Instrumenten. Und diese Veränderungsprozesse gehen mir teilweise zu langsam. Also wenn ich sehe – Herr Steinmann, Sie wissen ja, wo ich herkomme, aber manchmal tut es einem gerade, wenn man diese persönliche Herkunft hat, weh –, wie lange sich die Gewerkschaften schwergetan haben, Teilzeit zu akzeptieren, quality circle zu akzeptieren, wie lange sie sich mit all diesen Dingen, die den Arbeitnehmer in die Arbeitsprozesse stärker einbeziehen und den Betriebsrat vermeintlich schwächen, schwergetan haben und damit produktivitätssteigernde Maßnahmen in Unternehmen gebremst haben, dann glaube ich, ist da anzusetzen.

Um das an einem Beispiel zu verifizieren: Wir müssen bei der Deutschen Bahn AG in den nächsten Jahren noch mehrere tausend Beschäftigte abbauen. Wir haben in den letzten drei Jahren etwa 100 000 abgebaut. Wir wollen das machen ohne betriebsbedingte Kündigung. Da hilft uns teilweise die Altersstruktur unserer Belegschaft, da helfen uns Vorruhestandsregelungen, die im Verhältnis ziemlich teuer sind, Abfindungsregelungen etc. Aber was uns Probleme bereitet, sind die Verkrustungen im Unternehmen selbst, nämlich die Fähigkeit, mit Betriebsräten auch kontrovers umzugehen, aber in einer – wie wurde es eben gesagt – kooperativ erneuernden Art und Weise. Diese Form des Umgehens mit dem Betriebsverfassungsgesetz in einer flexibleren Weise ist von beiden Partnern gefordert. Dies ist auch das – ich habe auch mit vielen Amerikanern gesprochen –, womit die einfach Probleme haben, daß bei uns zuviel mit dem Gesetzbuch unterm Arm herumgelaufen wird, anstatt zu sagen: Jetzt laß uns mal schauen, wie wir als Partner miteinander umgehen. Diese Form des kooperativen Erneuerungsprozesses, die muß in die Köpfe sowohl von Betriebsräten, Gewerkschaftern wie auch Unternehmern rein. Und das geht mir manchmal ein bißchen zu langsam.

HANAU:

Herr Steinmann, ich glaube, Sie sind damit direkt angesprochen, Gewerkschaften und Betriebsräte seien zu konservativ, zu unbeweglich, zu legalistisch, gibt es Aussichten, daß der berühmte Ruck kommt, oder sehen Sie da wenig Möglichkeiten?

STEINMANN:

Ich würde dem widersprechen wollen, daß Gewerkschaften konservativ sind oder auch Betriebsräte. Im Gegenteil: Die einzigen, die sich in der Frage der Beschäftigungssicherung bewegen, sind die Tarifvertragsparteien. Im Gegensatz zu allem, was sich in der ewig währenden Geschichte in Bonn abspielt. Die Tarifvertragsparteien suchen nach Lösungen, und – es ist hier auch schon an der einen oder anderen Stelle deutlich geworden – sie versuchen, diese Lösungen auch umzusetzen. Wenn Probleme auftauchen, sagt man, die Tarifvertragsparteien wollen das ja nicht geregelt haben. Ich sage jetzt etwas, was man vielleicht als Gewerkschafter nicht unbedingt so deutlich sagen soll: Wir haben eine frei gewählte Regierung in dieser Republik und irgendwann, wenn kein Konsens mit den Beteiligten herzustellen ist, muß mal eine Entscheidung gefällt werden. Und da bin ich mit Ihnen durchaus einer Meinung, die Entscheidung kann uns als Gewerkschaften auch durchaus weh tun. Das würden wir zwar nicht begrüßen, aber das ist nun mal so in einer Demokratie, irgendwann muß entschieden werden. Daß man vorher sich die Meinungen einholt, ist in Ordnung, aber das müßte dann irgendwann einmal geschehen, und man kann sich dann hinter den Tarifvertragsparteien letztendlich immer verstecken.

In der Frage der Beschäftigungssicherung hat sich auf gewerkschaftlicher Seite einiges getan, und ich greife jetzt das auf, was Herr

Kirchner vorhin gesagt hat, ich halte das für eine sehr gute und bemerkenswerte Aussage. Ich sehe das als sehr positiv an, daß die Abschaffung des § 77 Abs. 3 BetrVG vom Tisch ist. Ich hoffe, das bleibt auch vom Tisch, oder man hat einen permanenten Häuserkampf. Wer das will, muß sich darüber im klaren sein, was das für eine Bedeutung hat, da muß man sich auf der unternehmerischen Seite auch darüber im klaren sein, daß die Kalkulationsbasen letztendlich kaputt sind. Dann macht jeder Betrieb, was er will, und ob das sinnvoll ist, lasse ich mal dahingestellt.

Das andere ist die Frage, wie weit man den Flächentarifvertrag differenzieren kann. Das ist sicher in der großen Metallindustrie anders als in unserem Bereich oder als im Bereich Holz und Kunststoff oder wiederum im Bereich der Chemieindustrie. Aber es ist ein sehr wichtiger Punkt, auf die Gestaltungsmöglichkeiten in Tarifverträgen einzugehen. Wer die Möglichkeit hat, an Tarifverhandlungen teilzunehmen, der macht die Erfahrung, daß die Parteien sich zum Teil in sicher nicht sehr angenehmen Nachtsitzungen auf tarifvertragliche Regelungen einigen, die sie aber nie sofort in einem klassischen Vertragstext niederschreiben. Das können sie nicht mehr nachts um drei oder um vier, sondern dann werden die Kernpunkte festgehalten. Und dann sitzen am nächsten Tag oder am übernächsten Tag die Tarifjuristen zusammen und dann geht das Hauen und Stechen los.

Was die Teilzeitbeschäftigung angeht, ich kann jetzt nur für uns sprechen: Wir als IG Bauen-Agrar-Umwelt haben damit keine Probleme, weil wir einen Tarifbereich des Gebäudereinigerhandwerks haben, in dem es überwiegend Teilzeitbeschäftigung gibt. Wir haben das tarifvertraglich geregelt im Rahmen der dementsprechenden Möglichkeiten und insofern spielt es für uns keine Rolle. Allerdings weiß ich nicht, wie wir das im Baustellenbereich machen sollen. Sie können schlecht, wenn eine Decke betoniert wird, um 12 Uhr einen nach Hause schicken und der nächste kommt und betoniert dann weiter. Das heißt, auch hier muß man sich ganz genau angucken, wo kann man Teilzeitarbeit einsetzen und das muß man auch dementsprechend differenzieren.

Herr Tschöpe hat vorhin kritisch den Kündigungsschutz angesprochen. Also ich kann dazu nur sagen, auch die mittelständischen und kleinen Bauunternehmen haben im Winter 1996/97 gewußt, wie man den Kündigungsschutz ganz schnell aushebeln kann. Ich will jetzt gar nicht auf die Details eingehen, weil das fast ein abendfüllendes Programm wäre. Aber das haben die ganz genau gewußt, denn die Arbeitslosigkeit, die entstanden ist, ist nicht durch ordnungsgemäße

Kündigungen entstanden. Eine letzte Bemerkung: Wenn wir uns die Bundeshauptstadt angucken, die ein immenses Bauvolumen hat, jährlich 30 Milliarden DM. Diese 30 Milliarden DM werden von rund 35 000 inländischen Bauarbeitern erstellt, von rund 40 000 aus den EU-Ländern und rund 8–10 000 aus den MOE-Staaten und ca. 25–30 000, die dort illegal beschäftigt sind. Gleichzeitig haben wir in ganz Berlin rund 17 000 arbeitslose Bauarbeiter. Also wenn das ein Beschäftigungssicherungsprogramm sein soll, dann weiß ich es nicht. Die Dinge wie Reichstag usw. sind ja auch durch die Medien gegangen, ich will dies auch nicht alles wiederholen, sondern da wären eben Möglichkeiten, inländische Arbeitnehmer auch wieder in Arbeit zu bringen und wenigstens Beschäftigung zu sichern.

HANAU:

Wollen wir zunächst einmal das Publikum in Gestalt von Herrn Dr. Stindt hören, der bei der Bayer AG im Rechts- und Personalbereich auch sehr mit den Dingen zu tun hat.

STINDT:

Herr Professor Dieterich, zwei Ihrer Kernaussagen möchte ich gerne aufgreifen: Erstens sagten Sie: Wir müssen es schaffen, die neuen Gesetze in den größeren Zusammenhang einzuordnen, damit der Grundsatz der Rechtseinheit gewahrt ist, und zweitens: Wir als Richter und der Staat tragen dazu bei, daß der soziale Frieden gewahrt ist.

Das heißt für mich, daß Sie Brüche vermeiden helfen wollen und sich zuständig fühlen für die Rechtsordnung sozusagen als wichtigen Teil der Infrastruktur, die Unternehmen zum Gedeihen brauchen. Das, glaube ich, können wir alle nur dankbar zur Kenntnis nehmen. Ich möchte aber gerne auf zusätzliche Aspekte hinweisen, auf die die Praxis angewiesen ist.

Wir haben ein Problem der Schnelligkeit. Es ist leider so, daß wir heutzutage viel zu lange auf die Klärung von Rechtsfragen durch Gerichte warten müssen. Ich erinnere daran, daß viele Unternehmen mit so kurzen Produktzyklen arbeiten, daß es ihnen für wichtige Investitionsentscheidungen nicht reicht, rechtliche Fragen erst in fünf Jahren geklärt zu haben. Und Unsicherheit ist ein schlechter Faktor für Entscheidungen und auch für die Rechtspflege. Dieser Punkt schlägt die Brücke zu der ersten von Ihnen genannten Kernaussage, dem Grundsatz der Rechtseinheit. Wir haben heute und gestern versucht, deutlich zu machen, auch ich als Referent, daß wir die Frage stellen dürfen, ob unser Rechtssystem wirklich noch den modernen Anforderungen entspricht, wenn es einerseits Arbeitsrecht und eine Arbeitsrechtsprechung und andererseits Sozialrecht und eine Sozialrechtsprechung unterteilt. Die beiden Rechtsgebiete sind dermaßen stark verzahnt, daß wir zum Beispiel als Rechtsberater und Pfleger der Rechtskultur in der betrieblichen Praxis auch nur einen vernetzten Service anbieten können. Es wäre deshalb für den Grundsatz der Rechtseinheit von großer Bedeutung – und für uns eine große Hilfe –, wenn die Rechtsgebiete vom Gesetzgeber und der Rechtsprechung noch besser aufeinander abgestimmt würden. Ich möchte dazu abschließend und beispielhaft den Blick auf die vorbeugende Arbeitsmarktpolitik und Beschäftigungspolitik richten, hierauf hat der Reformgesetzgeber einen besonderen Akzent gesetzt. Die Förderung der Flexibilität im bestehenden Arbeitsverhältnis, z. B. durch § 2 SGB III, nicht die Beweglichkeit durch Ausstieg aus dem Arbeitsverhältnis, erfordert zur Sicherung von Beschäftigung auch eine Neubewertung des Günstigkeitsprinzips. Wenn Sie selbst Ihre Rolle so beschrieben haben, daß Sie erst am Ende des Problems einen Lösungsbeitrag geben können, oft korrigieren oder auch bremsen müssen, so ist dies als Beitrag der höchstrichterlichen Rechtsprechung zur vorbeugenden Beschäftigungssicherung sicherlich viel zu spät. Hier müßten wir vielmehr jetzt überlegen, in welchem Umfang die Gerichte sozusagen eine vorbeugende Rechtsprechung zur Stabilisierung einer vorbeugenden Beschäftigungspolitik und Arbeitsmarktpolitik machen könnten.

HANAU:

Danke. Also wenn Sie jetzt mal zusammenfassen, womit Sie im Gedächtnis bleiben wollen, was Ihnen als das Entscheidende erscheint.

KIRCHNER:

Also, wenn wir uns in zwei Jahren wiedersehen, würde ich hoffen, daß der Flächentarifvertrag bis dahin reformiert ist, daß das auf den Weg gebracht ist, was jetzt seit vielen Jahren schon unterwegs ist, was bisher gescheitert ist am wechselseitigen Mißtrauen, an den überkommenen ideologischen Verhaftungen, an kurzfristigen Erfolgsorientierungen auch mancher Gewerkschaften. Es gibt ja hier ganz unterschiedliche Gewerkschaftspolitiken, etwa was die IG Chemie, Papier, Keramik macht, die jetzt anders heißt, im Unterschied etwa zur IG Metall, wo man das Ende der Bescheidenheit verkündet, wo man die 32-Stunden-Woche einführen will, was eben alles keine vertrauensbildenden Maßnahmen sind.

Podiumsdiskussion

Das ist jetzt die Frage von Herrn Präsidenten Dieterich: Sollen wir ein Arbeitsgesetzbuch schaffen, das tarifdispositiv ist? Ich würde eher die These wagen, möglichst wenig den Tarifvertragsparteien und möglichst viel den Betrieben Freiraum zu lassen, um die Regelungen zu treffen. Ein kleines Beispiel ist jetzt der Tarifvorbehalt in der Altersteilzeit, ein Fiasko, wie es sich jetzt in der Metallindustrie anbahnt, wo ein zunächst hoffnungsfroh begrüßter Schlichtungsspruch in Baden-Württemberg nicht mehr akzeptabel erscheint, weil in den Endformulierungen die Dinge durcheinandergehen. Also These für die Zukunft: Handlungsfreiheit für die Betriebsräte und Geschäftsleitungen, das ist auch das, was man aufnehmen kann von Herrn Föhr. Die partnerschaftliche Modernisierung hat überall da Chancen im Klein-, im Mittel- und im Großbetrieb, wo sich die Externen raushalten. Wo nicht etwa eine Gewerkschaft versucht, die Betriebsräte zu manipulieren, von mir aus auch, wo die Verbände eine Geschäftsleitung laufen lassen, auch wenn sie dann nicht unbedingt im Rahmen eine Katalogs von Vorgaben handelt. Die praktische Vernunft ist wesentlich wirkungsvoller, effektiver und zukunftsorientierter als alle Regelungen, und deswegen kann man nur warnen, sich an Dinge heranzuwagen, ich denke jetzt an die Gleitzeit, Teilzeit, Altersteilzeit bis zur Alterssicherung, wo überall Tarifregelungen denkbar wären, aber nicht wünschenswert sind. Lassen Sie das den Betrieben, dann setzt sich die praktische Vernunft durch, und je weniger das durch gesetzliche Vorgaben und Tarifvorränge eingeschränkt ist, desto besser. Deswegen, wenn wir uns in zwei Jahren treffen, hat sich der Weg in eine größere betriebliche Spezialisierung und Differenzierung so erfolgreich durchgesetzt, daß Tarifvertragsparteien eine Art tariflicher Grundsicherung und Rahmenregelung vorgeben können und damit den sozialen Frieden weiter aufrechterhalten und damit auch den wichtigen Effekt, daß betrieblicher Frieden bleibt.

LÖWISCH:

Ich möchte noch einmal diesen Gedanken des tarifdispositiven Rechts aufgreifen und die Frage aufwerfen, ob wir uns nicht an den Gedanken gewöhnen müssen, daß auch das Betriebsverfassungsgesetz viel weiter geöffnet werden muß, erstens für die Tarifvertragsparteien, um es anzupassen an die einzelnen Verhältnisse, und zum anderen vielleicht sogar auch für die Betriebsparteien selbst. Und ich knüpfe jetzt an an das, was Herr Wirmer gesagt hat. Wir haben ja ein Gesetz über den europäischen Betriebsrat und dieses Gesetz wird geprägt dadurch, daß der europäische Gesetzgeber etwas für uns vollkommen Ungewöhnliches gesagt hat, nämlich: Macht erst mal selber euch eine Regelung für die Informationsverfahren im Bereich dieser multinationalen Unternehmen. Das ist eine sehr vernünftige Idee, weil sie nämlich eine sehr flexible Idee ist und viele Unterschiedlichkeiten auffangen kann. Und ich frage mich eben, ob nicht da ein zukunftsträchtiger Weg liegt, daß wir auch unser Betriebsverfassungsrecht flexibler machen müssen, nicht indem wir als Gesetzgeber immer hinterherlaufen und dieses und jenes ändern, sondern indem wir sagen, auch das muß zugeschnitten werden auf das einzelne Unternehmen, auf den einzelnen Betrieb. Zuschneiden können es einmal die Tarifvertragsparteien, wenn wir über diesen bisherigen ganz engen § 3 BetrVG hinausgehen. Man muß auch darüber nachdenken können, ob nicht in gewisser Weise die Betriebsparteien selbst das Recht haben müssen, die ihnen vernünftig erscheinende Verfassung zu machen. Da wird man gleich sagen: Mißbrauch. Aber das ist ja nicht so schlimm, denn man kann eben, so macht das ja auch dieses Gesetz über europäische Betriebsräte, irgendwann einmal sagen, wenn ihr in unvertretbarer Weise abweicht, kehren wir zum Gesetz zurück, also eine solche Bremse hat man immer drin. Aber wenn Sie mich fragen, ich würde mich freuen, wenn man in zwei Jahren über diesen Weg einmal etwas näher nachgedacht hätte.

HANAU:

Soweit ich weiß, gibt es eine gemeinsame Mitbestimmungskommission von Hans-Böckler-Stiftung und Bertelsmann-Stiftung, ich glaube, die werden mit einem Vorschlag herauskommen in ähnlicher Richtung, da könnte sich in der Tat etwas bewegen.

Herr Steinmann, mögen Sie eine Schlußbemerkung machen, wo sie noch mal akzentuieren, was Ihnen für die Zukunft das Wichtigste zu sein scheint.

STEINMANN:

Ja, ich will das schlagwortartig an die drei vertretenen Parteien hier auf dem Podium richten. Also vom Gesetzgeber erwarten wir, daß vor allem zwei Dinge umgesetzt werden: Gleicher Lohn für gleiche Arbeit am gleichen Ort, das ist ein sehr wichtiger Punkt für uns, und im Zuge der rückläufigen Bauaufträge, vor allen Dingen der öffentlichen Hand: die Schaffung einer vernünftigen – ich sage es ganz bewußt – einer vernünftigen Privatisierungsmöglichkeit von öffentlichen Bauaufgaben. Von der Gerichtsbarkeit erwarten wir, daß zum einen die Schutzfunktion oder der Schutzfunktionscharakter beibehalten wird, und solange beide Seiten gleichmäßig auf die Gerichtsbarkeit einprügeln, kann sie gar nicht so schlecht sein. Und zum anderen: Die Tarifvertragsparteien müssen bestimmte Spielräume auch zur Weiterentwicklung der Betriebsverfassung haben. Ich gehe da vielleicht nicht so weit wie Herr Löwisch, aber ansonsten werden wir manche Dinge, die zur Zeit über die Schlagworte Outsourcing, und wie das alles heißt, stattfinden, nicht in den Griff bekommen. Zum dritten: Wir als IG Bauen-Agrar-Umwelt, aber das gilt sicher auch für andere Gewerkschaften, müssen die Erfahrungswerte, die wir mit den bisherigen Öffnungsklauseln gemacht haben, und wir haben da in diesem Jahr sehr viel Spielräume gelassen, auswerten, und dann sehen, ob diese Dinge im Westen wie im Osten dieser Republik sich bewährt und – das ist der entscheidende Punkt – zumindestens zu einer Sicherung der Beschäftigung geführt haben. Dann ist vielleicht auch wieder, und das ist ein ganz wesentlicher Punkt, bei den Tarifvertragsparteien etwas mehr gegenseitige Vertrauensbasis da, denn ohne die sind solche Dinge nach vorn auch nicht umzusetzen.

HANAU:

Nach dem bisherigen Ergebnis, auch gerade nach dem was Herr Kirchner und Herr Steinmann gesagt haben, sind die Gesetze der unflexibelste Teil des deutschen Arbeitsrechts. Daran anknüpfend, Herr Wirmer, was würden Sie jetzt für die Zukunft als die wichtigste und chancenreichste Aufgabe in der Politik sehen zur Beschäftigungssicherung?

WIRMER:

Auf das Arbeitsrecht konzentriert halte ich es für die wichtigste Aufgabe, daß die Spielräume, die die gesetzlichen Neuregelungen geschaffen haben, auch von der Praxis genutzt und von der Rechtsprechung gesichert werden. Das gleiche gilt für die Tarifvereinbarungen, gerade was die Arbeitszeitgestaltung betrifft, aber auch darüber hinaus. Das zweite ist, daß man durchaus in Zukunft nachdenken könnte über den Vorschlag von Herrn Professor Löwisch, mehr flexible Regelungen entsprechend dem Gesetz über europäische Betriebsräte zu schaffen. Bei der Diskussion über die europäische Aktiengesellschaft gibt es hinsichtlich der Mitbestimmungsfrage derzeit ähnliche Überlegungen. Und ich meine auch, man könnte über den Vorschlag nachdenken, im Bereich des individuellen Arbeitsrechts dem Element der Tarifdispositivität größere Bedeutung zuzumessen. Das widerspricht nicht dem Gedanken, mehr Kompetenz auf die Betriebsebene zu geben, denn hier würde der Gesetzgeber etwas von seiner Regelungsmacht abtreten an die Tarifvertragsparteien.

Podiumsdiskussion

FÖHR:

Aus den Erfahrungen von Bahn und Post würde ich in jedem Fall den Gesetzgeber in Bund, Ländern und Gemeinden zur weiteren Anstrengung in der Privatisierung, zumindestens in der Hinführung zu unternehmerischen Rechtsformen, was öffentlich strukturierte Unternehmen angeht, ermuntern wollen. Zum zweiten hoffe ich, daß wir in zwei Jahren mehr Arbeitnehmer im Dienstleistungsbereich in arbeitsrechtlich strukturierten, sozialversicherungsgemäß strukturierten Beschäftigungsverhältnissen hätten. Und schließlich würde ich mir wünschen, daß hier die Sozialversicherungsträger, Arbeitgeber und Gewerkschaften zusammenwirken und daß man hier möglichst schnell zu einer Lösung kommt, um dieses Beschäftigungspotential zu heben. Ich würde an Arbeitgeber wie Gewerkschaften, aber primär an die Arbeitgeber, den Wunsch haben, daß sie die Möglichkeiten der Teilzeit stärker ausschöpfen, weil ich nicht glaube, daß wir durch Wachstum alleine oder auch durch die anderen Vorschläge unsere Beschäftigungssituation verbessern würden.

HANAU:

Herr Dieterich, sowohl die Anhänger, die Bewunderer als auch die Kritiker der Rechtsprechung sind sich in einem einig: Sie hat großen Einfluß auf die Beschäftigung. Und deshalb die Frage: Herr Dieterich, wo kann man eine greifbare Chance sehen, wo könnte die Rechtsprechung im Rahmen ihrer Aufgabe etwas tun, um stärker das Arbeitsrecht auf Beschäftigungsförderung zu richten?

DIETERICH:

Für dieses Schlußwort möchte ich mir mal den Luxus erlauben, Ihre Frage einfach zurückzuweisen. Was die Rechtsprechung machen kann, habe ich nun gesagt. Aber jetzt sollen wir zu Protokoll geben, was uns wichtig ist, und da darf ich wohl einmal die Rolle des Lord-Oberrichters verlassen und rechtspolitisch werden. Die beiden Stichworte, die Herr Stindt gesagt hat, waren mir aus der Seele gesprochen. Wir beobachten eine stark verklammerte Rechtsordnung, in der arbeits- und sozialrechtliche Ansätze nicht mehr zu trennen sind. Die Praxis, die Wirtschaft braucht beschleunigte Entscheidungsprozesse, und sie braucht Entscheidungssicherheit, sie braucht im Grunde vorbeugende Klärungen. Das kann Rechtsprechung nicht leisten, weil sie immer hinterherhinkt. Es wäre eine konzeptionelle Rechtspolitik erforderlich. Und wenn man hier schon Wünsche äußern darf: Was wir brauchen, ist ein neuer Anlauf zu einem Bündnis für Arbeit. Es geht nur in einer Kooperation zwischen Tarifpartnern und Politik.

Nur sie könnte den gordischen Knoten schnell genug und effektiv genug und global genug durchhauen. Ich sehe auch, was Herr Steinmann gesagt hat, daß da große Mißtrauensberge abzubauen sind. Aber das müßte gelingen.

HANAU:
Man kann das vielleicht zusammenfassen. Wir sind in einer ähnlichen Situation wie die A-Klasse, sie ist ins Straucheln gekommen, wir sind mit unserem Arbeitsmarkt auch ins Straucheln gekommen. Daimler will mit einem Bündel kleinerer Maßnahmen die A-Klasse retten, und das ist hier auch vorgeschlagen worden, und hoffen wir, daß es in beiden Fällen gelingt! Wenn es nicht gelingt, muß die A-Klasse die Hinterachse auswechseln, und wir werden dann auch noch weitergehen müssen. Aber einstweilen, das ist mein Gesamteindruck, haben wir alle hier oben und auch im Publikum die Hoffnung nicht aufgegeben, daß wir an unseren Grundstrukturen festhalten und vielleicht damit auskommen können, im Rahmen dieser Grundstrukturen vielfältige Verbesserungen vorzunehmen.

Teilnehmerverzeichnis

Babièl, Stephanie
Rechtsanwältin/Justitiarin

Nordwest Handel AG,
Hagen

Barth, Klaus Dieter
Rechtsanwalt

Sozietät Kübler Rogier &
Partner, Dresden

Dr. Bauer, Jobst-Hubertus
Rechtsanwalt

Stuttgart

Baumann, Detlef
Richter am BSG

Kassel

Behringer, Walburga
Rechtsanwältin

Sozietät Norbert Landwehr,
Köln

Berg, Peter
Justitiar

Gewerkschaft Holz und
Kunststoff, Düsseldorf

Dr. Brock, Ulrich
Rechtsanwalt

Sozietät Dr. Dohrendorff &
Partner, Celle

Dr. Büchler, Peter
Rechtsanwalt

Pforzheim

Dr. Dahlbender, Frank
Rechtsanwalt

Sozietät Ulrich Weber &
Partner, GbR, Köln

Degen, Sabine
Rechtsanwältin

Verband Berlin-Brandenburgischer
Wohnungsbauunternehmen e. V.,
Berlin

Deuchler, Ingrid
Rechtsanwältin

Sozietät Feddersen Laule Scherzberg
& Ohle Hansen Ewerwahn, Hamburg

Diefenthal, Susanne
Justitiarin

AOK Bundesverband,
Bonn

Prof. Dr. Dieterich, Thomas
Präsident des BAG

Kassel

Dr. Eisemann, Hans-Friedrich
Präsident des LAG

Potsdam

Dr. Fecker, Jörg
Rechtsanwalt

Sozietät Fiedler & Forster,
Stuttgart

Dr. Föhr, Horst
Vorstand Personal

Bahn AG,
Frankfurt/M.

Fromholzer, A.

Emuge Werk, Lauf

Teilnehmerverzeichnis

Dr. Gagel, Alexander Vors. Richter am BSG	Kassel
Dr. Grimm, Detlef Rechtsanwalt	Gaedertz Rechtsanwälte, Köln
Grosch, Barbara Rechtsanwältin	RWS Verlag Kommunikationsforum GmbH, Köln
Haffner, Andreas Rechtsanwalt	Dr. Ing. h. c. F. Porsche AG, Stuttgart
Halfmann, Rolf	Konrad-Adenauer-Stiftung e.V., Sankt Augustin
Prof. Dr. Dr. h. c. mult., **Hanau**, Peter Universitätsprofessor	Forschungsinstitut für Sozialrecht Universität Köln
Hegerl, Hans-Jörg Rechtsanwalt	Sozietät Norbert Landwehr, Köln
Heltmann, Ralf-Udo Personalleiter	Tönsmeier Entsorgungswirt- schaft GmbH & Co. KG, Porta Westfalica
Henn, Michael Rechtsanwalt	Sozietät Seibert, Link & Partner, Stuttgart
Dr. Hentsch, Gerhard Rechtsanwalt	Audi AG, Ingolstadt
Dr. Hetzel, Marius Abteilungsleiter	Bundesanstalt für vereinigungs- bedingte Sonderaufgaben, Berlin
Heyner, Jürgen Rechtsanwalt/Notar	Sozietät Riemer & Heyner, Kassel
Dr. Himmelsbach, Rainer Rechtsanwalt	Sozietät Norbert Landwehr, Köln
Hochweller, Heinke	Forschungsinstitut für Sozialrecht, Universität zu Köln
Dr. Hottgenroth, Ralf Rechtsanwalt	Görg Rechtsanwälte, Köln
Howe, Annette Rechtsanwältin	Hapag-Lloyd AG, Hamburg
Prof. Dr. Hümmerich, Klaus Rechtsanwalt	Sozietät Prof. Dr. Hümmerich & Partner, GbR, Bonn

Teilnehmerverzeichnis

Ihlo, Karl-Heinz
Rechtsanwalt

Jung, Ulrike
Rechtsanwältin

Prof. Dr. Junker, Abbo
Universitätsprofessor

Dr. Kania, Thomas
Rechtsanwalt

Kappelhoff, Ursel
Rechtsanwältin

Kaum, Winfried
Legal Counsel Germany

Dr. Kirchner, Dieter
Rechtsanwalt

Dr. Knauth, Katherine

Dr. Knauth, Klaus-Wilhelm
Mitglied der Hauptgeschäftsführung

Kollbach, Klaus
Rechtsanwalt

Kolvenbach, Dirk W.
Rechtsanwalt

Kothe-Heggemann, Claudia
Rechtsanwältin

Dr. Kramer, Michael
Rechtsanwalt

Krenzin, Hans-Ulrich
Rechtsanwalt/Notar

Krivan, Peter
Personalleiter

Dr. Krummel, Christoph
Rechtsanwalt

Dr. Kübler, Bruno M.
Rechtsanwalt

Dr. Küttner, Wolfdieter
Rechtsanwalt

Sozietät Feddersen Laule Scherzberg & Ohle Hansen Ewerwahn, Frankfurt/M.

RWS Verlag Kommunikationsforum GmbH, Köln

Universität Göttingen

Köln

Sozietät Dr. Weiland & Partner, GbR, Hamburg

Ingram Micro GmbH, Haar

Köln

Verlag Dr. Otto Schmidt KG, Köln

Gesamtverband der Deutschen Versicherungswirtschaft e. V., Bonn

RWS Verlag Kommunikationsforum GmbH, Köln

Sozietät Heuking Kühn Lüer Heussen Wojtek, Düsseldorf

Sozietät Ulrich Weber & Partner, GbR, Köln

Sozietät Saathoff & Kramer, Köln

Sozietät Strangfeld & Krenzin, Berlin

Metzeler Schaum GmbH, Memmingen

Sozietät Dr. Küttner & Partner, Köln

Sozietät Kübler, Rogier & Partner, Köln/Berlin/Dresden

Sozietät Dr. Küttner & Partner, Köln

Dr. Kuhlmann, Jens-Michael Rechtsanwalt	Sozietät Zuck & Quaas, Stuttgart
Kuhnert, Winfried Leiter Abt. Personal	Deutsche Forschungsanstalt für Luft- und Raumfahrt, Köln
Lamers, Jörg Rechtsanwalt	Sozietät Knauthe Paul Schmitt, Frankfurt/M.
Leick, Oliver Personalleiter	Hertie-Zentrale, Oberursel
Prof. Dr. Löwisch, Manfred Universitätsprofessor	Universität Freiburg
Loos, Petra Rechtsanwältin	Sozietät Feddersen Laule Scherzberg & Ohle Hansen Ewerwahn, Frankfurt/M.
Luksch, Jochen Rechtsanwalt	Verlag Dr. Otto Schmidt KG, Köln
Dr. Markfort, Rainer Rechtsanwalt	Sozietät Feddersen Laule Scherzberg & Ohle Hansen Ewerwahn, Berlin
Dr. Matthes, Hans-Christoph Vors. Richter am BAG	Kassel
Prof. Dr. Baron von Maydell, Bernd Universitätsprofessor	Max-Planck-Institut für Ausländisches und Internationales Sozialrecht, München
Melcher, Burkhard	Carl Zeiss, Oberkochen
Dr. Mester, Birgit Rechtsanwältin	RWS Verlag Kommunikationsforum GmbH, Köln
Oehlmann, Jürgen Personalleiter	Hapag-Lloyd Fluggesellschaft mbH, Langenhagen
Oellers, Bernhard Rechtsanwalt	RWS Verlag Kommunikationsforum GmbH, Köln
Dr. Ohlendorf, Bernd Rechtsanwalt	Sozietät Esche, Schümann & Commichau, Hamburg
Pelzer, Axel Geschäftsführer	Schindler Deutschland Holding GmbH, Berlin
Pontow, Dirk Rechtsanwalt/Leiter Tarifpolitik/-recht	Verband der Metall- & Elektro- industrie Sachsen-Anhalt e.V., Magdeburg

Teilnehmerverzeichnis

Prof. Dr. Preis, Ulrich
Universitätsprofessor
Hagen/Düsseldorf

Dr. Ringstmeier, Andreas
Rechtsanwalt
Sozietät Klasmeyer & Elsner, Köln

Ripper, Hildegard
Oberregierungsrätin
Bundeskanzleramt, Bonn

Rösch, Jürgen
Media Markt und Saturn Verwaltungs GmbH, Ingolstadt

Rossa, Jan-Marcus
Rechtsanwalt
Sozietät Feddersen Laule Scherzberg & Ohle Hansen Ewerwahn, Dresden

Roth, Thomas
Rechtsanwalt
Aldenhoven

Dr. Saathoff, Arno
Rechtsanwalt
Sozietät Saathoff & Kramer, Köln

Dr. Schaub, Günter
Vors. Richter am BAG
Kassel

Schiffer, Jürgen
Konrad-Adenauer-Stiftung e.V., Sankt Augustin

Schliemann, Harald
Vors. Richter am BAG
Kassel

Dr. Schlochauer, Ursula
Vereinigung der hessischen Unternehmerverbände e. V., Frankfurt/M.

Dr. Schmid, Eckhard
Rechtsanwalt
Sozietät Fiedler & Forster, München

Prof. Dr. Schüren, Peter
Universitätsprofessor
Universität Münster

Dr. Schürmann, Martin
Rechtsanwalt/Geschäftsführer
RWS Verlag Kommunikationsforum GmbH, Köln

Schulze, Eckhard
Rechtsanwalt/Notar
Sozietät Dr. Weigel & Partner, Korbach

Dr. Schwedes, Rolf
Ministerialrat
Bundesministerium für Arbeit und Soziales, Bonn

Dr. Seelmann, Andreas
Rechtsanwalt
Klöckner Werke AG, Duisburg

Seiler, Christiane
Juristin
Schering AG, Berlin

Teilnehmerverzeichnis

Spilker, Eva Isabel Rechtsanwältin	RWS Verlag Kommunikationsforum GmbH, Köln
Stachel, Daniela Rechtsanwältin	Grieger Mallison AG, Rostock
Steinbach, Ute	Sozietät Heuking Kühn Lüer Heussen Wojtek, Düsseldorf
Steinmann, Rolf Mitglied des Bundesvorstands	Industriegewerkschaft Bauen-Agrar-Umwelt, Frankfurt/M.
Dr. Stindt, Heinrich Meinhard Rechtsanwalt/Direktor	Bayer AG, Leverkusen
Dr. Storm, Wolfgang Rechtsanwalt	Sozietät Feddersen Laule Scherzberg & Ohle Hansen Ewerwahn, Hamburg
Ströhmberg, Hermann-D. Geschäftsführer	Arbeitgeberverband Energie- und Versorgungswirtschaftsunternehmen, Berlin
Dr. Strüwer, Jürgen Rechtsanwalt	Sozietät Feddersen Laule Scherzberg & Ohle Hansen Ewerwahn, Hamburg
Süllwald, Ralf Justitiar	Bertelsmann AG, Gütersloh
Syre, Olaf Leiter Rechtsabteilung	DEKRA e. V., Stuttgart
Dr. Trappehl, Bernhard Rechtsanwalt	Sozietät Döser Amereller Noack, Frankfurt/M.
Dr. Tschöpe, Ulrich Rechtsanwalt	Sozietät Neef & Tschöpe, Gütersloh
Wächter, Andrea	DFS Deutsche Flugsicherung GmbH, Offenbach
Walk, Martina	Sparkassen-Versicherung, Stuttgart
Prof. Dr. Walker, Wolf-Dietrich Universitätsprofessor	Universität Gießen
Wallraff, Guido	Microsoft GmbH, Unterschleißheim
Weber, Ulrich Rechtsanwalt	Sozietät Ulrich Weber & Partner, GbR, Köln
Weichert, Gisela Assessorin	RWS Verlag Kommunikationsforum GmbH, Köln

Weidenhaus, Petra   Landeswohlfahrtsverband Hessen, Kassel

Wiesehügel, Klaus   Industriegewerkschaft Bauen-Agrar-
Bundesvorsitzender   Umwelt, Frankfurt/M.

Wilting, Thomas   Verlag Dr. Otto Schmidt KG, Köln

Wirmer, Anton   Bundeskanzleramt,
Ministerialdirektor   Bonn

Stichwortverzeichnis

Abfindung 257 f, 260 ff
Abspaltung 55, 74 ff, 101 ff, 243
Altersteilzeit 117, 127, 132, 271 ff, 316 f, 339
- Aufstockungsleistungen 275 ff
- Wiederbesetzung 278 ff
- Ziele des Gesetzgebers 272 ff

Änderungskündigung 41, 48, 81, 153, 162, 188 f.
Änderungsvereinbarung 81, 181, 187 f.
Arbeitnehmerbegriff 10 ff
Arbeitnehmerüberlassung 69 ff
Arbeitsteilung 1 ff, 320
- Arbeitsrechtliche Risiken 7
- Leistungserbringung durch fremde Einzelpersonen 5
- sozialversicherungsrechtliche Risiken 8
- steuerrechtliche Risiken 9

Arbeitsvergütung 161 ff
- Beteiligungsrechte des Betriebsrats 194 ff
- individualrechtliche Änderung 180 ff
- Mitbestimmungsrecht nach § 87 Abs. 1 Nr. 10 BetrVG 203 ff
- Sonderformen 169 ff
- Zulagen, Zuschläge 166 ff

Arbeitsvertrag 21 ff, 51 f, 84 f,
Arbeitszeitblockung 272, 283

Arbeitszeitdeputat 143, 147, 152, 154, 156
Arbeitszeitflexibilisierung 117 ff, 151 ff, 315, 319, 321
- Arbeitszeitdeputat 152
- Arbeitszeitkonto 124 ff
- Arbeitszeitmodelle 129 ff
- Instrumente 120 ff

Arbeitszeitverteilung 272, 282 f
Arbeitszeitvolumen 131, 287
Aufhebungsvertrag 81, 174, 199, 257 ff
- Anwendbarkeit des § 128 AFG 266 f
- Änderung der Abfindungsregelungen 260 ff
- Freistellung 268
- Rentenversicherung 264 ff
- Sperrfrist 258 f

Aufspaltung 55, 73 ff, 84, 87, 100 ff, 104
Ausgliederung 3, 55, 72 ff, 84, 87 f, 92 f, 103 f
Ausschlußfrist 33, 185

Beamte 12, 317
Befristung 32, 42, 47, 54, 70, 79, 162, 174, 186, 188, 225, 232, 237 ff, 243, 332
Beschäftigungsförderungsgesetz 146, 152, 211, 213, 217, 224 ff, 229, 231, 235 ff, 264
Beteiligungsrechte 85, 108 f, 162, 194, 233

353

Stichwortverzeichnis

Betriebliche Übung 43 f, 173 ff, 192 f

Betriebsbedingte Kündigung 3, 19, 45, 189, 246

Betriebsspaltung 54, 79

Betriebstreue 147, 170 ff, 246

Betriebsübergang 4, 45, 54, 73, 74 ff, 91 f, 109, 112, 256

Betriebsvereinbarung 2, 23, 26, 37, 59, 74, 78 ff, 119, 125 ff, 162, 168, 173, 177, 182, 191, 194 ff, 205 ff, 226 f

Direktionsrecht 2, 17, 19, 21, 40, 42, 59 f, 152, 330

Dotierungsrahmen 203, 205 ff.

Eingliederungsvertrag 272, 280, 285 f

Einigungsstelle 94, 200 ff, 227 f, 231 ff

Einzelrechtsnachfolge 92, 98, 100, 104, 114

Entgeltfortzahlung 127 ff, 212 ff, 216 ff, 221, 313

Entgeltfortzahlungsgesetz 124, 213 ff

Euro 291 ff

Fehlzeitenprogramme 220 ff

Formwechsel 54, 74, 76, 87, 96, 106 f, 112, 114

Fraktale Fabrik 62 ff

Franchisenehmer 6, 15

Freier Mitarbeiter 8, 52

Freischichtenmodell 117, 129

Frühruhestand 272 ff, 285 ff.

Funktionale Arbeitsteilung 2 ff

Funktionsnachfolge 3

Gesamtrechtsnachfolge 75 ff, 92, 98, 100, 104, 106, 110

Geschäftsführer 13, 15, 90, 102, 104

Gleichbehandlung 7, 27, 28, 122, 143, 144 ff, 149, 150, 151, 156, 157, 161, 179, 180, 190

Gleichordnungskonzern 91 ff, 102

Gleitende Arbeitszeit 117, 130

Gratifikation 28, 44, 172 ff, 189 ff

Grundvergütung 34, 143 f, 147, 166, 179

Gruppenarbeit 53, 56 ff, 160

Gruppenentlohnung 59

Günstigkeit 286

Haftung 69, 111, 113

Handelsvertreter 178, 186, 349

Inhaltskontrolle 23, 28 ff, 162, 184 ff

Initiativrecht 208

Insolvenzordnung 225 ff, 231, 250

Interessenausgleich 33, 35, 109, 231 ff, 249 ff, 327, 329

Job-Sharing 120, 159

Stichwortverzeichnis

Kleinbetriebsklausel 242 ff
Konzern 41, 55, 82, 87, 89, 90, 93, 95, 115, 216, 316
Konzernbetriebsrat 80, 86, 90 f
Krankheitsfall 127 ff, 211 ff
– betriebliche Fehlzeitenprogramme 220 ff
– Entgeltfortzahlung 127 f, 213 ff
– Rechtsprechung zu krankheitsbedingten Fehlzeiten 218 ff
Kündigung 199 ff, 218 ff, 245 ff, 256 ff
– Fristen in der Insolvenz 226 ff
Kündigungsschutz 241 ff
– berechtigte betriebliche Interessen 247 ff
– nach dem AÜG 70 f
– Schwellenwert 243 f
– Sozialauswahl 245 ff
Kurzarbeitergeld 284, 287

Lean production 3, 56, 57
Leiharbeitnehmer 70, 71
Leitende Angestellte 34, 176
Lohnsteuer 9, 166

Maastricht-Vertrag 294 f
Mindesturlaub 26
Mitbestimmungsrecht 63, 67, 167, 301, 331
– nach § 87 Abs. 1 Nr. 10 BetrVG 203 ff
13. Monatseinkommen 169, 191
Nachweisgesetz 21, 35, 37

Nachwirkung 26, 73, 79, 81, 162, 199 ff, 227

Nebentätigkeit 47, 145
Normativwirkung 55, 84

Outsourcing 71 ff, 341

Personalabbau 62, 94, 132, 272, 285 f, 329
Personalaustausch 271 ff, 285
Personalnebenkosten 212
Personalrat 111
persönliche Abhängigkeit 5, 14 ff
Prämien 161, 163, 169, 170 f
Provision 43, 161, 178

Rechtsformenzwang 18
Referenzprinzip 121, 124, 128, 130
Regelungsabreden 55, 84
Richtlinien 85, 176, 248

Scheinselbständigkeit 5, 10, 349
– Fallgruppen 6
Schichtsystem 121
Schriftformklauseln 162, 182 f
Sozialauswahl 41, 90, 132, 228 f, 233, 241, 245 ff, 325, 331
Sozialplan 54, 80, 92, 94, 109, 111, 199, 236, 329
Sozialversicherung 53, 55, 67 f, 151, 301, 303, 308, 313
Sozialversicherungsbeiträge 8, 299, 315

Stichwortverzeichnis

Sozialversicherungspflicht 8, 13
- Beitragsnachforderungen 9

Spaltung 54, 74 ff, 85 ff, 100 ff

Sperrzeit 258 f, 263

Steuerrecht 13, 305

Tantiemen 163, 176

Tarifeinheit 49, 78

Tarifvertrag
- Altersteilzeit 276 ff
- Betriebsübergang, Umwandlung 74, 77 f
- Bezugnahmeklauseln 31 f, 37 f, 47 ff
- Entgeltfortzahlung 218
- Leistungsentgelt 164, 168 f, 173, 181
- Outsourcing 72 ff
- Verhältnis zu Einzelvertrag 26

Tarifzuständigkeit 25, 49, 54, 73

Teilbetriebsübergang 233

Teilzeitarbeit 25, 52, 118, 131, 143 ff
- Arbeitszeitdeputat 147, 151 ff
- Gleichbehandlung 144 ff

Telearbeit 63 ff

Überstunden 34 f, 63, 129, 150, 158, 213, 315

Umstrukturierung 87 ff, 97, 114, 243

Umwandlung 54, 74 ff, 95 ff, 106 ff

Umwandlungsgesetz 76 f, 95 ff

Unterordnungskonzern 91, 93 f, 102, 104

Urlaub 117, 121 ff, 128, 130, 132, 169, 214, 219, 286

Vergleichsordnung 226

Vermögensübertragung 54, 74 ff, 87, 96 ff

Verschmelzung 54 f, 74 ff, 83, 87, 88, 94 ff, 100, 105, 107 ff, 111, 113

Versicherungsverein auf Gegenseitigkeit 105

Verteilungsgrundsätze 206 ff

Vertragsfreiheit 18, 23, 27 f, 164, 180 ff

Vertragstreue 32

Währungsunion 291 ff

Werkvertrag 8, 14, 164

Widerrufsvorbehalt 26, 44, 162, 187, 189, 196

Wirtschaftsausschuß 108, 113

Wirtschaftsunion 294, 307

working poor 145

Zeitkonto 120 ff
- Zulagen 143, 147, 148, 149, 161, 162, 163, 166 ff, 203 ff